Der Bremer Fichtenhof
und seine Bewohner

Heinrich Lohmann

Der Bremer Fichtenhof und seine Bewohner

Ein wenig bekanntes Kapitel aus dem Widerstand gegen den Nationalsozialismus

Mit 67 Abbildungen

Edition Falkenberg

Der Autor dankt Frau Edith Komorunas und der Bremer Heimstiftung für die freundliche Unterstützung bei der Veröffentlichung dieses Buches.

Titelbilder:
Der Fichtenhof um 1929;
Hochzeitsfoto Lexi und Wilhelm Roloff 1934

1. Auflage 2018

ISBN 978-3-95494-153-7

www.edition-falkenberg.de

Inhaltsverzeichnis

Vorwort

Warum gibt es dieses Buch über die Bewohner und die Geschichte des Bremer Fichtenhofs?

Die Antwort: Weil ich vor mehreren Jahren Hinweise zur Lebensgeschichte der Deutschbaltin Baroness von der Ropp suchte, hilft zunächst nicht weiter. Gleichwohl hätte es ohne die bewahrte Erinnerung an sie keinen Anstoß zur Beschäftigung mit dem Thema gegeben.

Das bedarf der Erläuterung!

Margartha Baroness von der Ropp war nur eine von mehr als 100.000 Vertriebenen, die 1945 und in den Jahren danach in Bremen Zuflucht suchten. Durch ihr Auftreten und ihr soziales Wirken ragte sie in besonderer Weise aus der Menge dieser Kriegsopfer heraus, sie erlangte rasch Wertschätzung und hohe Anerkennung auch bei vielen alteingesessenen Bremer Bürgern. Selbst 20 Jahre nach ihrem Tod 1974 gab es in Bremen immer noch Menschen, die sie nicht vergessen hatten. Sie berichteten mir von ihr und begrüßten es, dass das Leben und Wirken dieser bedeutenden Frau bei mir auf Interesse stieß.

Ich war fasziniert von dem, was ich hörte und beschloss, der Lebensgeschichte der Baroness nachzuspüren und eine Biografie zu erarbeiten.

Dabei stieß ich bald auf den Fichtenhof in Bremen-Schönebeck, der die erste Zufluchtstätte der Baroness nach der Flucht aus Ostpreußen war. Ein rätselhafter Ort, über den niemand genauere Auskunft geben konnte. Erst im Jahre 2007 traf ich zufällig Frieda Uden, eine betagte Dame, die etwas wusste. Sie war auf dem Fichtenhof Haushälterin gewesen. Von ihr erfuhr ich erste Namen: Lexi und Wilhelm Roloff, die Besitzer des Fichtenhofs, die Dönhoffs, die Lehndorffs. Letztere waren im Frühjahr 1945 als Flüchtlinge auf den Fichtenhof gekommen. Und eben auch die Baroness von der Ropp.

Spärliche Überlieferungen der heutigen Hausverwaltung bestätigten diese Informationen.

Ich nahm Kontakt zu der Autorin Tatjana Gräfin Dönhoff auf. Sie konnte bestätigen, dass Mitglieder ihrer Familie 1945 auf dem Fichtenhof angekommen waren und dort eine Weile blieben. Die Hausfrau, eine geborene von Alvensleben, sei eine Cousine der Großmutter Dönhoff gewesen. Über Wilhelm Roloff, den Hausherrn, wusste sie allerdings kaum etwas; er habe einen Job in der Fischindustrie gehabt und habe wohl auch irgendwie mit dem NS-System kooperiert.

Ich recherchierte weiter und sammelte Hinweise zu Baroness von der Ropp und zum Fichtenhof. Je mehr ich herausfand, umso klarer wurde mir: diesem Zufluchtsort sollte ein Kapitel in der Biografie der Baroness gewidmet werden.

Doch bald traten weitere Personen in das Kapitel Fichtenhof ein. Die dramatische Lebensgeschichte der besten Freundin der Hausherrin, Ursula Liedtke, die aufgrund ihrer jüdischen Abstammung zeitweise auf dem Fichtenhof versteckt wurde, musste erzählt werden. Anders als zunächst gedacht, musste auch der Hausherr Wilhelm Roloff als Person des Widerstands gegen die NS-Herrschaft betrachtet werden. Es kristallisierte sich weiter heraus, dass Aspekte der Familiengeschichte von Alvensleben nicht mehr auf Fußnoten begrenzt bleiben konnten und auch die Unternehmensgeschichte der »Nordsee« – Deutsche Hochseefischerei AG, Arbeitgeber von Wilhelm Roloff, musste ebenfalls in Teilen behandelt werden.

Schließlich reifte in mir die Überzeugung: Die Geschichte des Fichtenhofs ist viel bedeutender und vielschichtiger als zunächst gedacht. Sie musste unbedingt erzählt werden. Doch nur ein Unterkapitel in der Biografie der Baroness von der Ropp konnte diese Geschichte nicht sein, sie ist ein eigenständiges Thema.

Aus dieser Feststellung folgte die Entscheidung, zunächst die Geschichte der Bewohner des Fichtenhofs in der notwendigen Breite darzustellen und der Baroness von der Ropp darin ein komprimiertes Kapitel zu widmen.

Das Ergebnis dieser Entscheidung ist das vorliegende Buch über die Geschichte des Fichtenhofs und seiner Bewohner. Die ausführliche Lebensgeschichte der Baroness von der Ropp muss einer späteren Veröffentlichung vorbehalten bleiben.

Einleitung

Die heutige Nutzung des Fichtenhofs lässt nicht vermuten, dass in diesem Haus in den 1930er und 1940er Jahren bedeutende Persönlichkeiten der deutschen Zeitgeschichte ein- und ausgingen. Das Gebäude wirkt typisch norddeutsch und auch seine Nutzung verleiht ihm kein Alleinstellungsmerkmal. Seit 1975 befindet sich hier eine von 25 Wohnresidenzen der Bremer Heimstiftung, die Senioren eine betreute Wohnmöglichkeit bietet. 1990 wurde die Einrichtung um einen großen Neubau mit weiteren 130 Plätzen und 27 Altenwohnungen auf dem weitläufigen Grundstück beträchtlich erweitert.

Doch die Verantwortlichen der Wohn- und Pflegeeinrichtung wissen, dass das Gebäude auch andere Zeiten erlebt hat. Einen kleinen Hinweis auf die Geschichte gibt die Bremer Heimstiftung bereits im Internet, wo es heißt: »Wo einst ein Bremer Kaufmann seine Sommertage verlebte, steht heute inmitten eines romantischen Gartens unweit des Schönebecker Schlossparks eines der schönsten Pflegeheime der Bremer Heimstiftung, das Stiftungsdorf Fichtenhof.«[1]

War der Fichtenhof aber nur der Sommersitz eines Bremer Kaufmanns?

Nähere Erläuterungen waren bis vor Kurzem nicht zu bekommen und auch sonstige Quellen zur Geschichte des Gebäudes bieten für sich allein nur dürftige Antworten. Bisher glaubte man offenbar, alles, was hier sichtbar ist, habe sich wie auch die anderen Einrichtungen der Bremer Heimstiftung entwickelt, gesteuert von Zufällen und Tagesaktualitäten und ohne Bezug zu den großen historischen Begebenheiten des 20. Jahrhunderts. In einer 1993 erschienenen Broschüre der Bremer Heimstiftung[2] ist aber immerhin die Rede davon, dass es der Bremer Kaufmann Roloff war, der das Gebäude in den dreißiger Jahren bewohnt hatte. Es heißt dort weiter, dass das große Anwesen von einem Gärtner namens Klinner instand gehalten wurde und dass hier 1945 viele Flüchtlinge eine Zuflucht fanden.

---

1 http://www.bremer-heimstiftung.de/virthos/virthos.php?/H%E4user/Stiftungsdorf+Fichtenhof.

2 Bremer Heimstiftung aktuell.

Doch wer war der Erbauer und wer waren die Menschen, die hier wohnten, bis die Besitzung um 1950 schließlich von der Stadtgemeinde Bremen erworben wurde? Die Antwort auf diese Frage war nach einer solch langen Zeit schwierig zu finden. Als es noch zahlreiche Zeitzeugen gab und diese jung waren, hat sich viele Jahre lang niemand für dieses Thema interessiert. Dieser Umstand erscheint aus heutiger Sicht angesichts der ermittelten Geschichte des Gebäudes und seiner Bewohner überraschend und fast unverständlich. Warum konnte ein repräsentatives Haus, das zunächst Sommersitz eines namhaften Bremer Mediziners und danach Wohnort des bedeutenden Lenkers eines wichtigen deutschen Unternehmens war, mit seiner Geschichte überhaupt und so lange aus der öffentlichen Wahrnehmung verschwinden? Eine Antwort kann in dem Umstand gefunden werden, dass die Menschen und ihre Familien, die seit der Erbauung in dem Haus wohnten, dieses entweder schon in jungen Jahren verließen oder nach ihrem Auszug keinen regionalen Bezug mehr zu Bremen hatten. Anschließend benötigten sie alle Energie, um am neuen Wohnort sesshaft zu werden. Da das Haus verkauft und auch keine Verwandten mehr in Bremen wohnhaft waren, gab es keine Verbindung mehr.

Der Fichtenhof war für seinen Erbauer, Professor Otto Schmidt, trotz seiner Größe nur ein Sommerhaus. Für das Ehepaar Roloff, das Haus und Grundstück 1934 mietete und 1938 erwarb, endete die Verbindung zum Haus spätestens im Oktober 1949 mit dessen Verkauf und der Auswanderung beider aus Deutschland. Danach gab es in Bremen nur noch wenige Menschen, die die Geschichte des dortigen Wohnens hätten überliefern können. Darüber hinaus war die Nähe der Bewohner zum Widerstand gegen die NS-Herrschaft in der Frühzeit der Bundesrepublik Deutschland wohl eher wenig geeignet, eine freundliche Erinnerung bei Nachbarn und entfernteren Bekannten aufzubauen und zu bewahren.

So gab es also nur wenige Quellen, als der Verfasser sich daran machte, die Geschichte des Fichtenhofs und seiner Bewohner bis 1950 zu erarbeiten.

Doch einige Veröffentlichungen in jüngerer Zeit haben neue Informationen zum Fichtenhof und zu Wilhelm und Lexi Roloff geliefert:

Vera Gräfin von Lehndorff veröffentlichte 2011 ihre Lebensgeschichte unter dem Titel Veruschka – Mein Leben. Ein ausführlicher Abschnitt darin handelt auch von ihrer Zeit auf dem Fichtenhof, wo Mutter und Töchter in den letzten Kriegsmonaten wieder zusammenfanden.

Barbara Orth hat in ihrem im Februar 2013 erschienenen Buch »Gestapo im OP« ein Manuskript der Ärztin Charlotte Pommer bearbeitet und für die Nachwelt überliefert, in dem die großartige Widerstandsleistung von Lexi Roloff beschrieben ist.

Beide Veröffentlichungen waren bei der Zusammenstellung des vorliegenden Textes sehr hilfreich.

Der Anfang

Das westfälische Adelsgeschlecht von der Borch[3] war bereits seit dem ausgehenden 17. Jahrhundert in der Region ansässig und hatte hier seither großen politischen und kulturellen Einfluss. Durch den Kauf des Gutes Schönebeck hatte Friedrich von der Borch 1682 die Bremen-Schönebecker Linie des Hauses begründet. Er hatte den elterlichen Besitz im westfälischen Holzhausen bei Höxter seinem älteren Bruder überlassen müssen. Seither besaß dieser Familienzweig nördlich der Lesum erheblichen Grundbesitz, der bis nach Brundorf bei Schwanewede reichte und u.a. die Dörfer Schönebeck, Leuchtenburg, Platjenwerbe, Grohn, Vor-Aumund, Friedrichsdorf und Neu-Schönebeck umfasste. In diesem Bereich oblag dem Haus Schönebeck auch die Gerichtsbarkeit einschließlich der Halsgerichtsbarkeit. Nach drei Generationen blieben allerdings in der Schönebecker Linie die männlichen Nachkommen aus, die Besitzungen wurden wieder mit der Holzhauser Linie vereint. Im ausgehenden 19. Jahrhundert galt das Interesse der Familie dann fast nur noch dem Stammsitz in Holzhausen. Zu Beginn des 20. Jahrhunderts war Alhard Leopold Ottomar Philipp Kasimir Friedrich von der Borch (10.4.1845–6.6.1924) Herr auf Holzhausen und Schönebeck. Er lebte ausschließlich auf seinem Stammsitz im Kreis Höxter. Die Sorge für den Besitz in Schönebeck überließ er seinem Verwalter. Mit Vollmacht des Eigentümers konnte dieser seinerzeit große Teile des familiären Grundbesitzes veräußern.

Es wird damals nicht schwer gewesen sein, Käufer für die Flächen zu finden. Das Interesse an diesen Ländereien hatte infolge der immer stärker werdenden

3 Die Angaben zur Familie von der Borch verdanke ich überwiegend Herrn Günter Bolte vom Museum Schloss Schönebeck sowie aus Hollanders, Sophie: Vegesack. Alte Bilder einer Hafenstadt, 1984.

Grabplatte des einzigen Sohnes und Erben Alhard Leopold v. d. Borch auf dem Familienfriedhof derer von der Borch, gelegen in einem Privatwald in der Nähe des Schlosses Holzhausen. Er gab 1938 die Zustimmung zum Verkauf des Fichtenhofs an Wilhelm Roloff

Wertschätzung des Wohnens im Grünen mehr und mehr zugenommen. Gutbürgerliche Bremer Familien erwarben bereits seit den napoleonischen Zeiten Landgüter außerhalb der Stadt. Großzügige Herrensitze mit Parkanlagen an Bremens Peripherie, auch in Bremen-Nord, wie z.B. die Villa Lesmona der Kaufleute Melchers in Knoops Park in Bremen-Lesum, künden noch heute vom damaligen Interesse und vom Lebensgefühl bremischer Kaufleute, Industrieller, Freiberufler und hoher Beamter.

Im Laufe des 19. Jahrhunderts hatte Bremen einen großen Aufschwung genommen. Zollanschluss, Hafenausbau und Weservertiefung sorgten für blühenden Handel und eine florierende Schifffahrt. Bremen und sein Hafen gewannen in ganz Deutschland großes Ansehen. Die Einwohnerzahl der Stadt stieg zwischen 1880 und 1910 von 112 000 auf 245 000 Menschen.[4]

---

4 Schwarzwälder, Herbert: Reise in Bremens Vergangenheit, S. 191.

Dr. Otto Schmidt, der Erbauer

Zu den vielen Zuwanderern zu Beginn des 20. Jahrhunderts gehörte auch **Dr. Otto Schmidt**. Er war ein junger Mediziner, der beruflich schon gut vorangekommen war.[5] Geboren am 22.3.1871 in Göttingen, hatte er dort und in Marburg studiert. Nach dem Staatsexamen 1895 fuhr er für einige Monate als Bordarzt auf Schiffen der Deutschen Ostafrika-Linie. 1897 wurde er Volontär-Assistent und 1899 Assistent an der Universitäts-Frauenklinik in Breslau. Diese Beamtenstellung gab er auf, um sich im August 1900 als 29-jähriger Frauenarzt in Bremen niederzulassen. Hier heiratete er im November 1905 die 19-jährige Minna, geb. Lürßen. 1907, 1908, 1913 und 1916 bekam das Ehepaar insgesamt vier Kinder.[6] Dr. Schmidt bewarb sich um eine freie Stelle in der geburtshilflichen und gynäkologischen Abteilung der städtischen Krankenanstalt an der St.-Jürgen-Straße. Die Versammlung des Senats wählte ihn für diese verantwortungsvolle Position aus und berief ihn zum 1.1.1907 in die Stelle eines »dirigierenden Arztes«. In dieser Position wurde er mit einem jährlichen Gehalt von 1.500 Mark besoldet, ein Einkommen, das offenbar ein Leben im Wohlstand ermöglichte.

Die Weltoffenheit Bremens, aber wohl auch die Erinnerung an Erlebnisse während der Reisen als Bordarzt, ließen Reisewünsche aufkommen. Gleichzeitig erstrebte die Familie neben der Stadtwohnung in der Kohlhökerstraße 65 auch noch einen zusätzlichen repräsentativen Landsitz. Beides zusammen war aber wohl nicht zu realisieren und so entschied sich das Ehepaar gegen eine große Reise zu den Pyramiden in Ägypten und für den Bau eines Landsitzes.[7] Ein mit Fichten bestandenes Waldstück aus dem Borch'schen Besitz, rund 4,5 ha groß und nahe dem idyllisch gelegenen Schönebecker Schloss in dem an Bremen angrenzenden Landkreis Osterholz[8] gelegen, sollte der Platz für seinen Sommersitz

---

5 Die folgenden Angaben zum Lebenslauf sind der Personalakte Prof. Dr. Otto Schmidt entnommen, Staatsarchiv Bremen, Signatur 4,10-AKz.1–435.

6 Personalbogen, ebd.

7 Martha Klinner, Witwe des Fichtenhofgärtners Helmuth Klinner, teilte dem Verfasser am 27.1.2009 zur Entstehung des Fichtenhofs mit, das Ehepaar Dr. Schmidt habe vor der Wahl gestanden, entweder eine Reise zu den Pyramiden in Ägypten zu machen oder den Fichtenhof zu bauen. Dr. Schmidt habe sich für Letzteres entschieden.

8 Der Ort Schönebeck kam erst im November 1939 durch die Verordnung zum Neuaufbau des Reiches von der Provinz Hannover zu Bremen.

werden.[9] Allerdings konnte das Grundstück nicht gekauft werden. Der Verwalter der von der Borch'schen Besitzungen überließ Schmidt mit Vertrag vom 28.11.1913[10] lediglich ein langjähriges Nutzungsrecht, das wohl schuldrechtlich ähnlich dem ab 1919 möglichen Erbbaurecht vereinbart wurde und ihm die Möglichkeit gab, dem Trend der Zeit zu folgen und hier den begehrten Sommersitz zu bauen. Mit der Ausführung beauftragte Dr. Schmidt den renommierten Bremer Architekten Carl Krahn.[11] Dieser entwarf ihm für den großen Besitz einen reetgedeckten Ziegelbau, den sogenannten Fichtenhof. Der Bau ging rasch vonstatten und war im Jahre 1914 bezugsfertig.

Dr. Otto Schmidt hatte sich als Mediziner einen überaus guten Ruf in Bremen erworben. Mit Energie und Führungsqualität hatte er die damals noch kleine gynäkologische Nebenabteilung der städtischen Krankenanstalt an der St.-Jürgen-Straße zu einer renommierten Frauenklinik entwickelt und wurde zu ihrem Direktor berufen. Für seine vielfältigen und zahlreichen Verdienste verlieh ihm der Bremer Senat im März 1918 den Professorentitel. In der Bevölkerung erhielt die von ihm geleitete Abteilung bald den Namen »Schmidt-Klinik«, den sie auch über das Datum des Ausscheidens ihres Leiters hinaus behielt.[12] In einem Nachruf zu seinem Tode im Jahre 1950 erschien nochmals die am Schluss dieses Kapitels stehende Würdigung in der Bremer Presse.

Die berufliche Belastung ließ Professor Schmidt aber im Laufe der Jahre immer seltener die nötige Zeit, um Freizeit auf dem Fichtenhof zu verleben. Allein die Fahrt nach Bremen-Schönebeck (Luftlinienentfernung: 16 km) war schon recht aufwändig. Schließlich entschloss er sich, das Anwesen an Bremer Kaufleute zu vermieten. Erster Mieter war Carl Andersson. 1928 folgte der zu damaliger Zeit bedeutende Tabakkaufmann Heinrich Spiegel, Teilhaber der

9 Vgl. Bremer Heimstiftung aktuell, Frühjahr 1993, Bremen 1993, S. 10f.

10 Vgl. Grundakten des Amtsgerichts Bremen-Blumenthal, Schönebeck Band 13, Blatt 462. Vertrag vom 19.11.1938 in dem Prof. Schmidt dieses Recht auf Roloff übertrug.

11 Über Carl Krahn, einen bedeutenden Architekten Bremens, * 21.2.1881, † 24.2.1956, wurden dem Verfasser durch Frau Susanne Schöß vom Bremer Landesamt für Denkmalpflege am 6.12.2011 u.a. folgende biografische Daten mitgeteilt: Studium in Berlin-Charlottenburg; verbunden mit Friedrich Mißler, baute für ihn die Auswandererhallen, Beamtenhäuser und das Wohnhaus Mißler.

12 Bremer Nachrichten vom 19.10.1950 (208. Jahrgang Nr. 244, S. 3).

Am 30.3.1932 schrieb ein Sohn oder eine Tochter Dr. Schmidts dem Gärtner Karl-Friedrich Klinner diese Postkarte mit einer Ansicht des Fichtenhofs auf der Vorderseite und folgendem Text auf der Rückseite: »Lieber Herr Klinner, ich wollte Ihnen nur kurz mitteilen, dass mein Vater damit einverstanden ist, dass die Wiese mit Erlen bepflanzt wird …«

Firma Linderwirth, Uhrmeier und Spiegel, eines der führenden Rohtabakhäuser in Bremen.[13] Zugleich mit der Vermietung zu Wohnzwecken musste auch die Pflege des Gartens organisiert werden. Für die Pflege des großen Grundstücks stellte Professor Schmidt daher 1928 den Gärtner Karl-Friedrich Klinner als Hofmeier ein. Dieser bewohnte das auf dem Grundstück gelegene sogenannte Hofmeierhaus. Mit seiner Anstellung begann die bis 1975 andauernde Betreuung des Grundstücks zunächst durch den Vater Karl-Friedrich und später durch den Sohn Helmuth Klinner als Gärtner und Hausmeister.

13 Bremer Heimstiftung aktuell, Frühjahr 1993, Bremen 1993, S. 10.

Als Heinrich Spiegel 1930 plötzlich und unerwartet verstarb, konnte der Fichtenhof für eine längere Zeit nicht mehr vermietet werden. Es waren krisenhafte, wirtschaftlich schlechte Zeiten. Einsamkeit kehrte auf dem Fichtenhof ein. Ausschließlich die Familie des Gärtners Klinner wohnte von 1930 bis 1934 auf dem Grundstück. Sie gestaltete den Garten und die Umgebung des Hauses nach den Vorgaben von Professor Schmidt.

Helfer der Menschheit ging von uns

In memoriam Professor Dr. Otto Schmidt

In der Nacht vom 17. zum 18. Oktober ist Professor Dr. Otto Schmidt im 80. Lebensjahr gestorben. Er war 28 Jahre lang als Direktor der Städtischen Frauenklinik tätig. In diesen Jahren hat Professor Schmidt eine sehr segensreiche Aufbauarbeit als Arzt vollenden können. Auf Grund einer ausgezeichneten Schulung in den Kliniken der Universitäten Göttingen und Breslau, wo er bei Geheimrat Küstner seine Facharztausbildung für die Frauenheilkunde erhielt, ließ er sich 1901 in Bremen als Frauenarzt nieder. Nachdem er 1905 bis 1907 bereits klinisch im Rote-Kreuz-Krankenhaus und Josephstift tätig gewesen war, wurde ihm 1907 die Leitung der Städtischen Frauenklinik übertragen. Die damals noch kleine Nebenabteilung entwickelte er mit Energie und fachlichem Geschick zu ihrer heutigen Bedeutung. Die klinisch geleiteten Geburten stiegen in dieser Zeit auf das Fünfzehnfache. Während seiner Tätigkeit in dieser Klinik führte Professor Schmidt 35 000 Operationen durch, ein Beweis für das große Vertrauen und die unbedingte Anerkennung, die die „Schmidt-Klinik" bei der Bremer Bevölkerung gefunden hat. Als Kämpfer gegen die tückische Krebskrankheit ist Schmidt weit über Bremens Grenzen bekannt geworden.

Mit nie erlahmendem Eifer widmete sich Professor Schmidt der Ausbildung und Fortbildung der Ärzte und Schwestern. Viele von ihnen fanden dabei einen väterlichen Freund und Ratgeber für ihr ganzes Leben. 1935 zwang ein schweres Augenleiden den damals 64jährigen zum Ausscheiden. Es ist bezeichnend, daß dieser Mann zu allen Zeiten hohe Anerkennung gefunden hat. Wir stehen voll Trauer an der Bahre dieses segensreichen Helfers der Menschheit und werden dieses vorbildlichen Mannes stets in herzlicher Dankbarkeit gedenken.

Dr. Baden

Weser-Kurier vom 20.10.1950

Zur Architektur des Fichtenhofs

Carl Krahn war vor dem Ersten Weltkrieg ein vielbeschäftigter Architekt in Bremen. Mehrere Straßenbilder, vor allem in Bremen-Schwachhausen, werden noch heute von seinen Häusern geprägt. Viele von ihnen stehen mittlerweile unter Denkmalschutz, so zum Beispiel die Häuser Brahmsstraße 13, 15, 17, 19, 21, Gravelottestraße 87–105, Hartwigstraße 37, Kurfürstenallee 15 (Logenhaus).[14]

Schaut man sich alte Abbildungen des Fichtenhofs an, so fällt auf, dass dieser dem Aussehen niedersächsischer Bauernhäuser nachempfunden war. Seine Architektur folgte den Idealen der sogenannten Heimatschutzbewegung, die um 1900 sehr viele Anhänger hatte. Sie war bis zum Beginn des Ersten Weltkrieges zu einer machtvollen Gegenbewegung zu der seit der Reichsgründung 1871 dominierenden Architektur der Gründerzeit, dem Historismus, angewachsen. Zur Beschreibung dieser Bewegung und ihres Baustils kann aus der dazu erschienenen Fachliteratur Folgendes zitiert werden:

»Mit dem Heimatbegriff verband dieses Umfeld eine gegen die Neostilkunst des Wilhelminismus gerichtete neue Sachlichkeit. Sie war geprägt vom Gedanken der Fortsetzung der Tradition in der Moderne, insbesondere in Kunstgewerbe und Architektur, von der Anlehnung an vorindustrielle, dörfliche Handwerkskunst«.[15] »In den ersten Jahren des jungen Jahrhunderts herrschte eine ungebrochene Begeisterung für die neuen Ideen, die vielleicht um 1905 ihren Scheitelpunkt erreichte ... Reformarchitektur geriet zu einem Stilbegriff«.[16]

Bremen und die Künstlerkolonie Worpswede waren ein Zentrum dieser Bewegung. In ihr engagierten sich maßgebende Persönlichkeiten, wie u.a. Museumsdirektor Emil Högg, Kaufmann Leopold Biermann sowie u.a. die Künstler Hans am Ende, Otto Modersohn, Heinrich Vogeler und Ernst Müller-Scheeßel. Geistiger Mittelpunkt war die bereits 1895 im Bremer Schünemann-Verlag begründete Zeitschrift »Niedersachsen«, die ein Verbreitungsgebiet von Westfalen bis Mecklenburg erreichte. Heimatschutz sollte

14 Schon 1929 erschien ein Bildband über ausgewählte Bauten von Carl Krahn. Wohnhausbauten: Architekt Regierungsbaumeister a.D. Carl Krahn – Bremen 1929.

15 Hartung, Kunsthandwerk, a.a.O., S. 42.

16 Aschenbeck, Aus einem Guß, a.a.O., S. 13.

Fotos des neuerbauten Fichtenhofs und des ebenfalls auf dem Grundstück errichteten Hofmeierhauses aus dem Buch: Wohnhausbauten: Architekt Regierungsbaumeister a.D. Carl Krahn

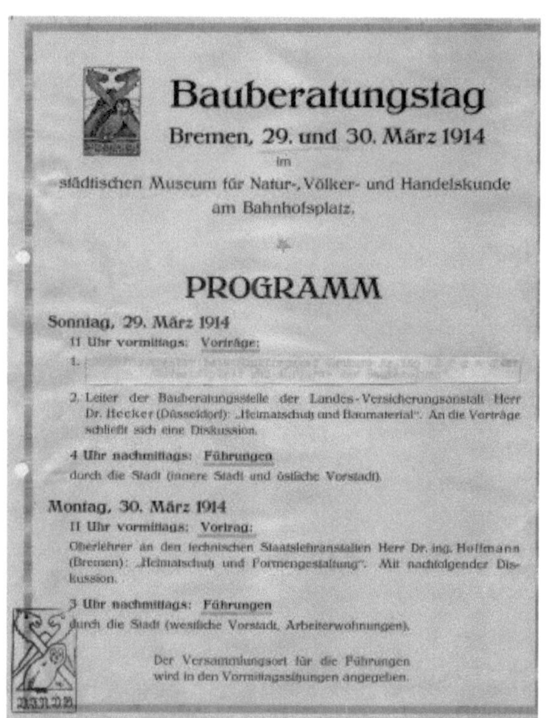

Bauberatungstag

Bremen, 29. und 30. März 1914

im

städtischen Museum für Natur-, Völker- und Handelskunde

am Bahnhofsplatz.

PROGRAMM

Sonntag, 29. März 1914

11 Uhr vormittags: Vorträge:

1. [illegible]

2. Leiter der Bauberatungsstelle der Landes-Versicherungsanstalt Herr Dr. Hecker (Düsseldorf): „Heimatschutz und Baumaterial". An die Vorträge schließt sich eine Diskussion.

4 Uhr nachmittags: Führungen

durch die Stadt (innere Stadt und östliche Vorstadt).

Montag, 30. März 1914

11 Uhr vormittags: Vortrag:

Oberlehrer an den technischen Staatslehranstalten Herr Dr. ing. Hoffmann (Bremen): „Heimatschutz und Formengestaltung". Mit nachfolgender Diskussion.

3 Uhr nachmittags: Führungen

durch die Stadt (westliche Vorstadt, Arbeiterwohnungen).

Der Versammlungsort für die Führungen wird in den Vormittagssitzungen angegeben.

Bauberatung

u.a. die Bereiche Denkmalpflege, Pflege der überlieferten ländlichen und bürgerlichen Bauweise, Schutz der landschaftlichen Natur, Rettung der einheimischen Tier- und Pflanzenwelt, Volkskunst der beweglichen Gegenstände sowie Sitten und Gebräuche umfassen.[17]

1904 wurde im Anschluss an ein Trachtenfest in Scheeßel – ca. 55 km östlich von Bremen, – der Bremer Verein für Niedersächsisches Volkstum e.V. gegründet, in dem Arbeitsgruppen zu den oben genannten Bereichen unter der Leitung von Fachleuten gebildet wurden.[18] Die »Arbeitsgruppe Architektur« übernahm der aus Ostpreußen gebürtige Erfolgsarchitekt Hugo Wagner,[19] dessen bekannteste Bremer Bauten der Waller Wasserturm 1904/06 und die 1907 fertiggestellte Kaffee-Hag-Fabrik für Ludwig Roselius waren. Der Verein richtete Bauberatungsstellen zur Erreichung seiner gestalterischen Ziele ein.

»Unter der inhaltlichen Prämisse ›Heimatschutz‹ konnten die konservatorischen Ideale der Volkskunde mit der Suche nach neuer Originalität und der Qualität neuer Gebrauchsformen zusammengeführt werden, zumal man in der Industrie als sozialem und kulturellem Phänomen den gemeinsamen Gegner verspürte. Die Rückrufung von Vergangenheit nach Art des

17 Hartung, Kunsthandwerk, a.a.O., S. 47.

18 Kurze Gesamtdarstellung des Vereins, in: Dillschneider, Stubbemann: 80 Jahre Heimatschutz und Landschaftspflege, a.a.O., S. 3–11.

19 Hugo Wagner, * 29.6.1873 in Wittgirren (Kreis Insterburg), † 22.2.1944 in Insterburg.

Niedersachsen – Zeitschrift des Vereins für Niedersächsisches Volkstum

Historismus aber war dagegen kein brauchbares Rezept. Ein Vergleich der ländlichen Wohnformen und Architekturen führte offen vor Augen, dass die schlichte Wiederbelebung von Vergangenem bedenkliche Züge annehmen konnte; in Moorkaten wollte niemand wirklich mehr wohnen. So entschied man sich im Verein für Entwürfe städtisch reformierter Landhausbauten, die dem gewachsenen Ortsbild in gleicher Weise genügen konnten wie den zeitgemäßen Wohn- und Lebensbedürfnissen, die immer weiter relativiert und ausgeglichen wurden. Die hergebrachten Formen würden so beinahe zwangsläufig der neuen Zeit angepaßt, ohne ihr altes Gesicht gänzlich zu verlieren«.[20]

Dem Verein gehörten zwischen 1904 und 1913 57 Architekten, zwölf Techniker oder Ingenieure und 40 Handwerker an,[21] darunter befand sich auch der Erbauer des Fichtenhofs Carl Krahn.[22] Der von ihm entworfene Fichtenhof war ein typisches Beispiel des neuen Bauens der sogenannten Heimatschutzbewegung. Mit diesem Sommersitz hatte sich Dr. Otto Schmidt einen repräsentativen Landsitz in der zeitgemäßen Architektursprache errichtet.

20 Küster, Kunstgewerbehaus Scheeßel, a.a.O., S. 129.

21 Hartung, Kunsthandwerk, a.a.O., S. 48.

22 Im Jahresbericht 1908 des Vereins für Niedersächsisches Volkstum ist er auf S. 25 und in dem von 1910 auf S.24 unter den Mitgliedern erwähnt: Krahn, Architekt. Auskunft von Wilhelm Tacke, derzeitiger Vorsitzender des Vereins, per E-Mail vom 3.1.2012.

Der Fichtenhof wird Lebensmittelpunkt des neuen »Nordsee«-Direktors

1934 war endlich wieder ein Mieter in den Fichtenhof eingezogen. **Wilhelm Roloff,** Direktor der »Nordsee« Deutsche Hochseefischerei Bremen – Cuxhaven AG, machte ihn zum Wohnsitz seiner Familie. Der Fichtenhof wurde von nun an zu einem Schauplatz der Familiengeschichte von Wilhelm Roloff und seiner 1934 angetrauten zweiten Ehefrau Alexandra von Alvensleben, die von ihren Verwandten und Freunden immer nur Lexi[23] genannt wurde. Durch seine maßgebende Stellung in der Leitung der »Nordsee« wurde hier nun auch die Firmengeschichte der »Nordsee« fortgeschrieben.

Roloffs Vater Thorvald Frederick Christian Roloff in seiner Zahnarztpraxis

Die Zeitenwende der Machtergreifung der NSDAP im Jahr zuvor nahm von Anfang an massiven Einfluss sowohl auf die Familiengeschichte der Roloffs als auch auf die Firmengeschichte der »Nordsee«. Auch Wilhelm und Lexi Roloff wurden auf dem Fichtenhof zu Akteuren der politischen und wirtschaftlichen Entwicklung Deutschlands. Nur wenig wurde

23 Auch sie selbst unterschrieb Briefe an nahestehende Personen mit diesem Kurznamen. Er wird daher ab jetzt auch in dieser Veröffentlichung so gebraucht werden.

bisher über ihren Anteil daran bekannt und noch weniger ist darüber veröffentlicht worden.

Der 34-jährige Wilhelm Roloff hatte trotz seiner Jugend bereits eine steile berufliche Karriere vorzuweisen. Seine familiäre Herkunft lag nicht nur in Deutschland. Sein Vater, Thorvald Frederick Christian Roloff[24], stammte aus Dänemark. Dort wurde er am 9.8.1865 in Odense geboren, studierte Zahnmedizin und ging nach dem Studium zunächst nach München und dann nach Hamburg. Hier heiratete er am 9.5.1899 Paula Elvers[25], die Tochter eines bekannten Zahnarztes aus Hamburg-Blankenese.

Am 28.3.1900 wurde Wilhelm Roloff als erstes Kind geboren, es folgten sein Bruder Thorvald, geb. am 14.10.1902, und seine Schwester Karen, geb. am 30.9.1904.[26] Als junger Zahnarzt hatte Wilhelms Vater die Praxis eines Kollegen und auch dessen Wohnung im ersten Stock eines Hauses an der Lobuschstraße/Ecke Bahrenfelderstraße in der damals selbstständigen Stadt Altona übernommen. Danach zog das Ehepaar in die Arnoldstraße im Altonaer Stadtteil Ottensen und damit in die Nähe der Elbchaussee. Letztendlich war es dann aber möglich, Wohnung und zahnärztliche Praxis in der Bahnhofstraße 32 in Ottensen (heute Max-Brauer-Allee) zu vereinen. Wilhelms Bruder Thorvald erinnert sich, dass die Familie dort in einem repräsentativen Haus mit 14 Zimmern lebte.[27] Die

Roloffs Mutter Paula, geb. Elvers, mit ihren drei Kindern auf Ferienbesuch ca.1912 in der dänischen Heimat des Vaters

24 Thorvald Roloff Senior: * 9.8.1865, † 2.8.1930.

25 Paula Roloff, geb. Elvers: * 24.3.1978, † 30.9.1959.

26 Die Geschwister: Wilhelm Roloff: 28.3.1900–22.2.1979, Thorvald Roloff jun.: 14.10.1902–31.1.1994, Karen Roloff: 30.9.1904–27.2.1963.

27 Die Angaben zu den Wohnorten sind Thorvald Roloffs schriftlich hinterlassenen Erinnerung entnommen, aufbewahrt im Familienarchiv seiner Tochter, Sabine Dehnerdt.

Zahnarztpraxis des Vaters war wirtschaftlich sehr erfolgreich und verhalf der Familie zu einem beträchtlichen Einkommen sowie gesellschaftlichem Ansehen. Der Vater hatte gute Beziehungen zu diversen adligen Familien aus der Umgebung von Hamburg. Wenn diese zur Behandlung zu ihm kamen, bedeutete das, dass sie bei der Familie Roloff auch Logie nahmen.[28] 1918, während des Ersten Weltkrieges, wurde dem Vater der schwedische Vasaorden für seine Verdienste bei der Ausbildung schwedischer Zahnärzte in der Kieferchirurgie verliehen.[29]

Über das im Haushalt beschäftigte Personal, den Tagesablauf und das durch Erziehung vermittelte Standesbewusstsein schreibt Wilhelms Bruder Thorvald in seinen Erinnerungen an die gemeinsame Kindheit: *»Es wurden dann nicht nur diese drei Dienstmädchen und das Kinderfräulein beköstigt, sondern auch noch zwei Praxisfräuleins und drei Techniker, denn damals gab es noch nicht diese Zahnlabors, das wurde beim alten Herrn selbst gemacht. Nach dem Mittagessen geschah es dann so, dass wir mit sauber gewaschenen Händen uns hinsetzen mussten, unsere Schularbeiten machen. Dann war um halb 4 oder um 4 Kaffeetrinken, auch gemeinsam, sobald mein Vater kommen konnte. Er trank mit uns Kaffee, weil das doch auch sehr nett war und diese Zusammenfassung – Praxis und Familie – sehr viel Positives hatte. Und dann durften wir spielen, und das haben wir auch sehr ausgiebig getan, wir haben immer im Garten spielen können, und wir hatten dann Besuch von anderen Schulkindern.*

Es war einfach selbstverständlich in diesem ganzen Lebenskreis, so dass es hieß: ›Das sind Straßenkinder, mit denen spielt man nicht.‹ Wieso, weshalb,

28 Aus der Erinnerung von Roloffs Nichte, Sabine Dehnerdt.

29 Am 30.1.2015 erhielt Sabine Dehnerdt zu dieser Ordensverleihung folgende Information vom schwedischen Hof: *Thorvald Frederik Christian* ***Roloff*** *… wurde als deutscher Arzt am 30.8.1918 d(as) Ritterkreuz 1. Klasse d(es) königlichen Vasaorden(s) (= riddare av 1. klass av Kungl. Vasaorden) verlieh(en). Im Archiv des schwedischen Außenministeriums [im Nationalarchiv] ist folgendes zu finden: Am 3.6.1918 schrieb der schwedische Generalfeldarzt Fritz Bauer zu König Gustaf V. von Schweden. Er schlägt vor, dass einige deutsche Ärzte und Zahnärzte, unter anderem Thorvald Roloff, mit einem Ritterorden dekoriert werden sollen. Der Hintergrund war, dass diese deutsche(n) Ärzte schwedische Ärzte in deren Studien und Ausbildung im Deutschland während des Ersten Weltkrieges ausgebildet haben. Das schwedische Außenministerium schrieb zur Schwedischen Legation in Berlin und am 2. August ist eine Antwort eingegangen. Die Ordenszeichen wurden nach Berlin aus Stockholm geschickt mit Kurierpost am 7.9.1918. … (Das) Ritterkreuz 1. Klasse des Vasaordens (ist) am 30.8.1918 verliehen geworden.*

warum, war uns völlig unklar, das wussten wir gar nicht. Genau wie es uns streng verboten war, mit Handwerkern zu sprechen. Da war irgendein Mann, ein Mechaniker, der da was in Ordnung machte und mit dem hab ich gesprochen. Da kam mein Vater ans Fenster, pfiff, dann musste ich nach oben, ins Zimmer. Da gab's auch eins dazu, was es ganz reichlich gab, da gab's den Hintern voll … Da hab ich lange dran rumknacken müssen, nachher, diese Unfreiheit oder Verängstigung loszuwerden, die Selbstständigkeit zu finden, weil man einfach zu streng erzogen war.

Mein Bruder war der Liebling der Mutter, er war sehr viel intelligenter als ich, und ein sehr tüchtiger Mann, meine Schwester, die liebe Tochter und ich saß dazwischen.«[30]

Glücklicherweise sind im Familienarchiv Dehnerdt vier Briefe von Wilhelm Roloff an seinen Vater erhalten, die Einblick geben in die Art und Weise, wie in der Familie miteinander umgegangen wurde. Wilhelm Roloff hat sie vom 18. Juli bis zum 8.8.1918 aus Traifelberg in der schwäbischen Alb geschrieben, dem Ferienort der Familie. Gegenstand des ersten Briefes ist u.a. eine ausführliche Rechtfertigung und Bitte an den Vater um Verzeihung, da dieser offenbar Rechnungen u.a. für von Wilhelm gekaufte Noten und eine Kommerszeitung erhalten hatte. Folgende abschließende Formulierung lässt die Furcht Wilhelms vor der Strenge des Vaters erkennen: »*Lieber Vater, hoffentlich darf ich mit dieser Entschuldigung vor dir bestehen, aber hoffentlich siehst du ein, dass es nicht ganz so schlimm ist.*«

Zu der Zeit besuchte Wilhelm Roloff das Realgymnasium in Altona und stand vor dem Abitur. Offenbar war es seinem Vater dank guter Beziehungen gelungen, eine Einziehung Wilhelms zur Armee noch vor der Abiturprüfung zu verhindern. Wilhelm ist darüber erleichtert. Am 2. August schreibt er seinem Vater: »*Die Geschichte mit der Musterung ist ja nun, Gott sei dank, noch glimpflich abgegangen. Es wäre doch Elend schade, wenn ich schon Sonntag hätte fort müssen. Wie hast du es gemacht? Vielen Dank, dass du dieses grauenhafte Gespenst noch zurückgedrängt hast. Es wäre nämlich nicht nur nicht angenehm wegen hier gewesen, sondern namentlich wegen dem Abitur. Der Chef ist verreist in die Rhön und außerdem muss ich ja mindestens noch bis Mitte oder Ende September in der Penne sein. Hoffentlich geht das noch, denn es ist doch eine dumme Sache das Abitur in 14 Tagen im Urlaub später zu machen.*«

30 Aus den Lebenserinnerungen des Bruders Thorvald Roloff Jun., aufbewahrt im Familienarchiv seiner Tochter Sabine Dehnerdt.

Beziehungen zum eigenen Vorteil zu nutzen und Netzwerke zu pflegen, liegt offenbbar schon dem jungen Wilhelm Roloff im Blut. Im Brief vom 7. August, in dem es auch wieder um die Einziehung zur Armee geht, wird dies nochmals deutlich: »*Das mit der Fußartillerie ist ja ganz schön. Nur … darf (man) nie im Hause schlafen, außerdem viel anstrengenden Dienst. Onkel Fritz kann mich doch auch von den 45ern umtauschen, ich glaube das Regiment ist dabei egal. Er erzählte mir das letzte Mal, dass er sogar einen Gardejäger in seine Batterie aufgenommen hat.*«

Es war Krieg, und als Wilhelm sein Abitur erlangt hatte, schaffte er es offenbar, weder zur Fußartillerie noch zu einer anderen Einheit an der Front eingezogen zu werden. Stattdessen wurde er Seekadett bei der Kriegsmarine.[31]

Zeit seines Lebens glaubte Wilhelm Roloff, dass auch die Konstellation der Sterne über Erfolg oder Misserfolg seiner Entscheidungen mitbestimmten. Er ließ sich regelmäßig Horoskope erstellen.[32]

Wilhelm Roloff kann von seiner äußeren Erscheinung her als ein ausgesprochen gut aussehender Mann bezeichnet werden. Er war 1,89 m groß[33] und wirkte ausgesprochen sportlich. Im Gesicht wies ihn ein beachtlicher Schmiss als Akademiker und Mitglied einer schlagenden Verbindung aus.

Eigentlich wollte er es wie sein Vater machen und ebenfalls Arzt werden. Daher studierte er nach Kriegsende bis 1922 zunächst Medizin in Hamburg, Tübingen und München. Sowohl als Student als auch über die Verbindungen seiner Eltern kam er während dieser Zeit bereits in Kontakt zur Bankiersfamilie Max Warburg[34]. Nach einigen Semestern erkannten aber der Vater und er selbst, dass Wilhelms Begabungen eher im kaufmännischen Bereich lagen. So wechselte er in einen kaufmännischen Berufsweg.[35]

Noch sehr jung, wenige Tage vor seinem 23. Geburtstag, heiratete Wilhelm am 17.3.1923 seine erste Ehefrau Kaethe, geb. Robinow. Kaethe Robinow war bei der Heirat erst achtzehn Jahre alt. Sie wurde am 11.5.1904 in Hamburg

---

31 Vgl. Personalbogen in der Entnazifizierungsakte Wilhelm Roloff, 4,66 -I- 9186 Staatsarchiv Bremen.

32 Nach der Erinnerung von Sabine Dehnerdt, 29.4.2015.

33 Angabe aus dem Untersuchungsbefund des Vertrauensarztes Dr. Ernest Bien in Montreal vom 22.3.1955 in der Wiedergutmachungsakte Wilhelm Roloff, 4,54E–2509, Staatsarchiv Bremen.

34 Nach der Erinnerung der Nichte, Katharina Roloff.

35 Aus der E-Mailkorrespondenz mit Michael Roloff vom 21.3.2012.

Wilhelm Roloff 1918 als Abiturient

geboren. Über das Kennenlernen des jungen Paares konnten keine Informationen erlangt werden, ihre Tochter kann sich nicht erinnern, dass darüber jemals gesprochen wurde. Die jüdische Familie Robinow war in Hamburg gut vernetzt und gehörte zur maßgeblichen Bürgerschicht Hamburgs. Kaethes Vater, Paul Robinow, war ein bekannter Import/Export-Kaufmann und Kunstsammler. Er starb am 19.10.1922, noch vor Kaethes Hochzeit.[36]

Am 30.3.1924 wurde dem Ehepaar Roloff die Tochter Gisela geboren, sie blieb das einzige Kind dieser Ehe.

Von 1924 bis 1929 war Wilhelm Roloff zunächst Prokurist, dann Vorstandsmitglied bei der Nederlandschen Handelsassociatie N.V., Rotterdam. Wieder in Deutschland, wurde er Vorstandsmitglied der Vereinigten Seidenwebereien AG in Krefeld, einer Tochtergesellschaft der Eugen Vogelsang AG in Krefeld.[37]

Mit ihren guten internationalen Verbindungen[38] war die Familie Robinow auch Mitglied in der Hamburger Handelskammer, die in jener Zeit von dem mit der Familie Robinow befreundeten Bankier Max Warburg maßgeblich geführt wurde. Roloffs Bruder Thorvaldt schreibt in seinen Erinnerungen, dass die Verbindung zur Familie Robinow von Anfang an förderlich für Wilhelms berufliche Karriere war. Es heißt dort wörtlich: *»Mein Bruder kam schon Anfang der zwanziger Jahre durch seine erste Heirat in die Firma Robinow hinein und*

36 Ihrer Mutter Emily, geb. Kukla, gelang später die Emigration nach England, sie starb 1967 in London. Aus der E-Mailkorrespondenz mit Grace und Claude Harwood vom 18.11.2014, Grace ist Roloffs Tochter Gisela.

37 Persönliche Daten und Angaben zu den beruflichen Tätigkeiten, vgl. Personalbogen in der Entnazifizierungsakte Wilhelm Roloff, 4,66 -I- 9186, Staatsarchiv Bremen.

38 http://www.dasjuedischehamburg.de/inhalt/robinow-familie, Zugriff vom 17.11.2012.

von dort über … entsprechende Verbindungen dann zur Firma Nederhanas in Rotterdam. Von dort ging sein Weg weiter zur Versai AG in Krefeld.«[39]

Man kannte und schätzte sich und als sich Max Warburg, dessen Bankhaus M. M. Warburg Anteile an der »Nordsee« Deutsche Hochseefischerei AG besaß, nach dem Wriedt-Skandal von 1931 über eine neuen Führung der »Nordsee« Gedanken machte, wird es sich ergeben haben, dass der bereits bekannte Zahnarztsohn und Schwiegersohn der Robinows, Wilhelm Roloff, Gegenstand der Personalplanung wurde. Wilhelm Roloff gelangte demnach durch die Kontakte seiner Schwiegereltern und durch die Vermittlung Max Warburgs als 31-jähriger junger Mann auf die Position des stellvertretenden Generaldirektors der größten Fischereifirma Deutschlands.[40] Dort fand er offenbar eine große Misswirtschaft vor, die es unverzüglich zu ordnen galt.

Laut der Bremer Einwohnermelde-Karteikarte[41] ist der Kaufmann Wilhelm Roloff am 29.12.1931 aus Krefeld-Uerdingen nach Bremen umgezogen und wohnte hier mit seiner Familie in der Straße Alten Eichen Nr. 30 in Bremen-Horn. Von hier aus ließ sich sein Dienstsitz gut erreichen. Die Hauptverwaltung der »Nordsee« hatte damals ihr Domizil in der Hakenstraße, zentral in der Innenstadt und nur wenige Schritte entfernt von den Hauptgebäuden der Bremer Banken gelegen.

Doch die Ehe Roloffs mit Kaethe Robinow kriselte und hatte schließlich keinen Bestand. Ein Hinweis auf die Ursache der Trennung konnte in der im Staatsarchiv Bremen aufbewahrten Entnazifizierungsakte Wilhelm Roloff gefunden werden[42]. Darin befindet sich ein Zeugnis des mit dem Ehepaar Roloff befreundet gewesenen Bremer Rechtsanwalts Dr. Richard Ahlers. Dieser war Rechtsberater der bedeutendsten bremischen Wirtschaftsunternehmen, Sanierer der J. F. Schröder Bank und Reorganisator des Norddeutschen Lloyd. Auch die »Nordsee« wurde von ihm in vielen Angelegenheiten juristisch beraten und vertreten. In seinem Text heißt es u.a.: *»Da unser freundschaftliches Verhältnis, wie schon*

---

39 Aus den Lebenserinnerungen von Thorvald Roloff, aufgezeichnet zu Beginn der 1980er Jahre, Familienarchiv Sabine Dehnerdt. Die Namen der Firmen, bei denen Roloff vor seiner Berufung in den Vorstand der »Nordsee« tätig war, werden von ihm offenbar nur verkürzt erinnert.

40 Undatierter Brief (Fragment) von Paul Lübcke, geschrieben ca. 1945–1949.

41 Staatsarchiv Bremen, 4,82/1.

42 Staatsarchiv Bremen, 4,66 -I- 9186.

Die junge Familie Roloff (um 1932) mit Wilhelms Bruder Thorvald (links)

bemerkt, auch unsere Frauen einschloß, so fühle ich mich berufen, auch über die Gründe urteilen zu können, die auf Seiten des Herrn Wilhelm Roloff zur Lösung seiner ersten Ehe und zur Begründung seiner zweiten Ehe führten. Die ersteheliche Frau Roloff, die eine Nichte des sehr angesehenen Hamburger Anwalts Dr. Robinow[43] *und Halbjüdin war, wurde ihrer reizvollen Persön-*

43 Dr. Ahlers erwähnt hier Kaethes Onkel Richard Robinow, *14.6.1867, †16.11.1945 in London. Dieser versuchte nach dem Tode seines Bruders am 22.10.1922 dessen Import/Export-Geschäft nebenher fortzuführen, war dabei aber angeblich nur mäßig erfolgreich (so per E-Mail mitgeteilt von Kaethes Schwiegersohn Claude Harwood, England am 31.1.2015). Auf der Internet-Seite des Hamburgischen Richtervereins heißt es über ihn: »Ausgegrenzt und verfolgt wurde auch der langjährige Vorsitzende des Hamburgischen Anwaltvereins, Dr. Richard Robinow (geboren am 14.6.1867 in Hamburg, gestorben am 16.11.1945 in London). Robinow war, neben seinem ehrenamtlichen Engagement in zahlreichen sozialen Einrichtungen, von 1895 bis zum Berufsverbot 1938 Rechtsanwalt in Hamburg. Im Zuge des Pogroms am 9./10.11.1938 wurde er im Alter von 71 Jahren verhaftet und im Konzentrationslager Sachsenhausen

lichkeit und ihrer charakterlichen Vorzüge wegen von meiner Frau und mir mit großer Zuneigung und Sympathie aufgenommen. … Unter den damaligen Verhältnissen lag es nahe, die 1933/34 vollzogene Scheidung des Herrn Roloff von seiner erstehelichen halbjüdischen Frau im Sinne einer konjunkturellen Berücksichtigung antisemitischer Zeittendenzen zu deuten. Demgegenüber glaube ich aus naher Beobachtung und persönlicher Kenntnis beider Ehegatten auf das Bestimmteste das Gegenteil versichern zu können. Nach den von meiner Frau und mir gesammelten mannigfachen Eindrücken handelte es sich bei der ersten Ehe des Herrn Roloff um eine wohl in zu früher und unreifer Jugend geschlossene Ehe, die sich allmählich bis zu einem uninteressierten Nebeneinander-Herleben abgekühlt hatte. Der Grund der Scheidung lag nach meiner festen und zweifelsfreien Überzeugung allein darin, dass Herr Roloff, als er seine nunmehrige zweite Frau Alexandra von Alvensleben kennenlernte, von einer leidenschaftlichen Zuneigung für diese erfasst wurde, der gegenüber seine innerlich neutralisierte Ehe ihm keinen Halt mehr bot. Bei meiner grundsätzlichen Ablehnung aller antisemitischen Tendenzen würde ich auch meine persönlichen Beziehungen zu Herrn Roloff abgebrochen haben, wenn ich auch nur den geringsten Verdacht in der Richtung gehabt hätte, dass die rassische Herkunft seiner ersten Frau für ihn bei der Scheidung seiner ersten und der Anknüpfung seiner zweiten Ehe maßgebend gewesen wäre.«

Bei einem Ehepartner jüdischen Glaubens entsprach ein Scheidungswunsch des »arischen« Partners dem von der NS-Führung gewünschten Verhalten und war daher schnell verwirklicht.

Nach der Scheidung im Februar 1934 zog Kaethe Roloff im Juni 1934[44] zu ihrer Mutter zurück nach Hamburg. Dort wohnte auch Roloffs Mutter, »Oma Paula«. Tochter Gisela besuchte dort zwei verschiedene Schulen und hatte zu beiden Großmüttern einen liebevollen Kontakt. Im Jahre 1939 emigrierten Kaethe und Gisela Roloff noch vor Ausbruch des Zweiten Weltkrieges nach England. Sie folgten damit dem Beispiel anderer Mitglieder ihrer Familie, die

---

interniert. Dem Rechtsanwalt und späteren ZEIT-Verleger, Dr. Gerd Bucerius, gelang es, seine Entlassung zu erwirken. Für Robinow war es trotzdem ein schwerer innerer Kampf, seine Heimat aufzugeben und 1939 gemeinsam mit seiner Frau Marie nach London zu emigrieren, wo er 1945 starb. (http://www.richterverein.de/index.htm?/mhr/mhr082/m08207.htm, Zugriff vom 2.2.2015).

44 Die Scheidung im Februar und die Abmeldung im Juni 1934 stammen aus der Einwohnermeldekarte im Staatsarchiv Bremen.

sich so vor der NS-Verfolgung retten konnten.[45] Kaethe Roloff starb am 17.1.1990 in London.[46]

Exkurs: Die »Nordsee« Deutsche Hochseefischerei AG im Jahre 1931 – Ein Firmenporträt

An dieser Stelle ist ein Blick auf die »Nordsee« Deutsche Hochseefischerei AG zu werfen, die 1931 ihren Generaldirektor Hans Wriedt entließ und Wilhelm Roloff damit bereits in jungen Jahren die Gelegenheit der Übernahme einer Führungsaufgabe bei einem deutschen Marktführer eröffnete:

Die »Nordsee« Deutsche Hochseefischerei, 1896 von Bremer Kaufleuten mit einem Kapital von 3 Mio. Mark gegründet[47] und 1931 mit dem Heimathafen und den Verarbeitungsbetrieben noch in Nordenham ansässig, war zu der Zeit bereits das größte deutsche Fischfang-, Fischverarbeitungs- und Fischhandelsunternehmen.

In ihrem Firmenwappen mit dem goldenen Schlüssel prangte das Motto: *Pro toto quid contribuamus* (übersetzt: Für's Ganze lasst uns tätig sein).

Allerdings vermochte alles Streben, diesem Firmenmotto gerecht zu werden, im Juli des Jahres 1931 nicht, die Auswirkungen der bis dahin größten Finanzkrise Deutschlands auf die »Nordsee« abzuwenden. Ausgelöst durch den Zusammenbruch der Nordwolle kam es zur Zahlungsunfähigkeit großer und für Bremen wichtiger Banken, der Danatbank und der Schröderbank. Das hatte unmittelbare Auswirkungen auf die »Nordsee«, denn »deren Erwerb von Paketen und Aktien anderer Fischereigesellschaften war mit einem Aufwand von 12,3 Millionen Mark an geliehenem Geld durchgeführt worden«.[48] Diese Schulden konnten nun nicht mehr refinanziert werden. Auch die Stadt Bremen vermochte nicht zu helfen. Sie hatte durch den Zusammenbruch der o.g. Banken selbst einen Verlust

45 Informationen zum weiteren Lebensweg von Kaethe Robinow und ihrer Tochter Gisela (Grace) stammen aus der E-Mailkorrespondenz mit dem späteren Ehemann Claude Harwood am 21.10.2014.

46 Ihre Tochter Gisela (Grace) heiratete Claude Harwood. Grace (Gisela) Harwood starb am 11.10.2016, ihr Ehemann Claude am 16.11.2016. Aus der E-Mailkorrespondenz mit der Enkeltochter Vanesse Harwood am 9.4.2017.

47 Beckmann, Werner, Die Reedereien ..., a.a.O., S. 145.

48 Zitat aus: Stellungnahme der »Nordsee«, Wesermünder Neueste Nachrichten, 25.9.1931.

Firmenwappen

von mehr als 25 Mio. Mark des bremischen Staatsguthabens[49] erlitten. Dieser gewaltige Verlust addierte sich zu den schon bestehenden Verbindlichkeiten der Stadt von 288 Mio. Mark. Bremen befand sich infolge dieser Einbußen in einer enormen Finanzkrise.

Die »Nordsee« überlebte nur, weil die Banken insoweit für ein Stillhalteabkommen gewonnen werden konnten. Allerdings gab es anschließend Veränderungen im Aufsichtsrat. An die Stelle des bisherigen Vorsitzenden J. F. Schröder trat der Generaldirektor des Norddeutschen Lloyds[50], Ernst Glässel. Stellvertretender Aufsichtsratsvorsitzender blieb Dr. Carl Melchior, hochangesehener Mitinhaber des Hamburger Bankhauses M. M. Warburg, das in dieser Krise das Überleben der »Nordsee« offenbar maßgeblich bewirkt hatte.[51]

Im Rahmen der Sanierung der Schröderbank war von der Reichsregierung eine Kursgarantie für einen großen Teil der von ihr an andere Banken verpfän-

49 Escher, Die Wirtschafts- und Finanzkrise, a.a.O., S. 158.

50 Vgl. Was ist mit der »Nordsee«, Bremer Volkszeitung, 24.9.1931.

51 Dr. Carl Melchior, *13.10.1871, †30.12.1933, erster familienfremder Teilhaber des Hamburger Bankhauses M. M. Warburg, war Leiter der deutschen Finanzdelegation bei den Friedensverhandlungen zum Friedensvertrag von Versailles. Er hatte dort mit vorzeitiger Abreise gegen die Deutschland extrem schädigenden Bestimmungen protestiert.

deten Schifffahrtsaktien gegeben worden.[52] Für die Verbindlichkeiten der Danatbank übernahm das Reich eine Ausfallbürgschaft. Anschließend wurde die Danatbank mit allen Beteiligungen, auch denen an der »Nordsee«, von der Dresdner Bank übernommen.[53] Diese Übernahme erfolgte rückwirkend zum 1.1.1931. Ab diesem Zeitpunkt ist die Dresdner Bank jahrzehntelang (bis 1982) »Nordsee«-Großaktionärin geblieben.[54]

Die Wirtschaftskrise zwang die »Nordsee« zur einstweiligen Stornierung ihres Vorhabens, das Unternehmen von Nordenham nach Wesermünde zu verlagern. Das erzeugte in der konkurrierenden Küstenstadt an der Wesermündung erheblichen Unmut, hatte Wesermünde doch extra wegen dieses geplanten Vorhabens einen privilegierenden Gewerbesteuerbegünstigungsvertrag mit der »Nordsee« geschlossen.

Im Verlauf des Jahres 1931 wurden Beschuldigungen gegen Generaldirektor Wriedt erhoben, er habe sich persönlicher Verfehlungen schuldig gemacht. Der Vorstand forderte ihn auf, u.a. Auskunft »über unberechtigte persönliche Bezüge und Verfügungen« zu geben.[55] Die Reaktion Wriedts auf diese Entwicklung erschien wie ein Schuldeingeständnis, er fehlte in der Generalversammlung am 4.12.1931. Gleichzeitig erklärte er den sofortigen Rücktritt von seinen Aufgaben als Generaldirektor. Alle Zeitungen berichteten über den sogenannten Wriedt-Skandal. Dieser Vorgang war für einige Zeit Hauptgesprächsthema in der Welt der bremischen Wirtschaftsführer.

Die Neubesetzung der Vorstandsposten zeigte, dass die früheren Hamburger Anteilseigner der Cuxhavener Hochseefischerei, die seit der Fusion der »Nordsee« mit diesem Unternehmen am Gesamtunternehmen beteiligt waren, nun die Entscheidungen bei der »Nordsee« bestimmten. Robert Ahlf, bisher Prokurist der Cuxhavener Hochseefischerei, wurde neuer Generaldirektor.[56] Eduard von Horn und Karl Körner behielten ihre bisherigen Vorstandspositionen.

52 Barfuß, Die Wirtschafts- und Finanzkrise, a.a.O., S. 295.

53 Ebd.

54 http://www.Nordsee.com/at/themen/36/Tradition%20seit%201896, Zugriff vom 25.11.2012.

55 Verwaltungserklärung der »Nordsee«, nachträglich veröffentlicht in den Bremer Nachrichten, 22.10.1932.

56 Dieter Kokot, Ein großer Lenker der Hochseefischerei, Cuxhavener Nachrichten, 7.10.2000.

Vor dem Wriedt-Skandal – Stapellauf des Fischdampfers AUGUST WRIEDT, benannt nach dem Vater von Hans Wriedt, am 3.3.1930 in Einswarden. – Nach der 1928 erfolgten Großfusion der »Nordsee« mit der Cuxhavener Hochseefischerei sind hier die Vertreter der Reedereiabteilungen in Nordenham und Cuxhaven mit den Vertretern der Werft versammelt: v. l. n. r.: Prokurist Sanders, Friedrichswerft, Maschinen-Inspektor Hinrichs, Cuxhaven, Prokurist Ahlf, Cuxhaven, Inspektor Brummer, Nordenham, Werftdirektor Wiesinger, Direktor Liebtrau, Nordenham, Namenspate und Vater des »Nordsee«-Generaldirektors: August Wriedt, Generaldirektor Hans Wriedt, Prokurist Dr. Kuhr, Nordenham, Direktor von Horn, Cuxhaven

Doch eine neue dynamische Persönlichkeit wurde unmittelbar im Dezember 1931 im Range direkt nach Robert Ahlf als weiteres Vorstandsmitglied berufen: der 31-jährige Wilhelm Roloff!

Die zweite Ehefrau: Lexi von Alvensleben

Wie war Roloffs Kontakt zu Lexi von Alvensleben zustande gekommen? Zu dieser Fragestellung konnte kein schriftliches Zeugnis gefunden werden. Allein der in den USA lebende Sohn Michael Roloff wusste mitzuteilen, wie dieses Kennenlernen seiner Eltern, des 34-jährigen Wilhelm mit der 23-jährigen Lexi in der Familie erzählt wurde:

»Mutters beste Freundin, die Schauspielerin Ursula Liedtke, akquirierte mit ihr Werbeanzeigen. Sie wurden von meinem Vater empfangen und das Ergebnis war anders als zuvor erwartet. Spontan verliebten sich Mutter und er ineinander. Das Verhältnis zueinander muss sogleich so ernsthaft gewesen sein, dass mein Vater sich wenig später von seiner Ehefrau trennte und die Scheidung beantragte.«[57] Später ergänzte Michael Roloff: *»Dazu ist es anzunehmen, dass der Papi auch während seiner ersten wie seiner zweiten Ehe immer hunderte von Affären mit anderen Weibern hatte, meine Mutter hat darüber öffentlich gelacht, innerlich aber kaum.«*[58]

Wer war Ursula Liedtke?[59]

Sie war die mittlere von drei Schwestern. Ihre ältere Schwester Ilse war Fotografin, ihre jüngere Schwester Maria war Violonistin.[60]

Ihr Vater Ernst Liedtke war ein am Berliner Kammergericht zugelassener renommierter Rechtsanwalt und Notar sowie ein passionierter Musikliebhaber. Er stammte aus Christburg/Westpreußen und war nach Hitlers Rassegesetzen jüdisch.

Ihre Mutter Emma, geb. Fahsel, wuchs zusammen mit dem Bruder Helmut[61] bei entfernt verwandten Pflegeeltern, einer Berliner Bankiersfamilie, auf. Ihre Konfession war zunächst evangelisch, als Erwachsene konvertierten sie und ihr Bruder zum katholischen Glauben.

---

57 Aus der E-Mailkorrespondenz mit Michael Roloff vom 9.4.2012.

58 Aus der E-Mailkorrespondenz mit Michael Roloff vom 12.12.2013.

59 Ursula Gräfin Plettenberg, geb. Liedtke, *21.10.1912 in Berlin, †16.4.1995.

60 Die biografischen Angaben wurden dem Verfasser freundlicherweise von ihrer Tochter Cornelia von Einem übermittelt. Da Ursula Liedtke im Jahre 1943 zu ihrer Freundin Lexi zog und damit auch Bewohnerin des Fichtenhofs wurde, sollen diese biografischen Informationen hier mitgeteilt werden.

61 Bei Ursulas Onkel Helmut handelt es sich um Helmut Fahsel, der zum Katholizismus konvertierte und bis zum Machtantritt Hitlers 1933 ein bekannter Kaplan und theologischer Vortragsredner war.

Ernst Liedtke wandte sich später von der jüdischen Religion ab und konvertierte zum evangelischen Christentum. Beide Eltern pflegten eine anspruchsvolle Geselligkeit mit Hauskonzerten und literarischen und philosophischen Vorträgen. Das Gästebuch wies Besuche u.a. von Gerhart Hauptmann und Pablo Casals aus.

Als Liedtke feststellte, dass alle drei Töchter künstlerische Berufswege einschlagen wollten, entschloss er sich, jeder die bestmögliche Ausbildung zu ermöglichen. Ilse erhielt von ihm ein komplettes Fotoatelier, Maria konnte zu den besten Violinlehrern in die Ausbildung gehen.

Ursula Liedtke wollte zum Theater gehen. Sie absolvierte die Schauspielschule bei Ilka Grüning, bei der u.a. auch schon Lilli Palmer, Brigitte Horney und Inge Meysel ihre Ausbildungen erhalten hatten. Den künstlerischen Tanz lernte sie bei Maria Matrei, geb. Sterna, einer Nichte von Kaethe Kollwitz.

In Bremen hatte Ursula Liedtke mit 18 Jahren ihr erstes Engagement. Am 17.8.1931 zog sie in die Hansestadt, die für drei Spielzeiten, bis zum 15.6.1934, ihre Heimat wurde. Ein im Staatsarchiv Bremen aufbewahrter Spielplan 1933/34 des Bremer Schauspielhauses weist sie als Mitglied des Theaterensembles aus.[62]

Hier wird sie von ihrer zwei Jahre älteren Freundin Lexi von Alvensleben öfter besucht worden sein.

Doch wie kamen die Freundinnen auf den Gedanken, gerade bei der Fischereifirma »Nordsee« wegen einer Werbeanzeige anzufragen und dazu den Generaldirektor Wilhelm Roloff aufzusuchen? Gab es eine Verbindung zu dieser Firma?

Lexi stammte aus vermögendem Hause. Gleichwohl entsprach es wohl ihrem modernen Selbstverständnis, einen eigenen Verdienst anzustreben. Mit dem Akquirieren von Werbeanzeigen Geld zu verdienen, schien ihr offenbar eine Möglichkeit, Kreativität und Erwerbssinn zu kombinieren. Durch öffentliches Auftreten Geld zu verdienen, war in der Familie Alvensleben allerdings keine alleinige Idee von Lexi. Ihre jüngere Schwester Annali hatte bereits Erfahrungen in der Werbebranche gemacht. Ihr hübsches Gesicht tauchte um 1930 in der Zeitungswerbung für ein Hautpflegemittel auf, und das, obwohl die Eltern solche Selbstdarstellungen eigentlich strikt ablehnten.[63]

Ob ihr Vater allerdings wusste, dass seine Tochter Lexi beim Generaldirektor der »Nordsee« vorstellig wurde, der Firma, bei der er kurz zuvor Mitglied

62 Vgl. Akte 9, S 9–23 13, Staatsarchiv Bremen.

63 Alvensleben, Abgehoben, a.a.O., S. 39.

des Aufsichtsrates geworden war, darf bezweifelt werden.

Am 26.1.1934 anlässlich der Ordentlichen Generalversammlung der »Nordsee« für das Geschäftsjahr 1932/33 war seine Berufung erfolgt. Im Geschäftsbericht heißt es, dass der in Berlin wohnende Werner von Alvensleben zu den 19 Mitgliedern des Aufsichtsrates der »Nordsee« zählte.[64]

Ursula Liedtke, fotografiert um 1932 im Berliner Fotoatelier ihrer Schwester Ilse

Es kann spekuliert werden, ob für Roloffs Scheidung und die spontane Heirat mit der Tochter des Mitglieds seines Aufsichtsrats auch Karriereüberlegungen Roloffs eine Rolle gespielt haben könnten. Wie sein Sohn Michael dem Verfasser mitteilte, hatte Wilhelm Roloff schon während seiner ersten Ehe eine Vielzahl sexueller Affären, eheliche Treue bedeutete ihm offenbar nicht viel.[65] Warum sollte er sich aber scheiden lassen und mit Lexi eine neue Ehe eingehen? Gab es Gesichtspunkte, gerade für Lexi einen radikalen Schnitt seiner ehelichen Verbindung vorzunehmen? Offenbar war das der Fall. Wilhelm Roloff erkannte immer recht gut die Zeichen der Zeit und »hatte ein Gespür für Notwendigkeiten«.[66] Paul Lübcke, Prokurist bei der »Nordsee«, der unter seiner Führung den Fischindustriebetrieb Seeadler innerhalb der »Nordsee« aufgebaut und bis 1945 geleitet hatte, nennt ihn sogar einen »Konjunkturritter ersten Ranges«.[67] Eine familiäre Verbindung zur Familie von Alvensleben konnte seinerzeit nützliche Kontakte in höchste gesellschaftliche Kreise eröffnen und auch eine Verbindung

64 Geschäftsbericht der »Nordsee« vom 26.1.1934, nur in diesem Geschäftsjahr ist Werner von Alvensleben als Mitglied des Aufsichtsrats genannt, sein Verbleiben wird anschließend wegen der entstandenen familiären Nähe zu einem Vorstandsmitglied nicht mehr möglich gewesen sein.

65 Aus der E-Mailkorrespondenz mit Michael Roloff vom 12.12.2013.

66 Aus der E-Mailkorrespondenz mit Roloffs Nichte, Stephanie, vom 21.3.2012.

67 Brieffragment Paul Lübcke ca.1947/48, im Archiv Peter Kruse.

zu potenziellen Investoren schaffen, auf die Wilhelm Roloff als Finanzvorstand der »Nordsee« dringend angewiesen war. Sein potenzieller künftiger Schwiegervater war in Wirtschaftskreisen bestens vernetzt, saß in weiteren Aufsichtsräten und hatte enge Kontakte zu führenden Persönlichkeiten der Politik, bis hin zum Reichspräsidenten von Hindenburg. Es war offenbar lohnend, in diese Familie einzuheiraten.

Am 1.6.1934 wurde vor dem Standesbeamten in München die Ehe von Wilhelm Roloff und Lexi von Alvensleben geschlossen und am 5.6.1934 wurde in Feldafing bei München die Hochzeit gefeiert. Lexis Onkel Adolkar Graf Einsiedel stellte seine Villa für das Fest zur Verfügung.[68]

Das junge Paar zog anschließend aber nicht in das bisher von Wilhelm Roloff in Bremen-Horn bewohnte Haus und auch nicht nach Wesermünde, dem neuen Sitz des Unternehmens. Die repräsentative Wohnanlage des Fichtenhofs in Bremen-Schönebeck wurde stattdessen als Wohnsitz angemietet. Schon am 16.6.1934, wenige Tage nach der Hochzeit, erfolgte Roloffs Ummeldung von der Straße Alten Eichen 30 in Bremen-Horn zum Fichtenhof in das damals preußische Schönebeck.[69]

Die Abgeschiedenheit des Anwesens in einer repräsentativen Parkanlage muss dem jungen Paar offenbar gefallen haben. Anders als seinerzeit Professor Otto Schmidt, der das Haus nur als Sommersitz genutzt hatte, wurde der Fichtenhof nun ständiger Hauptwohnsitz der neuen Bewohner.

Ein Argument, nicht gleich nach Wesermünde umzuziehen, wird wohl auch der Umstand gewesen sein, dass Wilhelm Roloff seine Vorstandstätigkeit für die »Nordsee« mit anderen Aufsichtsratsverpflichtungen in Gesellschaften, an denen die »Nordsee« beteiligt war, verbinden musste. Der Fichtenhof wird für Wilhelm Roloff nicht nur Wohnhaus gewesen sein. Die Größe und die Architektur des Anwesens zeigen zweifellos, dass dieses auch für Repräsentationszwecke geeignet war. Wilhelm Roloff hatte hier einen angemessenen Rahmen für seine berufliche und gesellschaftliche Stellung als stellvertretender Direktor und maßgeblicher Leiter eines der größten Unternehmen der Lebensmittelwirtschaft Deutschlands. Auch die zahlreichen Dienstreisen im Rahmen der Erweiterung des Filialnetzes und für den Aufbau von Zulieferbetrieben im gesamteuropäischen Rahmen hatten offenbar gegen einen Wohnsitz an der Peripherie gesprochen. Ab 1933 hatte Wilhelm Roloff mehrfach Geschäftsreisen nach England, Frankreich, USA,

68 Alvensleben, Abgehoben, a.a.O., S. 81.

69 Vgl. Einwohnermeldekarte, Staatsarchiv Bremen.

Lexi von Alvensleben, fotografiert um 1932 im Berliner Fotoatelier von Ilse Liedtke

Hochzeitsfoto Lexi und Wilhelm Roloff

Österreich, Italien, Dänemark, Norwegen, Tschechoslowakei, Ungarn, Jugoslawien und Holland zu unternehmen. Sie dienten dem Fischein- und -verkauf, den Besuchen der Tochtergesellschaften der »Nordsee« und später auch vielfach der Muttergesellschaft, dem international tätigen Unilever-Konzern.[70]

Doch, was war das für eine Familie, in die Wilhelm Roloff eingeheiratet hatte?

Die Familie von Alvensleben

Zunächst ist die Person seines neuen Schwiegervaters vorzustellen. Werner von Alvensleben ist nur für das Geschäftsjahr 1932/33 als Mitglied des Aufsichtsrats der »Nordsee« im Geschäftsbericht der AG verzeichnet, die Verschwägerung mit dem Vorstandsmitglied Wilhelm Roloff wird den weiteren Verbleib in diesem Gremium ausgeschlossen haben. Geboren wurde Alvensleben am 4.7.1875 in Neugattersleben bei Magdeburg, dem Stammsitz dieses Zweiges derer von Alvensleben, einer der führenden Adelsfamilien des wilhelminischen Deutschlands. Ein Mitglied der Adelsfamilie schrieb in einer Schrift zur Geschichte Neugatterslebens: Schon sein Vater, Werner Alvo Graf von Alvensleben (1840 – 1929), »gehörte im Kaiserreich zu den großen Figuren internationalen Lebens vor 1914. Er besaß große unternehmerische Begabung und machte Neugattersleben ab 1869 zu einem Spitzenbetrieb der Provinz Sachsen«.[71]

Nach dem Ersten Weltkrieg engagierte sich Alvensleben wieder in der Politik. War er vor dem Kriege noch Mitglied der Konservativen Partei gewesen, so trat er jetzt keiner politischen Partei mehr bei. Er wirkte im Hintergrund.

Alvensleben gehörte, wie auch sein Schwager Manfred von Lehndorff, zu den 15 Unterzeichnern des mutigen Manifestes aus dem Jahre 1926: »Aufruf an den Deutschen Adel. Politische Betrachtungen zur Zeitgeschichte« von Rochus Freiherr von Rheinbaben, mit dem die gefährdete Weimarer Demokratie gestützt werden sollte. Darin hieß es u.a., nur gefestigte und von allen Bevölkerungskreisen unterstützte und akzeptierte staatliche Strukturen könnten der Wirtschaft die benötigten verlässlichen Fundamente sichern und den für Wachstum und Arbeitsplätze nötigen Rahmen garantieren. Aus diesem Manifest klangen neue,

70 Vgl. Entnazifizierungsakte Wilhelm Roloff, 4,66 -I- 9186, Staatsarchiv Bremen, Anlage 2 zum Meldebogen.

71 Alvensleben, Neugattersleben, a.a.O., S. 9.

für die meist konservative, kaisertreue Adelsschicht ungewohnte Appelle: »*Mit Fug und Recht haben wir in kaiserlichen Zeiten verlangt, dass sich die republikanisch gesinnten Kreise des deutschen Volkes in den Rahmen der monarchischen Staatsform fügten und dem Kaiser die Ehre erwiesen, die ihm als Oberhaupt des Deutschen Reiches zukam. In gleicher Weise soll man aber jetzt von dem Adel die Selbstdisziplin verlangen, dem Vaterlande zu dienen, auch wenn ihm – einer Minorität – die Staatsform nicht paßt, die gegenwärtig von der Mehrheit des deutschen Volkes als gegeben angesehen wird. ... Es gehört Mut zur Selbstkritik, es gehört Mut dazu, sich zu der Erkenntnis durchzuringen, dass der Adel dem Wandel der Zeiten Rechnung tragen muß und sich nicht auf altem Ruhm ausruhen darf, wenn der Glanz alter Namen, zu denen noch viele gläubig aufblicken, nicht verlöschen soll ... Wer den Mut zur Verantwortung nicht mehr hat für sein Handeln, der muß abtreten und soll seinen Ruhm und seine Traditionen einschachteln und in der Masse verschwinden. Wir stehen an einem Wendepunkt der deutschen Politik, ja vielleicht der deutschen Geschichte. Ob wir den richtigen Weg beschreiten, können erst die kommenden Jahrzehnte lehren ... Es genügt aber nicht, dass einzelne führende Köpfe des Adels hervortreten, sondern der Adel in seiner Gesamtheit sollte das Gebot der Stunde erkennen. Die nächsten Monate und Jahre können entscheidend sein für das Ansehen und die Stellung, die der deutsche Adel im deutschen Volk einnehmen wird*«.[72]

Doch Alvensleben war selbst nicht durchgehend von dieser mutigen Entschlusskraft geleitet. Seine Kinder kannten ihn anders. Lexis Schwester Annali beschreibt ihren Vater wie folgt: »*Vater hatte zu den meisten Dingen des Lebens ein seltsam unernstes, oder eher distanziert belustigtes Verhältnis ... Er verstand sich, und das machte seinen Charme aus, auf die liberale Haltung des Laisser-faire und Laisser-aller ... dass er als zweitältester Sohn (der älteste war 1914 gefallen) den Besitz Neugattersleben nicht übernehmen sollte, in den Augen seines Vaters somit als Familienerbe nicht in Betracht kam, könnte darauf schließen lassen, dass er nicht so recht in das Bild preußisch-wilhelminischen Landjunkertums paßte ... Der Lauf seiner Welt war immer so etwas wie eine Folge anekdotischer Begebenheiten ...*«[73]

Alvensleben war im politischen und wirtschaftlichen Leben Deutschlands der 1920er und frühen 1930er Jahre gleichwohl ein angesehener Geschäftsmann. Mit Export- und Finanzierungsgeschäften war er aber offenbar nicht immer

72 Rheinbaben, Rochus Freiher von, An den Deutschen Adel, S. 3–27, zitiert nach Vollmer, Doppelleben, a.a.O., S. 115–117.

73 Alvensleben, Abgehoben, a.a.O., S. 50–52.

erfolgreich. Gelegentlich mussten Überbrückungskredite auch im Freundes- und Bekanntenkreis aufgenommen werden.[74] Hinsichtlich seines politischen Wirkens gehörte er zum engeren Kreis um den späteren Reichswehrminister und Reichskanzler General Kurt v. Schleicher. Für Schleicher war er im Mai 1932 täglich als Kurier zwischen Berlin und Gut Neudeck, dem Wohnsitz Hindenburgs, unterwegs.[75] Damit unterstützte er die von Hindenburg betriebene Schwächung Brünings, die am Ende zu dessen Rücktritt führte. Enge Kontakte verbanden von Alvensleben auch mit dem Chef der Heeresleitung, Generaloberst Kurt v. Hammerstein-Equord.[76] Alvensleben war Teil derjenigen Kreise, bestehend aus Adel, Großgrundbesitz, Industriellen, Militär und hoher Beamtenschaft, die glaubten, die Nationalsozialisten »zähmen« zu können, indem sie Ihnen Teilhabe an der Macht verschafften. Dazu hatte er auch Spenden der Wirtschaft an die NSDAP zwecks »Landschaftspflege« vermittelt und dabei enge Kontakte zu führenden Kräften der NSDAP, insbesondere zu Himmler und Röhm, aufgebaut. SA-Führer Ernst Röhm war sein Duzfreund.[77]

---

74 Schuldanerkenntnisse aus den Jahren 1924, 1928, 1929 im Archiv der Familie von Alvensleben, Bestand Werner Neugattersleben (1875–1947).

75 Brüning, Heinrich: Memoiren 1918–1934, Stuttgart 1970, S. 594.

76 Entnommen aus: Dr. Reimar von Alvensleben (http://www.familie-von-alvensleben.de/index.php?option=com_content&task=view&id=184&Itemid=218), Zugriff vom 14.11.2011.

77 Siehe Briefe im Archiv der Familie von Alvensleben, Bestand Werner Neugattersleben (1875–1947).

Werner jr.: Vom NS-Terroristen zum Ausgebürgerten

Mit Unterstützung seiner Kontakte in die NSDAP konnte Alvensleben seinen Sohn Werner jr., der nach seinen Maßstäben keinen guten Weg ging, in der SS unterbringen. Doch die SS war nicht die ehrenwerte Eliteeinheit, die sie nach außen hin zu sein vorgab. Offenbar ging dem Sohn in dieser Gemeinschaft jedes rechtsstaatliche Empfinden verloren. Werner jr. verübte und plante im Juni und Juli 1933 mehrere nationalsozialistische Attentate in Österreich. Dafür wurde er dort zu »drei Jahren schweren Kerker« verurteilt. Im Zusammenwirken Himmlers mit Werner von Alvensleben sen. und österreichischen Stellen wurde er aber begnadigt und ausgetauscht.[78] Es erregte in diesem Zusammenhang jedoch den Ärger Hitlers und anderer, dass Werner von Alvensleben sen. im Hinblick auf den Austausch direkte Gespräche mit dem österreichischen Minister Emil Fey, dem potenziellen Anschlagsopfer, führte.

Himmler und Röhm müssen von den Anschlägen gewusst und sie wohl auch mitgeplant haben. Sie kümmerten sich anschließend wohlwollend um Werner von Alvensleben jr. Himmler vermittelte ihn an die SS-Junkerschule in Bad Tölz. Doch aus bisher nicht feststellbaren Gründen verlor Werner jr. kurze Zeit später jeglichen Rückhalt in der NS-Bewegung. Wie ein Ausgestoßener meldete er sich am 1.2.1935 von seinem Wohnsitz Berlin ab, wohnte danach eine Zeitlang bei seiner Schwester auf dem Fichtenhof, musste dann aber Deutschland verlassen. Er wanderte nach Südafrika aus, wurde dort bei Kriegsbeginn 1939 als Angehöriger einer Feindnation interniert und in ein Lager nach Rhodesien gebracht. Aus diesem konnte er fliehen und nach Mosambik entkommen. Im März 1944 wurde

78 Über die Attentate sind laut Mitteilung durch Reimar von Alvensleben, Archivar des Familienverbandes von Alvensleben, inzwischen zwei historische Ausarbeitungen erschienen:
a) Richard Schober: Ein politisch verführter junger Mann? Werner von Alvensleben und das Attentat auf Richard Steidle (11.6.1933). Tiroler Heimat. Jahrbuch für Geschichte und Volkskunde Nord-, Ost- und Südtirols. Band 76/2012. Innsbruck 2012, S.399–414 – und b) Richard Schober: Zur Begnadigung des Steidle-Attentäters Werner von Alvensleben jun. (1933). Die Korrespondenz von Werner von Alvensleben sen.

Werner von Alvensleben jr., Safariunternehmer in Mosambik, wo er sich für einen nachhaltigen Natur- und Wildschutz einsetzte. Er betreute ein Gebiet, so groß wie die Schweiz. Foto: Christian von Alvensleben, 1963

ihm die Ausbürgerung aus der deutschen Staatsangehörigkeit durch das deutsche Generalkonsulat in Lourenço Marques (heutiger Name: Maputo) mitgeteilt.[79] Am 15.11.1946 schrieb ihm sein Vater in einem liebevollen Brief, er möge nicht nach Deutschland zurückkehren.[80] Die Hintergründe dieses Ratschlags sind nicht bekannt.

mit Heinrich Himmler. Tiroler Heimat. Jahrbuch für Geschichte und Volkskunde Nord-, Ost- und Südtirols. Band 78/2014. Innsbruck 2014.

79 Aus dem Archiv der Familie von Alvensleben, Bestand Werner Neugattersleben (1875–1947).

80 Brief im Archiv der Familie von Alvensleben, Bestand Werner Neugattersleben (1875–1947).

Als Hitler sich noch vor seiner Ernennung zum Reichskanzler um die Unterstützung führender Vertreter des deutschen Wirtschaftslebens bemühte, war er auch einmal im Hause Werner von Alvenslebens sen. zu Gast. Tochter Annali von Alvensleben schreibt darüber: *»Es muß 1932 gewesen sein, dass Hitler bei Vater zum Mittagessen war. Mami berichtete, man habe sich auf sein Vegetariertum eingestellt und zuerst eine Sauerampfersuppe serviert ... Mami in ihrer ästhetischen Sensibilität fand Hitler wenig anziehend. ›Bring mir den so schnell nicht wieder her‹, soll sie zu Vater gesagt haben«.*[81]

Werner von Alvensleben war **seit 1909 mit Alexandrine Charlotte Gräfin von Einsiedel, geb. 19.4.1888, verheiratet.** Seine Ehefrau entstammte einem alten meißnischen Adelsgeschlecht. Ihre Tochter Annali schreibt über sie, die »alte Lexi«, wie sie auch genannt wurde: »Sie ist mit ihrer etwas älteren Schwester Harriet, unserer Tante Nita, und drei Brüdern auf Schloß Milkel, nördlich von Bautzen, groß geworden. Mamis Mutter, ihr Mädchenname war Karin von Arnim, starb mit dreiunddreißig Jahren. An den Vater, unseren Großvater Clemens Adolf Graf von Einsiedel, hatten wir ebenso keine Erinnerung. Sein Tod fiel in das Jahr 1917 ... Insofern gab es zu Mamis sächsischer Heimat und Verwandtschaft keine unmittelbaren Brücken mehr, zumal das Gut Milkel vor dem Ersten Weltkrieg verkauft worden war«.[82]

Das Ehepaar hatte vier Kinder, Lexi war das älteste Kind des Ehepaares:

- Anna Alexandra, genannt Lexi, geb. 27.9.1910
- Anna Karoline Harriet Armgard, genannt Annali, geb. 25.8.1911
- (Konstantin Bodo Alvo) Werner, geb. 23.4.1913
- Maria Harriet, genannt Baby, geb. 27.8.1917.

Während Lexis Kindheit wohnte die Familie in Berlin in einer großbürgerlichen 14-Zimmer-Wohnung in der Bendlerstraße. Die Kinder waren hier umgeben von Hauspersonal und Erzieherinnen.[83] Als sie herangewachsen waren, ließen die Eltern ihnen weitgehende Freiheiten. »Man wußte, was verpönt war oder – wie Mami immer sagte – ›kommun‹ war, und was wir eben zu meiden hatten.«[84] Ihr Enkelsohn Michael Roloff erinnert sich noch heute an ihre Erziehungsmaxime, die lautete: *»Manieren lernt man nicht, damit ist man geboren!«*

81 Alvensleben, Abgehoben, a.a.O., S. 52.
82 Ebd., S. 133–137.
83 Ebd., S. 20.
84 Ebd., S 34.

Schwester Annali berichtet: »Ich ging oft zusammen mit Lexi aus, wir wurden eingeladen zu Botschaftsempfängen oder Cocktailparties; wir tanzten, besuchten Nachtlokale, Kabaretts, gingen ins Kino«.[85] »Lexi verstand es, Mami durch lustige unverbindliche Erzählungen zu unterhalten, sie brachte nichts auf Tapet, was ungute Assoziationen nahelegte. Die *conversation agréable,* wie ein späterer Freund das leichte Geplauder nannte, war ihr Talent. Lexi war auch in der Schule besser, sie lernte schnell und wusste, worauf es den Lehrern ankam. Wegen ihrer gesellschaftlichen Gewandtheit war sie überall sehr beliebt. Sie sah gut aus und war dazu eine ausgezeichnete Tänzerin. Die damaligen Modetänze wie Charleston oder Black Bottom beherrschte sie schnell und perfekt. Was sie sagte und nach außen zeigte, war keineswegs immer das, was sie dachte oder fühlte.«[86]

Die Persönlichkeit seines Schwiegervaters Werner von Alvensleben und dessen Verbundenheit mit den führenden Köpfen in Politik und Reichswehr haben offenbar maßgeblich bewirkt, dass sein bis dahin unpolitischer Schwiegersohn Wilhelm Roloff mit der Heirat wie er selbst im Zentrum des politischen Geschehens stand und sich danach mehr und mehr in politischen Fragen engagierte.

Der sogenannte Röhmputsch liefert ein Ausrufungszeichen

Nur kurze Zeit nach der Hochzeit von Wilhelm Roloff und Lexi von Alvensleben am 5.6.1934 ereignete sich am 30.6.1934 der »Röhm-Putsch«. Schlagartig registrierten die politischen Kreise um Werner von Alvensleben, dass sie sich mit ihrer Annahme, Hitler und seine Partei bändigen zu können, auf schreckliche Weise verrechnet hatten. Auch in Bremen gab es »SS-Alarm«. Hier wurde am 30. Juni u.a. der SA-Gruppenführer Karl Ernst verhaftet, noch am Nachmittag nach Berlin geflogen und sogleich erschossen. Der Einsatz findet Erwähnung in den Besprechungen des Bremer Senats. Im Protokoll der Sitzung vom 6.7.1934 heißt es unter Ziffer 3: »*SS-Alarm am 30.6.1934. Für die dreitägige Verpflegung der SS.-Leute durch die Arbeitsstätten G.m.b.H. sind Unkosten in Höhe von 750,-*

85 Ebd., S. 38.
86 Ebd., S. 56.

RM entstanden. Herr Senator Heider wird beauftragt im Einvernehmen mit Herrn Senator Flohr die Bezahlung zu regeln«.[87]

Auch Werner von Alvensleben befand sich auf der Liste der Personen, die ermordet werden sollten. Er wurde verhaftet und ins Berliner Gestapogefängnis und KZ Columbia-Haus eingeliefert.[88] Dort entging er »der Erschießung nur deshalb, weil es ihm gelungen war, Heinrich Himmler unmittelbar vor dem Zugriff des SS-Kommandos über Telefon zu erreichen[89]. Himmler habe die SS-Leute, die Alvensleben den Hörer aus der Hand rissen, mit ihrem Kopf dafür verantwortlich gemacht, dass diesem nichts geschehen würde[90]«. Allerdings wurde Alvensleben noch vier Wochen in Haft gehalten[91].

Die Ermordung seines Freundes von Schleicher und dessen Ehefrau am 30.6.1934 hat Alvensleben tief erschüttert. Aufgrund der Ereignisse verweigerte er danach ausdrücklich den Treueeid auf Hitler, obwohl er der Reichswehr als Hauptmann der Reserve verbunden war. »Ein Alvensleben unterschreibt so etwas nicht!«, war seine wörtliche Begründung[92]. Schon wenig später wurde er erneut verhaftet und saß 6 Monate im Lehrter Gefängnis ein.[93] »Jedenfalls wurde er, der Schleichers politischen Vorstellungen gefolgt war, von Hitler nunmehr als Gegner oder zumindest einer Fronde zugehörig angesehen, die

---

87 Senatsprotokolle für das Jahr 1934, S. 214, 3/3–63, Staatsarchiv Bremen.

88 Orth, Barbara, Gestapo im OP, a.a.O., S. 43.

89 Seine Tochter Lexi hatte der Ärztin Charlotte Pommer berichtet, dass nur das bewusst langsame Gehen ihres Vaters während der Vorbereitung der Erschießung dazu geführt habe, dass Himmler noch erreicht werden konnte. (Orth, a.a.O., S. 90).

90 Glum, Friedrich: Zwischen Wissenschaft, Wirtschaft und Politik, 1964, S. 456.

91 Sommerfeldt, Martin H.: (Ich war dabei. Darmstadt 1949, S. 74) berichtete, dass Alvensleben eine Postkarte verschickte mit dem Zitat von Wilhelm Busch: »Vier Wochen war der Frosch sehr krank, jetzt hüpft er wieder, Gott sei Dank.« Hinweis freundlicherweise erhalten von Dr. Reimar von Alvensleben per E-Mail am 11.8.2014.

92 Bielenberg, Christabel: Als ich Deutsche war, a.a.O., S. 230.

93 Erneute Verhaftung im August 1934, laut Aussage seines Sohnes Werner jun. gegenüber dem amerikanischen Geheimdienst OSS in Mosambik 1944/45. »Wenn Werner sen. insgesamt 23 Wochen in Haft gewesen ist, dann müsste die Haftzeit 1934 etwa sechs Monate betragen haben. Der Grund für die erneute Verhaftung könnte seine Verweigerung des Treueides auf Hitler gewesen sei. Hindenburg war am 2.8.1934 gestorben, die Reichswehr wurde unmittelbar danach auf Hitler vereidigt, auch das Reserveheer, zu dem Werner sen. gehörte«. Vermerk im Archiv der Familie von Alvensleben, Werner Neugattersleben (1875–1947), Rekonstruktion seiner Haftzeiten.

Lexi und Wilhelm Roloff mit Lexis Eltern Alexandrine Charlotte und Werner von Alvensleben am 29.8.1936 in Berlin bei der Hochzeit von Lexis jüngster Schwester Maria Harriet mit Alexander Schleber

den Nationalsozialisten die ungeteilte Macht streitig machen wollte«.[94] In der Reichstagsrede, die Hitler nach diesem brutalen Übergriff am 13.7.1934 hielt, nahm er direkt Bezug auf Roloffs Schwiegervater. Er sagte: »Röhm nahm durch die Vermittlung eines durch und durch korrupten Hochstaplers, eines Herrn von A., die Beziehung zu General von Schleicher auf.«[95] Alvensleben erlebte von nun an Schmähungen in der Presse und geriet in finanzielle Not. Auch seinen Chauffeur Bernhard Schmidt konnte er bald nicht mehr beschäftigen.[96]

94 Alvensleben, Abgehoben, a.a.O., S. 50–52.

95 Dr. Reimar von Alvensleben (http://www.familie-von-alvensleben.de/index.php?option=com_content&task=view&id=184&Itemid=218), Zugriff vom 14.11.2011.

96 Doch wurde dieser dank Wilhelm Roloff nicht arbeitslos s. spätere Erwähnung im Text.

1937 befand er sich wegen »staatsabträglicher Schimpfereien« für sieben Monate erneut in »Schutzhaft«. Nach der Entlassung am 19.8.1937 zog er zu seinem jüngeren Bruder Bodo in Neugattersleben, wo er sich einem Hausarrest unterwerfen musste. Er hatte sich verpflichten müssen, Neugattersleben nicht ohne Genehmigung der Gestapo zu verlassen. Damit blieb er gewissermaßen in der Obhut der Gestapo. Sein Bruder Bodo war seinetwegen am 1.5.1937 in die NSDAP eingetreten. Nur als Parteimitglied hatte er sich erfolgreich für die Freilassung Werner von Alvenslebens verwenden können.[97] Überdies bedurfte Alvensleben auch der finanziellen Unterstützung des Bruders. 1941 blieb ihm kein anderer Ausweg, als auch noch seine Lebensversicherung als Sicherheit für offene Forderungen abzutreten.[98]

Die Sanierung der »Nordsee« – Annäherung an den Widerstand

Am selben Tag, als Hitler »einen Herrn von A.« im Reichstag schmähte, erlebten Wilhelm und Lexi Roloff auf dem Fichtenhof eine Hausdurchsuchung der Gestapo und der SS. Roloff schildert, dass mit einem »Riesenaufgebot« nach belastendem Material gesucht worden sei.[99] Dieses Ereignis wird für Wilhelm Roloff ein Schlüsselerlebnis gewesen sein und ihm eine erste Ahnung von den Dimensionen des inzwischen etablierten Unrechtsstaats verschafft haben.

In seiner Entnazifizierungsakte befindet sich eine von ihm selbst verfasste Beschreibung der Ereignisse dieser Zeit. Darin heißt es: *»Bis zum Jahre 1933 war ich ausschließlich durch meine berufliche Tätigkeit in der Wirtschaft beansprucht und habe mich, rückschauend gesagt, leider für politische Dinge nie interessiert«.*

Im weiteren Text schildert Wilhelm Roloff seine Eindrücke von den geänderten Gepflogenheiten auch in seiner Branche und kommt auf Auseinandersetzungen mit einem unfähigen NS-Karrieristen im Ernährungsministerium zu sprechen, die hier wegzulassen ist. In der Zeitschilderung heißt es dann weiter: *»Dieser Herr G. war nur die allerdings besonders unbequeme Anfangsfigur in einem von da*

97 Nach der Erinnerung von Reimar von Alvensleben, Januar 2014.

98 Notariell beglaubigter Abtretungsvertrag v. 13.10.1941 im Archiv der Familie von Alvensleben, Bestand Werner Neugattersleben (1875 – 1947).

99 So dargestellt in einem Schreiben von Wilhelm Roloff an den Bremerhavener Oberbürgermeister vom 24.10.1945, s. Entnazifizierungsakte Wilhelm Roloff, 4,66 -I-9186, Staatsarchiv Bremen.

an ununterbrochen fortwährenden Kampf, den ich für die Belange der Fischwirtschaft um die immer wieder einsetzenden Versuche korruptiver Einflüsse darauf zu führen hatte. Diese Kämpfe nahmen dabei ein solches Ausmaß an, dass ich trotz meiner – politisch betrachtet – starken Außenseiter-Position in Wesermünde doch von der SS-Zeitschrift ›(Das) SCHWARZE KORPS‹ gewürdigt wurde, mich zweimal ausführlich redaktionell zu ›beleuchten‹. Diese Angriffe des ›Schwarzen Korps‹ gingen davon aus, dass ich mich geweigert hatte, für die SS namens der ›Nordsee‹ ein größeres Geldopfer zu bringen, das man uns zur Gründung einer SS-Musikkapelle angesonnen hatte, aber auch davon, dass ich mit dem damaligen Leiter der Hauptvereinigung der deutschen Fischwirtschaft und Nachfolger des Herrn G. sachliche Auseinandersetzungen hatte, derer sich dieser nur durch eine publizistische Hetze gegen meine Person erwehren zu können glaubte, indem er den zweiten Artikel in das ›Schwarze Korps‹ lancierte und in einer fischwirtschaftlichen Zeitschrift dann auch noch speziell innerhalb unserer Branche einen Auszug aus diesem Artikel verbreitete.

Aus dieser für alle Welt wahrnehmbaren Hetze gegen meine Person entwickelte sich dann für mich ein Vernehmungsverfahren vor der GESTAPO, vor der ich in verschiedenen Verhören mein geschäftliches und politisches Verhalten zu verteidigen hatte. Im Rahmen dieses Verfahrens, das sich nicht zu einer bestimmten Anklage entwickelte, sondern offenbar nur auf eine allgemeine Ausforschung meiner Person gerichtet war, wurde mir u.a. ein unzulässiger Verkehr mit reaktionär eingestellten Kreisen und mit Kommunisten vorgeworfen.«

Außerhalb der beiden Aktenbestände Entnazifizierungsakte und Wiedergutmachungsakte im Bremer Staatsarchiv ist zu Roloffs Auseinandersetzung mit den NS-Regime wenig authentisches Archivmaterial vorhanden. In den genannten Akten enthaltene Zeugenaussagen wie die folgende seines Freundes, des Rechtsanwalts Dr. Richard Ahlers, sind mit dem Wissen um den Zweck zu lesen, für den sie abgegeben wurden. Rechtsanwalt Dr. Ahlers war im Oktober 1945 gebeten worden, Roloffs Parteieintritt zu erklären. Viele NS-Belastete erhielten seinerzeit zum Zwecke der Entnazifizierung sogenannte Persilscheine, mit denen sie eine Verstrickung in das NS-Unrechtssystem relativieren konnten. Die folgende Erklärung stellt allerdings keinen solchen Persilschein dar. Dagegen steht die von Horst Adamietz beschriebene außerordentliche Integrität der Persönlichkeit des Dr. Richard Ahlers. Als »leidenschaftlicher Vertreter der rechtsstaatlichen Ordnung wandte er sich ... gegen den jedes Recht beugenden Nationalsozialismus und führte den Sturz des Landesbischofs der Deutschen Christen durch die Aufdeckung seines kriminellen Verhaltens herbei«.[100]

Über Roloffs politische Einstellung und sein politisches Handeln vor dem Krieg schreibt Dr. Ahlers in seiner Zeugenaussage: *»Ich kenne Direktor Wilhelm Roloff seit Ende 1931, wo er in den Vorstand der ›Nordsee‹ eintrat. Ich hatte die ›Nordsee‹ in den ersten Jahren seiner Vorstandstätigkeit als Anwalt auf das intensivste zu beraten in einer Reihe von sehr großen und wichtigen Angelegenheiten, die sich insbesondere auf die von dem früheren Generaldirektor WRIEDT dort hinterlassene Misswirtschaft und auf die Sanierung der ›Nordsee‹ bezog. Eine beratende Tätigkeit solcher Bedeutung und solchen Ausmaßes brachte mich natürlich in den ersten Jahren seiner Vorstandstätigkeit mit Herrn Roloff in eine sehr häufige und nahe Berührung, aus der sich dann trotz des Altersunterschiedes eine freundschaftliche Verbindung entwickelte. Diese führte dazu, dass wir uns in den anschließenden Jahren auch außerhalb meiner beruflichen Tätigkeit und außerhalb der ›Nordsee‹ häufig begegnet sind und uns auch über allgemeine Fragen aller Art sehr eingehend ausgesprochen haben. Dazu gehörte naturgemäß in erster Linie auch das politische Geschehen. Ich würde Herrn Roloff aus den ersten Jahren meiner Bekanntschaft als einen Mann charakterisieren, der interessanterweise zwar äußerst interessiert und unterrichtet war auf dem Gebiet gerade der Geschichte, der aber der lebenden Zeitgeschichte, und deshalb auch dem politischen Geschehen in Deutschland zunächst wenig Interesse entgegenbrachte. Dieses politische Zeitgeschehen wurde ihm dann aber, sozusagen gegen Wunsch und Neigung sehr bald äußerst nahegebracht dadurch, dass, wohl unter dem maßgeblichen Einfluss des kurz vorher abgebauten Generaldirektors Wriedt und seiner Helfershelfer, schon sehr bald nach dem politischen Umsturz vom März 1933 alle möglichen Behörden und Parteiinstanzen sich so eingehend mit Herrn Roloff zu beschäftigen begannen, dass er häufiger meine anwaltliche Beratung deswegen in Anspruch nahm. So kam es auch aus diesem Anlass, dass wir uns häufig und eingehend über das politische Geschehen des Tages aussprachen. … Aus diesem Anlass kann ich auf das bestimmteste aussagen, dass Herr Roloff sich von Anbeginn an und namentlich seit dem RÖHM-Tage (30.6.1934) mir immer als ein Mann zeigte, der den ns'istischen Grundtendenzen mit der schärfsten Kritik begegnete, und sich, was damals recht selten war, überall wo er von na'istischer Seite angezweifelt oder bekämpft wurde, auf das Nachdrücklichste dagegen zur Wehr setzte. Ich habe selbst als Anwalt eine ganze Reihe von*

100 Adamietz, Horst: Das erste Kapitel, a.a.O., S. 237.

Verteidigungsaktionen des Herrn Roloff entweder mit meinem anwaltlichen Rate begleitet oder für ihn als Anwalt wahrgenommen. Ich habe dies persönlich gern getan, weil ich bei ihm die Energie seiner Verteidigung schätzte, während bekanntlich die meisten vom Ns'mus angezweifelten oder befehdeten Persönlichkeiten sich im Sinne einer weichen Nachgiebigkeit der Gefahr zu entwinden suchten.

Im Rahmen solcher freundschaftlichen Aussprache über politische Dinge ist wohl kein vom Ns'mus gestelltes akutes Problem unter uns unerörtert geblieben, aber immer in dem Sinne behandelt worden, daß wir uns gegenseitig die uns möglichen Einsichten zur Verfügung stellten, aber dabei auch stets zu dem gleichen Ergebnis konsequenter Ablehnung der ns'istischen Ziele gelangten. Ich betone dabei gerade die Worte ›Grundtendenzen‹ und ›Ziele‹, weil es ja in den ersten Jahren des Ns'ismus gerade für die Männer der Wirtschaft sehr nahe lag, die großen Teilerfolge, welche die ns'istische Bewegung zunächst für sich geltend machte, im Sinne einer sehr tatkräftigen Ankurbelung der Wirtschaft, einer Beseitigung einer Arbeitslosennot usw. in ihrer rein zeitlichen Bedingtheit zu verkennen und sich dadurch für die weitergehenden ns'istischen Ziele gewinnen zu lassen …

Ich möchte aber aus diesen Unterhaltungen einen einzigen Komplex herausgreifen, nämlich den späteren Krieg, den wir beide in unseren Unterhaltungen als ein völlig unausweichliches Ereignis und Verhängnis voraussahen. Wir beurteilten übereinstimmend Adolf HITLER als einen Mann, der ohne jede Kenntnis der Außenwelt unter rein binnenländischen Verhältnissen als politischer Demagoge groß geworden war, als Massen-Psychologe vorzüglich mit der deutschen Volksseele zu spielen wusste, aber von den im Ausland maßgebenden Kreisen und Kräften nicht das geringste verstand und deshalb nicht vorauszusehen vermochte, dass die von ihm inszenierte Bewegung und die Methoden seiner Außenpolitikführung völlig unausweichlich zu einem Weltkonflikt führen mussten, der bei einiger Kenntnis der kriegswirtschaftlichen Potenz des Auslands Deutschland in das äußerste Verderben stoßen musste. …

Über die politische Verbindung des Herrn Roloff mit der Verschwörung vom 20. Juli 1944 bin ich nicht unterrichtet. Ich habe Herrn Roloff ab 1940 infolge seiner Übersiedlung nach Berlin nur noch selten hier in Bremen gesehen. Bei diesen wenigen Zusammenkünften konnte ich nur unverändert die gleiche Haltung des Herrn Roloff zur Partei feststellen.

Bremen, den 24. Oktober 1945, gez. A h l e r s[101]

101 Auszug aus der Erklärung Dr. Ahlers, s. Entnazifizierungsakte Wilhelm Roloff, 4,66 -I- 9186, Staatsarchiv Bremen.

Die »Nordsee« Deutsche Hochseefischerei AG nach der NS-Machtübernahme

Die Machtübernahme durch die Nationalsozialisten im Januar 1933 führte in weiten Teilen der deutschen Wirtschaft zu einschneidenden Veränderungen, so auch bei der »Nordsee«. Unmittelbare Auswirkungen sind vom Zeitpunkt kurz nach der Machtergreifung belegt. In einem Eilbrief der Reederei-Abteilung vom 18.4.1933 – Eingang beim Schiffsregister des Amtsgerichts Brake am selben Tag – heißt es: *»Wir sind durch die äußeren Umstände, insbesondere politische etc. Entwicklungen der letzten Monate gezwungen, folgende Dampfer umzutaufen, wenn uns nicht erhebliche geschäftliche Nachteile aus dem weiteren Verbleiben der alten Namen erwachsen sollen, und zwar*

FD. HANS WRIEDT in WÜRTTEMBERG und

FD. JAKOB GOLDSCHMIDT in BADEN.

Wir bitten Sie unseren Antrag auf Umtaufe dieser Dampfer möglichst umgehend an den Reichsverkehrsminister weiterzugeben, da wir wahrscheinlich nicht in der Lage sein werden, diese Dampfer noch wieder zu einer Fangreise in See zu schicken, beide Dampfer aber innerhalb 8 Tagen in Deutschland zum Markt sein werden«.[102] Es drohte offenbar ein Auslaufverbot, falls die Schiffe, die Namen des einer Straftat beschuldigten früheren Generaldirektors der »Nordsee« bzw. des ehemaligen jüdischen Generaldirektors des früheren Großaktionärs, der Danatbank, weiterhin führen würden.

Vorsichtshalber wurden anschließend für die beiden Fischdampfer-Neubauten des Geschäftsjahres 1933/34 von vornherein Namen der jetzt maßgebenden Personen gewählt, nämlich: CARL RÖVER (NSDAP Gauleiter Weser-Ems) und R. WALTER DARRÉ (NSDAP-Minister für Ernährung und Landwirtschaft).[103]

Die Namensänderungen und -gebungen waren wohl reine Vorsichtsmaßnahmen und lassen keine Rückschlüsse auf den Geist im Unternehmen zu. Dieser war offenbar weiterhin antinazistisch, was sich indirekt aus dem Verbleiben des stellvertretenden Vorsitzenden, Dr. Carl Melchior, im Aufsichtsrat der Gesellschaft schließen lässt. Dr. Melchior war ein exponierter Vertreter der jüdischen Gemeinde Hamburgs.

---

102 Schreiben der »Nordsee« v. 18.4.1933, in: Fischereiarchiv Dieter Kokot, Wingst.
103 Geschäftsbericht der »Nordsee« für 1933/34, S. 6.

Dem Deutschen Reich gehörten zu der Zeit offenbar keine Anteile an der »Nordsee«, somit kam das »Gesetz zur Wiederherstellung des Berufsbeamtentums« vom 7.4.1933 in ihrem Fall nicht zur Anwendung und Dr. Melchior konnte bis zu seinem plötzlichen Tod am 30.12.1933 im Aufsichtsrat der »Nordsee« verbleiben. Nach seinem Tode veröffentlichte dieser im Geschäftsbericht 1933/34 einen ehrenden Nachruf zur Würdigung seiner Verdienste.[104]

Dem Protokoll einer Sitzung des Bremer Senats vom 16.2.1934 ist zu entnehmen, dass die Dresdner Bank und die Stadt Bremen zu diesem Zeitpunkt gemeinsam Mehrheitseigner der »Nordsee« waren. Es heißt dort unter Punkt 8: *»Herr Senator Flohr berichtet, daß bei der ›Nordsee‹ eine Zusammenlegung des Aktienkapitals von 20 auf 12 Millionen beabsichtigt sei und darauf folgend eine Erhöhung des Kapitals um 5 Millionen RM. Bremen behält von dem zusammengelegten Kapital über die Nordkredit zusammen mit der Dresdner Bank 8,4 Millionen RM Aktien. Von den 5 Millionen neuer Aktien übernimmt Hamburg 2,7 Millionen, Bremen 0,6 Millionen. Damit ist die Mehrheit Bremens zusammen mit der Dresdner Bank gesichert …«*[105]

1933 wurde die infolge der Finanzkrise gestoppte Betriebsverlegung von Nordenham nach Wesermünde wieder in Angriff genommen und sogleich umgesetzt. Die »Nordsee« erwarb durch einen Vertrag mit der preußischen Regierung ein großes Gelände an der Ostseite des alten Handelshafens. Mit erheblichen Investitionen wurde hier ein eigener »Nordsee«-Hafen errichtet. Dieser neue Hafen sollte Abläufe optimieren und insbesondere die Zeit zwischen den Fangreisen verkürzen. Das Löschen der Fänge erfolgte bereits seit langem fast

104 Aus dem Bericht des Aufsichtsrats im Geschäftsbericht für 1933/34 zur Generalversammlung am 17.11.1934: »Im Laufe des Geschäftsjahres hatten wir den Tod unseres stellvertretenden Vorsitzenden, des Herrn Dr. Carl Melchior, zu beklagen. Der Verstorbene gehörte seit der Gründung im Jahre 1906 dem Aufsichtsrat der Cuxhavener Hochseefischerei an und seit der Fusion dieser Gesellschaft mit der Deutschen Dampffischereigesellschaft »Nordsee« zu demjenigen unserer Gesellschaft, und zwar als stellvertretender Vorsitzender. Das Wirken des Verstorbenen, dessen reiches Wissen und große Erfahrungen für die Entwicklung der beiden Gesellschaften von unschätzbarem Werte waren, wird bei uns unvergessen bleiben.«

105 Senatsprotokolle für das Jahr 1934, S. 53. Leider ist der Band mit den Senatsprotokollen für das Jahr 1935 verschollen, daher kann nicht geprüft werden, ob die Unilever seinerzeit durch Übernahme von Bremer Aktien Mehrheitseigner der »Nordsee« wurde. Dem Band für das Jahr 1936 konnten insoweit keine Angaben entnommen werden. 3/3–63, Staatsarchiv Bremen.

nur noch in Wesermünde. Die Fischdampfer mussten nun nicht mehr leer nach Nordenham verholen, um dort für die nächste Fangreise ausgerüstet zu werden. In einer anlässlich des 40-jährigen Bestehens der »Nordsee« erschienen Darstellung ist der zeitsparende Betriebsablauf beschrieben: »Die »Nordsee«-Dampfer [die] an den Hallen des Fischereihafens den Fang gelöscht [haben], verholen zur Ostkaje des alten Handelshafens, um die Ausrüstung, Proviant, Kohlen, Eis, Netze u.a.m. für neue Fangreisen zu übernehmen«.[106]

Es gab auch Veränderungen atmosphärischer Art, hervorgebracht im Geiste des NS-Gedankenguts. Das Wort »Mitarbeiter« für Betriebsangehörige wurde durch die neue Bezeichnung »Gefolgschaftsmitglied« ersetzt, damit sollten Gehorsam und Betriebstreue als ethische Werte indoktriniert werden. 1934 wurde die anonyme Stechuhr im Unternehmen abgeschafft und stattdessen der disziplinierende Betriebsappell eingeführt. In der Betriebszeitung heißt es dazu: *»Der Betriebsappell wurde durch den Betriebsführer Ahlf mit einer kurzen Ansprache eröffnet, in der er die Abschaffung der Kontrolluhr verkündete und an das Verantwortungsgefühl jedes Gefolgschaftsmitgliedes appellierte, sich weiter für das Wohl des Betriebes einzusetzen. Dann nahm Kreisamtsleiter Pg. Off das Wort und sprach von den Aufgaben der Arbeitsfront unter Dr. Leys Führung … Die Gefolgschaft der ›Nordsee‹ AG. hörte dann stehend den von PG. Off gesprochenen markigen Morgengruß«.*[107]

Einführung neuer Betriebsabläufe

Roloff besaß einen enormen Arbeitseifer und verfügte über die besondere Fähigkeit, mehrere wichtige Anliegen parallel bearbeiten zu können und dabei große Belastungen zu bewältigen. Existenzielle private Veränderungen, wie die Trennung von seiner Ehefrau Kaethe und die Wiederverheiratung mit Lexi erfolgten zu einer Zeit, als er gleichzeitig höchste berufliche Anforderungen zu bewältigen hatte. Urlaube und Erholungen sorgten aber für Entspannung. So verlebte er

106 Höver, Deutsche Hochseefischerei, a.a.O., S. 15.

107 Der Fischerbote, Jahrgang 1934, »Nordsee«-Archiv Hoffmann im Bestand des Dt. Schiffahrtsmuseums Bremerhaven; Pg: = In der NS-Zeit gebräuchliche Abkürzung für Parteigenosse.

Kurz nach seiner Hochzeit lädt Wilhelm Roloff (obere Reihe, 3.v.r.) im Sommer 1934 eine Gruppe seiner Kolleginnen und Kollegen zu einem Betriebsausflug ein. Ziel ist sein neuer Wohnsitz auf dem Fichtenhof. Lexi Roloff steht in der mittleren Reihe mitten in der Gruppe

über den Jahreswechsel 1933/34 einen Skiurlaub in der Schweiz und unternahm im März/April 1934 eine Erholungsreise nach Italien.[108]

Der Umzug der Zentralverwaltung von der Hakenstraße in Bremen in einen umgebauten ursprünglich als Salzlager genutzten mehrstöckigen Bau am Ostufer des Alten Handelshafens in Wesermünde fand Ende Juni statt, kurz nach seiner Hochzeit. Anfang August folgte diesem die Verlegung des Reederei-Betriebes von Nordenham nach Wesermünde.

Ende Juni 1934 befand sich Roloffs Schreibtisch nun in Sichtweite der eigenen Fischereiflotte. Er war im Vorstand zuständig für Finanzen, für die Verarbeitung und die Vermarktung der Fänge. Die veränderten Abläufe im Hafenbereich rechneten

---

108 Entnazifizierungsakte Wilhelm Roloff, 4,66 -I- 9186 Staatsarchiv Bremen, Folgeblatt zum Meldebogen.

Einladung zur Filmvorführung im Fischladen auf der Zeil in Frankfurt/Main

sich umgehend. Die Anlandungen stiegen von 270.000 t im Jahre 1932 auf 420.000 t im Jahre 1936.[109] Die Reederei stellte nahezu die Hälfte der deutschen Fischereiflotte.

In den Jahren 1932/33 hatte sich Roloff noch gegen Angriffe seines Vorgängers Wriedt zu verteidigen. Dieser bemühte sich offenbar mit Hilfe politischer Instanzen, seine frühere Position als Generaldirektor wiederzuerlangen. Nach der Machtergreifung Hitlers hatte er dafür einen Fürsprecher im »Reichsnährstand« gefunden.[110]

109 Beese, Das Eindringen, a.a.O., S. 20.

110 Schreiben von Wilhelm Roloff an den Bremerhavener Oberbürgermeister vom 24.10.1945, s. Entnazifizierungsakte Wilhelm Roloff, 4,66 -I- 9186, Staatsarchiv Bremen. Der »Reichsnährstand« war eine ständische Organisation der NS-Wirtschaft, die der Lenkung der Produktion, des Vertriebs und der Preise von landwirtschaftlichen Erzeugnissen diente.

Einheitliche Verpackungen und einheitliche Ladenlokale sorgten für die zunehmende Bekanntheit der Marke

Roloff konnte sich erfolgreich dagegen wehren. Er festigte seine Stellung vor allem auch dadurch, dass ihm bald ein geschickter Ausbau des Filialnetzes gelang.[111] Bei seinem Eintritt in das Unternehmen gab es in Deutschland 128 Filialen in 51 Städten und in Österreich weitere 32 Läden. Zum Zeitpunkt des 40-jährigen Bestehens 1936 war das Unternehmen bereits in 80 Städten in Deutschland und Österreich mit eigenen Verkaufsstellen präsent. Die Expansion setzte sich bis in die Kriegszeit hinein fort. Die größte Ausdehnung hatte das Netz der Verkaufsstellen offenbar im Juni 1941, als es »Nordsee«-Geschäfte in 168 Städten gab. Viele Großstädte verfügten auch über mehrere Geschäftslokale.[112]

---

111 S. Lübcke-Brieffragment von 1945/46.

112 So den jährlichen Geschäftsberichten der AG entnommen; spätere Geschäftsberichte aus den Kriegsjahren enthalten hierzu keine Angaben.

Teilnehmerinnen eines »Nordsee«-Kochkurses in Beuthen/Oberschlesien

Dieses Wachstum war möglich, weil Wilhelm Roloff neue, bisher wenig verbreitete Vermarktungsstrategien einführte. Gleich nach seinem Eintritt in das Unternehmen hatte er 1932 eine eigene Werbeabteilung gegründet. Ihre Aufgabe war es, »sich mit der Durchführung großer Seefischereiveranstaltungen, bestehend aus Film- und Lichtbildervorträgen, verbunden mit Schaukochen und Kostproben zu befassen. Im Anschluss wurden Kochkurse durchgeführt. 15 Lehrküchen waren in Betrieb.

Das monatlich erscheinende ›Nordsee‹-Magazin und Inserate in den Tageszeitungen der Städte, in denen sich Verkaufsstellen befanden, sorgten für die wachsende Bekanntheit der Marke ›Nordsee‹. Auch mit Plakaten, Filmen, Handzetteln wurde geworben.«[113]

Optimierte Formen der Schaufensterausstellungen zogen in die Städte ein, angeführt von den Filialen der »Nordsee«. Eine nachhaltige Werbemaßnahme war die Etablierung eines Logos. Der »Bojenfisch«, eine Grafik, die einen Fisch auf Wellen mit dem Schriftzug »Nordsee« neben einer

113 Der Fischerbote, Jahrgang 1934, »Nordsee«-Archiv Hoffmann im Bestand des Dt. Schiffahrtsmuseums Bremerhaven

Schaufensterwettbewerbe: Zwei Ergebnisse im Firmenarchiv der »Nordsee«

Boje mit dem Bremer Schlüsselemblem zeigt, fand überall in den Läden Einzug. Er wurde auch auf den Briefbögen des Unternehmens verwendet.

Standardisierte Spezialverpackungen, die vom Kunden automatisch mit der »Nordsee« assoziiert wurden, waren eine weitere Maßnahme, die beim Kunden die sofortige Wiedererkennung der »Nordsee«-Produkte erreichte und damit den Absatz förderte.

Der von Wilhelm Roloff im Sommer 1945 bei der »Nordsee« eingestellte spätere Direktor Marx-Henning Rehder beschrieb Roloffs Wirken bei der »Nordsee« wie folgt: »Wilhelm Roloff hatte beim Eintritt in den Vorstand der »Nordsee« sehr ungeordnete Verhältnisse, auch innerhalb des Vorstandes, vorgefunden. Es war eine außerordentliche unternehmerische Leistung, diese strukturellen Defizite völlig zu beseitigen und aus der »Nordsee« binnen Kurzem einen Musterbetrieb zu machen. Dieser Wandel war in erster Linie Wilhelm Roloff und weniger Robert Ahlf zu verdanken. Robert Ahlf war zwar der über ihm stehende Generaldirektor, aber mindestens ebenso bestimmend für das Unternehmen war Wilhelm Roloff.«[114]

Der Unilever-Konzern übernimmt die Aktienmehrheit an der »Nordsee«

Roloff konnte seine Qualitäten als Wirtschaftsführer nachhaltig beweisen, als es galt, das erforderliche Kapital für das Wachstum der »Nordsee« zu akquirieren. Dabei verstand er es, das im Deutschen Reich während der Bankenkrise eingeführte bürokratische System der Devisenbewirtschaftung für seine Initiativen nutzbar zu machen.

114 Telefonat mit Marx Henning Rehder am 20.1.2015.

Auch die »Nordsee« leidet unter der Devisenbewirtschaftung im Deutschen Reich

Die Devisenbewirtschaftung war von Reichsbankpräsident Schacht, der eine Abwertung der Reichsmark ablehnte, auch nach 1933 beibehalten worden. Die Folge war, dass sich die Exporteinnahmen des Reiches durch den erhöhten Wechselkurs der Reichsmark verringerten. Das hohe Handelsdefizit erforderte eine Rationierung der Importe und behinderte Unternehmen wie die »Nordsee«, die außerhalb der Reichsgrenzen zu agieren hatten. Die Aufrechterhaltung ihres Betriebes war durch fehlende Devisen erheblich behindert.

Um die Problematik zu verdeutlichen, sei hier beispielhaft aus einem Antrag der »Nordsee« vom März 1934 an die »Stelle für Devisenbewirtschaftung« beim Finanzamt Unterweser zitiert.

Dort heißt es: *»Wir sehen uns veranlaßt, Ihnen unseren Genehmigungsbescheid für Nebenkosten vorzulegen, da von den uns für das laufende Halbjahr zur Verfügung gestellten Kontingenten im Gesamtbetrag von RM 300.000,- rund RM 200.000 verbraucht sind … Zur Zeit fahren wir im erhöhten Maße nach dem Weißen Meer, weil es in diesem Jahre dort sehr viel Kabeljau gibt. Die 24 bis 30-tägige Dauer dieser Reisen macht eine Zwischenstation in Norwegen erforderlich, wodurch uns neben den Kohlen-Rechnungen noch Lotsen-Gebühren sowie Eis- und Proviantkosten entstehen … Wir bedauern, gerade bei der augenblicklichen Devisenlage mit unserem Antrage darauf aufmerksam machen zu müssen, dass unser diesjähriger Devisenverbrauch voraussichtlich größer sein wird. … Wir hätten dies nur vermeiden können durch eine teilweise Stillegung unserer Flotte, welche weder durch den glatten Absatz der Fänge in Deutschland gerechtfertigt, noch durch die hieraus folgende Entlassung der Mannschaften zu verantworten war …«.*[115]

115 Durchschrift des Antrags vom 2.3.1934 im Archiv der Handelskammer Bremen, Archivbestand 900 01 K13.

»NORDSEE«
DEUTSCHE HOCHSEEFISCHEREI BREMEN-CUXHAVEN
AKTIENGESELLSCHAFT

FISCHFANG
FISCHHANDEL

FERNRUF: BREMERHAVEN 4030/35 · TELEGRAMME: NORDSEE · POSTSCHECK-KONTO: HAMBURG 55691
BANKVERBINDUNGEN: REICHSBANK-GIROKONTO WESERMÜNDE, BREMER BANK FILIALE DER DRESDNER BANK, BREMEN
DRESDNER BANK, FILIALE BREMERHAVEN, COMMERZ- UND PRIVATBANK A.-G., FILIALE WESERMÜNDE
NORDDEUTSCHE KREDITBANK A.-G., BREMEN UND FILIALE WESERMÜNDE, BERLINER HANDELSGESELLSCHAFT, BERLIN
S. BLEICHRÖDER, BERLIN, M. M. WARBURG & CO., HAMBURG

ZENTRAL-VERWALTUNG
W. Roloff

WESERMÜNDE-G., 9. Oktober 1934.
AM RATHAUS
POSTSCHLIESSFACH 94

UNSER ZEICHEN:	IHR ZEICHEN:	IHR BRIEF VOM:
32/Gr./9	-	-

bitte in der Antwort angeben

BETRIFFT:

Herrn
P.D.H. Hendriks
Margarine-Verkaufs-Union
G.m.b.H.
Berlin C.2.
Union-Haus, Burgstr.

Sehr geehrter Herr Hendriks,

Ich würde mich natürlich ganz besonders freuen, wenn Sie es wahrmachen würden, zusammen mit Herrn VOLLAND auf Ihrer Reise zu den Bremen-Besigheimer Oelfabriken nach Wesermünde zu kommen, um dann auch mein persönlicher Gast zu sein. Bitte schreiben Sie mir doch rechtzeitig, wann Sie hierher kommen, damit ich mich entsprechend einrichten kann.

Inzwischen verbleibe ich mit freundlichen Grüssen

Ihr ergebener

W. Roloff

Brief von Roloff an Hendriks vom 9.10.1934, aufbewahrt im Unilever-Firmenarchiv in Hamburg

Während seiner vorherigen fünfjährigen beruflichen Tätigkeit in den Niederlanden hatte er sich einen guten Überblick über die dort ansässigen Wirtschaftsunternehmen verschaffen können. Ihm war daher offenbar bekannt, dass der britisch-niederländische Unilever-Konzern mit seinem Tochterunternehmen Margarine-Verkaufs-Union (MVU) im Deutschen Reich Gewinne erwirtschaftete, auf die die Konzernmutter in Rotterdam keinen Zugriff zur Verwendung im Gesamtkonzern hatte. Sämtliche grenzüberschreitenden Kapitalströme bedurften seiner Genehmigung, die allerdings nur in wenigen Ausnahmefällen erteilt wurde. Für Rohwaren, die die Muttergesellschaft der Tochter zur Weiterbearbeitung lieferte, erhielt sie kein Geld zurück. Der Kaufpreis war stattdessen innerhalb Deutschlands auf ein Sperrkonto zu zahlen.

Als Möglichkeit eines sinnvollen Umgangs mit diesen »gesperrten« Geldern (so genannte »Sperrmark«) blieb der MVU daher nur ein einziger vernünftiger Ausweg: dieses Vermögen musste innerhalb des Deutschen Reiches in Firmen, Aktien, Schiffen und Grundstücken angelegt werden.

Roloff bemerkte schon früh, dass die MVU nach Möglichkeiten für entsprechende Anlagen suchte. Er sah die beiderseitigen Vorteile, die eine Beteiligung von Unilever/MVU am Grundkapital der »Nordsee« mit sich bringen könnte, suchte den Kontakt zur Unternehmensführung des Konzerns und bat den Chef der MVU, den Niederländer Petrus D. H. Hendriks, und den Leiter der Berliner MVU, Albrecht Volland, um einen Kontakt in Wesermünde. Als »Türöffner« bei Unilever war ihm dabei offenbar sein Schwiegervater in spe, der in Politik und Wirtschaft in der Zeit sehr gut vernetzte Werner von Alvensleben, Mitglied des Aufsichtsrates der »Nordsee«, behilflich. In einer eidesstattlichen Versicherung von Alvensleben vom 26.8.1946[116] heißt es: *»Im Jahre 1934 wurde durch meinen Schwiegersohn und durch mich ein sehr großer Posten Aktien der ›Nordsee‹ an den Unilever-Konzern vermittelt…«*[117]

Ein weiterer Grund für Roloffs Bemühen um eine Kapitalbeteiligung des Unilever-Konzerns an der »Nordsee« war die Beobachtung der wirtschaftspolitischen Bestrebungen der NSDAP. Offenbar hatte er schon aus der Zeit seiner Tätigkeit in Rotterdam eine Verbindung zu den dortigen Vorgängerfirmen des Unilever-Konzerns geknüpft. Er sagt dazu in einem Statement nach dem Krieg: *»Auf Grund*

116 S. Entnazifizierungsakte Wilhelm Roloff, 4,66 -I- 9186 Staatsarchiv Bremen.

117 In der Erklärung vom 26.8.1946 wird der Satz wie folgt fortgesetzt: *»und zwar in der ausgesprochenen Absicht, dass die Naziregierung unter keinen Umständen irgendeinen maßgeblichen Einfluß weder direkt noch über die Banken auf die ›Nordsee‹ gewinnen sollte.«*

meiner wirtschaftlichen Erfahrungen nach meiner Tätigkeit in Holland und England von 1924 bis 1929 habe ich mich sofort 1933 bemüht, Parteieinflüsse auf meine Firma dadurch zu verhindern, oder weitestgehend zu kompensieren, dass ich ganz bewusst die beherrschende Beteiligung des Unilever-Konzerns bei der ›Nordsee‹ herbeigeführt habe.«[118]

Wie von Roloff erhofft, erwarb die MVU rasch immer mehr Kapitalanteile, sodass sie binnen kurzer Zeit Großaktionärin und die zweite bedeutende Anteilseignerin neben der Dresdner Bank war. Schon 1936 gehörte ihr fast die Hälfte der Unternehmensanteile an diesem bedeutendsten deutschen Fischereiunternehmen. Albrecht Volland wurde für die MVU in den Aufsichtsrat entsandt. Im Jahre 1939 war er sogar dessen stellvertretender Vorsitzender.

Die Margarine-Verkaufs-Union bzw. der Unilever Konzern im Jahre 1934 – Skizze eines internationalen Konzerns im Wirtschaftssystem des Deutschen Reiches

1929 hatten die beiden niederländischen Unternehmerfamilien Jurgens und Van den Bergh ihre deutschen Töchter in Berlin zur MVU zusammengeführt. Als dritte wesentlich kleinere Gruppe von deutschen Anteilseignern wurde im gleichen Jahr auch die sogenannte Schicht-Gruppe hinzuverschmolzen. Die niederländischen Muttergesellschaften fusionierten ein Jahr später mit dem britischen Familienunternehmen Lever zum Unilever-Konzern. Die Führung des Konzerns oblag einem »Special Committee«, gewissermaßen als »Inneres Kabinett«, in dem niederländische wie britische Interessen gleichermaßen repräsentiert waren. In diesem »Special Committee« saßen unter anderem auch die Manager Francis D'Arcy Cooper (für die britische Seite) und Paul Rijkens (für den niederländischen Anteilseigner) sowie später Georg Schicht. Für den deutschen Geschäftsbereich bestand die MVU als Tochtergesellschaft fort. Niederländische Manager führten bis 1939 die Geschäfte der MVU, bis 1935 Pieter Hendriks, danach Frederik (Fritz) Tempel und A.E.J. Simon Thomas. Sie wurden die Ansprechpartner für Wilhelm Roloff.

Die beteiligten Unilever-Unternehmen waren schon in den Jahren zuvor recht erfolgreich in Deutschland gewesen. Gegenstand der ab 1888 hier geschäftlich

118 Vgl. Statement in der Entnazifizierungsakte Wilhelm Roloff, 4,66 -I- 9186 Staatsarchiv Bremen.

engagierten Familien Jurgens und Van den Bergh waren Margarine und Fette (Rama, Sanella, Biskin). Die ab 1899 in Deutschland produzierende britische Familie Lever hatte sich mit Sunlicht-Seife am Markt etabliert. Durch Übernahme zahlreicher Firmen war Unilever 1933 zu einem Unternehmen von beachtlicher Größe und Bedeutung gewachsen.

Nach der Machtergreifung der Nationalsozialisten waren die Betriebsabläufe des Unternehmens erschwert. Das Autarkiestreben der NS-Führung und die Devisenbewirtschaftung behinderten die Einfuhr von Rohstoffen wie Palmfett u.ä. Überdies musste die industrielle Herstellung von Speisefetten laut Verordnung um 50 % reduziert werden. Die NS-Führung versuchte, die Marktchancen der deutschen Landwirtschaft (Butter) durch derartige Eingriffe zu verbessern. Neben solchen wirtschaftlich schädigenden Direktiven gab es auch noch gravierende atmosphärische Verschlechterungen. Die neugegründete Unilever-Gruppe wurde von den Nazis als Paradebeispiel für ihr Feindbild des die Welt beherrschenden »Großkapitals gesteuert vom Weltjudentum« dargestellt. Hintergrund war, dass Unilever weltweit agierte und die Teilhaber-Familie Van den Bergh jüdischen Glaubens war.

Doch entgegen der allgemeinen Stimmung im Reich sicherte Hitler der Unilever-Führung anlässlich eines Treffens im Oktober 1933 überraschend weitgehende Freiheiten für die weitere unternehmerische Betätigung in Deutschland zu. Es wurde u.a. schriftlich festgehalten, dass der Reichskanzler *»kein einziges Bedenken gegen die Gründung neuer Industrien oder die Aufnahme neuer Artikel durch Unilever sehe, auch wenn daraus Konkurrenz für deutsche Unternehmen entstünde«.*[119] Sollten sich die Befürchtungen doch nicht bestätigen?

Die MVU positioniert die »Nordsee« in Görings Vierjahresplan

Die unternehmerische Freiheit der deutschen Fischereiunternehmen war eingeschränkt. Mit einem Reichsgesetz vom 1.4.1935 installierte die Reichsregierung die »Hauptvereinigung der deutschen Fischwirtschaft« mit Sitz in Berlin. Alle Fischerei-Unternehmen mussten ihr obligatorisch angehören. Dieser zentralen Stelle oblag die Markt- und Preisregelung, allerdings bedurften ihre

119 Schriftliche Aufzeichnung der Unterredung Hitlers mit der Unilever-Unternehmensführung mit fünf Zusicherungen Hitlers vom 24.10.1933, veröffentlicht in Bissinger, »Die Geschichte der Markenmacher«, a.a.O., S. 64.

Direktiven der Zustimmung des Reichsernährungsministeriums im Rahmen des Reichsnährstandes.

Bürokratische Regulierungsinstanzen, die die freien Kräfte des Marktes außer Kraft setzen, pflegen in der Regel Angriffspunkte für Beeinflussungen zu sein. Gute Kontakte, vielleicht auch die von Wilhelm Roloff so genannten »korruptiven Verbindungen« zu dieser Kontrollinstanz, wurden wichtig und konnten wertvolle Dienste leisten. Robert Ahlf, Generaldirektor der »Nordsee«, hatte einen guten Kontakt, er verstand sich prächtig mit Hermann Göring[120] und konnte auf diese Art Vorsitzender des Verbandes der deutschen Hochseefischereien e.V. mit Sitz in Wesermünde werden. Damit war er in die zentrale Verantwortung für nautisch-technische Fragen der Versorgung Deutschlands mit Frischfisch berufen.[121]

Die »Nordsee« war durch diese personelle Verbindung gegen manche politische Unbill geschützt. Die Doppelfunktion ihres Vorstandsvorsitzenden wird für sie von Vorteil gewesen sein, denn Hermann Göring wurde 1936 offizieller Beauftragter für den Vierjahresplan. Als solcher leitete er eine Behörde, »die auf der Höhe ihrer Macht gegenüber sämtlichen Wirtschafts- und Finanzressorts vergleichsweise die Stellung eines Ministerpräsidenten … einnahm« und es ermöglichte, dass Göring sich »in den folgenden Jahren zu einer Art Wirtschaftsdiktator emporschwingen« konnte.[122]

Görings Ziel war es, die deutsche Wirtschaft binnen kürzester Zeit autark und kriegstauglich zu machen. Seefisch sollte die Ernährung absichern und daher zu einem Volksnahrungsmittel werden. Um das zu erreichen, verlangte Göring von der deutschen Hochseefischerei nicht weniger als die Verdoppelung der Anlandungen. In seiner Rede am 25.10.1936 verlangte er in Wesermünde wörtlich: »Wir müssen jetzt erst recht beginnen, in den nächsten vier Jahren bis an die äußerste Grenze des Möglichen zu gehen. Ich werde hierfür alle Mittel, die möglich sind, zur Verfügung stellen.«[123] Für diese Zielsetzung erwies sich Generaldirektor Robert Ahlf als Görings dankbarer Unterstützer und tat fast alles, um dessen Vorgaben zu erfüllen.

---

120 Nach der Erinnerung (2012) von Dieter Kokot, Wingst, der Robert Ahlf noch persönlich begegnet war.

121 Höver, Otto, Deutsche Hochseefischerei, a.a.O., S. 178.

122 Bohn, Robert, Reichskommissariat Norwegen, a.a.O., S. 141, 142.

123 Gabcke, Harry, Bremerhaven in zwei Jahrhunderten, a.a.O., S. 86.

Zum Zwecke des Ausgleichs einer errechneten »Fettlücke« im Nahrungsangebot sollte die Bevölkerung sogar an den Verbrauch von Walfleisch gewöhnt werden. Die deutsche Fischereiflotte sollte daher auch wieder zum Walfang aufbrechen.[124] Ein erster Schritt dazu erfolgte im Juli 1937 als das Walfang-Fabrikschiff UNITAS bei der A.G. »Weser« in Bremen vom Stapel lief. Eine nicht zur »Nordsee« gehörende weitere Unilever-Tochtergesellschaft war ihre Eignerin. Roloff wirkte bei der Walfleisch-Kampagne mit. Durch demonstrativen öffentlichen Verzehr von Walfleisch und anschließender Zeitungsberichterstattung setzte er sich persönlich für dieses Ziel der Autarkiepolitik ein.[125]

Nach außen hin wurde die »Nordsee« ein NS-Musterunternehmen. Im letzten Vorkriegsjahr 1938 landeten ihre Fischdampfer 630.000 t Seefisch an.[126]

Der Sitz der Aktiengesellschaft »Nordsee« Deutsche Hochseefischerei AG wurde von Hamburg nach Wesermünde verlegt.

Bei NS-Ideologen war der Einstieg der Unilever-Tochter MVU bei der »Nordsee« jedoch argwöhnisch wahrgenommen worden. Der Konzern war auch nach Hitlers Fürsprache Gegenstand antijüdischer Kampagnen geblieben. Jüdische Mitarbeiter der MVU erfuhren keine Nachsicht. Ihnen blieb als Ausweg nur eine Versetzung in ausländische Tochterfirmen des Unilever-Konzerns. Die niederländische Konzernzentrale reagierte auf solche Bedrängnisse und ermöglichte einigen Mitarbeitern die Emigration aus Deutschland.[127] Die Repressalien verstärkten sich besonders, als der neue Wirtschaftsminister Walther Funk 1938 die sogenannte »Entjudung der Wirtschaft« ausweitete. Laut dem dazu bekannt gegebenen Erlass galt ein Unternehmen nur dann als »nicht jüdisch«, wenn dem Aufsichtsrat kein jüdisches Mitglied angehörte und eine Dreiviertelmehrheit des Gesellschaftskapitals bei nichtjüdischen Gesellschaftern lag.[128] Das Wirtschaftsministerium ließ sich mit der Mitteilung des Unternehmens, dass alle jüdischen Geschäftsführer der MVU abgezogen und auch die geforderte Dreiviertelmehrheit von Nichtjuden am Gesellschaftskapital vorhanden seien, nicht ohne Weiteres beschwichtigen. Es drohte dem Unternehmen mit der Kündigung von Bestellungen für das Heer. Konkurrenten erkannten die offenbar geschwächte Position der MVU und versuchten, daraus einen Vorteil zu erlangen. Glücklicherweise

124 Höver, Deutsche Hochseefischerei, a.a.O., S. 299–308.
125 Bremer Nachrichten vom 30.4.1937.
126 Brandes, »Nordsee«, a.a.O., S. 15.
127 Bissinger, Markenmacher, a.a.O., S. 66–70.
128 Ebd., S. 70.

konnte ein die Existenz der »Nordsee« entscheidender Gerichtsprozess gegen eine solche Firma im Mai 1938 erfolgreich abgeschlossen werden. Deren Vertreter hatten behauptet, die MVU-Tochtergesellschaft »Nordsee« sei kein »arisches« Unternehmen. Das Gericht stellte in Anwendung des neuen Gesetzes fest, »dass zwar die Unilever als Konzernmutter jüdisch, die Konzerntochter MVU aber arisch sei«.[129]

Wenig später gelang es offenbar Paul Rijkens, die weiter bestehende Existenzkrise dank guter Kontakte zu meistern. Folgende Erklärung erschien am 18.11.1938 im Luftwaffen-Verordnungsblatt: *»Der Unilever-Konzern und seine Tochtergesellschaften, die sich mit dem Vertrieb von Margarine, Ölen und Fetten befassen, sind als arisches Unternehmen anzusehen. Der R.d.L. (Reichsminister der Luftfahrt) u. Ob.d.L. (Oberbefehlshaber der Luftwaffe = Hermann Göring), 18.11.1938.«*[130]

Eine im Archiv der Handelskammer Bremen aufgefundene Schrift offenbart, mit welchem Misstrauen die Geschäftsaktivitäten der Unilever von der in NS-Klischees verhafteten Öffentlichkeit seinerzeit wahrgenommen wurden: Wilhelm F. Beese, Inhaber einer kleinen Berliner Druckerei, veröffentlichte in der Ausgabe vom April 1938 seiner im Selbstverlag erschienenen Wochenschrift für freie Wirtschaft Soll und Haben eine gänzlich der nationalsozialistischen Weltanschauung verhaftete Abhandlung unter dem Titel Das Eindringen des internationalen Unilever-Trustes (Jurgens-Van den Bergh Margarine-Verkaufs-Union) in die Deutsche Wirtschaft[131] Mit verblüffenden Detailkenntnissen über den Unilever-Konzern und dessen Engagement als Großaktionär der »Nordsee« schreibt Beese vor allem hinsichtlich des von Wilhelm Roloff verwalteten Geschäftsbereichs, dass es die »Nordsee« ablehne, *»das Risiko des vom Beauftragten für den Vierjahresplan geplanten Ausbaues der Flotte auf sich zu nehmen.«* Weiter heißt es dann: *»Stattdessen sichert sich diese durch Verbesserung ihrer Verkaufsorganisation zunächst den Absatz für ihre vorhandene Dampferflotte … Außer durch Errichtung neuer Einzelhandelsgeschäfte baut*

129 Ebd., S. 71.

130 Vgl. Wöbbeking-Typoskript, Unilever-Archiv, Hamburg.

131 Die Veröffentlichung dieser Wochenschrift muss sich für Beese wirtschaftlich gelohnt haben. 1938 tauchte er im Berliner Addressbuch nur als Haushaltsvorstand und nicht im Branchenteil auf. 1939 ist er zusätzlich bei den Buchdruckereien und 1940 bei den Buchdruckereien und den Verlagsanstalten genannt. 1941 bis 1943 findet sich sein Eintrag wiederum lediglich unter Buchdruckereien. Weitere Informationen zur Person Willi (Wilhelm F.) Beese konnten nicht recherchiert werden.

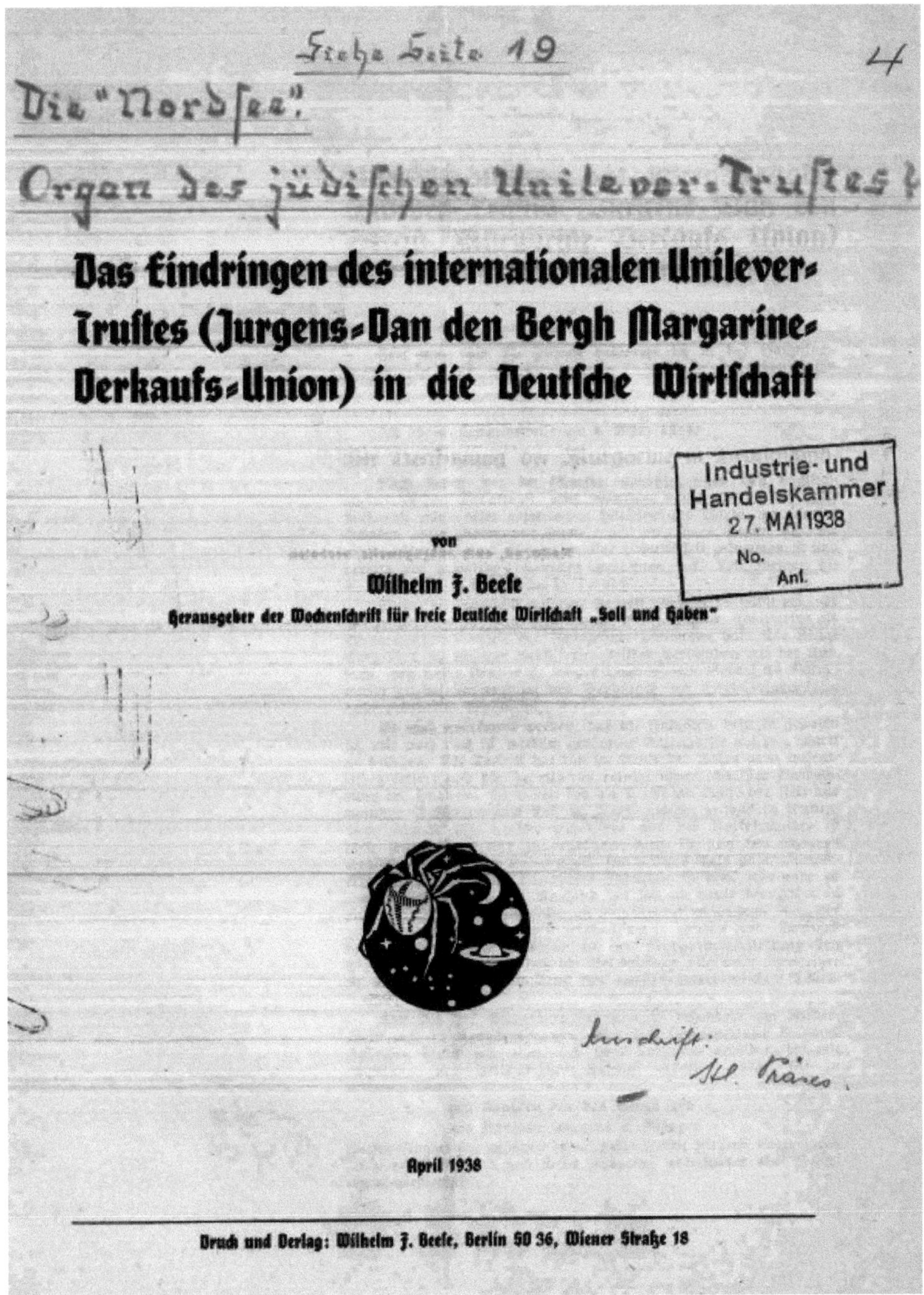

Siehe Seite 19

4

Die "Nordsee".

Organ des jüdischen Unilever-Trustes!

Das Eindringen des internationalen Unilever-Trustes (Jurgens-Van den Bergh Margarine-Verkaufs-Union) in die Deutsche Wirtschaft

Industrie- und Handelskammer
27. MAI 1938
No.
Anl.

von

Wilhelm J. Beese

Herausgeber der Wochenschrift für freie Deutsche Wirtschaft „Soll und Haben"

April 1938

Druck und Verlag: Wilhelm J. Beese, Berlin SO 36, Wiener Straße 18

Titelblatt der Beese-Schrift

die ›Nordsee‹ ihre Stellung am Frischfischmarkt dadurch aus, dass sie durch einen Teil ihrer binnenländischen Filialen auch andere Einzelhändler beliefern läßt. Die Filialen übernehmen insoweit die Funktion des binnenländischen Großhandels. Der Einzelhandel wird an den Bezug von der ›Nordsee‹ möglichst eng gebunden, dabei spielen gewisse Finanzierungsmaßnahmen (z.B. Lieferung von Kühleinrichtungen auf Abzahlung) eine wesentliche Rolle« …

Beese stellt die Vermutung auf, dass die »Nordsee« *»in der letzten Zeit Einfluß auf etwa 10 weitere fischindustrielle Betriebe genommen hat. Wahrscheinlich gehen die Verbindungen hier über andere Teile des Unilever-Trusts und über Mittelsleute«*[132].

Behilflich waren der Unilever aber keine mysteriösen »Mittelsleute«. Vielmehr beruhte die Zurückhaltung bei den Investitionen in Schiffsneubauten offenbar auf einem Einvernehmen zwischen Roloff und seinem Generaldirektor Ahlf, der sich bei der Entscheidung, weniger Neubauten in Auftrag zu geben, ausnahmsweise gegen Göring stellte[133]. 1936 wurden sieben Neubauten in Dienst gestellt und zwei Schiffe verkauft, 1937 glichen fünf Neubauten den Abgang von neun Schiffen nicht aus, 1938 gab es zwölf Indienststellungen und vier Verschrottungen, 1939 nur zwei neue Schiffe bei neunzehn Schiffsverkäufen/Verschrottungen.[134]

Allerdings war das Misstrauen gegen die MVU geweckt worden, weil es sich oft um riskante und verdeckte Geschäfte handelte. Für den Gesamtkonzern der MVU wurden Schiffsneubauten bei deutschen Werften geordert, die anschließend im weltweiten Geschäft des Unilever-Konzerns fuhren und für den Mutterkonzern Geld verdienten.

---

132 Beese, Wilhelm, Das Eindringen …, S. 21.

133 Brieffragment Paul Lübcke, hierin schreibt der Leiter des »Nordsee«-Tochterunternehmens Seeadler nach dem Krieg: *»Ahlf, dem ich stets eine große Entschlußlosigkeit vorwerfen konnte, hatte mehrere Jahre keine Dampfer gebaut, dies wurde nie wieder aufgeholt, und so hatte die ›Nordsee‹ bis zum Kriegsausbruch die älteste Flotte.«*

134 Zahlen entnommen aus den veröffentlichten Geschäftsberichten der »Nordsee« Deutsche Hochseefischerei AG.

Robert Ahlf (re.) mit seinem Prokuristen Paul Lübcke (li.)

Fischdampferkapitän Karl Alexander ermordet trotz eines Hilfsversuchs von Robert Ahlf

Robert Ahlf war, wie seinerzeit viele Menschen im Deutschen Reich, ein überzeugter Gefolgsmann von Hermann Göring. Jedoch soll er sich durch »menschlich anständiges Verhalten zu Mitarbeitern« ausgezeichnet haben. Seinem Kapitän Karl Alexander (gebürtig 1890 im Kreis Rastenburg, Ostpreußen, seit 1913 bei der Cuxhavener Hochseefischerei) versuchte er gegen politische Verfolgung beizustehen. Dieser war bei der Gestapo denunziert worden, nachdem er sich auf einer Fangreise u.a. mit dem energischen Hinweis an ein Besatzungsmitglied: »Auf meinem Dampfer hat Dein Adolf Hitler gar nichts zu sagen!« als NS-Gegner offenbart hatte. Ahlf arrangierte für ihn die Möglichkeit, dass der Fang der nächsten Reise in England gelöscht werden könne, um ihm die Gelegenheit zu geben, dort Asyl zu beantragen. Kapitän Alexander vermochte sich dann aber nicht zu diesem Schritt zu entschließen. Er fuhr nach der Fangreise zurück und wurde bei der Ankunft in Deutschland verhaftet.[135] Er starb 1940 im KZ Sachsenhausen. In Cuxhaven wurde eine Straße nach Karl Alexander benannt.

135 Nach der Erinnerung von Dieter Kokot, Wingst.

Bei diesen Aktionen erhielt die MVU offenbar Unterstützung durch den Generalreferenten im Reichswirtschaftsministerium, **Karl Blessing.**[136] »Ihm gelang das Kunststück, über einige komplizierte Transaktionen die eingefrorenen und weitgehend wertlosen Reichsmarkgewinne in wertvolle Sachwerte zu verwandeln. Anstatt die Gewinne auf einem sogenannten Sperrmarkkonto zu parken und auf den Sankt-Nimmerleins-Tag des liberalisierten Devisenverkehrs zu warten, investierte die deutsche Unilever-Tochter die überschüssigen Gelder in eine ganze Flotte von Trawlern, Walfängern, Frachtschiffen und Tankern«.[137]

Offenbar hatten die von Beese in der o.g. Veröffentlichung zur Marktmacht der »Nordsee«, die sowohl Großhandelsaufgaben als auch den Handel mit den Endabnehmern auf eigene Rechnung durchführte, die Missbilligung der NS-Wirtschaftsführer im Reichsnährstand hervorgerufen. Zum Ende des Geschäftsjahres 1937/38 verkündete die »Hauptvereinigung der deutschen Fischwirtschaft« eine neue Marktordnung, die nicht nur die Preise, sondern auch die Groß- und Kleinverteilung von Seefischen regelte. Näheres konnte im Geschäftsbericht der AG vom November 1938 noch nicht mitgeteilt werden.[138] Die »Nordsee« hatte die plötzlich ergangene Vorschrift hinzunehmen und darauf zu reagieren Dieses hatte innerhalb des Unternehmens zur Folge, dass teilweise schon begonnene Geschäftsumbauten unterbrochen werden mussten. Der Einzelhandel durfte den Fisch nicht mehr direkt bei der »Nordsee« AG beziehen[139]. Rasch stellte sich die »Nordsee« aber auf die ideologisch motivierte neue Vorschrift ein und gründete 1939 die Tochtergesellschaft Deutsche See Fischgroßhandels-Gesellschaft mbH. Sie übernahm sodann die Belieferung des Einzelhandels.

---

136 Karl Blessing (*5.2.1900 in Enzweihingen, Württemberg; †25.4.1971) war zum Zeitpunkt Delegierter der Reichsbank bei der Bank für Internationalen Zahlungsausgleich in Basel. 1934 machte ihn Reichsbankpräsident Schacht zum Generalreferenten und ordnete ihn zum Reichswirtschaftsministerium ab. Im Mai 1937 wurde er von Schacht zurückgeholt und in das Direktorium der Reichsbank berufen. Im April 1939 wechselte er auf einen Platz im Vorstand der MVU. Ab 1942 kam Blessing über Eduard Waetjen in Kontakt zum Kreisauer Kreis und zu Carl Goerdeler. Es sollte Reichsbankpräsident werden, in operative Planungen war er aber nicht einbezogen. Auch er war Wehrwirtschaftsführer.

137 Kopper, Christopher, Bankiers, a.a.O., S. 192f.

138 Aus dem Geschäftsbericht 1937/38, vorgetragen am 7.12.1938. Wegen des Kriegs wurden keine Details veröffentlicht.

139 Information von Hilda Peters, Bremerhaven, ehemalige leitende Angestellte der »Nordsee«.

NSDAP-Mitgliedschaft im Einvernehmen mit Unilever

Als am 19.12.1935 der gemeinsame Sohn Michael geboren wurde, hätte man sagen können, das Glück der Familie Roloff sei vollständig erreicht. Doch die Zeiten waren nicht so, dass sie unbehelligt von Prüfungen blieb.

Zunächst konnten die Eheleute aber eine neue Freundschaft schließen. Im Oktober 1935 war der fast gleichaltrige Offizier Gerhard Graf von Schwerin[140] nach verschiedenen anderen Verwendungen als »Ib« in den Stab der in Bremen neu aufgestellten 22. Infanteriedivision versetzt worden. 1936 lernten sich die Paare kennen und befreundeten sich, die Beziehung hielt die nächsten Jahre und auch durch den Weltkrieg hindurch an. Sie wurde bedeutend für Roloffs wichtige Entscheidungen, denn es muss rasch ein tiefes Verständnis und Vertrauen zwischen beiden entstanden sein. Gegenseitige Unterstützungen, auch als von Schwerin wieder aus Bremen versetzt und befördert worden war, kennzeichneten die Verbindung.

Gerhard von Schwerin schilderte nach dem Krieg in einer eidesstattlichen Erklärung, welche Auswirkungen diese Freundschaft für ihn hatte: *»Bereits 1937 erhielt der Divisions-Kommandeur in Bremen eine Warnung der Gestapo, den persönlichen Verkehr der Offiziere des Div.Stabes mit Herrn Roloff einstellen zu lassen und auch entsprechende Weisung an die unterstellten Truppen zu erlassen, da Herr Roloff politisch unzuverlässig sei. Dasselbe wurde auf Frau Roloff, geborene von Alvensleben, bezogen. Der Div.Kdr. wurde tatsächlich zunächst gezwungen, eine derartige Weisung herauszugeben. Erst später gelang es den vereinten Bemühungen des Gen. Stabsoffiziers und von mir selbst, den gesellschaftlichen Boykott wieder zu Fall zu bringen. Wiederholt kam es im Laufe der Jahre zu politischen Verfahren gegen ihn durch die Gestapo.«*[141]

Im September 1936 wurden mit großem Aufwand das 40-jährige Bestehen der »Nordsee« und zugleich das 50-jährige Jubiläum der deutschen Hochseefischerei in Wesermünde gefeiert. Das Jubiläum sollte für Wilhelm Roloff zu einem

---

140 Gerhard Graf von Schwerin, *23.6.1899, †29.10.1980. – Anders als Roloff hatte Schwerin den Ersten Weltkrieg als Soldat zur Gänze miterlebt, nachdem er sich schon als 15-Jähriger auf eigenen Wunsch in einer Kadettenanstalt angemeldet hatte. Nach 1918 wirkte er bei Straßenkämpfen in Berlin auf der Seite der Volksbeauftragten und in Freikorps mit. Im Juli 1923 wurde er in die Reichswehr aufgenommen. Im Zweiten Weltkrieg war er zuletzt General der Panzertruppe.

141 S. Eidesstattliche Erklärung vom 10.10.1946 in der Wiedergutmachungsakte Wilhelm Roloff, 4,54E – 2509, Staatsarchiv Bremen.

Drei Titelbilder des »Nordsee«-Magazins von 1934 und 1937 erzählen drei Geschichten

1. Geschichte: Es kommt der »Nordsee« gelegen, dass die NSDAP den Fisch zu einem »Volksnahrungsmittel« machen möchte. Für die Ernährung wichtige Eiweißstoffe und Fette können lt. Reichsnährstand »geerntet werden, ohne dass zuvor gesät werden musste«. Die Menschen müssen aber, u.a. durch »Reichsfischtage«, an den Fischkonsum gewöhnt werden.
2. Geschichte: Der allmächtigen, aber offenbar unter jüdischem Einfluss stehenden »Nordsee«, muss entgegengewirkt werden. Sie darf die beliebte, 1931 von Roloff begründete Kundenzeitschrift »Nordsee«-Magazin nicht mehr als Firmenzeitschrift herausbringen. Als »Nordsee-Magazin« wird die Zeitung vom Wesermünder Verlag Das Fischnetz übernommen und zur Werbung für den Fischverzehr eingesetzt. Die »Nordsee« AG ist nur noch einer von mehreren Anzeigenkunden.
3. Geschichte: Die im Verantwortungsbereich von Wilhelm Roloff eingeführte moderne Werbesprache, u.a. mit hübschen Frauen auf dem Titelbild, wird beibehalten und macht den Leser schon vor dem Kriege mit Fischrevieren bekannt, die für den Konsumenten erschlossen werden könnten.
Auflage des »Nordsee-Magazins« im Dezember 1937: 251.950 Exemplare.

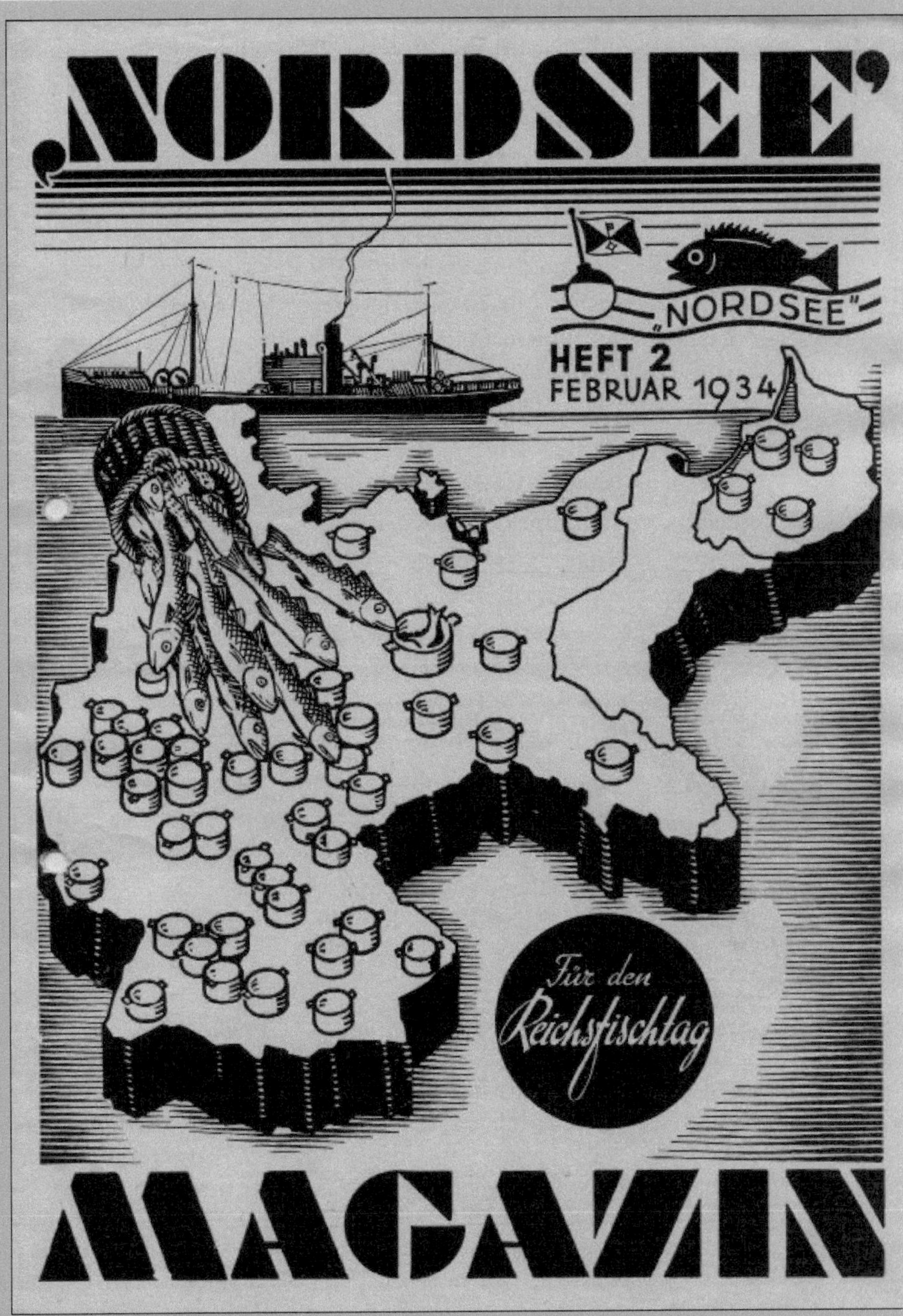

Titel »Nordsee«-Magazin Februar 1934

Wendepunkt werden und ihm erneut das Totalitäre des NS-Staates, das er schon im Zusammenhang mit dem »Röhm-Putsch« wahrnehmen konnte, offenbaren. Er hatte nun auch politische Positionen zu beziehen und sich zumindest nach außen hin für oder gegen den NS-Staat zu stellen.

Den archivierten Erklärungen ist zu entnehmen, dass der Fichtenhof in dieser Zeit zu einem Ort wichtiger wirtschaftlicher und wirtschaftspolitischer Kontakte von Personen der konservativen Opposition gegen die NS-Regierung wurde.[142] Die von Roloff übernommenen altbewährten Kontakte seines Schwiegervaters zu Persönlichkeiten wie dem früheren Chef der Heeresleitung Kurt von Hammerstein-Equord, Staatssekretär Erwin Planck[143] und Nikolaus Christoph von Halem[144] erweiterten sich in dieser Zeit um die Herren Hans v. Dohnanyi[145], Bernd Gisevius, Eduard Waetjen, Fabian von Schlabrendorff, Hans Oster und Otto Hübener[146].

Gerade zu dieser Zeit erfolgte paradoxerweise der Eintritt Roloffs in die NSDAP. Wie es dazu kam und wie die Werbung um seinen Beitritt verlief, hat er 1946 rückblickend beschrieben: »*Im Juni 1937 richtete der damalige Gauleiter TELSCHOW die nach allem überraschende Aufforderung an mich, in die NSDAP einzutreten, wobei er mich gleichzeitig aufforderte, 500,- RM auf das Konto der Partei und 500,- RM auf sein eigenes Konto zu überweisen! Ich ließ diese Aufforderung zunächst unbeantwortet, wurde jedoch schon nach 14 Tagen schriftlich an die Beantwortung erinnert. Als ich auch darauf noch nicht reagierte, erhielt ich zwei Wochen später eine weitere Aufforderung durch den Adjutanten des Gauleiters. Dadurch geriet ich nunmehr in eine schwierige Lage. Denn die dreimalig wiederholte Aufforderung durch den Gauleiter stellte unter den damaligen Verhältnissen und im Hinblick auf die bereits sehr drohend gewordene Haltung der GESTAPO ein unmissverständliches Ultimatum an mich dar. Trotzdem habe ich auch dann noch versucht, mich diesem Zugriff*

142 S. Namen in der Eidesstattliche Erklärung vom 10.10.1946 in der Wiedergutmachungsakte Wilhelm Roloff, 4,54E – 2509, Staatsarchiv Bremen.

143 Erwin Planck *12.3.1893 in Charlottenburg; †23.1.1945 in Berlin-Plötzensee, Sohn des Nobelpreisträgers Max Planck, war bis zu Hitlers Machtergreifung Staatssekretär unter von Papen und Schleicher, danach bis zu seiner Verhaftung in leitender Stellung in der deutschen Wirtschaft.

144 Nikolaus Christoph von Halem; *15.3.1905 in Schwetz an der Weichsel; †9.10.1944 in Brandenburg an der Havel; Jurist, Geschäftsmann und Widerstandskämpfer.

145 Hans von Dohnanyi; *1.1.1902 in Wien; †9.4.1945 ermordet im KZ Sachsenhausen; Jurist und Widerstandskämpfer gegen den Nationalsozialismus.

146 Otto Hübener; *28.12.1898 Hamburg; in der Nacht zum 23.4.1945 in Berlin ermordet; ein Versicherungskaufmann und Widerstandskämpfer gegen den Nationalsozialismus.

Petrus Dirk Herko (gen. Pieter) Hendriks (* 10.11.1878 – † 28.5.1946)

zu entziehen. Hierzu war aber die volle Unterstützung des Unilever-Konzerns notwendig, von welchem meine Gesellschaft, die ›Nordsee‹ Deutsche Hochseefischerei AG., Wesermünde, beherrscht wurde. Um sie zu gewinnen, begab ich mich sofort zu dem Leiter des kontinentalen Geschäftes des englisch/holländischen Unilever-Konzerns, dem Holländer P.H.D. HENDRIKS, mit dem ich meine Lage offen besprach. Mr. HENDRIKS war für mich die oberste Instanz in allen geschäftlichen Angelegenheiten der ›Nordsee‹, ich schätzte ihn als einen menschlich und geistig besonders hochstehenden Mann, der von jeher in scharfer Opposition zur NSDAP gestanden hatte.

Trotzdem gelang es mir nicht, seine Unterstützung für meine Bitte zu gewinnen, mich auf einem anderen Posten im Ausland zu verwenden, weil er mich unter den gegebenen Verhältnissen in der Verwaltung der ›Nordsee‹ für unentbehrlich hielt. Obwohl HENDRIKS meine ablehnende Haltung und eindeutige Opposition gegen die Partei genau kannte, legte er mir im Interesse des Konzerns nahe, der Aufforderung des Gauleiters zu entsprechen. Unter dem Einfluss dieses beruflich für mich maßgebenden und persönlich hochverehrten Mannes habe ich mich daher schweren Herzens und gegen meine Überzeugung zum Eintritt in die Partei bewegen lassen. Mir wäre sonst nur die Aufgabe meiner Stellung innerhalb der ›Nordsee‹ und die Freigabe aller mir anvertrauten Interessen des Konzerns übriggeblieben. Der Entschluss wurde mir umso schwerer, als mein Schwiegervater in der gleichen Zeit erneut von der GESTAPO verhaftet und über sieben Monate in Gefängnissen der GESTAPO eingekerkert wurde. Auf der anderen Seite konnte ich aber nur auf diesem Wege meinen Kampf gegen die Partei und ihre unheilvolle Politik fortsetzen und meine politischen Freunde weiterhin unterstützen.[147] *… – Meine gesamte Tätigkeit in der*

147 Roloffs Aufnahmeantrag und seine Karteikarten aus der NSDAP-Zentral und -Gaukartei befinden sich in dem Bestand des Berlin-Document-Center, das 1994 aus US-amerikanischer Verwaltung in das Bundesarchiv Berlin überführt wurde. Sein

Partei hat sich darauf beschränkt, dass ich die üblichen Beiträge bezahlt und eine rote Karte über die erfolgte Anmeldung zugestellt erhalten habe. Im Übrigen habe ich weder jemals an Parteiversammlungen oder Kundgebungen teilgenommen, noch hat meine Anwartschaft die GESTAPO und andere Parteidienststellen daran gehindert, neue Verfahren gegen mich einzuleiten und mich weiter als Parteigegner zu verfolgen, sodass ich von 1933 bis 1944 in fast jedem Jahr in ein Verfahren vor der GESTAPO gebracht wurde. Das nächste Verfahren wurde bereits im Winter 1937/38 anhängig, wobei es zu neuen Vernehmungen übelster Art und heftigen Auseinandersetzungen mit der GESTAPO und der Parteikanzlei kam.«[148]

Offenbar war die im Jahre 1937 an Roloff gerichtete Nötigung zum Eintritt in die NSDAP keine speziell nur auf ihn bezogene Initiative Telschows. Dieses wird belegt durch eine weitere Erklärung des befreundeten Juristen Dr. Ahlers. Dieser erinnerte sich am 24.10.1945:[149] *»Wegen des Beitritts des Herrn Roloff zur Partei kann ich mich insofern äußern, als ich die ›Nordsee‹ auch gerade im Zusammenhange mit dem Aktienerwerb durch den Unilever-Konzern sehr eingehend beraten habe und aus diesem Anlass auch häufig den leitenden Herren vom Unilever-Konzern begegnet bin, alles Persönlichkeiten holländischer oder englischer Nationalität, die als solche persönlich natürlich dem Ns'mus abgeneigt waren. Herr Roloff orientierte mich in diesem Zusammenhange auch s. Zt. über den ihm aufgenötigten Beitritt zur NSDAP. Auf Grund meiner sehr weitverzweigten konsultativen Tätigkeit innerhalb der Bremischen Wirtschaft, konnte ich ihm nur bestätigen, dass nahezu alle Führer wirtschaftlicher Unternehmungen ab Frühjahr 1937, als die Partei wieder ihre Tore öffnete, vor die gleiche Frage gestellt waren und fast alle im Interesse ihrer Unternehmungen und ihrer eigenen Verantwortung, für deren ungestörte Leitung sich schliesslich zu dem gleichen Schritt haben entschließen müssen. Ich glaube, dass ein Mann in der Stellung des Herrn Roloff bei der damals so beliebten direkten Aufforderung zum Parteibeitritt seitens des zuständigen Gauleiters kaum eine andere Wahl hatte, als ihr entweder zu entsprechen oder kurzerhand seine Berufsstellung zu räumen, was aber immer noch ein bedenkliches Ausweichmanöver blieb, wenn man dann nicht die weitere Möglichkeit hatte, der ns'stischen Nemesis bis ins Ausland zu entweichen.«*

Aufnahmeantrag datiert vom 28.5.1937 und wurde rückwirkend zum 1.5.1937 wirksam. Er hatte die Mitglieds-Nummer 4012521. Demnach hatte sich Wilhelm Roloff in seiner Erinnerung um einige Monate geirrt.

148 Statement in der Entnazifizierungsakte Wilhelm Roloff, 4,66 -I- 9186, Staatsarchiv Bremen.

149 Ebd.

Hinwendung zum Widerstand

Wilhelm Roloff zählt zu den Mitverschwörern des 20. Juli 1944 und wird so auch von der neueren Forschung in der Gedenkstätte Deutscher Widerstand eingestuft.

Die Unterstützung des Widerstandes durch Wilhelm Roloff ist allerdings bisher kaum bekannt. Lediglich Detlef Graf von Schwerin hat in seiner 1991 erschienen Abhandlung über den Anteil junger Menschen am Widerstand erwähnt, dass auch Roloff diesem Unterstützung geleistet hat.[150]

Von den Persönlichkeiten der konservativen Opposition, die sich um 1936/37 des Öfteren auf dem Fichtenhof einfanden, stand eine Person offenbar in besonders engem Kontakt zu Wilhelm Roloff. Es ist der sonst im Kreis des deutschen Widerstandes nicht so häufig genannte **Eduard Waetjen.**[151] Er war Rechtsanwalt und mit seinen guten Verbindungen zum deutschen Außenministerium und weitreichenden internationalen Kontakten in den eher konservativen Widerstandskreis eingebunden. Als Freund von Helmuth James Graf von Moltke und Adam von Trott zu Solz gehörte er mit diesen zum sogenannten Kreisauer Kreis des deutschen Widerstandes. Im Zweiten Weltkrieg war er Mitarbeiter von Hans Bernd Gisevius im Amt Ausland/Abwehr (Nachrichtendienst) im Oberkommando der Wehrmacht unter Admiral Wilhelm Canaris, insbesondere in der Türkei und in der Schweiz. Aus Roloffs in seiner Wiedergutmachungsakte im Staatsarchiv Bremen enthaltenen Erklärungen kann geschlossen werden, dass zwischen ihm und Roloff eine freundschaftliche Verbindung bestanden hat.

Glücklicherweise hat Waetjen die NS-Zeit trotz seines Wirkens im Widerstand überlebt. In einer Eidesstattlichen Versicherung hat er über seine Freundschaft zu Wilhelm Roloff und über das Geschehen vor Kriegsausbruch berichtet.

---

150 Schwerin, Detlef Graf v., Dann sind's die besten Köpfe, die man henkt. Die junge Generation im Deutschen Widerstand, München, 1991.

151 Eduard Waetjen; *19.8.1907 Bremen; †28.5.1994 Ascona. Innerhalb der aus Ochtmannien im Kreis Hoya stammenden angesehenen Bremer Familie Waetjen gehörte er zur Jüngeren Bremer Linie, die zahlreiche bedeutende Reeder, Kaufleute und Bankiers hervorgebracht hat. Die Unerbittlichkeit der NS-Machthaber und damit auch seine eigene Gefährdung hat Eduard Waetjen spätestens in dem Augenblick selbst erfahren müssen, als sein Cousin, der als Reederei-Kaufmann in Barcelona lebte, dort 1941 von der Gestapo verhaftet, nach Deutschland gebracht und in Gestapohaft in Köln umgebracht wurde, nur weil er sich in Spanien von der dortigen Ortsgruppe der NSDAP ferngehalten und mit Ausländern verkehrt hatte, s. Wätjen, Hans: Geschichte der Familie Wätjen, S. 110 f., 125.

Waetjen schreibt in seiner Erklärung: »*Ich kenne Herrn Wilhelm Roloff und seine Familie seit dem Jahre 1937. Herr Roloff und ich haben insbesondere seit dem Jahre 1939 auf das engste zusammen gearbeitet. Wilhelm Roloff gehört nicht nur zu meinen persönlichen Freunden, sondern er war auch, seit ich ihn kenne, Mitglied einer Gruppe von Menschen, die in mehr oder weniger guter Zusammenarbeit sich darum bemühten, den Nationalsozialismus und das Wirken seiner Organisationen zu bekämpfen. Durch seine enge Verbindung zu General Beck, der ein intimer Freund seiner Familie war, fand Roloff insbesondere festen Kontakt zur Beck/Goerdeler Gruppe, der er nach meinem Wissen seit dem Jahre 1938 ausgezeichnete Dienste als Berater in auswärtigen und wirtschaftlichen Angelegenheiten leistete.*[152]

Obwohl weiteres Archivmaterial mit Informationen darüber, wie Wilhelm Roloff Anschluss zu NS-kritischen Persönlichkeiten suchte und fand, nicht festgestellt werden konnte, muss das Ausmaß der Verbindungen verzweigter gedacht werden, als es schriftlich überliefert ist. Der Mangel an Zeitzeugen rührt vor allem daher, dass oppositionelle Überlegungen nur mit den allernächsten Menschen ausgetauscht werden konnten – wenn überhaupt, denn dem anderen zu vertrauen, hieß, sich ihm auszuliefern.

Roloffs Hinwendung zum Widerstand erfolgte, wie er selbst auch geschrieben hat, vor dem Hintergrund der Geschehnisse in seiner unmittelbaren persönlichen und beruflichen Umgebung, als da wären:

- Die Kampagnen der Gestapo gegen ihn und seinen Schwiegervater, dieser wurde 1937 erneut verhaftet und in ein KZ verbracht.
- Sein erzwungener Parteieintritt.
- Die Kampagnen gegen die Unilever und die für ihn erkennbare volkswirtschaftliche Fehlentwicklung des Landes.

Seine Freundschaft mit dem Kreisauer Eduard Waetjen brachte es aber offenbar mit sich, dass er gegen die Attentatspläne des militärischen Widerstands eingestellt war. Er selbst hat seine Position im Widerstand in einem Brief beschrieben, den er am 24.10.1945 an den Oberbürgermeister Bremerhavens richtete. Darin heißt es: »*Zur völligen Klarstellung meiner eigenen politischen Haltung möchte ich dabei bemerken, dass ich … mit den beiden Grafen SCHWERIN zu der kleinen Minderheit gehörte, die an sich gegen einen Gewaltstreich war*

152 Wiedergutmachungsakte Wilhelm Roloff, 4,54E – 2509, Staatsarchiv Bremen.

und der Ansicht Ausdruck gab, dass eine letztlich so zerstörerische Bewegung wie der Nationalsozialismus Adolf HITLER's bis zum bitteren Ende ausgekostet werden müsse, um ganz überwunden zu werden, während man durch ein erfolgreiches Attentat die Gefahr lief, dem verbrecherischen Häuptling einer solchen Bewegung noch zu einem Glorienschein des Märtyrers zu verhelfen«[153].

Diese Auffassung passt zu der Beschreibung der Absicht des gesamten um Helmuth James Graf von Moltke versammelten Kreisauer Kreises, wie sie von Joachim Fest veröffentlicht ist. Danach schien mehrheitlich »jede (auf einen Umsturz) gerichtete Absicht ... wie ein Versuch, die in Gang gesetzte welthistorische Krise mit eben jenen Mitteln selbstermächtigter Gewalt zu beenden, die man als ihre Ursache identifizierte. Dergleichen müsse sich totlaufen oder ausbrennen, war überwiegend die Meinung, und diese Erwägung führte schließlich dazu, dass viele Kreisauer nicht bloß ein Attentat, sondern sogar den Gedanken eines Umsturzes ablehnten.«[154]

Wie bei vielen anderen Beteiligten des Widerstandes kamen auch bei Roloff mehrere Beweggründe zusammen, sich für die oppositionelle Strömung zu öffnen. Doch zeigt seine berufliche Karriere und seine schlussendliche Stellung im NS-Wirtschaftssystem, dass er wohl weniger von einer durchgängigen moralischen Rigorosität geleitet war. Als bedeutender Wirtschaftsführer im Deutschen Reich wird es ihm geläufig und vertraut gewesen sein, dass das NS-Wirtschaftssystem durch eine »Beziehungswirtschaft«[155] gekennzeichnet war. Auch er selbst wird sich darauf eingerichtet und entsprechend gehandelt haben. Gleichwohl heißt es in Roloffs Entnazifizierungs- und Wiedergutmachungsverfahren, dass ihn auch das Erlebnis der »korruptiven Einflussnahmen« der NS-Parteivertreter dazu gebracht hätte, sich gegen den Nationalsozialismus zu stellen.

Doch bei aller oppositionellen Einstellung galt Roloffs Streben gleichzeitig auch der Absicherung und dem Vorankommen in seiner eigenen beruflichen Stellung. So handelte er auch durchaus opportunistisch und regimekonform.[156]

---

153 In dem Schreiben ging es Roloff um eine vorläufige Beschäftigungserlaubnis aufgrund des »Gesetzes Nr. 8« der Militärregierung. Es befindet sich in der Entnazifizierungsakte Roloffs im Staatsarchiv Bremen.

154 Fest, Joachim: Staatsstreich, a.a.O., S. 163.

155 Karl Dietrich Bracher, in: Die deutsche Diktatur, a.a.O., S. 362.

156 Lt. Telefonat mit Marx Henning Rehder am 20.1.2015, der mit Wilhelm Roloff verschwägert und seit Sommer 1945 bei der »Nordsee« arbeitete, war Roloff gegen Kriegsende sogar zum Wehrwirtschaftsführer ernannt worden.

Auch der in kürzester Zeit erfolgte Aufbau der »Nordsee«-Fischverarbeitungsbetriebe in Norwegen und Frankreich konnte eben nur deshalb so erfolgreich verlaufen, weil auch Roloff kompromisslos bereit war, über die Ressource »Mensch« systemkonform ohne Rücksicht zu verfügen und Befindlichkeiten der Instanzen besetzter Länder zu übergehen. Beides, Widerstand und Schinderei der einheimischen Bevölkerung, war nur möglich unter den Bedingungen der NS-Willkür. In seinem Buch über den Freundeskreis Himmler in der deutschen Wirtschaft bewertet Reinhard Vogelsang das Handeln der führenden Wirtschaftsführer mit den Worten: … [So] »demonstrierten die Wirtschaftler … ein Einverständnis mit [NS] Zielen, eine Billigung von Herrschaft und Herrschaftsmethoden, mochte auch der einzelne voller Vorbehalte stecken oder das System gänzlich ablehnen, ja bekämpfen.«[157]

Als Führungskraft in der Wirtschaft waren Roloff alle Ideologien zuwider. Das herrschende Unrechtssystem wurde von ihm sicherlich abgelehnt. Als nüchterner Realist stellte er sich aber auf die vorhandenen Machtverhältnisse ein und nutzte die Bedingungen des NS-Systems für den Erfolg der »Nordsee« und für sich. Gleichzeitig war er aber auch immer wieder bereit, den Widerstand zu unterstützen, wenn er darum gebeten wurde.

Durch seine Verbindungen zu den Persönlichkeiten des Widerstandes war er über das Geschehen dort informiert. Er traute den Oppositionellen zu, dass sie mit ihren Planungen Erfolg haben würden. Für diesen Fall hatte er sich ins Spiel gebracht und sich ein Regierungsamt, das des Staatssekretärs im Ernährungsministerium, versprechen lassen. In seinem nach dem Krieg verfassten, bereits zitierten Schreiben an den Oberbürgermeister in Bremerhaven vom 24.10.1945 heißt es dazu weiter: *» Aus dieser Einstellung heraus habe ich mich auch bewußt … für ein späteres wirtschaftliches Amt zur Verfügung gestellt und von jeder Beteiligung eines direkten bewaffneten Unternehmens ferngehalten. Das schloß aber nicht aus, dass ich mich weiterhin freundschaftlich innerhalb dieses so orientierten Menschenkreises bewegte, da dieser Zwiespalt der Ansichten niemals einen Riß in das menschliche Gefüge dieses Kreises brachte, zumal auch eine darin so maßgebliche Persönlichkeit wie der Generaloberst BECK zu der gleichen Auffassung neigte. Im übrigen bin ich dann auch niemals aufgefordert worden, mich aktiv zu beteiligen.«*

Das Bemühen um ein Regierungsamt nach dem Umsturz wird ihn später beinahe das Leben kosten.

157 Vogelsang, Der Freundeskreis Himmler, a.a.O., S. 136f.

Roloffs Ehefrau Lexi wird vor ihrem eigenen familiären Hintergrund dazu beigetragen haben, dass kritisch denkende Persönlichkeiten Gastfreundschaft auf dem Fichtenhof genossen. Einer der Besucher ab 1937 war Dr. Rudolf Pechel, der Herausgeber der damals bedeutenden konservativen Zeitschrift Deutsche Rundschau. Auch er gehörte zum Freundeskreis des Ehepaares Roloff und traf sich auf dem Fichtenhof u.a. mit von Hammerstein und »anderen Trägern des Widerstandes«, die Roloff und seine Frau dort zusammengebracht hatten.[158]

Aus einem Schreiben Waetjens vom 2.4.1946 an Lexi Roloff, das sich in der Wiedergutmachungsakte Roloffs befindet, geht hervor, wer zu diesen »anderen Trägern des Widerstandes« im Freundeskreis von Wilhelm Roloff gehörte. Genannt werden General Beck, Gisevius, von Lehndorff, Bruecklmeier und von Schwerin. Auch ein enges Verhältnis zu General Oster wird von ihm genannt und insoweit festgestellt, dass »Roloffs enges Verhältnis zu diesem nicht möglich gewesen wäre, wenn jener ihn nicht für absolut zuverlässig gehalten hätte«.

Der Hinweis Waetjens auf **Ludwig Beck** als einem intimen Freund der Familie meint mit »Familie« wohl zunächst die Familie seines Schwiegervaters Werner von Alvensleben, der bekanntermaßen mit Kurt von Hammerstein-Equord gut befreundet war. Von Hammerstein-Equord war der NS-Bewegung von Anfang an mit deutlich ausgesprochener Verachtung begegnet. Er nahm folgerichtig im Herbst 1933 seinen Abschied von seiner leitenden militärischen Position.

Ludwig Beck zählte zu dieser Zeit als Chef des Truppenamtes im Reichswehrministerium noch zur militärischen Führung. Er wurde 1935 Generalstabschef des Heeres, zuständig für dessen Aufrüstung. Wenn sein Name in der Beschreibung des Freundeskreises genannt wird, so zeigt dieses, dass der Gedanke des Widerstandes gegen Hitler den Freundeskreis nicht durchgängig von Beginn an als verbindendes Gedankengut prägte. Erst im November 1937, als Hitler seine Angriffsabsichten gegen die Tschechoslowakei gegenüber der Reichswehr bekanntgab, und im Januar 1938, als Hitler Generaloberst Werner Freiherr von Fritsch mit einer Gestapo-Intrige zum Rücktritt veranlasste, begann Beck von diesem abzurücken.

Ebenfalls genannt wird **Carl Friedrich Goerdeler**, seit 1930 Oberbürgermeister von Leipzig. Er war treibende Kraft der zivilen Opposition und auch beim militärischen Widerstand als Oppositioneller anerkannt. Roloff und Goerdeler

158 Notariell beglaubigte Erklärung Pechels vom 10.9.1946 in der Wiedergutmachungsakte Wilhelm Roloff, 4,54E – 2509, Staatsarchiv Bremen. Dr. Rudolf Pechel; *30.10.1882 in Güstrow, †28.12.1961 im Kanton Bern; war selbst vom April 1942 bis April 1945 inhaftiert.

waren wahrscheinlich schon seit 1934 miteinander bekannt. Dieses ergab sich aus ihren beruflichen Aufgaben. Roloff war bei der »Nordsee« für die Fischvermarktung zuständig und Goerdeler war seit November 1934 auch »Reichskommissar für Preisüberwachung«, zuständig für das gesamte Reichsgebiet. In diesen Positionen werden sie oftmals Verhandlungen miteinander geführt haben.

Hans Oster stand den Nationalsozialisten bereits seit der Machtergreifung ablehnend gegenüber. Er war eng befreundet mit Hans Bernd Gisevius. Anlässlich des »Röhm-Putsches« wurde beiden bewusst, dass »das Regime verbrecherisch sei und gestürzt werden müsse«.[159] Seit 1935 gehörte Oster zur nachrichtendienstlichen Abwehr innerhalb der Reichswehr, deren Chef Admiral Wilhelm Canaris war. »Die in ungezählten Symptomen greifbar werdende Staatswillkür ... bestimmten ihn, den Schritt vom bloßen Vorbehalt zur prinzipiellen Verneinung des Regimes zu tun und den Apparat der Abwehr für den Aufbau eines ausgedehnten konspirativen Netzes zu nutzen«.[160] Er gewann das Vertrauen des Leiters der nachrichtendienstlichen Abwehr, Admiral Canaris, und dieser ließ ihm fast gänzlich freie Hand. Als Canaris schließlich selbst ab dem Ende des spanischen Bürgerkrieges mehr und mehr auf Distanz zu Hitler ging, ergaben sich immer mehr Übereinstimmungen zwischen beiden in der politischen Beurteilung des NS-Regimes. Im Februar 1938 richtete Canaris das »Amt Ausland/Abwehr« als militärischen Nachrichtendienst ein und berief Oster im September 1938 zum Leiter der Zentralabteilung dieses Dienstes. Von dieser zentralen Stelle aus konnte Oster sein ausgedehntes konspiratives Netz aufbauen.

Joachim Fest beschreibt Oster als »entschlussfreudig, wendig und nicht ohne diplomatische Phantasie. [Er war] eine seltene Verbindung aus Moralität, Leichtsinn und Verschlagenheit. In stundenlangen Gesprächen hatte er Beck dahin gebracht, die Widersprüchlichkeit seiner Position einzusehen oder doch in jenem formalen Loyalitätsbegriff schwankend zu werden, an den er sich angesichts der immer neuen Gewissensproben, die Hitler ihm abverlangte, geklammert hatte. Rastlos unterwegs, knüpfte Oster Verbindungen nach allen Seiten und schlug überhaupt die Brücken zwischen den militärischen und den zivilen Gegnern des Systems, die dann so wichtig wurden«.[161] Fabian von Schlabrendorff nennt Oster den »Geschäftsführer« des Widerstands.[162]

---

159 Parssinen, Terry, Die vergessene Verschwörung, a.a.O., S. 26.
160 Fest, Joachim, Staatsstreich, a.a.O., S. 71.
161 Schlabrendorff, Fabian von, Offiziere gegen Hitler, a.a.O., S. 102.
162 Fest, Joachim, Staatsstreich, a.a.O., S. 207.

Nachdem Ludwig Beck als Generalstabschef des Heeres im August 1938 resigniert zurückgetreten und damit sein Renommee nicht mehr gegen Hitler nutzbar war, gelang es Oster, Becks Nachfolger Franz Halder als Kopf eines militärischen Staatsstreichs für den Fall eines Angriffsbefehls gegen die Tschechoslowakei zu gewinnen. Doch die Chance, Hitler zu diesem Zeitpunkt zu stürzen, zerschlug sich. In Großbritannien hatten, sowohl von Hitler als auch vom Widerstand unerwartet, die Befürworter einer Appeasement-Politik obsiegt. Großbritannien gab den Forderungen Hitlers nach und stimmte der Annektierung des Sudetenlandes in der Münchner Konferenz am 29.9.1938 zu. Hitler konnte sich als erfolgreicher Außenpolitiker feiern lassen. Der mit Hilfe der Reichswehr für den Fall des Angriffs auf die Tschechoslowakei geplante Umsturz beruhte auf dem Szenario einer großen Kriegsgefahr. Durch den tatsächlichen Ablauf der Ereignisse waren diese Voraussetzungen nicht mehr vorhanden. Alle Vorbereitungen zur Beseitigung Hitlers waren somit vergebens.

Nach den Erfolgen Hitlers mit dem »Anschluss« Österreichs und des Sudetenlandes gelang es Beck und Oster nicht mehr, erneut oppositionelle Kräfte gegen Hitler zu mobilisieren. Vor allem Generalstabschef Franz Halder war von nun ab nicht mehr bereit, nochmals gegen Hitler vorzugehen.

»Ganz anders dachte inzwischen Beck. Er wollte Hitler nun auch Einzelerfolge nicht mehr zugestehen, weil sie nur das Verhängnis im Ganzen beschleunigten, und sah im Krieg, der irgendwann kommen würde, geradezu ein Hindernis für ein Staatsstreichunternehmen.«[163]

Wilhelm Roloff hatte vor allem auch als Verantwortlicher des international verflochtenen »Nordsee«-Unternehmens aus naheliegenden wirtschaftlichen Erwägungen das allergrößte Interesse, einen Krieg zu verhindern. Die Szenarien eines kriegerischen Konfliktes bedeuteten eine Katastrophe für sein Unternehmen. Die Fangflotte würde zerschlagen und die Fischerei in den meisten Fanggebieten unmöglich gemacht werden, ganz zu schweigen von dem internationalen Handel, der zum Erliegen käme. Es lag also auf der Hand, dass er Beck auch im Interesse seines Unternehmens unterstützte und sich nach Absprache bereitfand, eine Friedensinitiative nach Großbritannien zu unternehmen. Dazu bemühte er die guten Kontakte, die ihm durch die Unilever offenstanden. In London saß Pieter Hendriks, Roloffs enger Vertrauter, im Vorstand der Unilever. Von 1935 bis 1939 betreute er von London aus

163 Ebd., S. 110.

das deutsche Geschäft des Konzerns. Roloff schreibt darüber später in seinem »Statement« vom 5.9.1946: *»Ich habe außerdem angesichts der Bedrohung des europäischen Friedens im Jahre 1938/39 noch selbstständig unter hohem persönlichen Risiko versucht, unter Ausschaltung aller offiziellen NS-Stellen, insbesondere der deutschen Botschaft in London und des Auswärtigen Amtes in Berlin, Verhandlungen zwischen deutschen und englischen Wirtschaftlern herbeizuführen, in denen Grundlagen für einen aufrichtigen und dauerhaften Frieden gefunden werden sollten. Durch meine Besprechungen mit Mr. d'Arcy-Cooper und Mr. Paul Rykens, welche das Vertrauen des ›Foreign Office‹ hatten, gelang es mir nach Überwindung unendlicher Schwierigkeiten, diese Verhandlungen tatsächlich zustande zu bringen. Beteiligt waren auf englischer Seite die vorerwähnten Mr. d'Arcy-Cooper und Mr. Rykens und auf deutscher Seite Dr. Otto C. FISCHER (früher Reichskreditgesellschaft), der mit Staatssekretär v. WEIZSÄCKER und Führern der Oppositionsgruppe in Verbindung stand. Die Verhandlungen sind allerdings erfolglos geblieben, weil die Beseitigung der NSDAP sich als Voraussetzung zur Verwirklichung der Friedenspläne noch als unmöglich erwies.«*

Hans Oster wird über diese Initiative unterrichtet gewesen sein und wird ihr auch Hilfestellungen geleistet haben. Es kann angenommen werden, dass er in seinem unentwegten Bemühen, Hitlers Kriegsabsichten zu vereiteln, auch daran mitgewirkt hatte, dass Gerhard Graf von Schwerin im Oktober 1938 in die Leitung der Gruppe »USA/England« der Abteilung »Fremde Heere West« beim Oberkommando der Wehrmacht in Berlin versetzt wurde.[164] In dieser Position konnte Schwerin seinen Sommerurlaub 1939 in England verbringen, da es ein von ihm bearbeitetes Land war. Die Oppositionsgruppen hofften, von dort entsprechend klare Warnungen an Deutschland hervorrufen zu können. Roloff unterstützte die Reisevorbereitungen Schwerins, indem er Firmenvertreter der Unilever um Vermittlung und Unterstützung von Gesprächskontakten ersuchte und eine Verbindung zu Oppositionskreisen um Botho vom Wussow vermittelte. Dieser konnte Schwerin dank Roloff zwei Empfehlungsschreiben an einflussreiche britische Persönlichkeiten mit Warnungen vor Hitlers Kriegsabsichten mitgeben.[165]

Mit gleicher Absicht reisten in diesen Wochen viele gegen das NS-System eingestellte Deutsche besorgt nach Großbritannien. Joachim Fest zählt sie in

---

164 S. biografische Skizze aus dem Buch: Rass/Rohrkamp/Quadflieg: General Graf von Schwerin und das Kriegsende in Aachen Ereignis, Mythos, Analyse, a.a.O.

165 Schwerin, Detlef Graf v., Dann sind's die besten Köpfe, a.a.O., S. 175.

seinem Standardwerk zum Widerstand auf und stellt fest: »Und als im folgenden Jahr, im Vorfeld des Krieges, die Konstellation des Herbstes wiederkehrte, reiste Hjalmar Schacht zu mehreren Treffen mit Montag Norman, dem Gouverneur der Bank von England, es fuhren Fabian v. Schlabrendorff, Helmut v. Moltke, Erich Kordt, Adam v. Trott und Ulrich Schwerin v. Schwanenfeld[166]; doch reisten sie alle in ein Nirgendwo. Es blieben das Phlegma, das Mißtrauen, der trockene Stoizismus der Briten, es blieben die Redensarten«.[167]

Wilhelm Roloff schreibt später in seinem »Statement« vom 5.9.1946:

»Als die Verhandlungen mit Mr. d'Arcy-Cooper und Mr. Rykens nicht zu dem erhofften Erfolg geführt hatten, habe ich im Frühjahr 1939 dem Grafen v. SCHWERIN bei der Vorbereitung für eine private Reise nach England geholfen und ihn dort unter Umgehung der Botschaft mit einer Reihe führender Männer der englischen Politik und Wirtschaft in Verbindung gebracht in der Absicht, maßgebende englische Stellen auf die Notwendigkeit einer klaren und entschiedenen Manifestation ihrer Entschlossenheit, Hitlers Politik der Rechtsbrüche nicht länger zu dulden, hinzuweisen. Andererseits sollte erreicht werden, dass SCHWERIN die Unterlagen für einen Bericht gewann, der verschiedenen deutschen Stellen klarmachen sollte, dass England bei Fortsetzung der damaligen deutschen Außenpolitik fest zum Kriege entschlossen sei. SCHWERIN hat seine Reise ausgeführt, mit vielen massgebenden Persönlichkeiten in England gesprochen und ihnen die Lage in der beabsichtigten Weise klargelegt. Nach Rückkehr SCHWERIN's nach Berlin im Juli 1939 ist von ihm ein eingehender Bericht erstattet worden, an dessen Ausarbeitung ich mitgewirkt habe und der in deutlicher Sprache darauf hinwies, dass bei Fortsetzung der Gewaltpolitik, insbesondere gegenüber Danzig und Polen, England unweigerlich den Krieg erklären würde. Dieser Bericht hat Hitler vorgelegen und ist von KEITEL mit der Randbemerkung ›Zweckpropaganda‹ abgetan worden.«[168]

Eduard Waetjen schreibt über die beiden von Roloff veranlassten bzw. unterstützten Friedensbemühungen kurz vor dem Kriegsausbruch: *»Roloff hat in den Dienst der gemeinsamen Sache mit viel Geschick seine Beziehungen zum*

166 Hier verwechselt Fest die beiden entfernt miteinander verwandten Personen Ulrich-Wilhelm Graf Schwerin von Schwanenfeld und Gerhard Graf von Schwerin.

167 Fest, Joachim, Staatsstreich, a.a.O., S. 79.

168 Peter Quadflieg hat die Liste mit Schwerins Gesprächspartnern in London rekonstruiert und festgestellt, dass es vor allen Dingen (z.T. ehemalige) Militärs und keine aktiven Mitglieder der britischen Regierung waren. Telefonat am 12.3.2018.

UNILEVER-Konzern in London und Rotterdam gestellt und soweit mir bekannt ist, sind über die von ihm hergestellten Verbindungen wesentliche Nachrichten zwischen England und der deutschen Widerstandsgruppe, der er nahe stand, hin und her gegangen. Unter anderem hat Roloff es im Jahre 1939 durch seine Beziehungen ermöglicht, daß noch einmal zwischen damaligen Führern der deutschen Wirtschaft und führenden Persönlichkeiten Englands nach letzten Möglichkeiten gesucht wurde, den Weltkrieg zu verhindern. Als die von ihm eingeleiteten Besprechungen, über die die leitenden Herren des UNILEVER-Konzerns London unterrichtet sind (waren), scheiterten, ist es im wesentlichen Roloffs Bemühungen zu verdanken, daß einer der menschlich wertvollsten deutschen Offiziere – Graf Schwerin – nach London entsandt wurde, um im Auftrage des deutschen Kriegsministeriums und Generalstabs festzustellen, ob England und Frankreich wirklich bereit waren, um des polnischen Schicksals wegen, den Krieg mit Hitler-Deutschland zu wagen. Selbstverständlich war Roloff und den anderen Initiatoren von vornherein klar, welches Ergebnis die Erkundungen Schwerins haben würden, man hoffte aber, daß ein nüchterner Bericht eines in militärischer Einsicht auch bei den Nationalsozialisten sehr anerkannten Offiziers über die unerbittliche Einsatzbereitschaft Englands eine heilsame Wirkung auf Hitler und seine kriegswütige Umgebung haben würde. Graf Schwerin, der in politischen Dingen genau so dachte wie wir, hat dann nach Rückkehr nach Berlin aufgrund der Fühlungnahme mit Persönlichkeiten, die im Wesentlichen durch Roloff vermittelt wurden und auf den Be(such) Schwerins vorbereitet worden waren, berichtet, daß kein Zweifel an der Kriegsbereitschaft Englands und Frankreichs bestünde, falls Hitler Polen überfallen würde. Wenn diese Reise auch nicht den gewünschten Erfolg bei den Führern der Nationalsozialistischen Partei hatte, so ist es doch dem Berichte des Grafen Schwerin zu verdanken, daß eine Reihe von höheren Generalstabsoffizieren aus der Art und Weise, wie der Bericht Schwerins totgeschwiegen wurde, erkannten, daß Hitler und seine Umgebung den Krieg um jeden Preis wollten, eine Erkenntnis, die bei einigen von ihnen dazu beigetragen hatte, daß sie sich späterhin dem Kreise des deutschen Widerstandes angeschlossen haben.«[169]

Zu den eben genannten »höheren Generalstabsoffizieren« gehörte auch General von Tippelskirch, der Gerhard von Schwerin für seinen Bericht abkanzelte und ihn danach aus dem Generalstab entfernte.[170]

---

169 Eduard Waetjen, Erklärung vom 10.10.1946, in der Wiedergutmachungsakte Wilhelm Roloff, 4,54E – 2509, Staatsarchiv Bremen.

170 Schwerin, Detlef Graf v., Dann sind's die besten Köpfe, a.a.O., S. 178.

»Tiefgefrieren von Nahrungsmitteln« und andere innovative Lebensmitteltechnologien

Roloff optimierte bei der »Nordsee« die Verarbeitung der Fänge, indem er industrielle Verarbeitungsmaßstäbe anlegte. Auch bei der Vermarktung der Produkte griff er auf neue Erkenntnisse der Werbewirtschaft zurück und war damit überaus erfolgreich. Unterstützt durch die NS-Propaganda, die den Seefisch zu einem neuen Volksnahrungsmittel machen wollte, vergrößerte er die Anzahl der Verkaufsstellen. Die Belieferung der immer zahlreicheren Läden erforderte eine Erhöhung der Fänge. Das gelang bei der »Nordsee« zwar auch durch die Indienststellung von Schiffsneubauten, aber mehr noch durch die Ertüchtigung vorhandener Schiffe und durch logistische Optimierungen. Anstatt unbestimmt lange, weite Fangreisen zu unternehmen, führte ein Teil der Flotte, meist bestehend aus älteren Schiffen, zeitlich beschränkte Reisen zu den nahegelegenen Fanggebieten in der mittleren und nördlichen Nordsee durch und war anschließend mit frischem Fisch pünktlich zu den festgelegten Markttagen wieder im Hafen.[171]

Die von Hermann Göring, dem Beauftragten für den Vierjahresplan, befohlene Verdoppelung der Fischversorgung erforderte bisher nicht gewagte Großinvestitionen. Als ausschlaggebend zur Erreichung dieses Ziels wurde von Roloff nicht allein die Erhöhung der Fangmenge angestrebt, auch eine Optimierung der Verarbeitung war erforderlich. Die industrielle Verarbeitung sollte unabhängig von höheren Fängen zu einer Steigerung der Versorgung führen. Auch die Verbesserung der Transportfähigkeit des Fisches würde eine nachhaltige bessere Verwertung zur Folge haben. Verarbeitung und Transport der Fische wurden der 1936 von der »Nordsee« erworbenen Tochtergesellschaft Fisch ins Land GmbH übertragen.[172] Diese errichtete 1937/38 eine neue Betriebsstätte mit 62 Räucheröfen neuester Technik in Wesermünde. Fisch ins Land GmbH führte auch als erstes deutsches Unternehmen das maschinelle Filetieren des Fangs ein. Ein Versand der Fische ohne Kopf und Gräte vermied Ballast beim Versand und Abfall beim Käufer.

171 »Nordsee«-Archiv Hoffmann im Bestand des Dt. Schiffahrtsmuseums Bremerhaven.

172 Aus dem Geschäftsbericht der »Nordsee« Deutsche Hochseefischerei AG für 1935/36 vom 3.12.1936.

Doch die wichtigste und bedeutendste Neuerung sollte das **Tiefgefrieren des Fisches** werden! Bis in die 1920er Jahre war es nur mit den althergebrachten Konservierungsverfahren wie Räuchern, Dörren (Trocknung), Einkochen in Dosen und Lagern des Fisches in Natureis möglich, eine Verlängerung der Haltbarkeit des gefangenen Fisches zu erreichen. Seefahrer wussten aber schon lange, dass die in Grönland und im nördlichen Kanada lebenden Völker auch noch eine weitere Methode zur Konservierung kannten: Ihr Fisch wurde an der arktisch kalten Luft bei minus 20 Grad und darunter tiefgefroren. Er war danach über Monate haltbar.

Der Däne A. J. A. Ottesen[173] erfand 1911 eine Methode, diese Konservierung auch in Europa anzuwenden. Es gelang ihm, den Fisch in eine mit Kältemaschinen auf minus 20 Grad herab gekühlten Salzsole einzutauchen und damit zu gefrieren. Seine Erkenntnisse inspirierten den deutschen Wissenschaftler Dr. Rudolf Plank.[174] Er hatte während des Ersten Weltkrieges den Regierungsauftrag erhalten, alle bisher bekannt gewordenen Verfahren zur Frischhaltung von Lebensmitteln durch Kälte auf ihre Brauchbarkeit zu untersuchen.«[175] Dabei entdeckte er das Schockgefrieren, das die Qualität des gefrorenen Fisches bewahrte.

Schon 1924 hatte die »Nordsee« diese Erkenntnisse aufgenommen und mit einer Gefrierproduktion in einem nach dem Ottesen-Verfahren arbeitenden Tiefkühlwerk in Bremerhaven positive Ergebnisse gesammelt. Hierauf aufbauend ließ der damalige »Nordsee«-Generaldirektor Wriedt 1929 das erste deutsche Fischkühlschiff bauen, die VOLKSWOHL.[176] Mit ihr wurde der Versuch unternommen, den Fisch sofort nach dem Fang auf See zu gefrieren. Doch es zeigte sich, dass das Gefrieren im Solebad auf hoher See nicht funktionierte.

Im gleichen Jahr wurde in den USA das Birdseye-Verfahren entwickelt, eine Gefriermethode, die »trocken«, also ohne Salzsole, arbeitet. Sie erwies sich gegenüber anderen Methoden als überlegen und wird bis heute auf den Fangfabrikschiffen der Fischereinationen angewendet. Bei diesem von Clarence Birds-

173 A. J. A. Ottesen, * 1860, † 1936.

174 Rudolf Plank, * 6.3.1886 in Kiew, † 16.6.1973, russischstämmiger deutscher Ingenieur und Kälteforscher (aus Wikipedia).

175 Hilck/Auf dem Hövel, Jenseits von minus Null, a.a.O., S. 16.

176 Lt. Information Fischereiarchiv Dieter Kokot, Wingst, gehörte das Kühlschiff VOLKSWOHL dem Deutschen Reich; es wurde von der »Nordsee« bewirtschaftet.

eye[177] herausgefundenen indirektem Gefrieren liegt das Gefriergut zwischen hohlen Metallplatten, die vom Gefriermittel durchströmt werden. Als Gefriermittel sind bei diesem Verfahren auch Flüssigkeiten geeignet, die für den Menschen ungenießbar oder giftig sind, die aber auch bei sehr tiefen Temperaturen von bis zu minus 60 Grad im flüssigen Aggregatzustand verbleiben. Sie ermöglichen ein für Lebensmittel überaus schonendes Schock-Gefrieren.

Die bedeutende Rolle von Wilhelm Roloff bei der Einführung des Tiefgefrierens von Lebensmitteln in Deutschland wird in einer Broschüre des Deutschen Tiefkühlinstituts[178] unter der Überschrift Die befohlene Tiefkühlwirtschaft beschrieben. Es heißt darin, dass eine in Wesermünde gegründete Forschungsstelle zusammen mit der »Nordsee« die ersten Versuche für das Tiefgefrieren von Fischfilet startete. Über Roloff heißt es in der Broschüre: »An der Spitze der »Nordsee« steht zu dieser Zeit Direktor Wilhelm Roloff, ein ebenso energischer wie weit vorausschauender Mann. Er ist sich völlig klar darüber, dass die Forderung nach Verdoppelung der Anlandungen, was nur gleichbedeutend mit der Entwicklung einer Vorratswirtschaft sein kann, allein durch die möglichst rasche Einführung des Tiefgefrierverfahrens erfüllbar ist.«[179] Während einer USA-Reise im Jahre 1938 hatte er das amerikanische Birdseye-Verfahren erkundet. Dabei war ihm bewusst geworden, dass die bisher in Deutschland üblichen Verfahren für eine Bevorratung mit Lebensmitteln im großen Stil nicht geeignet waren. Anlässlich der Reise stellte er darüber hinaus fest, dass sich das Verfahren nicht nur für Fisch, sondern auch für kartonverpacktes Obst und Gemüse eignet.

Angeregt durch die Eindrücke und Erfahrungen, die Roloff in den USA machte, erwarb die MVU, Mehrheitseignerin der »Nordsee«, eine Lizenz für das Birdseye-Verfahren. Anfang 1939 wurde erstmalig in Deutschland die Produktion von tiefgekühltem Fischfilet bei der Fisch ins Land GmbH aufgenommen.[180]

Die Vierjahresplan-Behörde Hermann Görings erkannte die strategischen Vorteile der Versorgung der Wehrmacht aber auch der gesamten Bevölkerung mit gefrorenem Fisch und förderte das Projekt einer funktionierenden Gefrierwirtschaft mit erheblichen finanziellen Zuwendungen. Unilever, aber auch

177 Clarence Birdseye, * 9.12. 1886, † 7.10.1956.
178 Hilck/Auf dem Hövel; Jenseits von minus Null, a.a.O.
179 Ebd., S. 33.
180 Koschwitz, Betriebsnachrichten, Jahrgang 2, Nr. 7, S. 1.

konkurrierende Unternehmen, erkannten rasch die glänzenden geschäftlichen Aussichten, die ihnen aufgrund einer solchen staatlichen Förderung winkten. Frederik Tempel, Geschäftsführer der MVU, hatte Clarence Birdseye durch Vermittlung Roloffs nach Berlin eingeladen, um mit ihm und deutschen Fachleuten sowie Persönlichkeiten der Vierjahresplan-Behörde den Aufbau einer Tiefgefrierwirtschaft zu erörtern. Die Besprechung verlief erfolgreich. »Mit dem stattlichen Stammkapital von 6 Millionen RM gründete die MVU im Frühjahr 1939 die Solo Feinfrost GmbH. Im Herbst 1939 wurde die erste Obst- und Gemüseernte tiefgefroren. Zur Firma gehörten die Werke Wunstorf ... und Emden, 14 kooperierende Konservenfabriken und zwei landwirtschaftliche Betriebsstätten auf großen Gütern.«[181]

In keinem anderen europäischen Land wurde die Entwicklung der Tiefkühlwirtschaft danach so forciert wie in Deutschland.[182] Dies erfolgte auch im Wissen und in der Erinnerung an die demoralisierende Wirkung einer hungernden Bevölkerung während des Ersten Weltkrieges. Ein solches Szenario sollte im Kriegsfall nicht noch einmal eintreten.

Wilhelm Roloff kann als maßgebliche unternehmerische Leitfigur für die erfolgreiche Einführung der Tiefkühlwirtschaft in Deutschland angesehen werden. Die Solo Feinfrost GmbH anerkannte seine Leistungen zur Begründung des Tiefgefriergeschäfts und zahlte ihm dafür eine jährliche Prämie von 25.000 RM.[183]

Aufgrund solcher geschäftlichen Erfolge konnte sich Wilhelm Roloff in der Konkurrenz mit Robert Ahlf mehr und mehr durchsetzen. Es gelang ihm zwar nicht, diesen zu verdrängen, dazu hatte Göring-Freund Ahlf bei diesem zu großen Rückhalt, doch wurde er neben Ahlf zum weiteren Generaldirektor ernannt.[184]

Die Belegschaft der »Nordsee«, einschließlich ihrer Tochtergesellschaften, wuchs unter Roloffs Unternehmensführung von 4.400 Beschäftigten im Jahre 1932 auf 6.700 im Jahre 1939. Dieses Wachstum gründete sich teilweise auch auf der Konjunktur der territorialen Vergrößerung des Deutschen Reiches vor Ausbruch des Zweiten Weltkrieges. Nachdem sich Deutschland im Mai 1939

---

181 Vgl. Wöbbeking-Typoskript, Unilever-Archiv, Hamburg.

182 Hilck/Auf dem Hövel, Jenseits von minus Null, a.a.O., S. 35.

183 Ein Briefwechsel über die Zahlung dieser Anerkennungsprämie und deren Weiterzahlung nach 1945, in: Personalakte Roloff im Unilever-Archiv, Hamburg

184 Vgl. Wöbbeking-Typoskript, Unilever-Archiv, Hamburg.

unter Verletzung des gerade abgeschlossenen Münchner Abkommens auch noch die »Rest-Tschechei« eingegliedert hatte, gründete die »Nordsee« in Prag sogleich die Rybi Lahudky-Fischdelikatessen GmbH, aus der sich in den folgenden Jahren eine Kette von zuletzt 24 Geschäften in Prag, Brünn, Pilsen und anderen Orten Tschechiens entwickelte.[185] Außerdem beteiligte sich die »Nordsee« zu 50 % an der tschechischen Vanhova Rybarna GmbH und an zwei weiteren Großhandelsbetrieben in Prag und Brünn.[186]

Auch außerhalb des Deutschen Reiches trat die »Nordsee« als Akteur erfolgreich auf. Roloff verstand es, sie als Abnehmerin portugiesischer Ölsardinenfänge zu etablieren. Vor Kriegsausbruch wurden 60 % der portugiesischen Sardinenfischerei nach Deutschland exportiert, ein wesentlicher Teil davon ging an die »Nordsee«-Handelsorganisation.[187]

Die »Nordsee« Deutsche Hochseefischerei AG schrieb schwarze Zahlen und konnte eine Dividende von 6 % für das Geschäftsjahr 1938/39 ausschütten. Obwohl sich der staatlich festgelegte durchschnittliche Verkaufspreis seit 1936 von 0,16 RM um 25 % auf 0,12 RM je Kilogramm ganzer Seefisch reduziert hatte[188] und obwohl erhebliche zusätzliche Leistungen für die Mitarbeiter, damals »Gefolgschaftsmitglieder« genannt, angeboten wurden, war die »Nordsee« für ihre Anteilseigner hochprofitabel geworden. Die wirtschaftlich kritische Situation, die Roloff bei seinem Eintritt in den Vorstand vorgefunden hatte, hatte sich aber nicht allein durch seine unternehmerischen Leistungen, sondern vielmehr auch durch die von der NS-Wirtschaftspolitik veränderten Rahmenbedingungen grundlegend verbessert. Auch wenn die »Nordsee«, der NS-Ideologie folgend, anders als früher Weihnachtsgeld zahlte, Siedler-Darlehen für den Hausbau gab und Zuschüsse für geistige Fortbildung und Unterhaltung zahlte, führten u.a. die Auflösung der Gewerkschaften und das rigide arbeitgeberfreundliche Gesellschaftsklima dazu, dass sich die Gewinnsituation enorm verbesserte. Wilhelm Roloff, der in vielen Aufsichtsräten weiterer Unternehmen saß, wird gesehen haben, dass die seit Hitlers Machtübernahme veränderten Bedingungen für die gesamte Industrie von großem Vorteil waren. »Ihre Ertragslage verbesserte sich so schnell und gründlich, die

185 Winter, Walter, Logbuch, a.a.O., S. 41.

186 Aktenvermerk von Roloff vom 16.10.1945 in der Akte Rückgewinnung der »Nordsee«-Anteile, Unilever-Archiv, Hamburg.

187 Ebd.

188 Beese, Das Eindringen, a.a.O., S. 20.

Betriebsausflug der Hauptverwaltung im Jahr 1939 nach Helgoland.
Von links: Direktor Wilhelm Roloff, Direktor Wilhelm Buhr, Prokurist von Mengden

Gewinne stiegen in vergleichsweise kurzer Zeit in einer solchen Weise, wie (es) die Unternehmen bei allem Optimismus wohl nicht vorausgesehen hatten.«[189]

Wilhelm Roloff, der maßgebliche »Macher« im Vorstand, konnte die unternehmerischen Erfolge der »Nordsee« auch für die Verbesserung seines eigenen Einkommens nutzen. Mit dem Einstieg des Unilever-Konzerns schloss er zum Niveau der üblichen Gehaltszahlungen dieses internationalen Konzerns auf. Ab 1938 erhielt er seine Bezüge nicht nur allein von der »Nordsee«, sondern zusätzlich auch vom Großaktionär MVU. Angaben zur Höhe seines Einkommens sind in seiner Entnazifizierungsakte überliefert.

Das aus der folgenden Tabelle ersichtliche Einkommen setzt sich nach Roloffs Angaben aus Bezügen für seine Vorstandstätigkeit bei der »Nordsee«, ergänzende Honorierungen von der MVU und aus zusätzlichen Einnahmen für Aufsichtsratstätigkeiten bei anderen Gesellschaften zusammen:

189 Vogelsang, Der Freundeskreis Himmler, a.a.O., S. 133.

1933	45.000 RM
1934	57.500 RM
1935	61.500 RM
1936	88.000 RM
1937	122.157 RM
1938	125.563 RM
1939	131.329 RM
1940	136.329 RM
1941	136.329 RM
1942	154.269 RM
1943	138.399 RM
1944	108.519 RM

Um einen Vergleich mit der heutigen Zeit zu ermöglichen, ist die damalige Kaufkraft zu der heutigen in Beziehung zu setzen. Dabei sind die Beträge mit dem Faktor 3,5–4 zu multiplizieren.

Bezogen auf die Seefischpreise, wendete die »Nordsee« demnach ambitionierte Beträge für die Entlohnung ihres Direktors Roloff auf.

Wilhelm Roloff wird Eigentümer des Fichtenhofs

1924 hatte es einen Eigentümerwechsel des Fichtenhof-Grundstücks gegeben. Nach dem Tode Alhard Baron von der Borchs am 6.6.1924 war der Besitz auf den einzigen Sohn Alhard Karl Adrian Jesaias von der Borch (23.6.1876–5.5.1940) übergegangen.

Vermieter des Nutzungsrechtes am Fichtenhof an Wilhelm Roloff war aber nicht Baron von der Borch sondern Professor Otto Schmidt. Diesem ging es gesundheitlich nicht mehr gut. Er erkrankte an den Augen und büßte zunehmend seine Sehfähigkeit ein. 1935 musste er sich schließlich vorzeitig in den Ruhestand versetzen lassen.[190] Die Krankheit führte dazu, dass er nur noch in seinem Haus in der Kohlhökerstraße leben konnte. Ausfahrten zum Fichtenhof waren nur noch mit Hilfestellung möglich.

190 S. Entlassungsurkunde vom 23.7.1935, Personalakte Prof. Dr. Schmidt im StAB.

Familienglück! – Lexi und der kleine Michael Roloff auf einem Glücksmedaillon aus dem Familienalbum

Die geschäftlichen Erfolge Roloffs korrespondierten inzwischen mit einer deutlichen Aufwertung seiner gesellschaftlichen Stellung. Ob er deshalb nicht länger nur Mieter des von ihm bewohnten Hauses sein wollte, ist nicht überliefert. Vielleicht war es auch Professor Schmidt, der einen Verkauf seines »Hauses im Grünen« herbeiführen wollte.

Doch Roloff kaufte nicht nur das einem Erbbaurecht ähnliche schuldrechtliche Nutzungsrecht, sondern erwarb auch das Eigentum am Grundstück. Am 19.11.1938 wurde der Kaufvertrag für 92.000 RM beurkundet. Vertragspartner waren Alhard Karl Adrian Jesaias von der Borch, Professor Otto Schmidt und Wilhelm Roloff.[191] Die Größe des Grundstücks wurde mit 4,5 ha angegeben. Am 8.3.1939 wurde Roloff durch Eintragung im Grundbuch neuer alleiniger und unbeschränkter Eigentümer.

Die Größe des Grundstücks wurde im Kaufvertrag mit 4,5 ha angegeben.

191 Kaufvertrag in den Grundakten des Amtsgerichts Bremen-Blumenthal Band 13, Blatt 462. Auch Professor Dr. Otto Schmidt, sein Vermieter, war Vertragspartner. Dessen Recht am Grundstück war nicht im Grundbuch eingetragen. Gleichwohl hatte er offenbar eine schuldrechtlich vereinbarte Rechtsposition, die dem heutigen Erbbaurecht auch ohne Eintragung im Grundbuch so ähnlich war, dass ein Verkauf des Grundstücks an Wilhelm Roloff nur erfolgen konnte, wenn Prof. Schmidt diesem gleichzeitig seine Rechte und Ansprüche als Nutzungsberechtigter übertrug.

Drei Positionen: »Nordsee«-Vorstand, Heeresverwaltungsamt und Widerstand

Die »Nordsee« nach Ausbruch des Krieges 1939

Als Deutschland am 1. September 1939 mit dem Angriff auf Polen den Zweiten Weltkrieg begann, hatte diese Aggression die von Hitler in seiner Hybris nicht erwartete Kriegserklärung Englands an das Deutsche Reich zur Folge.

Der Kriegseintritt Englands bewirkte für die »Nordsee« das erwartete schlimmste Szenario. Als Fischerei- und Fischversorgungsunternehmen war sie auf die Freiheit der Meere existenziell angewiesen. Wie sollte nun auf der namensgebenden Nordsee Fischfang betrieben werden, wenn diese beiden Länder gegeneinander Krieg führten? Auch zu den meisten anderen Fischgründen, die nur über die Nordsee zu erreichen waren, war die Verbindung nun abgeschnitten.

Fischfang, hauptsächlicher Geschäftszweig der »Nordsee«, war also gleich nach Kriegsbeginn nur noch eingeschränkt möglich.

Doch schon zuvor, im Sommer 1939, hatte die »Nordsee« die Konsequenzen des nahenden Unheils erfahren müssen. Von der Kriegsmarine wurden in Vorbereitung des Krieges u.a. fünf moderne Dampfer requiriert, um daraus U-Jagdflottillen aufzubauen.[192] Existenziell traf es die Fischereiflotte dann beim Kriegsausbruch.

»Sofort nach Kriegsbeginn wird am 1. September die Neuaufstellung weiterer Flottillen angeordnet. Die »Nordsee« übergibt der Kriegsmarine zunächst 63 Dampfer … [Es] werden Werften von Emden bis Stettin von der Kriegsmarine dafür herangezogen, die Fischdampfer für ihre Belange umzubauen.

192 Heise, H.J., Fischdampfer im Marinedienst, in: Geschichte der »Nordsee«, hrsg. Brandes, W., a.a.O., S. 123.

Die Fischdampfer werden hauptsächlich als Sicherungskräfte eingesetzt und haben die Aufgabe, die eigenen Küsten und den Schiffsverkehr gegen feindliche Angriffe von See her und aus der Luft zu schützen. Sie werden hauptsächlich als Vorposten-, Minensuch- und Hafenschutzboote sowie als U-Bootjäger oder für Sonderaufgaben ausgerüstet und in Dienst gestellt.«[193]

Gleichwohl kam die »Nordsee« bei dieser Dezimierung ihrer Flotte im Vergleich zu anderen Fischereigesellschaften noch relativ gut weg. Das Alter vieler Schiffe ließ eine relativ große Zahl von ihnen zunächst ungeeignet für einen Kriegseinsatz erscheinen. Es geriet der »Nordsee« also zum Vorteil, dass Generaldirektor Ahlf und Wilhelm Roloff bei den in den zurückliegenden Jahren zu treffenden Entscheidungen für oder gegen Schiffsneubauten Augenmaß gezeigt und sich stattdessen oftmals eher für die Optimierung der bestehenden Fangflotte entschieden hatten. Nach dem Krieg beschrieb »Nordsee«-Prokurist Paul Lübcke, dass sich diese in Friedenszeiten geübte Zurückhaltung bei Neubauaufträgen nach Kriegsausbruch als Vorteil erwies: *»[Da] die alten Kästen nicht Soldat zu werden brauchten, hat(te) die ›Nordsee‹ hiervon ganz außerordentlich profitiert, denn diese fischten während der ganzen Zeit in der Ostsee«.*[194] Die Ostsee und das Kattegat waren die verbliebenen Meeresgebiete, in denen deutsche Hochseefischerei während des Krieges zunächst noch möglich blieb.

Schon vor Kriegsausbruch hatte sich Wilhelm Roloff aber auch nach alternativen Möglichkeiten umgesehen, um die mittlerweile an Seefisch gewöhnten deutschen Verbraucher auch in diesem schlimmsten Fall mit Fisch zu versorgen.

Den Fischreichtum vor der norwegischen Küste hatte er dabei als potenzielle Bezugsquelle erkannt. Die dortigen Ressourcen ermöglichten den 120.000 norwegischen Fischern eine jährliche Fangmenge bis zu einer Million Tonnen Fisch. Sie wurde von 80.000 Fischereifahrzeugen unterschiedlicher Größe eingebracht. Die von den Fischern zu erzielenden Verkaufspreise waren wegen des großen Angebots aber derart niedrig, dass der norwegische Staat den Fischern jährlich Zuschüsse zum Lebensunterhalt zahlen musste. Mit dieser Subvention wurde sichergestellt, dass sie die Betriebe der norwegischen Fischwirtschaft, deren Anteil an der Volkswirtschaft 40 % ausmachte, mit Rohmaterial versorgen konnten. 90 % des gefangenen Fisches musste auf ausländischen Absatzmärkten

193 Ebd.

194 Brieffragment Paul Lübcke.

verkauft werden,[195] was nach Kriegsausbruch noch schwieriger geworden war, insbesondere wegen der raschen Verderblichkeit der Ware.

Das deutsche Interesse am norwegischen Fisch war daher zunächst äußerst willkommen, weil es mit der technologischen Neuerung des Birdseye-Verfahrens daherkam. Mit den durch Wilhelm Roloff erworbenen Nutzungsrechten an dieser Technik war die »Nordsee« auf dem norwegischen Einkaufsmarkt gegenüber den auf Export angewiesenen Fischern in einer guten Verhandlungsposition. Schnell war man sich einig. »Schon am 22.9.1939 wurde in Drontheim[196] von Direktor Roloff ein Vertrag abgeschlossen, der die Errichtung eines Tiefkühlbetriebes durch die »Nordsee« und d(essen) Belieferung durch die norwegische Fischerei vorsah. Am 9.4.1940 konnte der Betrieb der Frostfilet A.S. in Drontheim die Verarbeitung aufnehmen.«[197] Es war der Tag, an dem die deutsche Wehrmacht das bis dahin friedliche und neutrale Norwegen angriff und es in den Zweiten Weltkrieg hineinzog.

Die Okkupation des Landes ab diesem Tag und die darauf folgende Errichtung der Behörde des Reichskommissars für die besetzten norwegischen Gebiete unter dem Hitler-Gefolgsmann und ehemaligen Essener Gauleiter Josef Terboven begünstigten das weitere Geschäft der »Nordsee« ganz erheblich. Im Herbst 1940 wurde die Fischeinkaufsgemeinschaft Norwegen (F.E.G.) gegründet. Sie spannte »ein dichtes Netz von Fischaufkäufern über die norwegischen Fischereihäfen«.[198] »Die deutschen Bezugswünsche wurden (nun) zu kategorischen Forderungen ...«[199] – Das Reichsernährungsministerium, die Behörde des Reichskommissars und die deutschen Fischereiunternehmen unter der Führung der von Wilhelm Roloff vertretenen »Nordsee« planten eine großräumige europäische Fischwirtschaft. »Das erforderte zunächst weitere Investitionen, Erschließung neuer Fanggebiete durch moderne Technik, Entwicklung der Tiefgefrieranlagen und der Transporttechnik.«[200]

In der nordnorwegischen Stadt Bodø wurde zur Verarbeitung vor allem der Kabeljaufänge aus der sogenannten Lofotenfischerei ein weiteres Frostfilet-

---

195 Bohn, Robert, Reichskommissariat Norwegen, a.a.O., S. 134.

196 Drontheim war der in der NS-Zeit in Deutschland verwendete eingedeutschte Name für Trondheim.

197 Höver, Otto: Unter der Flagge mit dem goldenen Schlüssel, a.a.O.

198 Bohn, Robert, a.a.O., S. 276.

199 Ebd., S. 150 f.

200 Ebd., S. 277.

werk durch die »Nordsee« gebaut, das sich im Laufe des Krieges zur größten Fischgefrieranlage Europas entwickelte.[201] »Es hatte eine Kapazität von monatlich 3.000 t Filet, das sind 15 Millionen Mittagsmahlzeiten.«[202] Bodø arbeitete dabei ausschließlich für die Wehrmacht, das Werk in Trondheim auch für den zivilen Sektor.[203]

»Geschickt hatte es Roloff verstanden, den norwegischen Staat in die Unternehmungen mit einzubinden. Sabotageakte nach der Besetzung Norwegens durch die Wehrmacht hörten auf, als die Untergrundorganisation informiert war, dass es sich um norwegisches bzw. niederländisch-britisches Eigentum handelte.«[204]

Wilhelm Roloff war der entscheidende Organisator dieses Aufbaus der Fischverarbeitungsbetriebe, die ein Vielfaches des Stammkapitals der »Nordsee« AG verschlangen.[205] Dieses wird betriebswirtschaftlich nur durchsetzbar gewesen sein, weil er dafür die volle politische Rückendeckung und Absicherung des Beauftragten für den Vierjahresplan, Hermann Göring, hatte.

Die schwerpunktmäßig in Nordnorwegen geplanten Investitionen verstärkten dort die Nachfrage nach Arbeitskräften erheblich. Die durch die Abteilung Fischwirtschaft der Behörde des Reichskommissariats, aber auch durch die Wehrmacht (Verteidigungs- und Abwehrstellungen) veranlassten zahlreichen Investitionen führten schon kurz nach der Invasion Norwegens dazu, dass die vorhandenen einheimischen Arbeitskräfte bei Weitem nicht ausreichten.[206] Bisherige Landarbeiter verließen die Höfe und zogen lieber auf die zahlreichen gutbezahlten Wehrmachtbaustellen. Dadurch fehlten bezogen auf Gesamt-Norwegen, schon im ersten Halbjahr 1940 mehr als 50.000 Arbeitskräfte.[207] Da die vorhandenen Arbeitskräfte absolut nicht ausreichten, begann im August 1941 der Einsatz von meist russischen Kriegsgefangenen und sogenannten Ostarbeitern. Norwegische Archive belegen auch den Einsatz von Zwangsarbeitern in den »Nordsee«-Betrieben. In den Unterlagen heißt es: »Kurze Zeit später wurden auch in der

201 Winter, Walter, Logbuch, a.a.O., S. 40.
202 Hilck/Auf dem Hövel, Jenseits von minus Null, a.a.O., S. 44.
203 Vgl. Wöbbeking-Typoskript, Unilever-Archiv, Hamburg.
204 Ebd.
205 Telefonat mit Marx Henning Rehder am 20.1.2015.
206 Bohn, Robert, Reichskommissariat Norwegen, a.a.O., S. 227.
207 Ebd., S. 228.

fischverarbeitenden Industrie Arbeitsdeportierte eingesetzt. Im Frühjahr 1942 kamen etwa 800 ›Ostarbeiter‹ zu A/S Frostfilet nach Bodø …«[208]

Der deutschen Besatzungsverwaltung und den deutschen Betrieben wie der »Nordsee« gelang es recht schnell, die norwegische Fischwirtschaft vollständig auf die Belieferung des deutschen Marktes auszurichten. Für den Transport des gefrorenen Fisches nach Deutschland wurde die Frachtengemeinschaft Norwegen gegründet. Sie bestand aus sieben ehemaligen holländischen Kühlschiffen, die durch das Oberkommando der Kriegsmarine aufgrund Artikel 53 der Haager Landkriegsordnung beschlagnahmt und dem Reichsernährungsministerium für die Sicherstellung der Kühlschifftransporte von Norwegen (Bodø) nach Deutschland zur Verfügung gestellt wurden. Auf der Hinfahrt nach Norwegen wurde Wehrmachtsgut transportiert. Verfügungsberechtigt für diese Flotte war die Fachschaft Hochseefischerei der deutschen Fischwirtschaft, Berlin. Als Korrespondenz-Reeder trat die »Nordsee« Deutsche Hochseefischerei, Reedereiverwaltung, auf, deren Aufgabe darin bestand, die Durchführung und Organisation der Transporte zu gewährleisten. Die Schiffe wurden von »Nordsee«-Kapitänen geführt, die dafür dienstverpflichtet wurden.[209]

Auch in Schweden besorgte Wilhelm Roloff Transportfahrzeuge und unternahm die zu deren Ankauf erforderlichen Dienstreisen.[210] »Ohne die Lieferungen aus Norwegen hätte der deutsche Markt während des Krieges nur mit einem Fünftel der Menge der Vorkriegszeit versorgt werden können. Dies wäre für die Eiweißversorgung der deutschen Bevölkerung umso dramatischer geworden, als andere Proteinträger, vor allem Fleisch, mehr und mehr zur Neige gingen. Mit den Lieferungen aus Norwegen war zumindest die Fischversorgung zu zwei Dritteln des Vorkriegsniveaus gedeckt. Somit wurde die norwegische Fischwirtschaft für das Reich immer wichtiger und es wurde von deutscher Seite versucht, alles aus ihr herauszuholen.«[211]

Doch die Entwicklung des Krieges stellte die Fischversorgung Deutschlands aus Norwegen bald wieder infrage. Alliierte Militäraktionen zwangen zur Sperrung von Fanggründen. Transportprobleme zu den Sammel- und Verarbeitungsstellen traten auf, weil auch norwegische Fangboote durch die

208 Ebd., S. 377.

209 »Nordsee«-Archiv Hoffmann im Bestand des Dt. Schiffahrtsmuseums Bremerhaven.

210 Entnazifizierungsakte Wilhelm Roloff, 4,66 -I- 9186, Staatsarchiv Bremen. Anhang zum Meldebogen.

211 Bohn, Robert, ebd., a.a.O., S. 285.

Kriegsmarine requiriert wurden. »Die Bereitschaft der Küstenbewohner, am Fischfang teilzunehmen, sank, wenn sie mitansehen musste, wie der angelandete Fisch liegenblieb und verfaulte, weil die Transportkapazitäten für den Abtransport fehlten.«[212]

Auch in La Rochelle/Frankreich ließ Roloff für die »Nordsee« 1942 einen weiterenTiefkühlbetrieb errichten. Dieses Unternehmen namens Pargelt gehörte gemeinschaftlich zur »Nordsee« und zum weiteren MVU-Betrieb SOLO Feinfrost GmbH. Er hatte jedoch nicht die norwegischen Dimensionen. Die Belieferung erfolgte durch französische Fischer, deren Boote zuvor aus der Beschlagnahme freigegeben worden waren. Die tiefgefrorenen Erzeugnisse wurden je zur Hälfte an die französische Bevölkerung und an die deutschen Besatzungstruppen geliefert.[213] Zur Belieferung der französischen Bevölkerung errichtete die Pargelt einen Großhandels-Verkaufsladen in Paris.[214]

Selbst in der Türkei wurden Fischereiprodukte von der »Nordsee« eingekauft. Sie und die SOLO Feinfrost GmbH gründeten dazu gemeinsam das Unternehmen Vanhas Fischbetriebe. Es verfügte über sechs Gefrierapparate, Tiefgefrierräume, eine Fischkonservenfabrik, einen Salzungsbetrieb und Verladeanlagen.[215] Von türkischen Fischern gefangener Thunfisch aus dem östlichen Mittelmeer, dort Palamiden genannt, wurde nach der Verarbeitung per Bahn nach Wien versandt. Schon Ende 1940 kam dort eine erste Lieferung per Kühlwaggon an.[216]

212 Bohn, Robert, ebd., a.a.O., S. 285.

213 Winter, Walter, Logbuch, 75 Jahre »Nordsee«, a.a.O., S. 40.

214 Aktenvermerk von Wilhelm Roloff vom 16.10.1945 in der Akte Rückgewinnung der »Nordsee«-Anteile« im Unilever-Archiv, Hamburg.

215 Zur Aufzählung der Investitionen, ebd.

216 Aus der Werkzeitschrift der Betriebsgemeinschaft »Nordsee« Deutsche Hochseefischerei AG, Heft 53/54, Jan/Febr.1942, 8. Jahrgang.

Lexi Roloff wird Eigentümerin des Fichtenhofs – Wilhelm Roloff wird zum Heeresverwaltungsamt eingezogen und nimmt seinen Wohnsitz in Berlin

Eine berufliche Versetzung oder eine Einberufung führen in der Regel nicht dazu, dass der Wegziehende dem zurückbleibenden Ehepartner das kurz zuvor erworbene Haus übereignet. Warum es beim Ehepaar Roloff wenige Monate nach Kriegsausbruch doch so geschah, konnte nicht aufgeklärt werden. In einem Schenkungsvertrag vom 17.2.1940 übereignete Wilhelm Roloff den erst fünfzehn Monate zuvor erworbenen Fichtenhof an seine Ehefrau Lexi. Der vom Notar Dr. Ahlers beurkundete Schenkungsvertrag[217] enthält nur die rechtsgeschäftlich erforderlichen Erklärungen der Schenkung, aber keinen Hinweis auf die dahinter liegenden Motive. Nach einer Mitteilung von Michael Roloff, dem Sohn des Ehepaares, kann dessen bevorstehender Umzug nach Berlin als Motiv für die Eigentumsübertragung an seine Mutter vermutet werden.

Wilhelm Roloff wurde ab dem 1.8.1940 zum Heeresverwaltungsamt beim Oberkommando des Heeres (OKH) in Berlin eingezogen. »Das *Heeresverwaltungsamt* war eingebunden im *Allgemeinen Heeresamt*, dessen Chef General Olbricht war. Das *Allgemeine Heeresamt* war wiederum dem Chef der Heeresleitung bzw. dem Oberbefehlshaber des Heeres und ab 1939 dem Befehlshaber des Ersatzheeres unterstellt. Das *Heeresverwaltungsamt* stellte den Nachschubbedarf des Feldheeres (sicher) und setzte dazu nach den Weisungen des Generalquartiermeisters die Nachschubverpflegungsämter ein. Der Chef des Heeresverwaltungsamtes war zugleich der Chef der Wehrmachtverwaltung beim OKW.«[218] Vermutlich war Roloffs Einziehung zum Heeresverwaltungsamt eine logische Folge seines vorangegangenen erfolgreichen Einsatzes für die Tiefkühlwirtschaft und seines dabei erworbenen Wissens um diese neue Methode der Bevorratung mit Heeresverpflegung. Die Einführung der Tiefgefrierwirtschaft 1938/39 hatte noch zu Friedenszeiten erfolgreich abgeschlossen werden können. Roloffs Wechsel zum Heeresverwaltungsamt erleichterte nun die Umsetzung der neuen Bevorratungsmethode sowohl bei der »Nordsee« als auch beim Heeresverwaltungsamt. Hier wurde Roloff im Leitungsteam

217 Grundakten des Amtsgerichts Bremen-Blumenthal, Band 13, Blatt 462.
218 http://www.archivesportaleurope.net/de/ead-display/-/ead/fp/DE-1958/fa/RH9-21646, Zugriff v. 5.4.2014.

benötigt, um die Bevorratung durch Tiefgefrieren glatt und ohne Kompetenzstreitigkeiten durchzusetzen, das kam dann letztlich auch der MVU und damit der Unilever zugute, die davon bis in die Nachkriegszeit hinein profitieren sollten.

Dr. Wilhelm Ziegelmeyer, Roloffs direkter Vorgesetzter beim Heeresverwaltungsamt, referierte 1940 bei einer Tagung: »Wir (das OKH) haben entgegen der vorhandenen Bestrebungen die Einführung des Birdseye-Verfahrens seit Jahren gefördert und letzten Endes im Frühjahr '39 mit der Solo-Feinfrost der Margarine-Verkaufs-Union ... das Verfahren auch hier in Deutschland als die ersten realisiert.«[219] Prof. Heiss, ein Wissenschaftler im Team des OKH, stellte nach dem Krieg fest: »dass es ohne das konsequente Eintreten des OKH sicherlich keinen weiteren Ausbau der Gefrierwirtschaft gegeben hätte ...«[220]

Allerdings waren Roloffs Aufgaben beim Heeresverwaltungsamt rein ziviler Natur. In einer nachträglich im Entnazifizierungsverfahren erteilten Bescheinigung der Wehrmachtsverwaltung Nord vom 30.10.1945 ist seine Tätigkeit benannt. Gewissermaßen entschuldigend wird dazu ausgeführt, dass auch in dieser zivilen Stellung Uniformvorschriften galten[221]: *Herr Roloff hatte in seiner Eigenschaft als Sachverständiger auf dem Gebiet der Fischversorgung dem Hauptsachverständigen für Lebensmittel, Herrn Dr. W. Ziegelmayer[222], seine Ratschläge zu erteilen und hatte hierbei lediglich beratende Funktion. In militärische Aufgaben war er nicht eingeschaltet, seine Tätigkeit war rein ziviler Natur.*

Für die Zeit seiner Einberufung wurde Roloff Kriegsverwaltungsrat. Er hatte die entsprechende Uniform zu tragen. Kriegsverwaltungsräte waren auf Zeit ernannte Hilfsbeamte, sie hatten keinen bestimmten militärischen Rang, sondern besaßen nur allgemeinen Offiziersrang (wie z.B. die Pfarrer). Die Rangabzeichen der Kriegsverwaltungsräte (Schulterstücke ähnlich wie ein Major oder Hauptmann) hatten für den militärischen Rang keinerlei Bedeutung, sondern wurden je nach dem Lebensalter verliehen.

---

219 Hilck/Auf dem Hövel, Jenseits von minus Null, a.a.O., S. 34.

220 Ebd., S. 34.

221 Entnazifizierungsakte Wilhelm Roloff, 4,66 -I- 9186, Staatsarchiv Bremen.

222 Oberregierungsrat Dr. Wilhelm Ziegelmayer (* 18.1.1898 in Schweich bei Trier; † 4.1.1951 in Berlin) war während der Zeit des Nationalsozialismus der strategische Kopf der deutschen Militär- und Gemeinschaftsverpflegung und anschließend Koordinator der Ernährungspolitik in der SBZ.

Mit dem Ausscheiden aus dem Heeresverwaltungsamt verlor Herr Roloff seine Eigenschaft als Beamter a.K. und auch den allgemeinen Offiziersrang. Er war damit wieder Ersatzreservist des Mannschaftsstandes.
gez.: Kiesling, Oberstintendant

Neben seiner Tätigkeit beim Heeresverwaltungsamt war Wilhelm Roloff zugleich Generaldirektor der »Nordsee«, was vermutlich den größeren Teil seiner beruflichen Beanspruchung ausmachte. Die gleichzeitige Tätigkeit im Vorstand der »Nordsee« und im Heeresverwaltungsamt ermöglichte ihm, sowohl auf der Anbieterseite (Fischerei, Fischverarbeitung, Fischhandel) als auch auf der Abnehmerseite (Organisation der Versorgung des Heeres) zu agieren, was innerhalb der NS-Kommandowirtschaft offenbar nicht als ungewöhnlich empfunden wurde.

Das Heeresverwaltungsamt befand sich in Berlin. Hierher zog Roloff und wohnte in einer Wohnung in der Budapester Straße. Sie diente ihm während der nächsten Jahre zugleich als Büro der »Nordsee« und zu Repräsentationszwecken.[223]

Lexi Roloff war nun ebenfalls öfter in Berlin, die Reichshauptstadt war schließlich ihre Heimatstadt. Aus ihrer Jugendzeit wird sie dort noch zahlreiche Freunde und Bekannte gehabt haben. Die alten Verbindungen und neue Kontakte zu führenden Personen der deutschen Wirtschaft und Gesellschaft werden vielfach Anlass zu Fahrten von Bremen nach Berlin gegeben haben. Es wird ihr auch gefallen haben, interessante Gespräche mit Roloffs Besuchern zu führen. Insbesondere zu Hans Oster, den sie vertraut Hansi oder Hänschen Oster nannte, hatte sich in der Vergangenheit ein freundschaftliches Verhältnis eingestellt. Wer gut vernetzt war, konnte sich auch in der damaligen Zeit noch an niveauvoller Geselligkeit erfreuen.

223 Lexis spätere Freundin Christabel Bielenberg schreibt, dass sie dort im April 1941 einen Besuch bei Lexi machte und feststellte, dass diese Wohnung auch zu geschäftlichen Besprechungen genutzt wurde: Bielenberg, Als ich Deutsche war, a.a.O., S. 109f.

Der Freundeskreis Eduard Brücklmeier, Peter Bielenberg, Adam von Trott zu Solz und Missie Wassiltschikow

»Den Einfluss, den der »Nordsee«-Generaldirektor beim Oberkommando der Wehrmacht und in den Ministerien genoss, nutzte er, um sich ein Management nach seinem Geschmack zusammenzustellen. So engagierte er Legationsrat Dr. Eduard Brücklmeier. … Den Juristen Peter Bielenberg, der dem deutschen Reich im Wirtschaftsministerium nicht mehr zur Verfügung stehen wollte, stellte Roloff als Direktor in Bodø ein … Seinen Direktionsassistenten Helmut Harmsen, später langjähriger Leiter des Bereiches Arbeitsrecht in der deutschen Unilever-Gruppe, holte er aus dem Militärdienst.«[224] Es formiert sich hier also ein Freundeskreis, dem außer den obengenannten noch weitere Persönlichkeiten des Widerstandes wie Adam von Trott zu Solz und seine Mitarbeiterin Missie Wassiltschikow angehören. Ob die letztgenannten auch zum Ehepaar Roloff Verbindung hatten, konnte allerdings nicht festgestellt werden. Doch sind zu den hier Genannten folgende Aspekte erwähnenswert:

- Eduard Brücklmeier war, wie noch auszuführen sein wird, seit April 1941 beim Heeresverwaltungsamt tätig und wird in dieser Stellung dazu beigetragen haben, dass Bielenberg über Wilhelm Roloff eine Anstellung bei der »Nordsee« erhielt.
- Missie Wassiltschikow, Tochter eines aus Litauen stammenden russischen Fürsten, schreibt in einer Tagebuchnotiz vom 12.7.1940: »Heute Abend gaben die Bielenbergs eine kleine Party in Dahlem. Peter Bielenberg ist ein Rechtsanwalt aus Hamburg …«[225] Missie Wassiltschikow war seit April 1941 als »Mädchen für alles« bei Adam von Trott beschäftigt.

---

224 Vgl. Wöbbeking-Typoskript, Unilever-Archiv, Hamburg.

225 Doch schon im August 1940 begann die britische Luftwaffe ihre Bombenangriffe auf Berlin, sodass sich die Zivilbevölkerung der Reichshauptstadt von diesem Zeitpunkt an immer mehr darauf einstellen musste, dass auch sie Opfer des Krieges werden könnte. Missie Wassiltschikow, die inzwischen in einem engen Vertrauensverhältnis mit Adam von Trott zusammenarbeitete und vielfache Kontakte auch zu anderen Personen des Widerstandes hatte, schrieb am 27.4.1944: »Das Adlon ist ein babylonischer Turm, wo sich die letzten Mohikaner zusammenfinden. Da Cocktailparties inzwischen passé sind, kommen jetzt alle, die man früher auf solchen Gesellschaften traf, mindestens einmal

- Die Geschichte des beruflichen Einsatzes des Juristen Peter Bielenberg[226] ist ein Beispiel für die Unterstützung des Widerstandes durch Wilhelm Roloff auch in dessen Berliner Zeit. Er wurde von Roloff in der ersten Jahreshälfte 1941 nach Bodø in Norwegen entsandt, wo er für die A/S Frostfilet, die dortige Tochtergesellschaft der »Nordsee« die juristischen und kaufmännischen Fragen des Projekts der zu errichtenden Fischmehlfabrik organisieren sollte.[227] Es kann angenommen werden, dass diese Personalverwendung Bielenbergs im Hintergrund auch vom Stabschef im Amt Ausland/Abwehr im OKW, Oberst Hans Oster, koordiniert wurde. Verheiratet war Peter Bielenberg mit der Engländerin Christabel, geb. Burton.[228]. Diese hat später in ihrem Buch Als ich Deutsche war 1934–1945 u.a. eine gemeinsam mit Lexi im Mai 1941 durchgeführte Besuchsreise zu ihrem Ehemann nach Bodø beschrieben. In dieser Erzählung ermöglicht sie dem Leser, die Persönlichkeiten Wilhelm und Lexi Roloffs etwas kennenzulernen. Aus ihren Formulierungen über Wilhelm Roloff kann geschlossen werden, dass ihr sein Wissen um die Hintergründe der Einstellung ihres Ehemannes bei der »Nordsee« nicht bekannt war. Dieses auch von Waetjen beschriebene konspirative Wirken Roloffs war eine notwendige Voraussetzung für das erfolgreiche Agieren gegen die politischen Interessen der NS-Machthaber.

Hier das Zitat aus der genannten Erzählung Christabel Bielenbergs: *»Ich sollte nämlich zusammen mit Peters neuem Chef und dessen Frau Lexi fahren. Sie*

am Tag vorbei ... Die Untergangsstimmung hat etwas Gespenstisches.« Die Berliner Tagebücher der Marie »Missie« Wassiltschikow, a.a.O., S. 205.

226 Peter Bielenberg, * 13.12.1911; † 13.3.2001, Jurist, durch seinen Studienfreund Adam von Trott zu Solz, mit dem er bis zu dessen Verhaftung in engem Kontakt blieb, für den Widerstand gewonnen. Bielenberg hatte darauf verzichtet, die angesehene Anwalts-Sozietät seines Vaters weiterzuführen, nachdem er erlebt hatte, dass Verhältnisse die Oberhand gewonnen hatten, die dem NS-Terror Vorrecht vor dem Rechtsstaat verschafften. Ein Mandant, für den er einen Freispruch vom Vorwurf des illegalen Flugblatt-Verteilens erreicht hatte, war unmittelbar beim Verlassen des Gerichtsgebäudes verhaftet und in »Schutzhaft« genommen worden. Eigentlich wollte er danach auswandern, doch Adam von Trott zu Solz hatte ihn von dieser Idee abgebracht. Beide glaubten, verantwortungsvolle Kräfte im Lande würden Hitler bald stürzen, dann wollten sie bei der Wiedererrichtung rechtsstaatlicher Strukturen mitwirken. Bielenberg wechselte im Frühjahr 1939 in das Wirtschaftsministerium.

227 Bielenberg, Christabel, Als ich Deutsche war, a.a.O., S. 105.

228 Christabel Bielenberg, geb. Burton, * 18.6.1909, † 2.11.2003.

reiste offiziell als Innenarchitektin nach Bodö in Nordnorwegen, um einige neue Blockhäuser zu inspizieren, die dort für die leitenden Angestellten errichtet wurden. Ich fuhr, ich gestehe es schamrot, als Beraterin in Haushaltsfragen. Die Sicherheitspolizei hatte unsere Reise genehmigt. Oberst Oster hatte die Sache arrangiert, und wir fragten nicht allzu genau, wie er es gedeichselt hatte. Er hatte zwingend von der Notwendigkeit geredet, die Moral der Leute aufrechtzuerhalten, die dort droben im Norden in der Düsternis des Winters arbeiteten, und hinzugefügt, wir sollten uns zwar gut amüsieren, aber nicht vergessen, dass es dort von Gestapo-Leuten wimmele.

Ich war Lexi ein- oder zweimal zuvor begegnet und hatte erfreut festgestellt, dass sie anscheinend nicht sehr konventionell war. Ihre Stadtwohnung in der Budapester Straße war teilweise in Büros umgewandelt worden, und als ich dort meinen Antrittsbesuch machte, lag Lexi, sehr elegant angetan, im Bett, mit einer Kinderpistole bewaffnet. Im Wohnzimmer nebenan fand eine Besprechung statt, und sie hielt ihr Schießzeug auf die Verbindungstür gerichtet. Sie erklärte mir, falls ihr Mann oder auch jemand vom Vorstand es wagen sollte, durch die Tür zu treten, würde er eine Gummikugel zwischen die Augen bekommen. Sie gestand mir bald, dass sie sich meistens sehr langweile, und ich hatte überhaupt den Eindruck, dass sie weder Dinge noch Menschen, ihren Ehemann eingeschlossen, übertrieben ernst nahm. In ihren verschleierten blauen Augen stand oft ein belustigtes Glitzern. ›Mein liebes Kind, sie sind alle ganz und gar unmöglich‹, sagte sie gedehnt und weltmüde. Das war ihre abgewogene Meinung über unsere Herrscher, was die Möglichkeit eröffnete, dass wir beide gute Freunde werden könnten. Ihr Mann machte mir dagegen den Eindruck eines sehr eifrigen Geschäftsmannes. Auf unserer Fahrt nach Norden schien er sich nicht von seiner prallgefüllten Aktentasche trennen zu können. Weder das Rattern des Zuges, noch das Wackeln des Flugzeugs oder der großartige Blick auf die Landschaft unter uns konnten ihn davon abhalten, ständig Notizen zu machen und Geschäftsbriefe zu entwerfen, so dass ich Mitleid mit seiner Sekretärin bekam.«[229]

229 Bielenberg, ebd., S. 109f.

Unterstützung für den Widerstand, für Eduard Brücklmeier und Eduard Waetjen

Sehr gute Verbindungen zur Politik und seine Leistungen in der Führung der »Nordsee« ermöglichten es Wilhelm Roloff, konspirative Aktionen zur Unterstützung des Widerstands durchzuführen, wie z.B. die wirtschaftliche Absicherung des ehemaligen Diplomaten Eduard Brücklmeier. Wegen seiner oppositionellen Haltung war dieser aus dem Auswärtigen Dienst entlassen und zum Kriegsdienst verpflichtet worden. Dank Roloffs Hilfe konnte er dem Frontdienst dann doch entkommen. Im April 1941 vermittelte Roloff Brücklmeiers Anstellung als Kriegsverwaltungsrat im Heeresverwaltungsamt. Er wurde dort offiziell zuständig für die Beschaffung tiefgekühlter Lebensmittel.[230]

Allerdings bestand das Misstrauen der Gestapo fort. Die Anstellung konnte nach einer Gestapo-Überprüfung nicht bestehen bleiben. Brücklmeier erhielt im November 1942 erneut den Marschbefehl an die Ostfront. In letzter Minute gelang es durch Intervention Olbrichts, ihn u.k. zu stellen.

Roloff half erneut und verschaffte ihm 1943 auf Bitten Olbrichts eine Anstellung, nun direkt in der Berliner Zweigniederlassung der »Nordsee«, wo Brücklmeier bis zur Verhaftung am 27.7.1944 verblieb.[231] In Wirklichkeit arbeitete er aber nicht für die »Nordsee«, sondern leistete wichtige Koordinierungsaufgaben für den Widerstand. Später erklärte Roloff zur Einstellung Brücklmeiers bei der »Nordsee«, dass er sie vorgenommen habe, *»obwohl ich wegen der Begründung dieses Anstellungsverhältnisses außerordentlich scharf seitens mehrerer Parteistellen angegriffen wurde. Ich habe Dr. Brücklmeier gleichwohl auch gegen die Opposition meines Aufsichtsrates aus meiner politischen Einstellung heraus bei der ›Nordsee‹ durchgehalten ...«*[232]

Eduard Waetjen hat nach dem Krieg beschrieben, in welchem Umfang Wilhelm Roloff von Berlin aus Unterstützung für den Widerstand leisten konnte und führt dazu und insbesondere zu dessen Hilfe für Eduard Brücklmeier

230 http://www.gdw-berlin.de/de/vertiefung/biografien/personenverzeichnis/, – Zugriff vom 23.6.2014.

231 Schwerin, Detlef Graf v., Dann sind's die besten Köpfe, a.a.O., S. 214f.

232 Statement vom 24.10.1945, Wiedergutmachungsakte Wilhelm Roloff, 4,54E – 2509, Staatsarchiv Bremen.

Folgendes aus:[233] »*Während des Krieges hat Roloff in engem Kontakt zu General Beck und General Oster gestanden und beide laufend über die katastrophale wirtschaftliche Entwicklung auf dem Gebiete der Kriegswirtschaft unterrichtet. Nachdem durch die kriegerischen Ereignisse die einzelnen Gruppen des deutschen Widerstandes sich immer enger zusammenschlossen, (ich denke hier vor allem an den Beck-Goerdeler Kreis und den Kreisauer Kreis, dem ich angehörte) haben Roloffs Verbindungen für diese häufig eine große Bedeutung gehabt, um die Kreise des deutschen Widerstandes über gewisse Maßnahmen rechtzeitig zu unterrichten, die der Nationalsozialismus auf dem Gebiete der wirtschaftlichen Gegenspionage gegen seine innenpolitischen Gegner eingeleitet hatte. (So) ist es auch zu erklären, daß die Wohnung von Roloff und seiner Frau, die zu den mutigsten weiblichen Mitgliedern der deutschen Opposition zählt, dazu diente, daß häufige Zusammenkünfte von politisch Gleichgesinnten dort stattfinden konnten, was schon an sich eine nicht unerhebliche Gefährdung Roloffs und seiner Familie bedeutete. Ich habe selbst im Hause Roloffs verschiedentlich die Generäle Beck, Oster, Schwerin, den Grafen Heinrich von Lehndorff und andere führende Mitglieder des deutschen Widerstandes getroffen. Bekanntlich sind die oben genannten, mit Ausnahme von Graf Schwerin, alle von den Nationalsozialisten ermordet worden.*

In einem weiteren Falle hat Roloff Zivilcourage in nicht unerheblichem Maße gezeigt, auf jeden Fall aber in einem Maße, wie wir es in Deutschland selten antrafen. Im Jahre 1939 wurde Herr Dr. Hans Brücklmeier[234]*, eines der führenden Mitglieder der Widerstandsgruppe im Auswärtigen Amt bei Ribbentrop wegen seiner antinationalsozialistischen Gesinnung denunziert. Er wurde daher im Auswärtigen Amt ausgeschlossen und verschwand für einige Zeit in der Armee. Da es sich aber als notwendig erwies, Brücklmeier, der über vorzügliche*

233 Daten aus: von Schwerin, Detlef Graf von, Dann sind's die besten Köpfe, die man henkt, S. 454. Das 1991 erschienene Werk ist, soweit ersichtlich, bis zum Jahre 2013 die einzige historische Abhandlung über Aspekte des Widerstandes gewesen, in der auch Wilhelm Roloff als Mitverschwörer erwähnt ist.

234 Der Vorname »Hans« Brücklmeier wird von Waetjen hier offenbar irrtümlich verwandt. Aus dem Zusammenhang ergibt sich eindeutig, dass Eduard Brücklmeier gemeint ist.

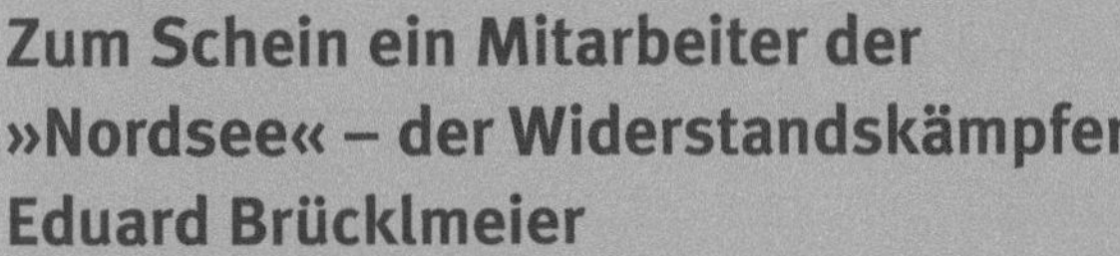

Zum Schein ein Mitarbeiter der »Nordsee« – der Widerstandskämpfer Eduard Brücklmeier

Eduard Brücklmeier war eine bedeutende und wichtige Persönlichkeit für den deutschen Widerstand. Einige Jahre war er Angehöriger des Auswärtigen Dienstes. In der von der »Gedenkstätte Deutscher Widerstand« ins Internet gestellten Kurzbiografie heißt es über ihn unter anderem: *»Anfang 1936 folgt seine Versetzung nach London. … Mitte 1938 kehrt er mit Ribbentrop nach Berlin zurück und wird im Ministerbüro eingesetzt. Er gehört zu einer kleinen Gruppe junger regimekritischer Diplomaten, die 1938/39 die gegen einen Krieg gerichtete Politik des Staatssekretärs Ernst von Weizsäcker unterstützen. Kurz nach Kriegsbeginn wird Legationsrat Brücklmeier von seinem Hausarzt wegen Defätismus denunziert, verhaftet, von Reinhard Heydrich, dem Chef des Reichssicherheitshauptamtes, persönlich verhört, und schließlich im Rahmen eines Disziplinarverfahrens in den Ruhestand versetzt. Im Widerstand ist er eng befreundet mit Ulrich-Wilhelm Graf von Schwerin von Schwanenfeld und dem Diplomaten Albrecht von Kessel. Er vermittelt Kontakte zwischen Goerdeler, Leuschner, Maass, Stauffenberg und seinem ehemaligen Vorgesetzten aus Teheran, Botschafter Friedrich-Werner Graf von der Schulenburg.«*

Verbindungen im Ausland und Inland verfügte, (...) wieder aktiv in den Dienst der deutschen Opposition zu (holen), mußte ein Weg gefunden werden, ihn aus der Armee herauszubringen und ihm in Berlin einen Posten zu verschaffen. Verschiedene Versuche, die von den Freunden Brücklmeiers eingeleitet wurden, scheiterten. Als ich um diesen Zeitpunkt mit Roloff über die Frage Brücklmeier sprach, erklärte sich dieser sofort dazu bereit, mit allen Kräften an der Rückberufung Brücklmeiers mitzuarbeiten. Es gelang dann Roloff, Brücklmeier durch seine ausgezeichneten Beziehungen zum Wirtschaftsstab der Armee (die im übrigen als Nachrichtenquelle für uns während des Krieges von großer Bedeutung war), Brücklmeier zu einer Armeeversorgungsstelle zu kommandieren und späterhin ganz aus der Armee auszulösen und ihn in seinem Konzern unterzubringen. Alle Angriffe, denen Roloff von Seiten seiner Berufskollegen wegen der Beschäftigung von Brücklmeier ausgesetzt war, hat er mit großer Hartnäckigkeit abgewiesen und hat Brücklmeier bis zu seinem Tode in seinem Betrieb gehalten. Hierbei darf nicht übersehen werden, daß Brücklmeier fast seine ganze Zeit für die Arbeit der deutschen Opposition und insbesondere die letzten zwei Jahre für die Vorbereitung des später am 20. Juli 1944 erfolgten Putsches einsetzte, so daß die Tarnung Brücklmeiers im Betriebe in Anbetracht der sehr scharfen Kontrolle, die in der deutschen Kriegswirtschaft bestand, mit außerordentlichen Schwierigkeiten für Roloff verbunden war. Da Brücklmeier einer der fähigsten Köpfe des deutschen Widerstandes war, hat Roloff diesem mit der Tarnung Brücklmeiers einen sehr wichtigen Dienst erwiesen. Brücklmeier ist dann später mit den anderen Führern des deutschen Widerstandes von den Nationalsozialisten hingerichtet worden.

Mir selbst hat Roloff in seiner Tätigkeit für die deutsche Opposition wichtige Dienste geleistet. Erwähnen möchte ich unter anderem nur, daß er mir häufig dabei behilflich war, die erforderlichen Unterlagen für Auslandsreisen zu beschaffen, welche im Interesse der Aufrechterhaltung der Verbindung zwischen der deutschen Opposition und den Alliierten unternommen wurden. Solche Unterlagen wurden benötigt, da deutsche Zivilpersonen während des Krieges nur dann ins Ausland reisen konnten, wenn sie aus militärisch oder kriegswirtschaftlich wichtigen Gründen reisten. Mit einer erstaunlichen und selbst in unserem Freundeskreis ungewöhnlichen Unbekümmertheit um die eigene Sicherheit hat Roloff immer wieder für derartige Unterlagen gesorgt. Ich habe Roloff als guten Freund geschätzt und er gehörte zu den wenigen, zu denen man während der letzten 6 Jahre, die in Deutschland ja hin und wieder recht aufregend waren, jederzeit kommen konnte, um sich mit ihm zu beraten oder ihn um eine Hilfsleistung zu bitten. Ich habe nicht viele getroffen, die wie Roloff immer im gleichen

Maße zur Mitarbeit bereit waren. Endlich muß noch darauf hingewiesen werden, daß Roloffs politische Zuverlässigkeit sich daraus ergibt, daß er für den Fall des Gelingens des Putsches vom 20. Juli 1944 in eine wichtige Position der deutschen Ernährungswirtschaft eingesetzt werden sollte.

Es ist selbstverständlich, daß ein Mann wie Roloff, der eine führende Stellung in der deutschen Wirtschaft hatte, seine Tätigkeit für die deutsche Opposition nur unter Einhaltung strenger Tarnungsmaßnahmen ausüben konnte und es ging ihm daher wie vielen von uns, daß er nach außen ein anderes Gesicht aufziehen mußte, als er es wirklich trug. Hierbei möchte ich aber, wie ich es auch schon in anderen Fällen getan habe, darauf hinweisen, daß diese Tarnungsmaßnahmen nicht nur zum Schutze von Roloff, sondern auch zum Schutze seiner Freunde notwendig waren, da andernfalls die geheime Staatspolizei, die Roloff immer wieder verdächtigte, sehr bald hinter seine wahren Absichten gekommen und er damit nicht nur als Stützpunkt für den deutschen Widerstand ausgefallen, sondern auch mit seiner Kaltstellung oder Verhaftung sein ganzer politischer Freundeskreis in Gefahr geraten wäre.«[235]

235 Notariell beglaubigte Erklärung Eduard Waetjens vom 10.10.1946 in der Wiedergutmachungsakte Wilhelm Roloffs im Staatsarchiv Bremen.

Heimholung der »Nordsee« in »reindeutschen Besitz«

Wilhelm Roloff und Karl Blessing

Zugleich und neben den Aufgaben im Heeresverwaltungsamt blieb Wilhelm Roloff Generaldirektor der »Nordsee« und führte das Unternehmen weiterhin erfolgreich. Er gehörte 27 Aufsichtsräten an,[236] damit war er einer der führenden Manager der deutschen Wirtschaft. »Hinter dem Aufbau der »Nordsee«-Betriebe in Norwegen und Frankreich stand vor allem seine Persönlichkeit. Diese Investitionen erforderten seitens der »Nordsee« erhebliche Finanzmittel, ein Vielfaches des Stammkapitals.«[237] Für diese unternehmerischen Entscheidungen war eine Absicherung und Vernetzung mit der Politik existenziell wichtig. Ab 1940 erhielt Roloff diese Rückendeckung in besonderem Maße, indem die Mehrheitsaktionärin MVU (Unilever) ihr Vorstandsmitglied Karl Blessing[238] in den Aufsichtsrat der »Nordsee« entsandte und es aufgrund der Mehrheitsverhältnisse erreichte, dass dieser Vorsitzender des Kontrollgremiums wurde. Weiteres MVU-Mitglied im Aufsichtsrat war Albrecht Vollandt[239]. Wilhelm Roloff genoss Blessings uneingeschränktes Vertrauen, auch für sein Wirken für die Belange des Widerstandes.

Karl Blessing war im gleichen Alter wie Wilhelm Roloff. Von 1937 bis Februar 1939 war er Mitglied des Direktoriums der Deutschen Reichsbank. Aufgrund seiner Weigerung, die inflationistische Rüstungsfinanzierung mitzutragen, war er im Februar 1939 entlassen worden. Im April 1939 berief ihn die Unilever in den Vorstand ihrer Tochter MVU. 1940, nach dem Einmarsch der Reichswehr in die Niederlande,

---

236 Orth, Gestapo im OP, a.a.O., S. 45.

237 Telefonat mit Marx Henning Rehder am 20.1.2015.

238 Karl Blessing, * 5. Febr. 1900, † 25.4.1971.

239 Geschäftsbericht der »Nordsee« vom 3.2.1941.

Karl Blessing, Mitglied des Direktoriums der Deutschen Reichsbank, um 1937

wurde er zum deutschen »Feindvermögensverwalter« für die gesamte niederländische Muttergesellschaft Unilever bestimmt. Er besetzte damit gleichzeitig Lenkungs-Positionen in der Muttergesellschaft Unilever, im Vorstand der Tochter MVU und im Aussichtsrat der »Nordsee«, die zu mehr als der Hälfte zur MVU gehörte. Eine Zeitlang konnte er so eine zwiespältige Mittlerrolle zwischen seinem alten Arbeitgeber und den Interessen des Reichskommissars für die Verwaltung feindlichen Vermögens einnehmen.

Zur Absicherung seiner Position und seines Wirkens wurde Blessing, nach Absprache mit der Unilever-Führung, auch Mitglied im Freundeskreis Heinrich Himmler, eines Kreises von führenden Personen aus der Wirtschaft, der Wirtschaftsbürokratie und der SS. Die Zugehörigkeit zum Freundeskreis diente den Mitgliedern der Interessenpflege untereinander und bot damit in gewissem Umfang wirtschaftliche Vorteile. Vor allem aber ermöglichte der Freundeskreis den Mitgliedern »eine Absicherung gegen die Zumutungen und Forderungen des Zwangssystems.«[240]

Die Zugehörigkeit seines Mentors Blessing zu diesem Kreis verhalf auch Roloff zu einer Rückversicherung und Abschirmung.[241] Doch gleichzeitig, und das wird auch Roloff bewusst gewesen sein, haben diejenigen im Freundeskreis Heinrich Himmler, die sich für den Widerstand einsetzten, mit ihrer gleichzeitigen Anwesenheit im Kreise der Freunde des Reichsführers-SS das System mitgetragen, das sie bekämpften.«[242]

Als eine Gestapo-Durchsuchung der niederländischen Unilever-Konzernzentrale im Sommer 1941 belastende Protokolle zutage brachte, geriet Blessing in den Verdacht des Landesverrats. Er wurde seines Amtes als Verwalter des Unilever-Konzerns enthoben und durch Ernst Posse, Staatssekretär im Wirtschaftsministerium, ersetzt. Zwar konnte eine Anklageerhebung vermieden werden, doch der Verdacht gegen ihn wurde nicht völlig entkräftet.[243]

240 Vogelsang, Der Freundeskreis Himmler, a.a.O., S. 134.
241 Kopper, Bankiers, a.a.O., S. 194.
242 Vogelsang, Der Freundeskreis Himmler, a.a.O., S. 8.
243 Kopper, Christopher, Bankiers unter dem Hakenkreuz, S. 194–196.

Die Unilever-Interessen in der deutschen Fischindustrie bis zum August 1941

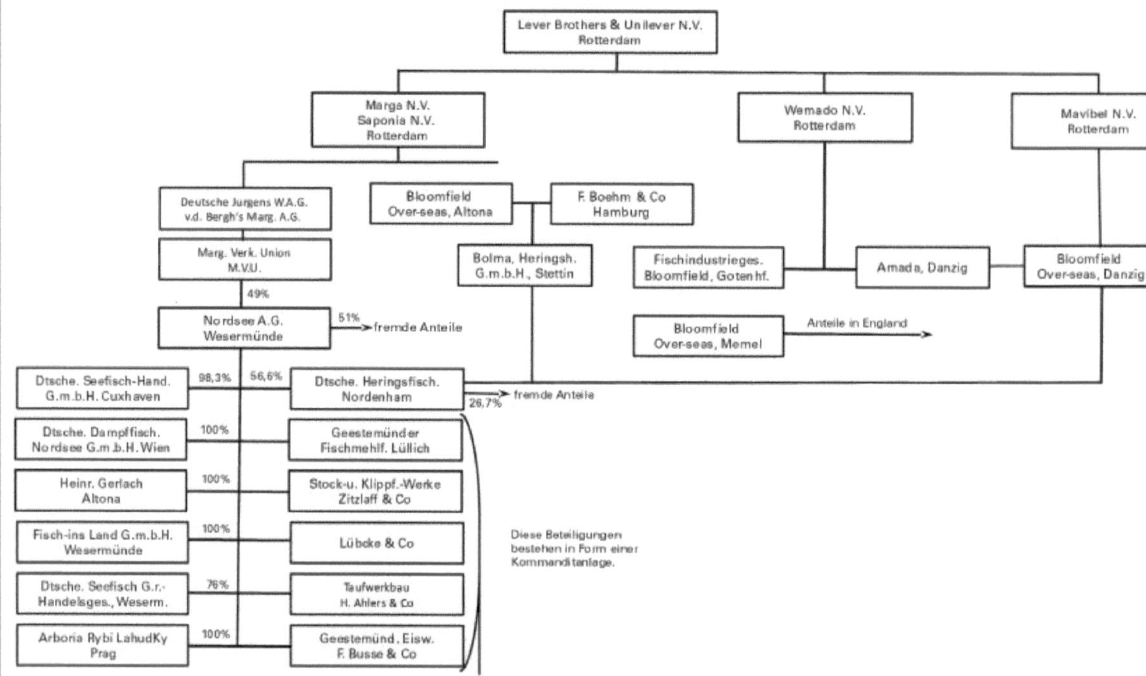

»(Pieter) Hendriks war es …, der am 3.7.1940 bei deutschen Wirtschaftsprüfern eine umfassende Untersuchung des kontinentalen Teils des Unilever-Konzerns in Auftrag gab, mit besonderer Berücksichtigung des deutschen Geschäfts. Die Prüfer hatte Blessing von Berlin aus vermittelt. Diese – sehr teure und aufwendige – Untersuchung war natürlich alles andere als freiwillig. Den Akten nach geht sie auf eine Forderung von Dr. Fischböck zurück, im Stab von Seyß-Inquart Generalkommissar für Finanzen und Wirtschaft für die besetzten Niederlande. Für die Nachwelt ist sie eine einzigartige Quelle. – Mit den Berichten wurden anerkannte Fachleute betraut, die Deutsche Revisions- und Treuhand AG Berlin und der Wirtschaftsprüfer Dr. Albrecht Cantrup. Tatsächlich hatten gerade die deutschen Unilever-Geschäfte einen Umfang und eine Vielgestaltigkeit, dass sie ein Außenstehender nicht mehr überschauen konnte … Erschwert wurde ein Überblick weiter durch die 1933 getroffene Entscheidung der deutschen

Unilever-Gruppe, das deutsche Geschäft nicht mehr zu konsolidieren und so seine Größe bewusst im Dunkeln zu halten. ... Das eingezahlte Nominalkapital der deutschen Firmen bezifferten ... (die Prüfer) mit 248 Millionen RM, die Gewinne auf 39 Millionen – alles nach dem Stand Ende 1939. Daraus errechnet sich eine Kapitalrendite von knapp 16 %. Umsatzzahlen vermochten die Prüfer nur für einzelne Bereiche beizubringen.

Die Zahl der Beschäftigten zum Stichtag 1. September 1939, also vor der Eingliederung von Teilen Polens, gaben sie mit 35.600 in 159 Firmen an.

Ohne die Konzernfirmen im Protektorat Böhmen und Mähren und im Generalgouvernement (Polen), ohne Beteiligungen von weniger als 50 % und ohne den Walfang konsolidierten sie eine Bilanzsumme von 461 Millionen RM. – Der MVU zugeordnet war ebenfalls eine Gruppe von Elbeschifffahrtsfirmen sowie als größter Teilkonzern die »Nordsee« AG«. Sie bildete einen komplexen Konzern in sich; Unilever hatte daran zwar nur 49 % Anteil, war jedoch der größte einzelne Eigner. Die »Nordsee« war nicht die einzige Fischfirma des Konzerns. Die anderen finden sich im rechten Teil des Schaubildes unter den Namen Bloomfield Overseas, Bolma und F. Boehm & Co. Die Firmen hießen im Konzernjargon ›Herings-Gruppe‹ und waren überwiegend Gründungen von Bloomfield's Overseas Ltd. in Great Yarmouth. 1942 stellten die NS-Behörden fest, dass es sich bei ›Bloomfield‹ um einen jüdischen Namen handelte. Nach zähem, sich über Jahre hinziehenden juristischem Ringen, wurde die Company gezwungen, sich den Namen Norda zu geben. – Im Schaubild nur nominell aufgeführt ist die Bloomfield's Overseas GmbH in Memel, da Memel bis 1939 zu Litauen gehörte. Dieses Land war der britischen Unilever-Gruppe zugeordnet und der dortige Unilever Besitz stand als Feindvermögen unter besonderer Verwaltung. Das gleiche galt für die African and Eastern Trading Company in Hamburg, deren Anteile bei der United Africa Company lagen.«[244]

244 Vgl. Wöbbeking-Typoskript, Unilever-Archiv, Hamburg. Das Unternehmensorganigramm der Unilever stammt aus dem Fischereiarchiv Dieter Kokot, Wingst.

Hermann Göring macht kurzen Prozess

Im August 1941 war es mit der Beteiligung der Unilever/MVU an der »Nordsee« vorbei. Hermann Göring entschied, dass diese *wieder in reindeutschen Besitz übergehen solle.*

Gerhard Wöbbeking, Wirtschaftshistoriker aus Hamburg, der die Geschichte der Unilever für das von Manfred Bissinger herausgegebene Buch Die Geschichte der Markenmacher recherchiert hat, beschreibt die Hintergründe und Ereignisse um die Übernahme der »Nordsee«-Anteile der MVU wie folgt: »Am 5. August schrieb der Chef des Stabsamtes des Reichsmarschalls des Großdeutschen Reiches, Ministerialdirektor Staatsrat Dr. Gritzbach, an Unilever-Reichskommissar Dr. Posse. Göring habe ihm die ›Bitte‹ übermittelt, die ›Nordsee‹ in ›reindeutschen Besitz‹ zu überführen. Über das ›Wie‹ dieser Transaktion hatte sich Dr. Gritzbach bereits Gedanken gemacht: Mit dem Verkauf sei Robert Ahlf beauftragt. Die MVU solle ihm zunächst die Hälfte ihrer Stamm- und Vorzugsaktien der ›Nordsee‹ für acht Wochen fest zur Verfügung stellen, und für die zweite Hälfte der Aktien eine Option auf unbeschränkte Zeit einräumen. Damit der Handel die Käufer nicht zu teuer zu stehen komme, merkte Dr. Gritzbach an: ›Bei der Bewertung der Aktien bittet der Herr Reichsmarschall zu berücksichtigen, dass, wie allgemein heute auf dem Aktienmarkt, der Kurs der ›Nordsee‹-Aktien bei einer Standard-Dividende von 6 % reichlich hoch erscheint und dementsprechend eine angemessene Bewertung erfolgen müsste.‹«

Schon eine Woche zuvor war dem Mitglied der Geschäftsleitung der MVU, Anton Hüweler, zugetragen worden, dass Görings Freund Philipp F. Reemtsma Unilevers »Nordsee«-Aktien übernehmen wolle. Roloff hatte davon erfahren und sofort seinen Vorstandskollegen Ahlf in der »Nordsee«-Hauptverwaltung Wesermünde angerufen. Ahlf behauptete, von nichts zu wissen. Als Dr. Posse die Indiskretion bestätigte, stellte Ahlf sich gegen Roloff und ließ sich auf keine Diskussion ein. MVU-Justitiar Dr. Frankenbach stellte fest, dass gegen den Befehl Görings nichts auszurichten sei. Die Union könne allenfalls versuchen, über den Preis der Aktien eine angemessene Entschädigung zu erzielen. Im offiziellen Schreiben des Reichskommissars Dr. Posse an die MVU-Geschäftsleitung war von 150 % des Nominalwertes die Rede – zwischen Dr. Gritzbach und Dr. Posse hatte es Gespräche gegeben, bevor der Reichskommissar seinen Brief formulierte. In einer umfassenden Notiz vom 17.6.1945 hielt Roloff nach Kriegsende fest, man habe Dr. Posse auf seinen Protest bei Göring hin den Vorsitz im Aufsichtsrat der »Nordsee« versprochen, so dass er Einfluss auf das Unternehmen nehmen könne, auch wenn Unilever keine Aktien mehr besäße.

Am Preisdiktat ließ sich nicht rütteln, auch wenn es die Union zwei Monate lang versuchte. Aktienkurse wurden nicht frei gehandelt, sondern staatlich kontrolliert. Der Börsenpreis der »Nordsee« lag bei 170 % des Nominalwertes, die Aktien schienen noch unterbewertet. Das gesunde Geschäft, die stillen Reserven und die sichere Zukunft schienen einen »inneren Wert« von etwa 180 % des Nominalwertes zu rechtfertigen, von denen in der Korrespondenz mit Ahlf dann auch die Rede war. Dieser ließ sich auf keinen Kompromiss ein und verlangte schließlich am 13.10.1941 ultimativ per Blitztelegramm, »dass ihm die Aktien sofort auszuhändigen seien«. Tatsächlich gingen zehn Tage später alle Aktien an die Filiale der Bremer Bank in Berlin, mit Ausnahme eines noch blockierten Paketes.

Der Schaden für die MVU bestand nicht nur im schlechten Verkauf einer langfristig gedachten Anlage. Sie verlor auch das »Schachtelprivileg«, das ihr Steuern auf das investierte Vermögen ersparte, da die »Nordsee« schon Steuern auf ihr Kapital bezahlte. Die plötzlich erhaltene unerwünschte Barschaft von 16 Millionen RM kostete außerdem 4 Millionen RM sofort fällige Gewinnsteuer.

Ahlf verkaufte sodann einen »Nordsee«-Anteil von 25 % an Philipp Reemtsma, den dieser jedoch wenige Tage später an Hamburgs Gauleiter Kaufmann und damit an die Stadt Hamburg weitergab. Die anderen 25 % übernahm ein Bankenkonsortium im Auftrag verschiedener Firmen unter der Bedingung, dass sie ohne Zustimmung Kaufmanns nicht verkaufen dürften. Der Reichsstatthalter in Hamburg behielt sich auch das Recht vor, in der Aktionärsversammlung diese rd. 50 % Anteile insgesamt zu repräsentieren; später nahm der Gauwirtschaftsberater von Hamburg (Wolff) seine Position ein.

Mit Göring verabredete Ahlf, dass nicht, wie zugesagt, Dr. Posse Aufsichtsratsvorsitzender der »Nordsee« und damit Nachfolger von Karl Blessing wurde, sondern Robert Stuck von der Bremer (Dresdner) Bank.

Generaldirektor Wilhelm Roloff sah das Ganze als abgekartetes Spiel, ausgedacht von Reemtsma, Gauleiter Kaufmann und Göring und von deren engen Freunden Gritzbach und Ahlf umgesetzt. Was Roloff nicht wusste: Reemtsma hatte sich von seinem Aktienpaket nur widerwillig wieder getrennt und zwar auf direkten Befehl des Ernährungsministers Herbert Backe. Dieser wollte nicht, dass Reemtsma neben einem Zigaretten- auch noch ein Fischmonopol aufbaute. Der Konzern verfügte bereits über Fischerei- und Tiefkühlunternehmen.«[245]

245 Vgl. Wöbbeking-Typoskript, Unilever-Archiv, Hamburg.

Roloff führte zum tatsächlichen Wert der Aktien später aus: »Der ›Innere Wert‹ der »Nordsee« betrug etwa 188 %. Dabei muss berücksichtigt werden, dass die »Nordsee« seinerzeit fast unbeschränkt im In- und Ausland arbeiten konnte. Die größte ›Earning Power‹ habe in der großen Absatz-Organisation in Deutschland, der Tschechoslowakei und Österreich gelegen, daneben aber auch in den norwegischen und türkischen Betrieben.«[246]

Der Verlauf der Ausschaltung Unilevers fand nicht den Beifall des Bremer Senats. Auch die frühere Heimatstadt der »Nordsee« hatte sich vorgestellt »an der Beute beteiligt zu werden«, scheiterte aber wohl an der Robustheit des Hamburger Gauleiters. Dieses lässt sich dem Senatsprotokoll vom 20.10.1941 entnehmen. Unter dem Tagesordnungspunkt »Verhältnis Hamburg Bremen« heißt es darin: »*Herr Reg. Bürgermeister trug sodann weiter vor, dass im Zusammenhang mit den Schiffahrtsfragen auch die Verteilung der bisher im Unileverbesitz befindlichen Aktien der ›Nordsee‹-Deutsche Hochseefischerei AG geregelt worden sei. Auch bei diesem Unternehmen habe die Absicht bestanden, die Aktien den Hermann-Göring-Werken zu übertragen. Auch das habe aber der Gauleiter Kaufmann verhindert und durchgesetzt, dass das Kapital wieder in den Besitz hanseatischer Interessenten überführt werde. Die Regelung sei in der Weise erfolgt, daß das Kapital künftig auf Hamburg und Bremen verteilt werden soll, wobei sichergestellt sei, daß das im Besitz der Bremer Bank befindliche Aktienpaket auf jeden Falle in Bremen bleibe und daß, wenn die Bank die Absicht habe, es zu verkaufen, es zunächst Bremer Interessenten angeboten werden müsse. Die Verwaltung der ›Nordsee‹ solle in Wesermünde bleiben. Den Vorsitz im Aufsichtsrat erhalte zunächst Herr Senator Flohr und später abwechselnd ein Hamburger oder ein Bremer. Schließlich habe er, Herr Referent, mit dem Gauleiter Kaufmann grundsätzlich auch vereinbart, daß in allen Fragen in denen unstreitig gemeinsame hanseatische Interessen in Frage stünden, der Gauleiter Kaufmann gleichzeitig im Namen Bremens sprechen dürfe und daß alle etwa zwischen Bremen und Hamburg auftauchenden Schwierigkeiten zwischen ihm, Herrn Referenten, und dem Gauleiter Kaufmann persönlich bereinigt werden sollen.*«[247]

Wilhelm Roloff beschreibt seine Sicht auf die Ereignisse später wie folgt:

---

246 Brief v. Wilhelm Roloff an die Drestdner Bank vom 13.11.1945, Akte Rückübertragung der »Nordsee«-Anteile«, Unilever-Archiv, Hamburg

247 Senatsprotokolle für das Jahr 1941, S. 23, 3/3–61, Staatsarchiv Bremen.

»Ich habe mich im übrigen wirtschaftlich auch stets gegen die Vergewaltigungsmethoden der Nazis entschieden zur Wehr gesetzt und nachdrücklich die Interessen meiner englisch/holländischen Konzernleitung vertreten. Als Beispiel hierfür erwähne ich nur, dass ich im Sommer 1941 alles getan habe, um die Wegnahme der dem Unilever-Konzern gehörenden ›Nordsee‹-Aktien durch Göring zu verhindern. Als diese Bemühungen trotz größter Anstrengungen gescheitert waren, habe ich im Aufsichtsrat meiner Gesellschaft in Gegenwart des damaligen Reichskommissars für den Unilever-Konzern, des Staatssekretärs POSSE, die Erklärung abgegeben, dass ich mit dieser Maßnahme nicht einverstanden sei, dass sie heimlich hinter meinem Rücken und hinter dem Rücken des Aufsichtsratsvorsitzers betrieben worden sei, dass mir über die Vorverhandlungen die Unwahrheit gesagt worden sei, und dass meine Proteste dagegen keinen Erfolg gehabt hätten. Im Anschluss daran habe ich erneut um anderweitige Beschäftigung im Unilever-Konzern gebeten, was jedoch von diesem durch die von Mr. HENDRIKS vertretene Konzernleitung abgelehnt wurde. Die Konzernleitung legte vielmehr entscheidenden Wert darauf, dass ich als letztes Band zwischen ihr und der ›Nordsee‹ in meiner Stellung verblieb, weil sie nur dadurch die weitere Entwicklung verfolgen und die notwendigen Informationen erhalten konnte und vor allen Dingen die Gewähr hatte, nach dem weder für mich noch für sie zweifelhaften Ausgang des Krieges wieder in den Besitz der geraubten Aktien zu kommen. Trotz der Wegnahme der Aktien habe ich ihren rechtmässigen Eigentümern die Treue bewahrt und die Konzernleitung in Rotterdam regelmässig nicht nur über die weitere Entwicklung unterrichtet, sondern ihr auch Berichte, Statistiken und Pläne zukommen lassen. Insbesondere wurde die Konzernleitung über die Betriebe in Norwegen und Frankreich unterrichtet, um damit die Übernahme dieser Betriebe nach Kriegsende von London oder Rotterdam aus zu ermöglichen. In ähnlicher Weise wurde der Konzern über die Betriebe in der Tschechoslowakei und Oesterreich informiert. Es ist auch heute noch klar, welch hohes Risiko mit dieser Unterrichtung verbunden war. Anliegend entsprechende Erklärung des Unilever-Konzerns.«[248]

In der von Wilhelm Roloff erwähnten Eidesstattlichen Erklärung der MVU[249] wird im August 1946 rückblickend u.a. dargestellt, dass

248 Statement in der Entnazifizierungsakte Wilhelm Roloff, 4,66 -I- 9186, StAB.

249 Eidesstattliche Erklärung der Herren Dr. Frankenbach und A. Hüweler für die Margarine-Union, Vereinigte Oel- und Fett-Werke AG und der Herren A. Hopfeld

1. die Margarine-Verkaufs-Union GmbH bis zum August 1941 nahezu 50% Stamm- und Vorzugsaktien der »Nordsee« Deutsche Hochseefischerei AG, Wesermünde, besaß.
2. nach beigefügter Anweisung Görings vom 5.8.1941 an die Margarine-Verkaufs-Union GmbH die Überführung der im Besitz der Margarine-Verkaufs-Union GmbH befindlichen Aktien der »Nordsee« in »rein deutschen Besitz« angeordnet wurde und dass gemäß einem weiteren beigefügten Schreiben vom 5.8.41 Robert AHLF als Vertrauensmann von Göring mit der Durchführung der Transaktion beauftragt wurde.
3. Wilhelm Roloff die MVU seinerzeit unverzüglich über die Vorgänge der Aktienabgabe informiert und nachdrücklichst mit allem Eifer und mit allen Mitteln versucht habe, die von Göring ergangene Verfügung zu inhibieren. Herr Roloff habe in jeder Weise die Interessen der ausländischen Aktionäre bestens gewahrt.

Das Geschehen um die Aneignung der in ausländischem Besitz befindlichen Unternehmensanteile der »Nordsee« durch staatliche Stellen und Personen der NS-Hierarchie gehörte unter Hermann Göring offenbar in den üblichen Methoden-Kanon staatlicher Wirtschaftspolitik und -regulierung. Offenbar hatte der Vorgang außerhalb des Kreises der Betroffenen keine besondere Unruhe erzeugt.[250]

---

und E. Moeves für die Margarine-Verkaufs-Union GmbH vom 20.8.1946 in der Entnazifizierungsakte Wilhelm Roloff, 4,66 -I- 9186, Staatsarchiv Bremen.

250 Nachdem Gauleiter Karl Kaufmann die Stadt Hamburg als Großaktionär der »Nordsee« etabliert hatte, war angesichts des brachialen Verfahrens offenbar Zweifel aufgekommen, ob auch Aktienanteile anderer Aktionäre, insbesondere Aktien der Großaktionärin Dresdner Bank angetastet werden sollten. Ein im Archiv der Bremer Handelskammer vorgefundener Briefwechsel der Gauwirtschaftskammer Weser-Ems (während der NS-Zeit war die Industrie- und Handelskammer Bremen umbenannt und ihr Zuständigkeitsbereich erweitert) dokumentiert eine Unsicherheit, ob die NS-Führung den Großaktionär Dresdner (Bremer) Bank mit seinen Eigentümerrechten weiterhin dulden würde. Belegt ist darin eine Abstimmung zwischen dem Hamburger Gauleiter Kaufmann, dem Bremer Gauleiter Wegener und dem Vertreter der Dresdner Bank, Herrn Struck. Er enthält die Feststellung, dass die Städte Hamburg und Bremen im Aufsichtsrat paritätisch vertreten seien und dass das in den Händen der Dresdner Bank liegende Aktienpaket dort sicher liege (Briefwechsel zwischen der Gauwirtschaftskammer Weser-Ems (Herr Hodenberg) und dem Staatsrat Major Dr. Freiherr v. Hodenberg, Berlin, vom 15./22 Juni 1943 im Bestand des Archivs der Handelskammer Bremen. Die Feststellung der Sicherheit des Aktienpakets im Besitz der

Die Ereignisse des 20. Juli 1944

Die Kontaktaufnahme zum Nationalkomitee Freies Deutschland scheitert

Im Frühjahr 1943 verzeichneten die Widerstandsbestrebungen im Umfeld Roloffs gravierende Rückschläge und Veränderungen. Im April 1943 verlor Hans Oster seine leitende Stellung bei der Abwehr im Reichswehrministerium und wurde zeitweilig unter Hausarrest gestellt. Durch ein Missgeschick waren für Oster verfängliche Unterlagen bei der Verhaftung von Hans von Dohnanyi in den Besitz der Gestapo gelangt. Für die Widerstandskreise war dieses einer der größten Rückschläge, hatte Oster doch den Überblick über alle wesentlichen Vorgänge des militärischen Widerstandes gehabt. Kurz vorher, im März 1943, waren geplante Anschläge auf Hitler bei der Heeresgruppe Mitte und im Berliner Zeughaus gescheitert.

Ebenfalls im April 1943 wurde Wilhelm Roloff von seiner Stellung im Heeresverwaltungsamt entbunden, nachdem er bei der Wahrnehmung seiner Aufgaben als zu industrienah empfunden worden war.[251] Obwohl Roloff anschließend wieder nach Bremen auf den Fichtenhof zog,[252] behielt er weiterhin auch die

Dresdner Bank war aus Sicht der Gauleiter insofern absolut berechtigt, als die Dresdner Bank mit ihrem Chef Karl Rasche über den wohl profiliertesten NS-Banker an der Spitze verfügte (s. Kopper, Bankiers unterm Hakenkreuz, a.a.O., S. 99–120).

251 Im tabellarischen Lebenslauf in seiner Entnazifizierungsakte führt Wilhelm Roloff aus, dass diese Entlassung auf Befehl von Generalfeldmarschall Keitel erfolgt sein soll.

252 S. Meldebogen, Wiedergutmachungsakte Wilhelm Roloff, 4,54E – 2509, StAB.

Berliner Wohnung, offenbar wegen ihrer Bedeutung als Verwaltungsbüro für die »Nordsee«.

Durch Friedrich Olbricht, Henning von Tresckow und Claus Graf Schenk von Stauffenberg begann ab Sommer 1943 die Überarbeitung des Umsturzplans »Walküre«.

Die militärische Lage des Reiches hatte sich dramatisch verschlechtert. Die 8. Armee kapitulierte im Februar 1943 in Stalingrad. Im Juli 1943 gründeten die in der Sowjetunion befindlichen Kriegsgefangenen das Nationalkomitee Freies Deutschland und den Bund Deutscher Offiziere unter Leitung des in Gefangenschaft geratenen Generals Walther von Seydlitz.

Im März 1944 traf sich Wilhelm Roloff im Schloss Steinort in Ostpreußen mit Heinrich Graf von Lendorff, den Generälen Fellgiebel und Lindemann sowie Gerhard Graf von Schwerin. Es wurde u.a. besprochen, wie eine für die »Nordsee« geplante Geschäftsreise in die Türkei zur Kontaktaufnahme mit dem Nationalkomitee Freies Deutschland und dem Bund deutscher Offiziere genutzt werden könne.[253] Wilhelm Roloff beschreibt diese Besprechung und die Umsetzung des Vorhabens in seinem Entschädigungsantrag[254] wie folgt: *»Im März 1944 begab ich mich mit dem Grafen Schwerin in das sogenannte Führerhauptquartier nach Ostpreußen und hatte dort Besprechungen mit General Lindemann, dem Grafen Lehndorff und dem General Fellgiebel. Ich wurde beauftragt, während einer Geschäftsreise in die Türkei festzustellen, und zwar über den Türkischen Halbmond, ob es möglich sei, mit dem Nationalkomitee ›Freies Deutschland‹ und dem Nationalverband Deutscher Offiziere zusammenzuarbeiten … Zu einer Ausreise in die Türkei ist es dann nicht gekommen, weil mir am 2.5.1944 in Wien am Nachmittag vor dem Abflug nach Istanbul von der Gestapo Wien im Auftrage des Reichssicherheitshauptamtes mein Paß und meine Flugkarte abgenommen wurde und mir die Ausreise untersagt wurde, mit der Auflage, mich sofort zu meinem Wohnsitz zurück zu begeben.«*

Die Entscheidung der genannten Generäle, über Roloff einen Kontakt zu den oppositionellen Offizieren in russischer Kriegsgefangenschaft aufzunehmen, beweist recht eindringlich die inzwischen erreichte eindeutige Positionierung dieser Offiziere gegen das NS-Regime, denn der Führer des Nationalkomitees Freies

253 Orth, Gruß an Lexi, Fußnoten 24, 25, 27.

254 Schilderung des Verfolgungsvorganges vom 26.10.1953, Wiedergutmachungsakte Wilhelm Roloff, 4,54E – 2509, Staatsarchiv Bremen.

Deutschland, Walther von Seydlitz-Kurzbach, war vom Reichskriegsgericht erst kurz zuvor, im Februar 1944, in Abwesenheit zum Tode verurteilt worden.

Nach der Eidesstattlichen Erklärung von Gottliebe Gräfin von Lehndorff, der Witwe von Heinrich Graf von Lehndorff, fand die o.g. Besprechung allerdings nicht im Führerhauptquartier, sondern in dem in dessen Nähe gelegenen Schloß »Steinort« der Familie Heinrich Graf von Lehndorffs statt. Heinrich Graf von Lehndorff-Steinort[255] war der Cousin seiner Ehefrau Lexi. Eine Hälfte des Schlosses war seit Juni 1941 von Reichsaußenminister von Ribbentrop requiriert und zu dessen Dienstsitz umgebaut worden, weil er bei Bedarf in der Nähe Hitlers sein wollte. Besprechungen der Verschwörer fanden danach öfter bei Heinrich Graf von Lehndorff statt, sie waren durch die Nähe Ribbentrops bestens getarnt. »Wenn Mitglieder aus dem Kreis der Verschwörer im Schloß zu Besuch waren, waren es in den Augen von Ribbentrops Stab hohe Militärs, die auf einen Sprung oder einen langen Spaziergang von Mauerwald herübergekommen waren, wie das häufiger passierte, auch um der Eintönigkeit der Lager zu entgehen. Dass das immer regelmäßiger geschah, erzeugte keine Zweifel oder Verdächtigungen.«[256]

Gottliebe Gräfin von Lehndorff erinnert sich sehr genau an die Besprechung im Frühjahr 1944: »*Ich, Gottliebe Gräfin von Lehndorff, geb. Gräfin von Kalnein, erkläre hierdurch an Eides Statt: Herr Wilhelm Roloff ist mir seit dem Jahre 1937 bekannt. Mein Mann, Graf Heinrich von Lehndorff, der am 5.9.1944 wegen aktiver Teilnahme an dem Attentatsversuch des 20. Juli 1944 in Plötzensee hingerichtet worden ist, hat während seiner Aufenthalte in Berlin Herrn Roloff wiederholt gesprochen. Herr Roloff war selbst wiederholte Male bei uns in Ostpreußen, das letzte Mal im März 1944, als er zu einer Besprechung mit meinem Mann und anderen Herren u.a. General Fellgiebel, gekommen war. Mein Mann hat damals mir gegenüber erwähnt, daß Herr Roloff eine wichtige Aufgabe auf dem Gebiet der Lenkung der Ernährungswirtschaft zufallen solle, wenn gewisse Pläne für die Beseitigung des Naziregimes glücken würden. Ich habe selbst einigen vertraulichen Unterhaltungen beigewohnt, in denen die politische Lage im Hinblick auf die Möglichkeiten für eine Beseitigung der national-*

255 »Heini Lehndorff war der Cousin, den meine Mutter am liebsten hatte. Sie kannten sich schon aus der Jugend in Berlin.« Aus der E-Mailkorrespondenz mit Michael Roloff vom 28.11.2011.

256 Vollmer, Antje, Doppelleben, a.a.O., S. 184.

sozialistischen Führung von meinem Mann in Anwesenheit von Herrn Roloff besprochen worden ist.«[257]

Wilhelm Roloff wird Mühe gehabt haben, das von der Gestapo verfügte Ausreiseverbot in seiner alltäglichen Umgebung zu erklären. Die Gestapo hatte offenbar nur irgendeinen vagen Verdacht, den sie nicht beweisen konnte, sonst wäre Roloff verhaftet worden. In der Führungsetage der »Nordsee« wurde über Roloff und dessen Ausreiseverbot verbreitet, *»er habe während der Reise in die Türkei eine kleine Devisenschiebung gemacht«*[258], eine Erklärung, die möglicherweise sogar auf einem tatsächlichen Ermittlungsergebnis beruhte.

Im April 1944 verpflichtete sich Roloff gegenüber General Olbricht, im Falle des Gelingens des Umsturzes im Ernährungsministerium mitzuarbeiten und dort die Stellung eines Staatssekretärs zu übernehmen. Es sollte sein Verhängnis werden, dass General Olbricht einen Vermerk über Roloffs Selbstverpflichtung zu Papier brachte. Sein Name fand sich nach dem Attentat vom 20. Juli 1944 auf einer im Safe Olbrichts gefundenen Liste. Daher begann die Gestapo sofort nach dem Misslingen des Anschlags nach Roloff zu fahnden.

Familienerinnerungen an den 20. Juli 1944

»Ein nicht erfolgreicher Widerstand aus dem Inneren eines Gewaltregimes heraus hat immer doppelt verloren: in der Wirklichkeit und im Gedächtnis der nachkommenden Generationen.«[259]

Roloffs Sohn Michael erinnert sich, dass die ganze Familie zu Weihnachten 1943 auf dem Fichtenhof zusammen war. Das blieb nun auch in den nächsten Wochen und Monaten so. Anschließend sollte sich das Leben für den Neunjährigen im Laufe des Sommers 1944 stark verändern. Nach der erneuten Verhaftung seines Großvaters Werner von Alvensleben am 20.6.1944 kam seine Großmutter Alexandra von Alvensleben aus ihrer Berliner Wohnung nach Bremen-Schönebeck auf den Fichtenhof. »Oma Alvensleben« war sehr kränklich und benötigte

257 Eidesstattliche Erkärung vom 12.7.1946 in der Wiedergutmachungsakte Wilhelm Roloff, 4,54E – 2509, Staatsarchiv Bremen.

258 Brieffragment von Paul Lübcke.

259 Zur Widerstandsleistung von Heinrich Graf von Lehndorff und seiner Ehefrau Gottliebe, s. Vollmer, Doppelleben, a.a.O., S. 367.

bereits einen Gehstock, obwohl sie erst 56 Jahre alt war.[260] Ihr Enkel Michael hat heute noch ganz spezielle Erinnerungen an sie: »*Sie war eine Person, die, ausgebombt in Berlin, nur noch Toast aß, nur sterben wollte, nach ihrer Tochter Lexi sich sehnte und sich während der Angriffe weigerte, in den Keller zu gehen und jemand war, mit der man gut Patience spielen konnte*«.[261]

Michaels Mutter Lexi wusste um das bevorstehende Attentat auf Hitler. Sie wird bedacht haben, dass der geplante Umsturz auch scheitern könnte und dass dies auch eine Gefährdung ihrer Familie mit sich bringen würde. Als politischer Mensch hatte sie auch viele Gespräche mit Besuchern ihres Mannes geführt. Sie war ebenso wie ihr Mann eng mit den Personen des Widerstandes vertraut. Doch darüber, insbesondere über aktuelle Aktionen, tauschte sie sich mit ihrem Mann offenbar nicht aus. Sie selbst hatte sich von den NS-Organisationen ferngehalten, mit Ausnahme des Reichsluftschutzbundes und der Nationalsozialistischen Volkswohlfahrt, denen sie als Mitglied beigetreten war.[262] Als jetzt ihre Mutter Alexandra[263] zu ihr auf den Fichtenhof kommen wollte, war sie damit einverstanden.

Am 15.7.1944 reiste dann auch Michaels Großmutter väterlicherseits, die 66-jährige »Oma Paula« (Roloff), aus Hamburg zu ihnen. Sie zog offiziell aus dem bombengefährdeten Hamburg nach Bremen-Schönebeck um und meldete sich mit Wohnsitz auf dem Fichtenhof an. Beide Großmütter hofften auf Ruhe und Erholung und glaubten, in der eher ländlichen Umgebung bei Lexi weniger Nervenbelastung und eine größere Sicherheit vor den alliierten Bombenangriffen auf deutsche Großstädte vorzufinden.

Am Tag des Attentats auf Hitler, am 20. Juli 1944, hielt sich Lexi Roloff in Berlin auf. Ihr Ehemann Wilhelm und ihr Sohn Michael waren beide auf dem Fichtenhof. Der gescheiterte Umsturz des 20. Juli 1944 wird für jedes Mitglied der dreiköpfigen Roloff-Familie zu einer Lebenszäsur.

Kinder haben als Erwachsene üblicherweise vieles vergessen, was in ihrer Kindheit passiert ist. Doch wenn, wie bei Michael Roloff, ein Ereignis dazu führt, dass ein Kind anschließend neun Monate lang die Eltern nicht mehr sieht, dann wird es sich bis an sein Lebensende an die letzten Tage davor erinnern, als »noch alles normal war«. In einem im Jahre 2008 geschriebenen Internetblog

260 Nach der Erinnerung von Köchin Frieda Uden, damals Frieda Setke.

261 Aus der E-Mailkorrespondenz mit Michael Roloff.

262 Lt. Meldebogen Entnazifizierungsakte Lexi Roloff, 4,66-I 9185, Staatsarchiv Bremen, erfolgte der Beitritt in die NSV im Jahre 1939.

263 Genannt »alte Lexi«.

schreibt der heute in Seattle (USA) lebende Michael Roloff: *»Am 19.7.1944 war der Vater zufälligerweise auf seinem kleinen Gut Fichtenhof (der Repräsentationen wegen) in der Nähe von Vegesack, Bremen. Ein Besuch an den ich mich besonders gut erinnere, da er mich … verhaute, als ich verbotenerweise mit dem Gärtner Klinner und dem von dem Pferd Lisa gezogenen Leiterwagen nach Burg zum Kohlen holen abhaute, und das kurz vor einem Luftangriff. Der Vater war auf dem Weg zu seinem Freund Graf Schwerin, der eine Division in der Nähe von Aachen befehligte … Als der Vater meine Mutter … anrief – das Gespräch wurde abgehört – sagte sie zu ihm, dass ›alle im Krankenhaus‹ seien und sie wurde ein paar Stunden nach dem Anruf verhaftet und in die Bendlerstraße gebracht.«*[264]

Auf Nachfrage beschreibt er das Ereignis aus der Perspektive eines Neunjährigen wie folgt: *»Vaters gelegentliches Erscheinen im Fichtenhof, wie zum Beispiel im Sommer 1944, bedeutete für mich, von ihm gejagt zu werden und ihm zu entkommen. Bei seinem gelegentlichen Erscheinen im Krieg jagte er mich herum, auch wenn ich mich wie ein Kaninchen tot stellte. Die bekannte Geschichte des 20. Juli bedeutet für mich auch das Erinnern an das Erscheinen meines Vaters auf seinem Weg zum Hauptquartier General Schwerins am 19ten Juli. Er lauerte mir auf, um mich für Ungehorsam zu verprügeln, weil ich trotz der ständigen Gefahr eines Luftalarms mit unserem Hausmeister Klinner dem Wagen und dem Pferd nach Burg gefahren war, um Kohlen abzuholen. Ich wusste ganz genau, dass ich ungehorsam gewesen war und hatte bei den Feldern auf der anderen Seite der Obstgärten gewartet bis spät nachts, um dem Vater zu entgehen, bis ich glaubte, dass er eingeschlafen war. Jedoch wurde ich gefasst und verprügelt. Danach schlief ich ein mit Selbstmordgedanken und mit einem Messer unter meinem Kopfkissen.«*[265]

Soweit die Erinnerung des Sohnes Michael.

Eine Schilderung der Ereignisse des 20. Juli 1944 aus dem Blickwinkel Lexi Roloffs ist bereits seit Langem veröffentlicht. Ihrer Freundin Christabel Bielenberg hatte sie sich anlässlich deren Besuches am 27.12.1944 in Berlin anvertraut und ihr beschrieben, wie sie den 20. Juli erlebt hatte. Bielenberg hat diesen Bericht in der Form der wörtlichen Rede in ihrem 1968 zuerst in englischer Sprache erschienenen Erinnerungsbuch The Past is Myself veröffentlicht. Aus der deutschen Übersetzung dieses Buches unter dem Titel »Als ich Deutsche war« ist folgende Erinnerung von Lexi Roloff an den 20. Juli 1944 übernommen: *»Es war*

264 http://summapolitico.blogspot.com, Aufruf vom 3.7.2008.

265 Aus der E-Mailkorrespondenz mit Michael Roloff vom 28.8.2012.

ein so heißer, schöner Sommertag, der 20. Juli, heiß und still und eigentlich ganz normal – jedenfalls so normal wie jeder andere Tag. … So oft schon hatte es falschen Alarm gegeben und jedesmal eine Enttäuschung … Aber der 20. Juli, der Zwanzigste, o ja, den ganzen Tag über ist die Spannung natürlich immer mehr gestiegen … Es war nicht das, was bestimmte Leute sagten, es war das, was sie verschwiegen; es gab keine Gerüchte, kein Gerede mehr, und doch war die Atmosphäre – nicht eigentlich aufgeregt, vielleicht war es mehr ein Beobachten, ein Abwarten, als ob alle den Atem anhielten … Ich kann sagen, dass die Straßen plötzlich leer waren, nirgendwo sah man eine Menschenseele, alle müssen an ihren Radios gesessen, gehorcht und auf Nachrichten gewartet haben. Ich weiß noch, dass ich über die Bäume zum Brandenburger Tor hinüber gestarrt habe … und ich habe flehentlich gebetet – und das ich! – da ich ahnte, aber nicht wußte, was dort hinter dem Brandenburger Tor vor sich ging.

Dann kam die Nachricht, zuvor noch Musik, dann die Nachricht. »*Und dann* …« Lexi schien zum Weitersprechen anzusetzen, aber dann stand sie plötzlich auf »*Chris*«, *sagte sie,* »*danke deinem Schöpfer jeden Tag deines Lebens, dass du nicht zu meinem elenden, ja zu meinem elenden, unglücklichen, fluchbeladenen Volk gehörst.*«[266]

Roloffs Erinnerung an den 20. Juli ergibt sich aus einer Beschreibung seines Verfolgungsvorgangs, die er im Mai 1953 verfasst hat: *Im Mai und Juni fanden dann weitere Besprechungen zwecks Vorbereitung des Attentates statt. Am 30.6.1944 teilte mir Dr. Brücklmeier offiziell mit, daß ich mich am 15. Juli für die Übernahme meines Amtes bereithalten müsse, da für diesen Tag das Attentat angesetzt war. Ich habe mich dann entsprechend ab Anfang Juli in meiner Wohnung bereitgehalten. Bekanntlich ist das Attentat weder am 15. noch an dem 2.ten geplanten Tag, am 18. Juli zur Ausführung gekommen, sondern erst am 20. Juli. Nachdem ich am Abend des 20. Juli hörte, daß das Attentat fehlgeschlagen war, habe ich mich sofort am 21. Juli auf die Reise begeben und habe versucht, zunächst in Holland unterzutauchen, was aber leider nicht gelang. Mit dem Grafen Gerd von Schwerin, der seinerzeit Kommandeur der 170. Panzerdivision war, war vorbereitet, daß ich mich zu seiner Division begeben konnte. Er hatte mir zu diesem Zweck gefälschte Wehrmachtsfahrscheine ausgestellt und vorbereitet, daß ich mit einem Lkw von Metz an die Front befördert werden konnte. Ich*

266 Gespräch zwischen Lexi und ihrer Freundin Christabel am 27.12.1944 in Lexis zerbombter Wohnung in der Budapester Straße in Berlin, vgl. Bielenberg, Als ich Deutsche war, a.a.O., S. 250–252.

begab mich infolgedessen nach Duisburg zu dem Grafen Alfred von Waldersee, welcher ebenfalls der Opposition angehörte, da ich wußte , daß er mich mit einem Wagen nach Metz bringen würde.«[267]

Die Tragik des gescheiterten Attentats

Nach dem gescheiterten Attentat vom 20. Juli geriet Wilhelm Roloff auf die Liste der gesuchten Verschwörer.[268] Das abgehörte Telefongespräch, in dem Lexi ihm mit dem codierten Satz: »Es sind alle im Krankenhaus« das Misslingen des Putsches von Berlin aus mitgeteilt hatte, war abgehört worden und lieferte der Gestapo offenbar Hinweise auf den Fluchtweg Roloffs. Auf dem Bahnhof in Duisburg wurde er am 27.7.1944 festgenommen.

Nach dem Kriege hat sich Wilhelm Roloff an die Ereignisse wie folgt erinnert: *»Kurz nach meiner Ankunft in Duisburg wurde ich im Duisburger Hbf von 2 Gestapo Beamten verhaftet und gefesselt über Bremen nach Berlin transportiert und dort ins Hausgefängnis des Reichssicherheitshauptamtes in der Prinz Albrecht Str. eingeliefert. Von der Prinz Albrecht Str. wurde ich dann in das ebenfalls zum Hausgefängnis des Reichssicherheitshauptamtes gehörende Gefängnis in der Lehrter Straße in Einzelhaft eingeliefert. Bei meiner ersten Vernehmung teilte mir der Kriminalrat Kunze mit, daß man meinen Namen auf einer Liste beim General Olbricht gefunden hätte. Selbstverständlich habe ich alles so gut wie nur irgend möglich geleugnet. Nach meiner zweiten Vernehmung, die hochnotpeinlich verlief, habe ich in der Nach(t) im Gefängnis einen Selbstmordversuch unternommen, indem ich mir die Pulsadern an beiden Unterarmen aufgeschnitten habe. Da ich unter keinen Umständen eine weitere hochnotpeinliche Vernehmung über mich ergehen lassen wollte, habe ich diesen Selbstmordversuch*

267 Schilderung des Verfolgungsvorganges vom 26.10.1953, Wiedergutmachungsakte Wilhelm Roloff, 4,54E – 2509, Staatsarchiv Bremen.

268 Die Beschreibung der Ereignisse während Roloffs Gestapohaft, insbesondere der Verlauf der Rettung seiner Person und seines Schwiegervaters durch seine Ehefrau Lexi, war möglich durch die Auswertung des von Barbara Orth bearbeiteten und als Buch »Gestapo im OP« herausgegeben Textes »Aerogramm an Lexi im Elysium« (s. Literaturverzeichnis). Entsprechende Verweise sind nur bei wörtlichen Zitaten vorgenommen worden.

so gründlich ausgeführt, daß ich am nächsten Morgen von der Wache bewußtlos aufgefunden wurde.«[269]

Wilhelm Roloff verwendet in dieser »Schilderung meines Verfolgungsvorganges« den heute wenig bekannten Begriff des »hochnotpeinlichen« Verhörs, dem er ab der zweiten Vernehmung ausgesetzt gewesen war. Dieser aus dem späten Mittelalter oder der frühen Neuzeit stammende Begriff bedeutet, dass er während der Vernehmung einer Folter ausgesetzt wurde. Wilhelm Roloff hat keine Einzelheiten zu seinen »hochnotpeinlichen Verhören« mitgeteilt. Lediglich dem Vertrauensarzt Dr. Ernest Bien, der ihn am 22.3.1955 in Montreal zwecks Anerkennung seiner erlittenen Schäden an Körper und Gesundheit untersuchte, berichtete er, dass ihm am 3.8.1944 mitgeteilt worden sei, seine Mitwisserschaft und enge Verbundenheit mit dem Widerstand sei bekannt, Leugnen habe keinen Sinn, er werde auf jeden Fall gehenkt. Über das zweite Verhör berichtete er dem Arzt, er sei regelrecht verprügelt worden, da er sich weigerte, seine Freunde zu verraten. Zur Einschüchterung sei ihm auch gesagt worden, dass man ihn auf einem Fleischerhaken aufhängen werde.[270]

Die Verhöre der Gestapo waren unterschiedlich, einige Vernehmungsbeamte hatten persönliche Vorlieben hinsichtlich der von ihnen angewandten Foltermethoden. Auch sadistische Neigungen wurden dabei teilweise ausgelebt.

Die polizeilichen Ermittlungen gegen die Widerständler des 20. Juli wurden durch die Gestapo geführt. Sie ersetzte während der Zeit des Nationalsozialismus die politische Polizei und besaß weitreichende Machtbefugnisse bei der Bekämpfung der Gegner des NS-Regimes. Eine Mehrheit ihrer Beamten war zugleich Mitglied in der SS. Sie verstanden sich als eine von der NS-Ideologie durchdrungene Elite, die ihrem Dienstherrn in einem besonderen Treueverhältnis verbunden war. In den Nürnberger Prozessen wurde sie später zu einer verbrecherischen Organisation erklärt.

Zur Aufklärung der Hintergründe des fehlgeschlagenen Staatsstreiches wurde schon einen Tag später, am 21.7.1941, eine Sonderkommission 20. Juli unter SS-Sturmbannführer Georg Kießel gebildet, deren Personalstärke bald auf vierhundert Beamte anwuchs.

Die erlittene Folter während des zweiten Verhörs veranlasste Wilhelm Roloff, sich lebensbedrohliche Verletzungen an den Pulsadern zuzufügen. Dazu

269 Fortsetzung der »Schilderung des Verfolgungsvorganges« (s. o.).

270 Aus dem Gutachten des Vertrauensarztes Dr. Ernest Bien, Montreal, vom 22.3.1955, Wiedergutmachungsakte Wilhelm Roloff, 4,54E – 2509, Staatsarchiv Bremen.

benutzte er, wie er es auch selbst geschildert hat, eine zuvor in der Fütterung auf der Schulter seines Mantels versteckte Rasierklinge.[271] Er hatte in seiner Jugend einige Semester Medizin studiert, daher wusste er, wie er schneiden musste, damit solch ein Selbstmord gelingen konnte.[272] Trotz erheblichen Blutverlustes wurde er aber gerettet und am 4.8.1944 aus der Gestapohaft in das Berliner Staatskrankenhaus der Polizei, Scharnhorststraße 13 verlegt.[273]

Diese Verlegung sollte für Wilhelm Roloff lebensrettend werden, denn die chirurgische Ambulanz dieses Krankenhauses wurde von der oppositionellen Assistenzärztin Charlotte Pommer[274] selbstständig geleitet.[275]

Charlotte Pommer war eine von wenigen Ärzten innerhalb des herrschenden Justiz- und Polizeiapparates, die nicht nur die Unvereinbarkeit der Ideen und Ziele des Nationalsozialsozialismus mit ihren Grundsätzen von Moral, Humanität und Anstand erkannten, sondern die auch aktiv gegen das Verbrecherische dieser Strukturen und der Menschen, die diese steuerten, handelte.

Zur Person Charlotte Pommer: Sie wurde nach ihrem Examen zunächst ab Herbst 1941 Assistenzärztin bei Professor Hermann Stieve[276], Anatom am

---

271 Aus Gutachten des Vertrauensarztes.

272 Im Krankenblatt des Polizeikrankenhauses ist folgender Lokalbefund beschrieben: »Beide Arterien sind mit in Längsrichtung geführten Schnitten etwa 2 cm oberhalb beider Handgelenke durchtrennt. Die Wundränder der Haut sind zerfetzt.« Die Adern wurden operativ genäht. Das Krankenblatt Roloffs ist aufbewahrt im Bundesarchiv Berlin und trägt die Signatur Barch R 19 (Hauptamt Ordnungspolizei) /2875.

273 Die Gefangenenabteilung des Staatskrankenhauses bestand im letzten Kriegsjahr nur noch aus einem Raum. Professor Döderlein, der seit 1936 Chef der geburtshilflich-gynäkologische Abteilung und seit 1943 Direktor des Krankenhauses war, beschrieb nach dem Krieg das Polizeikrankenhaus folgendermaßen: »Während meiner Tätigkeit als Direktor bestand die Abteilung für erkrankte Polizeihäftlinge im Polizeikrankenhaus aus einem einzigen Krankensaal mit etwa 10 Betten, da die frühere geschlossene Sonderabteilung im Südteil des Krankenhauses 1943 bei einem Luftangriff zerstört worden war.« Aus: Orth, Barbara, Einführung zu Pommer: Aerogramm an Lexi im Elysium,a.a.O., S. 8.

274 Charlotte Pommer, * 9.11.1914 in Berlin, † 23.4.2004 in München.

275 Orth, Gestapo im OP, a.a.O., S. 8, 9.

276 Stieve, Hermann, 1886–1952, Anatom, 1942 erschien sein Aufsatz: Die Wirkung von Gefangenschaft und Angst auf den Bau und die Funktion der weiblichen Geschlechtsorgane« in der Zeitschrift für Geburtshülfe und Gynäkologie. In einem Artikel der FAZ von Martina Lenzen-Schulte: Anatomen ohne Gewissen und Hitlers Henker vom 31.7.2013 heißt es dazu, dass der Zeitplan der Hinrichtungen auf Wunsch Stieves zeitlich so gelegt wurde, dass die von Stieve benötigten Gewebeproben unmittelbar

Anatomisch-Biologischen Institut der Universität Berlin. Die Forschungsarbeit dieses Instituts profitierte von den unaufhörlichen Justizmorden, die gerade in Berlin stattfanden. Aufgrund einer besonderen Vereinbarung[277] bekam es die Leichen der Hingerichteten umgehend geliefert. Nur eine Viertelstunde nach der Exekution waren sie zur Obduktion im Anatomischen Institut. Mit Beginn des Krieges stieg die Zahl der Hinrichtungen nochmals und Stieve war erfreut über den »frischen Werkstoff«.[278]

Als Pommer im Dezember 1942 die Leichen von Arvid und Mildred Harnack sowie Libertas und Harro Schulze-Boysen auf dem Obduktionstisch vor sich liegen hatte, erstarrte sie bei deren Anblick und konnte ihre Aufgaben in der Assistenz von Professor Stieve an diesem Tag nur noch mechanisch erledigen[279]. Es handelte sich bei den Hingerichteten um die Mitglieder der Widerstandsgruppe der sogenannten Roten Kapelle. Von der Begegnung mit diesen Leichnamen war sie derart berührt, dass sie danach ihre ursprünglich Absicht, ausschließlich wissenschaftlich zu arbeiten, nicht mehr weiterverfolgte. Sie kündigte im März 1943 ihren Dienst[280] und wurde ab dem 1.4.1943 Polizeivertragsärztin im Staatskrankenhaus der Polizei.[281]

»An der neuen Arbeitsstelle tat Charlotte Pommer das, was Ruth Andreas-Friedrich[282] mit folgenden Worten über Nazigegner schreibt: *»Sie ahnten, was kommen würde. Sie wußten von allen Greueltaten, die geschahen, wenn auch immer nur gerüchteweise. Und eben weil sie es wußten und ahnten, fühlten sie sich verpflichtet, an Ort und Stelle ihre Kräfte einzusetzen, damit wenigstens nicht jedes Unrecht, das geplant war, zur Auswirkung käme«* … Zusammen mit ihren weiteren Arztkollegen Albrecht Tietze und Thure von Uexküll sowie dem Direktor des Krankenhauses, Gustav Döderlein, einigen Schwestern und

danach gewonnen werden konnten. Der Artikel würdigt unter Verweis auf die Veröffentlichung von Barbara Orth auch Pommers Verweigerung.

277 Aus einer Dienstvorschrift: Bei der Überlassung der Leichname an ein Institut gemäß Ziff. 39 der Rundverfügung vom 19.2.1939 ist das Anatomische Institut der Universität in Berlin zu berücksichtigen. (Delius, a.a.O., S. 265).

278 Diese Bezeichnung stammt von Pommer, aus: Aerogramm an Lexi im Elysium.

279 Selbstzeugnis von Charlotte Pommer in »Aerogramm an Lexi im Elysium«.

280 Barbara Orth hat in ihrem Manuskript zu »Gestapo im OP« festgestellt, dass dies der einzig bekannte Fall von Arbeitsverweigerung von in der Anatomie tätig gewesenen Ärzten in der NS-Zeit war.

281 Orth, Gestapo im OP, a.a.O., S. 7.

282 Andreas-Friedrich, Ruth, Der Schattenmann, a.a.O., S. 7.

Pflegern bewies Charlotte Pommer Mitmenschlichkeit und Anstand. Doch alle werden darunter gelitten haben, gegen den Eid des Hippokrates zu handeln, indem sie Krankheiten verlängerten oder neue dazu erfanden, um ihre Patienten möglichst lange im Krankenhaus zu behalten und so vor Folter und Tod durch die Gestapo zu retten.«[283] Charlotte Pommer selbst hatte zu ihrem mutigen Ungehorsam, der im NS-Unrechtstaat Mitmenschlichkeit aber auch Gefährdung ihres eigenen Lebens bedeutete, folgende Einstellung: *»Es ist unerträglich und unvergesslich, dass man einen Menschen wiederherstellen muss, damit er dem Henker zur Vollstreckung des Todesurteils ausgeliefert wird.«*[284]

Natürlich ahnte Wilhelm Roloff bei seiner Einlieferung in das Polizeikrankenhaus nicht, dass er Menschen begegnen würde, die Interesse an seiner Rettung hatten. Er nannte Charlotte Pommer einfach nur seinen Namen und den seiner Frau sowie ihren Wohnort. Danach wurde er bewusstlos. Er war auf dieser Station der erste Verletzte der Beteiligten am 20. Juli und es bestand noch keine Dienstvorschrift, wie mit diesen Patienten umzugehen war. So unternahm Charlotte Pommer sofort alles medizinisch Notwendige zur Lebensrettung. Damit unterlief sie die Anordnung des Stabsarztes der Station, die gelautet hatte: ›Der Mann bekommt keine Injektion.‹ Roloff blieb vorerst im Polizeikrankenhaus und Charlotte Pommer konnte ihn einige Tage später der Befehlsgewalt dieses »Kollegen« entwinden. Später hat sie diese Initiative wie folgt geschildert: »Nach 14 Tagen verlegte ich Herrn Wilhelm Roloff auf die Innere Abteilung des Staatskrankenhauses, die von Herrn Dr. Albrecht Tietze geleitet wurde, da einmal die chirurgische Abteilung Herrn Roloff in die Lehrter Straße zurück bringen lassen wollte, zum anderen eine schwere *angina pectoris* bei Herrn Roloff aufgetreten war. Dank des mutigen Eintretens von Dr. Albrecht Tietze[285] und seinem großen diplomatischen Geschick gegenüber der Gestapo wurde es möglich, dass Wilhelm Roloff insgesamt dreieinhalb Monate seiner Haft im Staatskrankenhaus

283 Orth, a.a.O.

284 Ebenda.

285 Albrecht Tietze, 1901–1968, Sohn eines bekannten Chirurgen aus Breslau, hatte im April 1933 gegen die Entlassung seiner jüdischen Kollegen am Berliner Westend-Krankenhaus protestiert, ab 1936 am Staatskrankenhaus der Polizei, half politisch verfolgten und untergetauchten Juden, wurde 1971 als Gerechter unter den Völkern von der israelischen Gedenkstätte Yad Vashem geehrt.

verbringen konnte. Erst am 21.11.1944 wurde er dann auf Drängen der Gestapo gegen ärztlichen Rat in das Zellengefängnis Lehrter Straße zurückgeführt.«[286]

Die lange ärztliche Behandlung im Polizeikrankenhaus wäre allerdings nicht möglich gewesen, wenn das wahre Motiv des Selbstmordversuchs offenbar geworden wäre. Um dem vorzubeugen, wurde in seinem Krankenblatt eine Vorgeschichte konstruiert und dokumentiert, die als Motiv anstelle der Furcht vor der Folter erblich bedingte Depressionen und schon in der Vergangenheit aufgetretene Angina-Pektoris-Anfälle aufzeigte.[287] Auch Behandlungen anderer Krankheitsbefunde wurden in der Vorgeschichte mit der aufgetretenen Angina Pectoris als Selbstmordursache in Verbindung gebracht.

Als Roloffs Gesundheitszustand infolge der ärztlichen Behandlung stabiler geworden war, standen für ihn die nächsten Vernehmungen an. Zur Durchführung seiner Vernehmungen war SS-Sturmbannführer Quetting bestimmt worden.

Der »Vernehmer« war bei allen Gefangenen des 20. Juli die Schlüsselstelle für die weitere Entwicklung, denn diese »waren den Gestapo-Beamten hilflos ausgeliefert, zudem immer allein. Auch ihre Familien waren im Machtbereich der Gestapo ... Gestapo-Chef Müller teilte den Beamten die Verhafteten

---

286 Eidesstattliche Erklärung von Charlotte Pommer vom 11.8.1946 in der Entnazifizierungsakte Wilhelm Roloff, 4,66 -I- 9186, Staatsarchiv Bremen.

287 In Roloffs Krankenblatt, aufbewahrt im Bundesarchiv Berlin, Signatur Barch R 19 (Hauptamt Ordnungspolizei)/2875, heißt es dazu: »Der Vater hat seit seinem 40. Lebensjahr an Depressionen gelitten und mehrfach Suicidversuche unternommen, z.T. durch Erhängen, z.T. durch Einnehmen von Pharmaca. Er ist durch seinen Sohn und seine Ehefrau jedesmal daran gehindert worden. Mutter gesund, der Bruder herzkrank. ... 1936 Bei dem Pat. sind erstmals Depressionen aufgetreten. Pat. hat durch Einnehmen von 30 Tabletten Veronal einen Suicidversuch unternommen. 1937 Verschiedene Behandlungen und Sitzungen bei Prof. Zutt wegen Depressionen. 1938 Pat. hatte häufig Anginen und entschloß sich nunmehr zur Tonsillektomie. 1941, 1942 und 1943: Pat. hat leichtere anginöse Beschwerden ...« Über den Selbstmordversuch heißt es dann: »Am 3.8.44 erlitt Pat. während seiner Inhaftierung gegen Abend einen starken anginösen Anfall in einer Stärke, wie er bisher nicht aufgetreten war. Atemnot, Druckgefühl über dem Herzen mit Ausstrahlen der Schmerzen bis in die linke Hand. Vernichtungsgefühl. Ein gleicher Anfall wiederholte sich in den Morgenstunden, nach Schätzung des Pat. gegen 3 Uhr nachts des folgenden Tages. In diesem Anfall hat Pat einen Suicidversuch durch Aufschneiden beider Az. radial mittels einer Rasierklinge unternommen. Einweisung gegen 7 Uhr morgens in das Staatskrankenhaus.« Sabine Dehnerdt, die Tochter des Bruders von Wilhelm Roloff, teilte dem Verfasser dazu am 29.4.2015 mit, dass weder ihr Vater zur damaligen Zeit herzkrank war noch ihr Großvater jemals Selbstmordversuche unternommen habe.

(zur Vernehmung) zu«,[288] und ermöglichte so, dass sich Vernehmer und Gefangener aufeinander einstellen konnten. Die Entscheidung, nach dem gescheiterten Staatsstreich keinen kurzen standrechtlichen Prozess mit den Verhafteten zu machen, erwies sich für die Gestapo als vorteilhaft. Einmal erweckte dies den Anschein eines rechtsstaatlichen Verfahrens, wenn polizeiliche Vernehmungen durchgeführt und Protokolle an die Staatsanwaltschaft geleitet wurden. Zum zweiten führte dieses Prozedere der Gestapo auch die Hintergründe der Taten vor Augen und brachte sie in vielen Fällen auf die Fährte weiterer Beteiligter am Widerstand.

Roloffs Vernehmungen wurden nicht im Polizeikrankenhaus, sondern in der Gestapo-Zentrale Meinekestraße 10 in Berlin-Charlottenburg durchgeführt. Zu jedem Verhör wurde er gesondert transportiert. Um einen klaren Kopf für die bedrohlichen Fragen und die eigenen Aussagen zu haben, trainierte Roloff sein Gedächtnis mit dem Addieren sechsstelliger Zahlen.

Er wird bald gespürt haben, dass er auf die Hilfe seiner Frau angewiesen war und er wird gehofft haben, dass diese Hilfe kommen würde. Er gab Charlotte Pommer zu verstehen, sie möge Verbindung zur Ärztin Maria Daelen[289] aufnehmen. Pommer folgte der Bitte und schrieb an die ihr bis dahin unbekannte Internistin, die auch Belegärztin im Berliner Franziskus-Krankenhaus war: »Einer Ihrer herzkranken Patienten befindet sich in meiner Behandlung. Ich bitte um ein Vergleichs-EKG.« Die Information wurde von Maria Daelen sogleich richtig verstanden.[290] Sie war dem Widerstand ebenfalls verbunden und mit Lexi, die selbst gerne Ärztin geworden wäre,[291] freundschaftlich bekannt.

Allerdings ist es bemerkenswert, dass Roloffs Unterstützung des Widerstands während des Krieges offenbar kein Gesprächsthema zwischen ihm und seiner Ehefrau war. Einem Brief, den er nach Ende des Krieges, am 24.10.1945, an den Oberbürgermeister in Bremerhaven schrieb, kann insoweit auch ein Hinweis auf seine Einstellung zur Partnerschaft mit seiner Ehefrau Lexi entnommen werden. Obwohl ihm klar war, dass sie ihm wenige Monate zuvor, unter eigener existenzieller Gefährdung, das Leben gerettet hatte, formulierte er: »*Meine Frau … kann bezeugen, dass ich seit 1937 in engster freundschaftlicher Verbindung mit dem*

288 Schwerin, Detlef Graf von, Dann sind's die besten Köpfe, a.a.O., S. 416.

289 Maria Daelen, 1903–1993, Ärztin, nach dem Krieg Referatsleiterin im Bundesinnenministerium.

290 Orth, Barbara, Gestapo im OP, a.a.O., S. 43.

291 Ebd., Fußnote 47.

obengenannten (Widerstands)kreise gestanden habe ... Von der Verschwörung selbst wird sie nur andeutungsweise etwas gehört haben, da man in solchen Kreisen natürlich auf strengste Geheimhaltung bedacht ist und Frauen ausschließt.[292]

Lexi war nach dem Fehlschlag des Umsturzes vom 20. Juli 1944 und der Warnung an ihren Mann (»Es sind alle im Krankenhaus«) offenbar zunächst auf den Fichtenhof zurückgekehrt. Mehrere Tage war sie ohne Lebenszeichen von ihrem Mann geblieben, bis sie schließlich am 28.71944 Besuch von der Bremer Gestapo erhielt. Erst durch deren Erscheinen offenbarte sich ihr das Scheitern der Flucht ihres Mannes. Sie konnte sich aber trotz der bestürzenden Mitteilung absolut beherrschen und verbarg jede Gefühlsregung. Auch vom martialischen Auftreten der Vertreter des NS-Systems zeigte sie sich unbeeindruckt. Mit ihrer Gefasstheit hatte sie Erfolg, denn Furchtlosigkeit beim Gegenüber war für die Beamten der Gestapo eine Reaktion, mit der sie nicht vertraut waren.

Mit schneller Auffassungsfähigkeit und der Frage: »Nehmen Sie Platz, möchten Sie etwas zu trinken?«, gewann Lexi die Führung in der Situation und konnte aus den verblüfften Beamten bald herausbekommen, dass ihr Ehemann verhaftet und nach Berlin überstellt worden war.[293]

Diese entscheidende Information, die den Angehörigen Verhafteter normalerweise nicht gegeben wurde, war für sie der Beginn ihres todesmutigen, unerschrockenen Einsatzes zur Rettung sowohl ihres Vaters als auch ihres Mannes vor den Vernichtungs-Instanzen des Regimes. Sie »verließ umgehend Haus, Hof, Kind, kranke Mutter und Gäste und fuhr schon am gleichen Tag mit dem nächsten Zug zu Maria Daelen nach Berlin, um ihren Mann und ihren Vater ... zu suchen.«[294]

In den Lebenserinnerungen ihrer Schwester Annali ist die Situation wie folgt beschrieben: *»Im Gegensatz zu mir reagierte meine Schwester Lexi mit bewundernswertem Mut. ... Für Lexi stand fest, dass sie sich nun in Berlin aufzuhalten habe, um in der Nähe ihres Mannes zu versuchen, ihm auf jede irgendwie mögliche Weise beizustehen. Obgleich sie in Bremen Mami bei sich hatte, der es nicht gut*

---

292 Briefabschrift in der Entnazifizierungsakte Entnazifizierungsakte Wilhelm Roloff, 4,66 -I- 9186, Staatsarchiv Bremen.

293 S. Pommer, »Gruß an Lexi im Elysium«, a.a.O.

294 Orth, Barbara, Gestapo im OP, a.a.O., S. 40, Die Herausgeberin hat hier das aus der Erinnerung verfasste Manuskript »Gruß an Lexi im Elysium« von Charlotte Pommer bearbeitet. Die Vernehmungsprotokolle sind offenbar nicht mehr vorhanden. Nachfragen beim Bundesarchiv und bei den Landesarchiven in Bremen und Niedersachsen erbrachten die Auskünfte, dass diese nicht vorliegen.

ging, aber auch durch ihren Sohn Michael und einige Gäste ans Haus gebunden war, wollte sie diese Pflichten … nicht als Grund dafür vorschützen, dass sie unabkömmlich sei. Sie sah ihre vordringliche Aufgabe dort, wo ihr Mann und … ihr Vater in Bedrängnis waren.«[295]

Es sollte mehr als zwei Wochen, bis zum 15. August, dauern, bis Lexi schließlich ein Lebenszeichen ihres Ehemannes erhielt. Hierbei halfen Pommer und Maria Daelen. Dem ersten Zusammentreffen zwischen Lexi und Pommer hatte Daelen zuvor konspirativ Sicherheit verliehen. Lexi erfuhr, dass sich ihr Mann im Polizeikrankenhaus befand und dort nach Verlegung auf die Innere Abteilung des Krankenhauses unter die schützende Hand von Dr. Albrecht Tietze gelangt war. Sie erfuhr auch, dass SS-Sturmbannführer Quetting die polizeilichen Ermittlungen gegen ihren Mann führte. Die Kenntnis der Identität des Vernehmers war für Lexi von großer Bedeutung.

Daelen bemühte sich sogleich um Quetting und erlangte dessen Vertrauen. Nach Lebensmittelgeschenken und unter Alkoholeinfluss gab er ihr sogar Einzelheiten aus der Vernehmung von Wilhelm Roloff preis.[296] Bald übernahm Lexi die Verbindung zum Vernehmer. Sie nahm dabei in Kauf, dass sie einen Verdacht auch auf sich selbst lenkte, ja sie provozierte dieses geschickt, um während ihrer eigenen Vernehmung herauszubekommen, was die Gestapo wirklich wusste. Mehr als sechs Monate lang, bis zu ihrer eigenen Verhaftung am 10.3.1945, vollbrachte sie das Kunststück, als vernommene Person Informationen aus ihrem Vernehmer herauszulocken und so die Rollenverteilung umzudrehen. Sie muss Quetting intellektuell beherrscht und bei ihm immer wieder neue Verwirrung geschaffen haben. Ihr Ziel und großer Erfolg war, dass sich die Verhöre damit immer weiter in die Länge zogen. So stand sie nicht nur ihrem Mann und ihrem Vater bei, sondern half auch vielen anderen verhafteten Personen des Widerstandes und deren Familien.

Aus Lexis Erklärung vom 30.10.1945, die sie im Entnazifizierungsverfahren ihres Mannes abgab, wird die Verwegenheit ihres Tuns nur annähernd deutlich. Es heißt darin:

»Ich, Alexandra Roloff, geb. v. Alvensleben, erkläre hiermit an Eides Statt, dass ich nach der Verhaftung meines Mannes am 28.7.1944 sofort nach Berlin gereist bin, um zu versuchen, beim Reichssicherheitshauptamt in Erfahrung zu bringen, in welches Berliner Gefängnis mein Mann eingeliefert worden war. Bei dieser Gelegenheit wurde mir erklärt, dass ich zwecks Vernehmungen durch die GESTAPO

295 Alvensleben, a.a.O., , S. 107f.

296 Orth, Gestapo im OP, a.a.O., S. 45.

Berlin nicht mehr verlassen dürfe. Ich wurde bis Ende des Jahres beinahe täglich vernommen. Bei den Vernehmungen handelte es sich um den Komplex des Attentats am 20.7.44, insbesondere handelte es sich um den Kreis unserer Freunde, die fast vollständig im Zusammenhang mit dem 20.7.44 verhaftet waren und regelmässig mit uns verkehrt hatten, insbesondere um die Anstellung des früheren Legationsrates Dr. BRÜCKLMEIER, der bekanntlich jahrelang Sekretär meines Mannes war. Die GESTAPO bemühte sich, festzustellen, ob und wie weit ich über die politische Tätigkeit meines Mannes unterrichtet sein konnte. Durch eine heimliche Verbindung, die ich mit meinem Mann im Staatskrankenhaus der Polizei und später im GESTAPO-Gefängnis Lehrter Strasse hergestellt hatte, war es mir möglich, meinen Mann von meinen Vernehmungen und meinen Aussagen auf das genaueste zu unterrichten, sodass die GESTAPO durch die völlig gleichlautenden Aussagen immer wieder getäuscht und das Verfahren dadurch herausgezogen wurde. Es ist mir während der gesamten Haftzeit meines Mannes nicht gestattet worden, eine Besuchserlaubnis für meinen Mann zu erhalten. Obersturmbannführer Quetting, der dem Sonderkommando 20.7. angehörte und der die Verhandlungen gegen meinen Mann führte, hat sich von dieser Taktik immerhin soweit beeinflussen lassen, dass er gegen das vorliegende belastende Material und den ausdrücklichen Wünschen des Obergruppenführers MÜLLER und des Hauptvernehmers im RSHA STAWITZKI das Verfahren gegen meinen Mann immer wieder hinaus schob.«[297]

Was hier mit sachlichen Worten formuliert wird, als sei es ein mehr oder weniger selbstverständlicher Einsatz einer Ehefrau für ihren in Bedrängnis befindlichen Ehemann gewesen, lässt die Dimension der Kühnheit und schnellen Intelligenz sowie das enthaltene Risiko der Selbstgefährdung nicht annähernd erahnen. Eine angemessene Bewertung erschließt sich erst aus dem der Freundin gewidmeten Text von Charlotte Pommer, geschrieben in der 2. Person:

»Deine (Lexis) Wege in die Meinekestraße (zu Quetting) waren gewagt, weil Du Dich zum Verhör herausfordern ließest, um dabei herauszubekommen, in welcher Richtung die Untersuchungen gegen Deinen Mann liefen … Dabei hast Du auch herausbekommen, über welche Einzelheiten die Gestapo informiert oder nicht informiert schien, und diese Erkenntnisse weitergeben können[298] *an Deine Freunde. Du hast immer die Ansicht vertreten, dass die Gestapo viel weniger weiß, als man annimmt … Mit Deinem Charme, Deiner schnellen scharfen Intelligenz, Deinem Erkennen konspirativer Zusammenhänge und Deiner Kombinationsgabe hast Du*

297 Entnazifizierungsakte Wilhelm Roloff, 4,66 -I- 9186, Staatsarchiv Bremen.
298 Orth, Gestapo im OP, a.a.O., S. 45.

nun die Richtung bestimmt. Dazu kam ein ziemlich großer Schuß Phantasie, mit dem Du auch schnell mal eine passende Ausrede gefunden hast.

Nach diesen Unterredungen, und auch sonst, wenn Du Deinem Mann etwas Wichtiges zu sagen hattest, kamst Du in das Polizeikrankenhaus; William[299] *wurde hierhin von einem ahnungslosen Wachbeamten … zu seinem ›Kohlensäurebad‹, das er nie bekommen hat, geleitet. Vor der Tür übernahm ihn mein unbestechlicher Herr Woll. Er führte ihn in das Badezimmer, in dem Du schon Platz genommen hattest. Das Thema war immer dasselbe: Du hast ihm mitgeteilt, was Du bei der Gestapo in Erfahrung gebracht hattest, und ihm die Namen der neuerlich Hingerichteten genannt. Was die Gestapo dann von ihm erfahren wollte, in dem nächsten Verhör, hat ihn dann nicht unvorbereitet getroffen.«*

Was Charlotte Pommer nicht erwähnt, ist die Tatsache, dass es sowohl sie selbst als auch ihr Chef Dr. Albrecht Tietze gewesen waren, die Lexi den Zutritt zum Staatskrankenhaus der Polizei und die Treffen mit ihrem Mann entgegen dem Kontaktverbot der Gestapo ermöglicht hatten. Dr. Tietze hatte für Lexi zu diesem Zweck den Decknamen »Frau Schäfer« erfunden.[300] Auch diese beiden gingen mit ihrem Handeln ein erhebliches Risiko ein.

Wilhelm Roloff wurde insgesamt 21-mal vernommen,[301] doch diese Vernehmungen entwickelten sich dank Lexis Unterstützung zu seinem Vorteil. Nach der Logik dessen, was die Gestapo zum Zeitpunkt der Verhaftung Roloffs bereits durch andere Verhaftete oder durch eigene Anschauung wusste, wären ein kurzer Prozess und ein baldiges Todesurteil möglich gewesen. Dass trotz dieser »Beweise« noch Vernehmungen durchgeführt wurden, eröffnete Lexi die Möglichkeit des geschickten Steuerns mit dem Ziel der Verzögerung und Verschleierung.

---

299 Pommer verwendet in diesem Text die anglisierte Schreibweise des Vornamens von Roloff, diese wird nach Kriegsende auf dem Fichtenhof üblich und auch von ihm selbst so gebraucht. Offenbar hat hierbei der intensive Kontakt zu Soldaten der amerikanischen Besatzungsmacht, inbesondere zu dem Offizier Mr. Richard Weber, eine Rolle gespielt.

300 Eidesstattliche Erklärung von Alexandra Roloff im Rahmen des Entnazifizierungsverfahrens von Albrecht Tietze, 23.8. 1946, Landesarchiv Berlin C Rep. 375-01–21, Nr. 390 A.7., zitiert nach der Fußnote 4 des Nachworts von Petra Behrens »Hilfen für Verfolgte durch Mediziner des Staatskrankenhauses der Polizei« in Orth, Gestapo im OP, a.a.O., S. 120–129.

301 Meldebogen, Entnazifizierungsakte Wilhelm Roloff, 4,66 -I- 9186, Staatsarchiv Bremen.

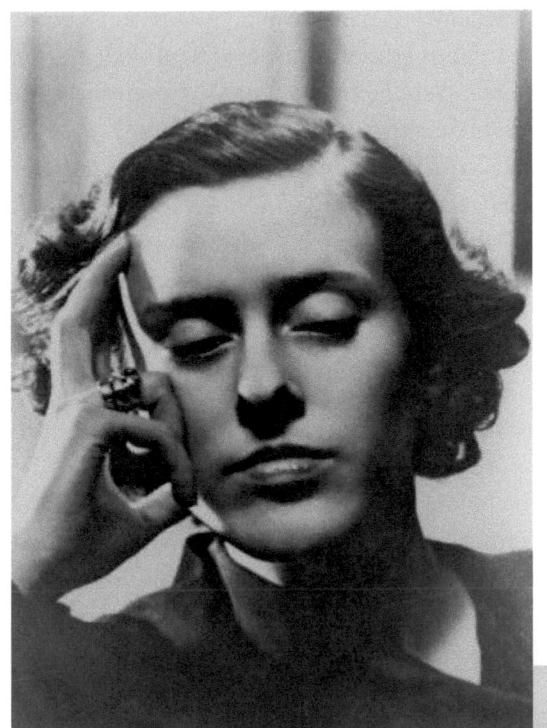

»Ernst, sehr zurückgezogen, schmale lange Hände, blaue Augen, etwas herabhängende Augenlider, blondes Haar mit einer kleinen grauen Strähne«, so hat Charlotte Pommer das damalige Aussehen ihrer Freundin Lexi beschrieben[302]

Foto 1950

302 Orth, Gestapo im OP, a.a.O., S. 45.

Wilhelm Roloff hat später, im September 1946, beschrieben, in welcher ungünstigen Ausgangslage er von der Gestapo anfangs gesehen wurde: *»Die Anklage gegen mich lautete auf Hochverrat wegen meiner Beteiligung an den Vorbereitungen zur Verschwörung vom 20.7.1944. Im Einzelnen wurde mir zur Last gelegt: 1. dass ich auf einer im Safe des Generals OLBRICH(T) gefundenen Liste als Staatssekretär für das Ernährungsministerium vorgesehen war, 2. dass ich Dr. BRÜCKLMEIER nach seiner Entlassung aus dem Auswärtigen Amt bei der ›Nordsee‹ angestellt und als unabkömmlich reklamiert hatte, um ihm die aussenpolitische Beratung des General(s) OLBRICH(T) und seine Tätigkeit für die Verschwörergruppe zu ermöglichen … Die Vernehmungsbeamten der GESTAPO glaubten danach ihres Erfolges gegen mich sicher zu sein. Sie stellten mir wiederholt – zuletzt noch im April 1945 – meine bevorstehende Aburteilung durch den Volksgerichtshof und das dabei mit Sicherheit zu erwartende Todesurteil in Aussicht.«*[303]

Als die Vernehmungen Roloffs nicht die Fortschritte machten, die sich die Gestapo wünschte, entschied die Parteiführung, wenigstens dessen Mitgliedschaft in der NSDAP zu beenden. Wilhelm Roloff erinnerte sich später: *»Im Oktober 1944 wurde mir durch einen von Martin BORMANN persönlich unterschriebenen Brief der Parteikanzlei mitgeteilt, dass ich wegen Verrates an Führer und Volk aus der Partei ausgestoßen sei.«*[304]

Lexi verstand es, sich auf ihre jeweiligen Gegner perfekt einzustellen. Pommer beschreibt Lexi, die bald ihre Freundin wurde, als eine *»Sphinx, die für jede ihrer Bezugspersonen ein besonderes Kästchen mit gerade für diese Bezugsperson ausgerichteten individuellen Wünschen und Gedanken hatte.«*[305]

Auch ihre Freundin Maria Daelen beteiligte sich daran, beim Vernehmer Quetting Informationen abzuschöpfen.

Charlotte Pommer schreibt später an Lexi über diese Phase:[306] *»Es war gut, dass Du ihn (ihren Ehemann Wilhelm) in seiner Verzweiflung nicht gesehen hast, das hätte Dir Kraft geraubt, Dich so für ihn einzusetzen, wie Du es getan hast und wie ich es bei keinem anderen Angehörigen eines bei uns Inhaftierten kenne. … Wieviel Mühe, Anstrengung, Kraftaufwand und Aufregung war mit Deinem*

303 Statement vom 24.10.1945, Wiedergutmachungsakte Wilhelm Roloff, 4,54E – 2509, Staatsarchiv Bremen.

304 Statement 5.9.1946, Entnazifizierungsakte Wilhelm Roloff, 4,66 -I- 9186, Staatsarchiv Bremen.

305 Orth, Gestapo im OP, a.a.O., S. 44.

306 Ebd., S. 47f.

ständigen Einsatz verbunden! Wie viele hundert Kilometer hast Du wohl zu Fuß zurückgelegt, immer mit Deinem Rucksack, der den von blauer Baskenmütze bedeckten Kopf noch etwas höher zog, mit den federnden raumgreifenden Schritten, die Nasenflügel etwas angespannt, damit Dir ja nichts entginge, was gerade in der Luft lag.

Als Herr Quetting gemerkt hatte, dass er in den Gesprächen mit M(aria) der Verlierer war, versiegte diese Quelle. Deine Schlussfolgerung – ›Der Mann muss doch einen Freund haben, Männer quatschen genauso wie Frauen!‹ – traf zu; er wurde in Zehlendorf in der Person eines Gruppenführers der SS gefunden. Auch er hat Deinem Charme nicht widerstehen können. Sonntags Nachmittag nach dem Kaffeetrinken in der bürgerlichen Familie hast Du ihn ausgefragt über die weiteren Absichten der Gestapo in ihren Ermittlungen gegen Deinen Mann … Dein Einsatz und die auf Deine Initiative hin betriebene Ablenkung von Quetting durch M(aria), … haben bewirkt, dass Dein Mann aus der ersten Hinrichtungswelle und auch aus der zweiten, in der Dein Vetter (Heinrich von Lehndorff) nach seiner Wiederergreifung umkam, herausgehalten werden konnte, obwohl ja im Verfahren gegen den selbst bis zur Hinrichtung verschwiegenen Legationsrat (Eduard) B(rücklmeier) Freisler namentlich auf William und auf sein späteres Verfahren angespielt hat. (Aussage Freislers zu Brücklmeier zum Hintergrund seiner Beschäftigung bei der ›Nordsee‹: Sie können ja einen faulen von einem frischen Fisch nicht unterscheiden!).«

In einer Eidesstattlichen Versicherung vom 25.8.1946[307] gibt Charlotte Pommer einen umfassenden Einblick in die zahlreichen Bemühungen Lexis, ihrem Vater und ihrem Mann, aber auch anderen Gefangenen beizustehen:

»Ich, Dr. Charlotte Pommer, erkläre hierdurch an Eides Statt: In der zweiten Hälfte des Jahres 1944 und bis zum Tage meiner Verhaftung am 10.3.1945 war ich Polizeivertragsärztin am Staatskrankenhaus der Polizei, Berlin. Im August 1944 lernte ich Frau Alexandra Roloff, geb. von Alvensleben, kennen, nachdem ihr Mann, Herr Wilhelm ROLOFF, als politischer Häftling des 20.7.1944 vom Reichssicherheitshauptamt in die Haftabteilung des Staatskrankenhauses eingeliefert wurde. Mir ist bekannt, dass Frau Roloff nach der Verhaftung ihres Mannes wiederholt und häufig von der GESTAPO vernommen wurde. und dass ihr vom RSHA verboten war, Berlin zu verlassen. Frau ROLOFF

307 Wiedergutmachungsakte Wilhelm Roloff, 4,54E – 2509, Staatsarchiv Bremen.

hat unter Nichtachtung der grossen Gefahren ihren Mann zunächst im Staatskrankenhaus der Polizei und später im Gefängnis Lehrter Straße entgegen allen Verboten des RSHA wiederholt gesprochen und dadurch einerseits die Verteidigung ihres Mannes ganz wesentlich erleichtert und andererseits sein Verfahren ungeheuer in die Länge gezogen. Der Zeitgewinn bedeutete weitestgehend die Erhaltung des Lebens von Herrn ROLOFF. Frau ROLOFF hat nicht nur mit der GESTAPO, sondern auch mit allen möglichen anderen Stellen in Sachen ihres Mannes verhandelt. So hatte sie es z.B. verstanden, Freunde des Obersturmbannführers QUETTING in ihren Bekanntenkreis zu ziehen und sich auf diese Weise über die Sachlage zu orientieren. Sogar die Protokollinhalte von für ihren Mann und dessen Lage wichtigen Häftlingen hat sie in Erfahrung bringen können. Am 29.1.1945 hatte sie sich für ihren Mann so weitgehend eingesetzt, dass die GESTAPO nach einer Haussuchung ihre Verhaftung ausgesprochen hatte, die aber nach einem äusserst geschickt geführten fünfstündigen Verhör aufgehoben wurde. Allein die Tatsache für einen wegen des 20.7.1944 Verhafteten und Angeklagten sowie politischen Häftling des RSHA einzutreten, bedeutete eine ungeheure Belastung und brachte mit Sicherheit die Verhaftung durch die GESTAPO ein.«

Roloffs Selbstmordversuch hatte bei ihm immer wieder Anfälle von Angina pectoris zur Folge, die mit verzweifelten Depressionen einhergingen. Emotional belastende Situationen führten regelmäßig zu schmerzhaften Durchblutungsstörungen der Herzkranzgefäße. Ein Ereignis, das bei ihm einen solchen Herzanfall zur Folge hatte, war beispielsweise der Tod General Fritz Lindemanns am 22. September, der Roloff nicht verborgen blieb. Er kannte Lindemann, hatte er mit ihm doch sechs Monate zuvor seine Erkundung in der Türkei besprochen. Um der Festnahme zu entgehen, hatte dieser sich bei seiner Ergreifung aus dem Fenster gestürzt. Wegen der dabei erlittenen Sturz- und Schussverletzungen war er am 4. September in das Polizeikrankenhaus eingeliefert worden. Seine Ergreifung sollte als Geheime Reichssache behandelt werden, das wusste auch Lexi, die durch Charlotte Pommer von der Einlieferung erfuhr. Doch sie konnte nicht anders, als bereits am folgenden Tage eine Verbindung zu dessen Angehörigen herzustellenr.[308]

Roloffs langer Aufenthalt im Staatskrankenhaus war im Vergleich zur Behandlung der Vielzahl anderer Gestapo-Gefangener ungewöhnlich. Hitler selbst drängte

308 Eidesstattliche Erkärung vom 25.8.1946 in der Wiedergutmachungsakte Wilhelm Roloff, 4,54E – 2509, Staatsarchiv Bremen.

immer wieder auf eine zügige Aburteilung des Personenkreises vom 20. Juli. Es war letztlich nur »dem mutigen Eintreten von Dr. Tietze und seinem großen diplomatischen Geschick gegenüber der Gestapo zu verdanken, daß (er) ... insgesamt dreieinhalb Monate seiner Haft im Staatskrankenhaus verbringen konnte.«[309] Dr. Tietze war »Dirigierender Arzt« und Leiter der Inneren Abteilung des Staatskrankenhauses der Polizei. Er verstand es, seine NS-Gegnerschaft gut zu tarnen und hielt seine schützende Hand über alle seine Patienten und das Personal.

Doch die Gestapo argwöhnte gegen Lexi wegen der vermuteten Beeinflussung der Umgebung von Roloff. Schließlich wurde sie beschattet, um herauszubekommen, wie der vermutete Informationsaustausch zwischen ihr und Wilhelm Roloff zustande kam. Dazu bediente sich die Gestapo einer alten zwangsverpflichteten Jüdin mit Davidstern. Doch selbst dieses fruchtete nichts und daher wurde gegen Lexi ein vorübergehendes Aufenthaltsverbot für Berlin ausgesprochen.

Letztendlich bemerkte Quetting, dass er nicht weiterkam. Trotz Verweigerung der Sprecherlaubnis mit seiner Frau erbrachten die Vernehmungen Roloffs keine belastbaren Beweise. Am 27.11.1944 wurde er in das Zellengefängnis in der Lehrter Straße zurückverlegt.[310]

Inzwischen war auch Lexis Vater Werner von Alvensleben aus dem KZ Ravensbrück in das Gefängnis Lehrter Straße verlegt worden. Seine Verhandlung vor dem Volksgerichtshof sollte vorbereitet werden. Die bedrückende Situation, dass nun sowohl ihr Vater als auch ihr Eheman im Gefängnis Lehrter Straße auf ihre Verhandlungen warteten, ließ Lexi einmal im Dezember 1944 zu Charlotte Pommer klagen: »Das Liebste, was ich auf dieser Erde besitze, ist in diesem grässlichen Backsteinbau eingekerkert.«[311] Sie fand aber bald heraus, dass die Beamten auch dieses Gefängnisses zu beeinflussen und für Bestechungen zugänglich waren.[312] Sie konnte sich auch auf diesen Umstand perfekt einstellen und im Laufe der Zeit durch Zuwendung begehrter Konsumartikel einen belastbaren guten Kontakt zu den SD-Beamten erarbeiten. Dabei wurden die Wünsche der zu bestechenden SD-Leute mit der Zeit immer ausgefallener.

309 Eidesstattliche Erkärung vom 11.8.1946 in der Wiedergutmachungsakte Wilhelm Roloff, 4,54E – 2509, Staatsarchiv Bremen.

310 Orth, Gestapo im OP, a.a.O., S. 61.

311 Ebd., S. 64.

312 George Vassiltchikov, Herausgeber von Die Berliner Tagebücher der Marie »Missie« Wassiltschikow 1940–1945 schreibt in seiner Veröffentlichung (S. 287f.), dass es die Wächter des Gefängnisses Lehrter Straße nach »Bestechung oder auf andere Weise« sogar stillschweigend duldeten, dass katholische Priester in das Gefängnis kamen, die Beichte abnahmen und Absolution erteilten.

Doch der Einsatz lohnte sich. Sie erreichte beispielsweise, dass sie den ersten Weihnachtsfeiertag 1944 zusammen mit ihrem Vater in dessen Zelle verbringen konnte. Die Unwirklichkeit der Situation erlangte dann noch eine unglaubliche Steigerung, als sogar ihr Ehemann, entgegen dem verhängten Besuchsverbot, aus seiner in einem anderen Stock gelegenen Zelle geholt, zu ihnen gelassen und mit ihnen eingeschlossen wurde.[313]

Ehepartnern war immerhin erlaubt, den Gefangenen einmal wöchentlich Essen und Wäsche zu bringen und Schmutzwäsche in Empfang zu nehmen. Charlotte Pommer erinnerte sich später: »Williams Wünsche wurden immer detaillierter: Goulasch, Reis und Gemüse, jeweils in getrennten Töpfen zu liefern.«[314] Lexi besorgte alles und konnte ihren Ehemann auch mit Zeitungen versorgen. Er hatte sogar ein Radio in der Zelle.[315]

Hilfe für andere Personen des Widerstands

Lexi und Charlotte Pommer nutzten jede Möglichkeit, auch weiteren Häftlingen oder gefährdeten Personen außerhalb des Gefängnisses Unterstützung zukommen zu lassen. Der Pommer-Text macht deutlich, dass Lexi an den Kontakten ihres Ehemannes zu Personen im Widerstand intensiv teilgenommen hat. Es wird dabei deutlich, dass sie zu diesen Menschen offenbar eine sehr persönliche Verbindung hatte. Allerdings haben diese Zeitzeugen, die heute alle nicht mehr leben, dazu keine weiteren Berichte hinterlassen. Zeitgenössische Berichte können ohnehin nicht erwartet werden, denn Menschen, die unter Lebensgefahr Widerstand leisten, dokumentieren ihre Tätigkeit nicht.

Beispielsweise erfuhren Lexi und Charlotte Pommer, dass ein mit Theodor Haubach befreundeter und bisher nicht verdächtigter Schweizer Journalist während der Verhandlung des Volksgerichtshofs gegen Haubach durch belastende Aussagen in höchste Gefahr geraten war. Um zu helfen, nutzten sie eine sich unerwartet bietende Gelegenheit, den Wehrpass eines Wachtmeisters aus

313 Orth, Gestapo im OP, a.a.O., S. 64: Pommer schreibt an Lexi: »Sehr bald nach Williams Verlegung in die Lehrter Straße hattest Du über dem Schalter das große unsichtbare Schild entdeckt: »Der deutsche Beamte ist bestechlich« und Dir so Zutritt hinter die Gitter verschafft.«

314 Orth, Gestapo im OP, a.a.O., S. 64.

315 Bielenberg, Als ich Deutsche war, a.a.O., S. 227.

einer im Wartezimmer liegen gelassenen Brieftasche zu entwenden. Mit diesem Dokument, das sie dem Gefährdeten auf schnellstem Wege zukommen ließen, konnte er sich vor der drohenden Verhaftung in seine Heimat retten.[316]

Lexi half auch dem befreundeten Ehepaar Peter und Christabel Bielenberg. Peter Bielenberg hatte im Frühjahr 1943 Aufgaben in der Betriebsleitung einer Flugzeugfabrik im westpreußischen Graudenz übernommen. Diese Stellung hatte ihm sein ebenfalls dem Widerstand verbundener Freund, der Jurist Carl Langbehn[317], vermittelt und allein diese Stellung hatte ihn bislang vor einem Fronteinsatz bewahrt.[318]

Am 6.8. 1944 wurde Peter Bielenberg verhaftet. Die Gestapo hielt auch ihn aufgrund seiner Freundschaft zu einer Vielzahl entdeckter Verschwörer für einen Beteiligten des gescheiterten Staatsstreichs, ohne dies jedoch konkret beweisen zu können. Nach etwa sechswöchiger Haftzeit in Graudenz wurde er in das KZ Ravensbrück verlegt.

Als seiner Ehefrau Christabel ein Besuch in Ravensbrück gestattet und als Termin hierfür der 28.12.1944 bestimmt wurde, reiste sie schon am Tag zuvor von ihrem Wohnort im Schwarzwald zu ihrer Freundin Lexi in Berlin. Sie wusste, dass sie hier Rat und Hilfe erhalten würde.

Über die Umstände und den Verlauf ihres Besuches in der Roloff'schen Wohnung in der Budapester Straße hat Christabel Bielenberg eindrucksvolle Details veröffentlicht. Diese vermitteln einen Eindruck von Lexis Lebensverhältnissen und über ihre Art, mit Herausforderungen umzugehen. Christabel Bielenberg schreibt:[319] *»In der Budapester Straße gab es nur noch ausgebrannte Ruinen, kein einziges Gebäude war stehengeblieben. … Ich zählte die Trümmerhaufen … Ich betrachtete den dritten Haufen etwas genauer und glaubte fast so etwas wie einen schmalen Pfad zu entdecken, der nach oben führte. Einige Minuten später schwang sich ein langes, schlankes Bein, das in einem großen Soldatenfilzstiefel steckte, über ein Fensterbrett im ersten Stock, und Lexi kam den Schutthaufen heruntergerutscht … wir kletterten durch Türen und Fenster bis wir in*

316 Orth, Gestapo im OP, a.a.O., S. 67, 81.

317 Carl Langbehn, *6.12.1901, war Jurist und Mittelsmann zwischen Kreisen des Widerstandes und Himmler sowie zwischen Himmler und den Westmächten. Als Himmler ihn fallen ließ, wurde er verhaftet und am 12.10.1944 hingerichtet.

318 Bielenberg, Als ich Deutsche war, a.a.O., S. 127.

319 Beschreibung des Treffens zwischen Lexi und Bielenberg in: Bielenberg, Als ich Deutsche war, a.a.O., S. 224–232.

einen Hof gelangten ... Die schwere Eichentür auf der anderen Seite wirkte unbeschädigt. Dahinter lag die noch relativ heile Wohnung der Roloffs.«

In der Wohnung begründete Lexi der Freundin im Gespräch u.a. warum sie so auffällig dünn sei: *»Ach, ich brauche nicht viel, und dann muß ich mich ja um so viele kümmern, Vater ist in der Lehrter Straße, mein Mann auch. Albrecht Bernstorff, Hänschen Oster und viele andere sind ebenfalls dort. Ich muß sie alle mitverpflegen.«*

Lexi gab ihr auch Ratschläge für den Besuch bei ihrem Mann. Sie müsse ihm u.a. unbedingt mitteilen, wer von den Freunden bisher schon hingerichtet sei, damit er diese ohne Gefahr für sich und andere belasten könne. Sie warnte sie auch vor gefälschtem Belastungsmaterial.

So vorbereitet konnte Christabel Bielenberg ihrem Mann während ihres viertelstündigen Besuchs durch verschlüsselte Mitteilungen Kenntnis über bereits hingerichtete Freunde geben. Durch ein Kassiber erfuhr sie von ihm, was er in seinen Vernehmungen zugegeben hatte. Anschließend nahm sie sich ein Vorbild an Lexi und veranlasste die Gestapo, sie selbst zu vernehmen. Dabei konnte sie den Vernehmer wie Lexi durch die Übereinstimmung ihrer Aussagen mit denen ihres Mannes beeindrucken. Letztendlich gelang ihr auf diese Art die Entlassung und Rettung ihres Mannes Peter Bielenberg.

Werner von Alvensleben in den Verhören der Gestapo

Lexis Vater war bereits am 20.6.1944, einen Monat vor dem gescheiterten Umsturzversuch, zum dritten Mal verhaftet und zunächst in das Außenlager Drögen des KZ Ravensbrück verbracht worden. Kurz nach seiner Ankunft dort hatte er einen Herzanfall. Während der Haft erlitt er infolge fortgesetzter Misshandlungen zusätzlich einen Schlaganfall. Am 14.8.1944 hatte Lexi ihn in Ravensbrück besuchen können und ihn dort mit ausgeschlagenen Zähnen angetroffen.[320] Lexi war über den gesundheitlichen Zustand ihres Vaters derart erschüttert, dass sie ihm die Möglichkeit verschaffen wollte, sich selbst das Leben zu nehmen. Er sollte nicht an den Folgen weiterer brutaler Vernehmungen sterben. Sie besorgte eine Giftampulle und schmuggelte diese in einem Brotlaib in seine Zelle. Doch mit seiner Reaktion offenbarte ihr Vater auch in dieser grenzwertigen Hilflosigkeit sein für ihn typisches Über-den-Dingen-Stehen. Sie erhielt von ihm einen Zettel zurück mit der Notiz, sie solle ihm

320 Orth, Gestapo im OP, a.a.O., S. 45.

Werner von Alvensleben

wieder Brot schicken, dabei aber die »lächerliche Füllung weglassen, weil er nicht wisse, wie er das Zeug loswerden solle«.[321]

Im Oktober 1944 wurde Werner von Alvensleben in das Zellengefängnis Lehrter Straße 3 verlegt. Lexi steuerte von nun an ebenfalls die Vernehmungen ihres Vaters und versorgte auch ihn mit Hinweisen zu verstorbenen oder hingerichteten Personen, damit er diese, falls nötig, zur eigenen Rettung belasten konnte. Vor seiner Verhandlung, die am 1.2.1945 unter dem Vorsitz von Roland Freisler stattfand, konnte sie den gesundheitlichen Zustand ihres Vaters erfolgreich als Besuchsvorwand benennen. Sie müsse ihn besuchen, »um bei der Errichtung seines Testaments behilflich zu sein«. Sie ließ ihm während dieses Besuchs erneut ein Gift zukommen, dass dieser in seinem Ohr versteckte. Es war durch Charlotte Pommer besorgt worden und sollte ihm im Falle eines Todesurteils die Qual des Erhängens ersparen.[322] Merkwürdigerweise durchschaute der Gestapowärter nicht die Unmöglichkeit des Besuchsgrundes. Ein gültiges Testament konnte auch zu der damaligen Zeit nur durch eigene Handschrift (§ 2247 BGB) oder durch notarielle Urkunde errichtet werden. Im Falle eines Todesurteils wäre sein Vermögen obligatorisch für verfallen erklärt worden und damit keine Erbmasse vorhanden gewesen – wozu dann ein Testament? Während ihr Vater in Anwesenheit eines Wärters diktierte, schrieb Lexi nicht die gesprochenen letztwilligen Verfügungen, sondern Informationen an ihren Vater, die er für seine eigene Verhandlung wissen sollte, insbesondere auch Hinweise zu dem Gift. Diesen Text reichte sie ihm anschließend zum Lesen und Unterschreiben seines angeblichen Testaments. Da der Wärter eine Kontrolle des Geschriebenen unterließ, ermöglichte

321 Bielenberg, Christabel, Als ich Deutsche war, a.a.O., S. 219.

322 Orth, Gestapo im OP, a.a.O., S. 77.

Lexi ihrem Vater mit dieser tollkühnen Aktion lebensrettende Aussagen, die zwar falsch, aber schlüssig waren, weil sie zu denjenigen anderer Gefangener passten.[323] Vor allem riet sie ihm, in der Verhandlung vor dem Volksgerichtshof alle Geständnisse zu widerrufen.

Die verabredete Strategie gelang und hatte Erfolg.[324] Eine Mitwisserschaft an den Attentatsplänen konnte Werner von Alvensleben danach nicht nachgewiesen werden, jedoch wurde er »wegen defätistischer Äußerungen während einer Teegesellschaft im August 1943« zu zwei Jahren Haft verurteilt, wobei sich sein Alter und seine angeschlagene Gesundheit mildernd auf das Strafmaß auswirkten. Durch ihren couragierten Einsatz hatte Lexi nun zunächst ihren Vater vor dem Tode bewahrt. Werner von Alvensleben wurde anschließend in das KZ Buchenwald und von dort später in das Zuchthaus Magdeburg verlegt.

Lexi hatte ein gutes Gespür für potenzielle Gefahren. Ihr war es in den letzten neun Kriegsmonaten immer wichtig gewesen, für ihre engsten Angehörigen und für sich selbst Voraussetzungen zu schaffen, »um einem letzten Aufräumen durch die Gestapo oder in einem Lager zu entgehen«.[325] Ihr Vater wurde von den Amerikanern im April 1945 aus dem Zuchthaus Magdeburg befreit.« Der Einsatz für ihren Ehemann war aber noch lange nicht vorbei.

---

323 Ebd., S. 80.

324 Bielenberg, Christabel, Als ich Deutsche war, a.a.O., S. 229, lässt die unglaubliche Begebenheit mit der Erzählung des Testamentsdiktats am 27.12.1944 stattfinden. Es ist aber eher anzunehmen, dass dieses Ereignis erst Ende Januar stattfand. Dafür spricht, dass laut Charlotte Pommer auch auf das Gift hingewiesen wurde, mit dem Lexis Vater nach einem befürchteten Todesurteil zur Vermeidung der Hinrichtung Selbstmord begehen sollte.

325 Orth, Gestapo im OP, a.a.O., S. 81.

Der Fichtenhof – Neun Monate in der Verantwortung der Großmütter

Die Ereignisse des 20. Juli 1944 verwandelten die Verhältnisse auf dem Fichtenhof in das Gegenteil von dem, was sie bis dahin gewesen waren. Sie legten den beiden Großmüttern plötzlich und unerwartet die gesamte Verantwortung für das Anwesen, seine Bewohner und seine Bewirtschaftung auf die Schultern. Dabei waren sie selbst kränklich und hatten ihren Wohnsitz hierher verlegt, um Sicherheit zu finden.

Lexi hatte, nachdem sie erfahren hatte, dass ihr verhafteter Mann in Berlin war, auf dem Fichtenhof alles stehen und liegen gelassen und war am 28.7.1944 mit dem Nachtzug nach Berlin gefahren. Sie musste den Großmüttern die Verantwortung und die Regie im Haus überlassen, ohne diese entsprechend einzuweisen. Natürlich stellte sich niemand vor, dass Lexis Abreise der Beginn des Verlustes von Freizügigkeit, Haft, Folter und von einer neun Monate andauernden Abwesenheit sein würde.

Aber es sollte nicht nur eine lange Zeit der Abwesenheit der Hausherrin werden! Eine Zeitenwende stand bevor, die den Großmüttern höchste Flexibilität und Belastbarkeit abverlangte. Das Kriegsende, der Einmarsch der Alliierten, die Abwehr von Wohnraum-Beschlagnahmen, die Aufnahme bedrängter Verwandter, die Beschaffung von Lebensmitteln und anderen Gütern, die Auswahl von Hilfspersonal usw. brachten täglich neue Herausforderungen und verlangten Entscheidungen, die eigentlich den Vollbesitz geistiger und körperlicher Kräfte der Handelnden erforderten, und bei denen es auch auf ein Vertrautsein mit häuslichen Gegebenheiten ankam. Die beiden kranken Damen bewältigten dies alles und wussten sich bei allem, was sie taten und entschieden, in Lexis Zustimmung geborgen. Es wäre wohl in einer familiären Konstellation nach heutigen Maßstäben kaum möglich gewesen, solche Herausforderungen zu bestehen. Beispielsweise war zur damaligen Zeit eine großzügige Gastfreundschaft selbstverständlich, auch sie wurde von den alten Damen gewährt. Selbst entfernte Verwandte, die im Osten alles verloren hatten, konnten sich ihrer sicher sein und auf Hilfe hoffen. Ihnen wurde Unterkunft und Verpflegung gewährt, auch wenn bei ihrer Ankunft Ungewissheit bestand, wann und ob eine Weiterreise möglich sein würde.

Lexi war es allerdings bald nach ihrer Ankunft in Berlin absolut unmöglich geworden, nach Bremen zurückzukehren. Ihre Vorsprache beim Vernehmer ihres Mannes, dem SS-Sturmbannführer Quetting, hatte zur Folge, dass ihr der andauernde Aufenthalt in Berlin befohlen wurde. Jegliche Heimfahrt blieb für lange Zeit untersagt.[326]

Eine eingeschränkte Bewegungsfreiheit erlangte sie erst nach der Verlegung ihres Mannes in das Gefängnis in der Lehrter Straße. Nach der skurrilen Begebenheit des gemeinsamen Weihnachtstages, bei der sie es erreichte, den Abend zusammen mit ihrem Vater und ihrem Mann in der Zelle ihres Vaters verbringen zu können, fuhr sie anschließend noch vor dem Jahreswechsel für eine Woche nach Bremen. Dabei war sie unter einer gefälschten Identität als Oberfeldarzt mit einem Fahrschein 1. Klasse unterwegs.[327] Endlich wieder bei ihren Angehörigen auf dem Fichtenhof, erklärte sie dem ihr mit Skepsis begegnenden Sohn Michael die fortdauernde Abwesenheit des Vaters damit, dass dieser nach Scharlach und Diphterie nun auch noch an Mumps erkrankt sei.[328]

Ihr Sohn Michael sollte noch weitere Monate auf die endgültige Rückkehr der Eltern warten müssen. Heute erinnert er sich positiv daran, dass der Fichtenhof zur Zufluchtsstätte der entfernten Verwandtschaft seiner Mutter wurde. Dem Verfasser schrieb er im Sommer 2012 u.a.: »(Dann) kamen die flüchtenden Verwandten aus dem Osten, Lehndorffs, von Arnims, Doehnhoffs, das bedeutete für mich das Ende der Kindheitseinsamkeit, Anfang von viel zu kurzen idyllischen Jahren.«[329]

Charlotte Pommer schreibt: »Inzwischen war Dein Zuhause Auffanglager für Flüchtende und Kranke geworden. Deine großzügige telefonische

326 Ob sie für ein Wiedersehen nach Bremen gefahren ist, als ihr Ende November kurzzeitig ein Aufenthaltsverbot für Berlin erteilt wurde, konnte nicht festgestellt werden.

327 Orth, Gestapo im OP, a.a.O., S. 64.

328 Ebd., S. 66.

329 Aus der E-Mailkorrespondenz mit Michael Roloff vom 28.8.2012.

Zusage endete mit Sorgen für deren Nahrungsmittel (und der Aufforderung): ›Schlachtet Liese!‹«[330]

Anfang Februar 1945 traf Gottliebe Gräfin von Lehndorff, genannt Mausi oder Gräfin Mausi mit ihren vier Töchtern und dem Kindermädchen Lisbeth Graeber auf dem Fichtenhof ein. Sie war die Ehefrau ihres hingerichteten Cousins Heinrich Graf von Lehndorff.[331]

330 Orth, Gestapo im OP, a.a.O., S. 82, 83. Das Ackerpferd Liese, das wohl identisch ist mit der Lisa, an die Sohn Michael sich erinnert, wurde aber nicht geschlachtet. Es hat das Kriegsende erlebt.

331 Gottliebe von Lehndorff und ihre Kinder waren für Lexi nach heutigen Maßstäben »entfernte Verwandte«. Heinrich von Lehndorff, ihr Ehemann, war Lexis Cousin. Lexis Mutter und seine waren Schwestern: Alexandra von Alvensleben, geb. von Einsiedel, und Harriet von Lehndorff, geb. von Einsiedel.

Exkurs: Heinrich Graf von Lehndorff, Lexis Cousin – ein Schicksal im Widerstand gegen Hitler

Das Ehepaar Heinrich Graf von Lehndorff (geb. 22.6.1909, hingerichtet 4.9.1944) und Gottliebe Gräfin von Lehndorff, geborene Gräfin von Kalnein (geb. 18.7.1913, gest. 16.4.1993) hatte sich bei den Olympischen Spielen 1936 in Berlin kennengelernt. Schon im November 1936 folgte die Verlobung und am 24.2.1937 fand die Hochzeit in Graditz bei Torgau statt. Pastor Martin Niemöller, Mitglied der Bekennenden Kirche, hatte das Paar getraut.[332]

Heinrich Graf von Lehndorff (genannt Heini) war ein bedeutendes Mitglied der Verschwörung des 20. Juli. Obwohl oder gerade weil er in der Wehrmacht nur einen niederen Offiziersrang bekleidete (Oberleutnant der Reserve) und zum Zeitpunkt des Attentats zur Führung seines großen Gutsbetriebes in Lehndorff-Steinort/Ostpreußen freigestellt war, hatte ihn von Tresckow beauftragt, »die Verbindungsperson und der Kurier zwischen den beiden Zentralen des Widerstands zu sein: General Olbricht und Oberst Graf von Stauffenberg in Berlin und Henning von Tresckow an der Ostfront«.[333] Das Knüpfen und Unterhalten von Verbindungen waren auch der Grund gewesen, warum sich u.a. Wilhelm Roloff mit Generälen des Widerstands bei ihm in Steinort traf, um mit Roloffs Hilfe einen Kontakt zum Nationalkommittee Freies Deutschland zu organisieren. Nach dem Attentat sollte Heinrich Graf von Lehndorff zusammen mit drei weiteren Verschwörern den Staatsstreich in Ostpreußen vom Bezirk Königsberg aus durchsetzen.

Am Abend des 20. Juli, nachdem der Anschlag auf Hitler in der nur 14 Kilometer von Steinort entfernten Wolfsschanze misslungen war, berieten Gottliebe und Heinrich Graf von Lehndorff, was nun geschehen solle. Es sollte ihr letztes ungestörtes gemeinsames Gespräch werden. Heinrich bemerkte am nächsten Morgen, dass ein Fahrzeug der Gestapo die Auffahrt in Steinort herauffuhr. Er

332 Wie es dazu gekommen war, dass Pastor Martin Niemöller das Ehepaar traute, ist nicht mehr genau zu ermitteln. Sicher aber ist, dass Heinrich über seinen Cousin Hans schon früh enge Verbindungen zur Bekennenden Kirche aufnahm. Vollmer, Doppelleben, a.a.o., S. 129.

333 Rohwer, Jörn Jacob, Veruschka, mein Leben, a.a.O., S. 15.

Heinrich Graf von Lehndorff vor Schloss Steinort, Sommer 1937

sprang spontan aus dem Fenster des 1. Stocks und flüchtete. Am Nachmittag des gleichen Tages stellte er sich jedoch der Gestapo. Er wollte seine hochschwangere Frau nicht als Geisel in der Hand der Gestapo wissen. Gottliebe hat ihn danach nicht mehr wiedergesehen.

Während der Einlieferung in das Gestapo-Gefängnis in Berlin gelang ihm am 8. August abermals die Flucht. Nachts und zu Fuß machte er sich auf nach Nordwesten und versteckte sich tagsüber in der freien Natur. Am 14. August wurde er in der Nähe von Neustrelitz entdeckt und verhaftet. Am 4.9.1944 vom Volksgerichtshof zum Tode verurteilt, wurde er am gleichen Tag in Plötzensee gehenkt. Sein Leichnam wurde verbrannt und die Asche auf Rieselfelder verstreut.

Sein Lieblingspferd Jaromir konnte am 22. Juli von seiner Schwester Karin Gräfin Dönhoff (genannt Sissi) aus Steinort abgeholt und gerade noch rechtzeitig zu Heinrichs Vater auf dessen Gut in Preyl bei Königsberg in Sicherheit gebracht werden. Einen Tag später, am 23. Juli, wurde seine Ehefrau Gottliebe aus Steinort verwiesen.[334] Dem gesamten Besitz stand die Einziehung zugunsten des Staates bevor, die dann zusammen mit dem Todesurteil auch ausgesprochen wurde.

Gottliebe, mit ihrem vierten Kind schwanger, zog nach Graditz. Dort fand sie Unterkunft bei ihrem Vater, dem Landstallmeister Hans-Georg Graf Kalnein. Ihre drei Töchter waren schon am 10. Juli, vor dem zunächst vorgesehenen früheren Attentatsdatum 15. Juli, hierher geschickt worden. In Graditz war Gottliebe seit ihrem 5. Lebensjahr »zuhause« gewesen.

Nach den drei älteren Kindern Maria Eleonore (genannt Nona), geboren am 28.11.1937, Vera, geboren am 14.5.1939 und Gabriele (genannt Dicky), geboren am 14.12.1942, kam das vierte Kind Catharina am 15.8.1944 im Gefängniskrankenhaus von Torgau zur Welt. Drei Tage zuvor war Gottliebe wegen der Flucht ihres Mannes in Haft genommen worden.[335] Nach etwa einer Woche kam Gottliebe Gräfin von Lehndorff wieder frei.

Doch wenig später, am 25.8.1944, ließ Hitler an allen insgesamt 46 Kindern der Beteiligten des 20. Juli die Sippenhaft vollziehen, darunter auch an den drei älteren Töchtern Lehndorff. Sie wurden in ein NS-Kinderheim nach Bad Sachsa im Harz gebracht. Dort erkrankten Nona, die Älteste, und die noch nicht zweijährige Gabriele an Typhus.[336] Mehr als drei Monate lang wurden die Kinder ihren Familien entzogen. Doch schließlich durften sie doch zurück zu Gottliebe, die inzwischen bei ihrer Mutter in der Uckermark untergekommen war.

Auch Heinrichs Eltern und weitere Verwandte befanden sich am Tage des Urteils und seiner Hinrichtung in Sippenhaft. Sein Vater und seine Mutter waren im Gefängnis in Königsberg, auch seine Schwester Karin befand sich dort. »Erst Wochen später, am 1.10.1944 wurden zunächst die Mutter und die Schwester, dann, am 25.10.1944, der Vater wieder entlassen.«[337]

---

334 Vollmer: Doppelleben, a.a., O., S. 270.

335 Zu den familienbiografischen Daten von Heinrich und Gottliebe von Lehndorff, ebd.

336 Rohwer, Lehndorff, Veruschka, mein Leben, a.a.O., S. 40.

337 Vgl. Vollmer, Doppelleben, a.a.O., S. 334; allerdings schreibt Vollmer irrtümlich, seine Schwester Sissi sei in Skandau inhaftiert gewesen, das hat Tatjana Gräfin Dönhoff, Enkeltochter der Schwester Karin (Sissi), auf Nachfrage d. Verf. berichtigt. Sie ergänzte, in Skandau habe es kein Gefängnis gegeben.

Gottliebe Gräfin von Lehndorff und ihre Kinder erreichen den Fichtenhof

Die näher rückende Sowjetarmee versetzte die Menschen überall in Todesangst und verursachte chaotische Fluchtbewegungen. Sie veranlasste auch Gottliebe, mit ihren Töchtern vom mütterlichen Gut Conow in der Uckermark zu weichen. In Berlin erreichten sie einen Zug, der sie zunächst nach Hamburg bringen sollte. Während der Fahrt überstanden sie einen Luftangriff.

Vera Gräfin von Lehndorff erinnert sich: »*Nach der Zeit in Bad Sachsa und dem Zwischenaufenthalt bei meinen Großeltern in der Uckermark wollten wir zu Lexi auf den Fichtenhof. Wir fuhren in einem übervollen Zug mit Kinderwagen und Gepäck von Berlin aus in Richtung Hamburg. Auf dem Bahnsteig eng zusammen gequetscht in einer Masse Menschen, drängten wir uns in den Zug. Kurz nachdem dieser aus Berlin rausgefahren war, hielt er an. Alle mussten raus – Fliegeralarm. Wir und alle anderen flüchteten über ein Feld von Eisenbahnschienen zum Waldrand, dabei mussten wir unter den stehenden Zügen durch kriechen und da bin ich dann verloren gegangen. Ich bin unter den Zug geraten und war plötzlich alleine. Meine Mutter und die Geschwister, die anderen vielen Menschen, sie alle waren auf einmal weg und ich war alleine.Seltsamerweise hatte ich keine Angst, sondern ein Gefühl, dass ich beschützt war. Sie haben mich dann wiedergefunden und wir erreichten den Waldrand. Von dort aus erlebte ich den Bombenangriff als ein aufregendes Erlebnis. Die Klarheit des blauen Himmels, die herunterfallenden Bomben, die im Sonnenlicht reflektierten wie glitzerndes Silberpapier das langsam zu Boden segelte. Ich habe staunend in den glitzernd, flimmernden Himmel geschaut, als würde sich gerade ein Wunder vor meinen Augen abspielen – dazu der dunkle brummende Sound der Geschwader bombardierender Flugzeuge … Ich wusste ja noch nicht das dieses, für mich wunderbare Spektakel, eine tödliche Gefahr bedeutete. Am Waldrand zur gleichen Zeit gab es noch das Erlebnis mit einer Frau. Sie lag auf dem Boden ganz und gar bedeckt mit einem Tierfell – Leopard oder Tiger. Ich sah ein großes tierähnliches Wesen auf der Erde liegen, dass sich schüttelte und schrie. Die Frau war in ihrer Verzweiflung total ausgeflippt, schrie und weinte. Ich denke, es war das erste Mal in meinem Leben, das ich Schmerz und Leid eines, für mich Tier/Mensch-Wesens miterlebte. Ich hab da immer hingestarrt, es war für mich ein Tier mit menschlicher*

Frauenstimme. Ich sah kein Gesicht nichts Menschliches, nur dieses Auf- und Absinken des Tierfells.«[338]

Äußerlich heil traf die Familie auf dem Fichtenhof ein und fand das große Haus mit noch viel freiem Wohnraum vor. Gottliebe und die Kinder bezogen die gesamte dem Garten abgewandte Längsseite des Obergeschosses.[339] Es waren die Räume, die Ursula und Franziskus von Plettenberg ein Jahr zuvor eingerichtet und bis zu ihrem Untertauchen bewohnt hatten.

Das Jahr 1945 war zu dieser Zeit erst wenige Wochen alt. Es sollte in Deutschland noch viel Not und Tod bringen, denn immer noch beherrschten die Nazis das Land, und der Krieg war noch lange nicht vorbei. Vera Gräfin von Lehndorff erinnert sich an die Atmosphäre nach ihrer Ankunft, die noch vom Krieg geprägt war: *»Nach unserer Ankunft auf dem Fichtenhof verspürte ich des öfteren sehr stark, dass bei den Erwachsenen so etwas wie Verzweiflung herrschte. Der Krieg war noch nicht zu Ende und die Stimmung war zuweilen bedrückend düster. Besonders, wenn es auf den Abend zuging, hat man das gespürt. Wenn von den Erwachsenen plötzlich jemand in Tränen ausbrach und die Kinder aus dem Zimmer geschickt wurden. Es gab immer noch Bombenangriffe mit Sirenengeheul und alle mussten sofort in den Keller. Es ist keine Bombe in den Garten, den Wald oder auf das Haus gefallen. Aber die Angst war bei den Menschen allgegenwärtig.*

Ich selbst fühlte mich seit der Verhaftung meines Vaters und dem Verlassen Steinorts irgendwie immer ›unter Wasser‹. Diese ganz tiefen Erinnerungen konnten nicht verdrängt werden, schon gar nicht von einem Kind.«[340]

---

338 Interview mit Vera Gräfin von Lehndorff am 29. 12. 2015

339 Nach der Erinnerung von Peter Schmidt, dem Sohn von Roloffs Chauffeur.

340 Interview mit Vera Gräfin von Lehndorff am 29. 12. 2015

Die Großeltern Lehndorff und Baroness von der Ropp erreichen den Fichtenhof

Ende März 1945 trafen dann Lexis Tante, Harriet Gräfin von Lehndorff, geborene Gräfin von Einsiedel[341] und ihr Mann, Manfred Graf von Lehndorff[342] auf dem Fichtenhof ein. Es waren die Schwiegereltern von Gottliebe. Auch Margaretha Baroness von der Ropp, die deutschbaltische Inspektorin (Verwalterin) eines der vier großen ostpreußischen Güter Manfred Graf von Lehndorffs, traf in den letzten Märztagen 1945 in Bremen ein. Sie war mit Manfred Graf von Lehndorff und seiner Ehefrau Harriet wie eine Familienangehörige verbunden.[343]

Die drei hatten ganz unterschiedliche Fluchtwege zurückgelegt.

Harriet Gräfin von Lehndorff, genannt Nita, war rechtzeitig vor dem Inferno des Kriegsendes zu Verwandten nach Bayern gereist.[344] Offenbar gab es eine Verabredung, sich im Falle einer Flucht auf dem Fichtenhof zu treffen. Im März 1945 war sie bereits hierher zu ihrer Schwester (Oma Alvensleben), gezogen.

Manfred Graf von Lehndorff hatte sich von Pillau aus mit einem Schiff nach Dänemark gerettet. Offenbar gelang es ihm in Pillau, mit Jaromir, dem Lieblingspferd seines hingerichteten Sohnes Heinrich, auf ein Schiff zu kommen. Als er über Dänemark schließlich in Bremen ankam, hatte er ihn nicht mehr bei sich. Ein Foto des Pferdes konnte im Nachlass der Baroness von der Ropp gefunden werden. Auf der Bildrückseite ist vermerkt: Jaromir – Auf dem Treck Pillau-Dänemark verschwunden.

Margaretha von der Ropp hatte die Flucht zusammen mit Manfred Graf von Lehndorff am 29.1.1945 um 3.30 Uhr begonnen. Datum und Uhrzeit sind

---

341 Harriet Sabine Karoline Lehndorff, geb. von Einsiedel, * 11.10.1886 in Lippitsch, † 26.7.1974. Lexis Tante Harriet hatte durch die Ehe mit Manfred Graf von Lehndorff (Preyl) eine familiäre Verbindung in den ostpreußischen Adel hergestellt, über die sich nun auch für dessen Familie eine Zuflucht auf dem Fichtenhof ergab.

342 Manfred Graf von Lehndorff, * 4.7. 1883, † 23.11.1962.

343 Margaretha Baroness von der Ropp, * 1.3. 1893, † 11.10.1974.

344 Nach der Erinnerung von Wanda Flack, geb. Jaykowski, Unna- Königsborn, ehedem Stubenmädchen bei Margaretha Baroness von der Ropp, am 25.8.2007.

in ihrer Fluchtbeschreibung in Stichworten überliefert. Am 31.1.trafen sie in Pillau ein. In ihrer Fluchtbeschreibung[345] heißt es dazu:

1.–2.2. Pillau, im Lazarett bei einer Litauerin; 2.2.–3.2. Pillau, Marine Fuhrpark; 3.–4.2. auf der Straße bei strömendem Regen, Sturm unter freiem Himmel am Hafen in Pillau; 4.–5.2. Nehrung auf dem Wege westl. Narmeln, dunkle Nacht, strömender Regen unter freiem Himmel im Walde. – u. s. w.

Margaretha von der Ropp hatte sich in Pillau offenbar für den Landweg entschieden. So konnte sie die Pferde und etliche Habseligkeiten auf dem Wagen mitnehmen. Bis Varzin in Hinterpommern, einem Gut der Familie Bismarck, waren mit ihr noch einige namentlich nicht genannte Frauen unterwegs. Weitere Stationen waren Hohenfelde, ein Gut der Familie von der Marwitz, Fürstenau, wo sie 18 Tage lang bei Daisy von Arnim Rast machte und Drosedow, wo sie drei Tage bei der Familie von Mitzlaff unterkam. Ihr Fluchtweg verlief ähnlich dem, den später Angehörige der Familien Lehndorff und Dönhoff nahmen. Die Stationen waren zuvor mit allen Familienmitgliedern (Marion und Dieter Graf Dönhoff, aber auch mit Margaretha von der Ropp etc.) abgesprochen worden.[346] Tatjana Gräfin Dönhoff hat später über die Flucht ihres Großvaters Dieter Graf Dönhoff und seiner Schwester Marion Gräfin Dönhoff geschrieben: »So fanden die Ost- und Westpreußen (unterwegs) Unterkunft und Verpflegung. Vor allem diejenigen, … die gute Karten hatten und so die Nebenstrecken benutzen konnten. … Sie (die Adeligen) konnten auf einen großen Bekannten- und Verwandtenkreis im Westen Deutschlands bauen. Viele waren Pferdezüchter, die sich untereinander kannten … Man hatte sich auch bei Verwandten (oftmals Offiziere der Wehrmacht) vorausschauend militärische Messtischblätter besorgt, auf denen jeder Weg und jeder Weiher eingezeichnet war.«[347]

Baroness von der Ropp wusste, dass der Fichtenhof in Bremen-Schönebeck ihr Ziel war. Für den Weg dorthin benötigte sie allerdings 30 Tage, zuzüglich einer 18-tägigen Pause in Fürstenau und einer dreitägigen Rast in Drosedow. In ihrer Fluchtbeschreibung heißt es zum Schluss: »*22.–23.3.*

345 Der Verfasser dankt Hanno Schaper, dem Sohn der langjährigen Freundin der Baroness von der Ropp, für die Überlassung einiger Erinnerungsstücke der Baroness, die im Nachlass seiner Mutter Lissy Schaper vorgefunden wurden, darunter zahlreiche Fotos sowie die von ihr selbst erstellte Beschreibung des Fluchtverlaufs.

346 Aus der E-Mailkorrespondenz mit Tatjana Gräfin Dönhoff vom 1.3.2015.

347 Tatjana Gräfin Dönhoff: Weit ist der Weg nach Westen, a.a.O., S.194.

Rotenburg/ Ottersberg/ Oyten/ bei Gastwirtin Mindermann; 23.3. über den Deich/ Lesum/ Fichtenhof zu Roloffs/ Alvensleben. Auf dem Deich schweren Luftangriff auf Bremen miterlebt. Der Dom erhielt Bombentreffer. 16 Uhr zum Kaffee Endstation Fichtenhof, Br.-Schönebeck, Wiedersehen mit Nita, Mausi u. den Kindern.«

Margaretha Baroness von der Ropp 1937, Fotostudio Max Gabriel, Königsberg Pr. Steindamm

Unterwegs hatte sie alle Schrecken des Fluchtinfernos erlebt und gesehen. Die Lehndorff'schen Pferde hielten den extremen Anforderungen nicht stand und ließen ihr Leben. Mit einem/r Redakteur/in der im Jahre 1946 neu gegründeten Zeitung Die Botschaft, einer Wochenzeitung der Evangelischen Kirche in Niedersachsen, sprach sie später einmal über all ihre Verluste. Er/sie schrieb daraufhin über ihre Ankunft in Bremen: »Als sie 1945 in der norddeutschen Stadt ankam, war sie von allem äußeren Besitz gelöst; auch die Pferde waren draufgegangen. Da aber Gespanne in dieser Zeit nötig geworden waren, ging sie zu einem Mann, der noch zwei Pferde besaß.«[348] Wenn die Baroness später von ihren Fluchterlebnissen erzählte, ließ das Gehörte ihre Zuhörer regelmäßig erschaudern.

348 Es kann mit einer gewissen Wahrscheinlichkeit vermutet werden, dass es sich bei diesem Mann um eine schon zuvor mit der Lehndorff-Familie bekannte Person handelt. Leider ist auf dem aus dem Nachlass der Baroness übernommenen Zeitungsausschnitt der Botschaft lediglich der Zeitungstitel, aber nicht das Erscheinungsdatum vermerkt.

Die Ankunft der Baroness von der Ropp beeindruckt den damals neunjährigen Michael Roloff:[349]

»Ich höre Wagenräder quietschen und dann gedämpft den Schritt von Pferdehufen drüben am anderen Ende des Sees. Gedämpft durch die Entfernung. Ich höre sie jetzt, obwohl es 70 Jahre her ist. … Quietschende Wagenräder in ihrer typischen hölzernen Art, der Ton scheint den Schmerz des angestrengten Holzes wider zu spiegeln. Ein Geräusch, das mir nicht fremd war in jenen Tagen, ein eingeborenes Geräusch. Geräusche typisch für die ländliche Gegend, in der ich aufwuchs, in der Pferde üblich waren als Zugtiere statt Traktoren.

Doch etwas war anders. Ich hörte mehrere Pferde vor dem Wagen und das konnte also nicht unser Wagen sein, nicht Lisa unser Zugpferd, und es klang wie mehrere Wagen.

Ich drehte mich zurück zu meiner Arbeit am Hackblock, bis es unmöglich wurde, die Geräusche zu überhören, dass mehrere Wagen und Pferde nicht am Hof bei Klinners Haus angehalten hatten, sondern weiter zum Haupthaus fuhren.

Ich drehte mich um und sah in die Richtung der Stelle, wo der Wald endete und die Allee mit den Kastanienbäumen begann: zwei Zugpferde nebeneinander vor einem Wagen, einem bedecktem Wagen, kamen die Allee herauf.

Starke, mächtige Pferde, Wagenpferde! Ein Wagen, der mit Plane bedeckt war! Oder vermische ich meine Erinnerung mit den Western Wagen aus amerikanischen Filmen? Ich bin mir plötzlich nicht mehr sicher in meiner Erinnerungswelt …

Und dann, ich gehe näher heran, dann sehe ich, was meine Augen kaum glauben können: Auf dem Kutschbock sitzt eine mächtige, schwarz bemantelte Figur, ein Fass, eingewickelt in ein blaues oder schwarzes Tuch, ich riet aus Wolle, bis hinunter zu den Füßen.

Ein großartiger Mantel! … Ein riesiges Fass mit einer Baskenmütze!

Die Figur ist nicht auszumachen, weder männlich noch weiblich, jedenfalls nicht aus der Entfernung von rund zehn Metern, die ich entfernt stand.

Ich war fasziniert und erschüttert, fast desorientiert. Die Kreatur auf dem Kutschbock musste sein, war, menschlich. Dessen war ich mir sicher. Aber es schien eine andere Art Mensch zu sein, als ich es bisher kannte. Sie schien auch nicht aus einer meiner

349 Aus der E-Mailkorrespondenz mit Michael Roloff im Februar 2015.

Sagen oder Märchen zu stammen, die ich gelesen hatte, als der Wagen an mir vorbei in das Rondell vor dem Haus einbog. Das Geschlecht des Fasses blieb obskur …

Es war: Die Röppin!

Das Präfix identifizierte sie als weiblich. Ein merkwürdiger Name. Mehr eine Rassebezeichnung, wie die Gans, oder die Lippizaner …

Von einem Fluss, der Raup(ena), stammt der Name. Ein kleiner Fluss in Livland/Litauen im Osten des Baltikums. Irgendwer im 12 Jh. hatte sich den Namen als Familiennamen gewählt, eine Familie, die an den Kreuzzügen teilgenommen hatte, und nun erscheint eine aus dieser formidablen Familie, die etwas von Pferden und Wagen verstand, auf dem Fichtenhof. Und würde man es für möglich halten, sie war eine Baroness, die Baroness von Ropp!

Sie wurde nicht Baroness von Ropp genannt sondern einfach nur ›die Röppin‹. Und die fuhr mit ihrer Kutsche und elegantem Schwung vor dem Haus vor.

Hätte man mir damals erzählt, die Erscheinung auf dem Kutschbock sei eine Baroness, hätte ich laut gelacht. Oder ich wäre perplex gewesen. Jung wie ich damals war, wusste ich, dass meine Großmutter, eine delikate, zarte Frau, eine Baroness war. Ich hatte einige andere Baronessen getroffen und so eine gewisse Vorstellung von dem, was eine Baroness war: wohl erzogen, gut angezogen, gute Manieren, vielleicht ein wenig zart, wie Porzellan. Alles, aber jedenfalls kein Schlachtross! Ich musste meine Interpretation dieser Kategorie erweitern. Aber noch heute muss ich lachen, wenn ich an die Röppin als Baroness denke. Das zeigt aber nur, wie begrenzt mein Horizont und meine Erfahrungen damals waren. Denn, wenn man vor einer anrückenden Armee fliehen muss, kann man sich nur glücklich schätzen, hat man eine Röppin als Kutscher.

Brecht, hätte er jemals einen Blick auf die Röppin gelegt, dann hätte er eine anständige Bezahlung geboten, damit sie seiner Truppe beitritt.

Die Röppin war stämmig nicht fett, sie war eine harte Arbeiterin, die ihr Gewicht auf einem stämmigen Rahmen trug. Sie hätte eine fabelhafte Mutter Courage gegeben. Wenn Du ein schlaues Pferd warst, dann fürchtetest Du die Reichweite ihrer Peitsche«.

Die Ankömmlinge meldeten sich sogleich als Zugezogene beim Einwohnermeldeamt in Bremen an und verstärkten auf dem Fichtenhof adlige Gepflogenheiten des Miteinanders, waren sie doch in solchen Umgangsformen und Wertmaßstäben aufgewachsen. In der Zeit des Zusammenbruchs waren jetzt aber in erster Linie ihre Stärke und ihre Haltung gegenüber der verbrecherischen und menschenvernichtenden NS-Diktatur und deren Auswirkungen gefordert.

Eskalation – Zusammenbruch – Davongekommen

Lexi Roloff und Charlotte Pommer werden verhaftet

Im Gefängnis Lehrter Straße wurde weiter verhört und gefoltert. Am 19.1.1945 glaubte die Gestapo, Lexi die vermuteten Bestechungen und anderes nachweisen und sie wegen dieser Taten aus dem Verkehr ziehen zu können. Sie wurde für nachmittags in das Polizeipräsidium bestellt. Dort wurde ihr ein Haftbefehl verkündet. Doch noch einmal gelang es ihr, den Kopf aus der Schlinge zu ziehen. Nach stundenlanger Vernehmung, es war schon nach Mitternacht, wurde der Haftbefehl zerrissen.[350]

Allerdings war es Lexi zunehmend schwerer geworden, die Bestechungsgüter für die SD-Beamten in der Lehrter Straße zu beschaffen. Pommer erinnert sich an eine gemeinsame Tour bis in das weit außerhalb Berlins gelegene Saarow. Hier sollte es ein von den Bewohnern wegen der heranrückenden Front verlassenes Haus geben. In der Nacht machten sie sich auf den Weg dorthin. Zehn Flaschen Wein, Honig, Gänseleberpastete und ein rasches Abendessen in ungewohnter Völlerei waren die Ausbeute des nächtlichen Beutezuges per Bahn und zu Fuß. Die eingesammelten Lebensmittel wurden von den ausgehungerten und entkräfteten Frauen in Rucksäcken und Taschen zurückgeschafft.[351]

Ende Februar/Anfang März 1945 konnte Lexi in ihrer körperlich geschwächten Verfassung, sie wog bei 173 cm Körpergröße nur noch 49 kg,[352] einer grassierenden Grippewelle schließlich keine Widerstandskraft mehr entgegensetzen. Sie

350 Orth, Gestapo im OP, a.a.O., S. 67.
351 Ebd., S. 72.
352 Ebd., S. 83.

erkrankte so schwer, dass sie einer intensivmedizinischen Behandlung bedurfte. Charlotte Pommer gelang es, sie dafür im Polizeikrankenhaus aufzunehmen.

Als sie wieder nach Hause entlassen werden sollte, entdeckte die Freundin, dass Lexis Wohnung durchsucht worden war. Eine als vertrauenswürdig angesehene Frau Land, hatte ihr Wissen um eine von Lexi geplante Fluchthilfe für Hans Bernd Gisevius der Gestapo offenbart und damit die Durchsuchung ausgelöst.

Hans Bernd Gisevius gehörte laut Aussage von Eduard Waetjen schon seit Vorkriegszeiten zum Bekanntenkreis von Roloff. Zusammen mit Hans Oster war er an den Staatsstreichplänen von 1938 führend beteiligt gewesen und gehörte sicherlich auch zu denjenigen, die von Roloff Unterstützung bei den Friedensbemühungen in England erbeten hatten. Von 1940 bis 1944 gehörte er zur Dienststelle von Admiral Canaris und war dort Abwehrbeauftragter beim deutschen Generalkonsulat in Zürich. Kurz vor dem 20. Juli 1944 hielt er sich für den Staatsstreich in Berlin bereit. Nach dem Fehlschlag versteckte er sich in der Reichshauptstadt.[353] Lexi und Pommer bemühten sich um die Unterstützung seiner Flucht in die Schweiz, die ihm im Januar 1945 gelang.

Nach der Entdeckung der Hausdurchsuchung wurde Lexi und Pommer bewusst, dass ihre Verhaftung bevorstand. Pommer konnte diese Nachricht noch an Wilhelm Roloff weitergeben. Beide Frauen sprachen sich über ihr Verhalten während der bevorstehenden Vernehmungen ab. Lexi wollte die alleinige Verantwortung auf sich nehmen. Dr. Pommer sollte sich anschließend um ihren Mann kümmern.

Am 10.3.1945 wurden beide festgenommen. Pommer schreibt darüber: *»Zu dieser Verhaftung kam es Anfang 1945, nachdem Frau ROLOFF nicht nur in der beschriebenen Weise ihrem Manne geholfen hatte, sondern auch weiteren Verschworenen … Insbesondere aber setzte sie sich für Dr. GISEVIUS ein. Anlass für die Verhaftung war eine Hilfsaktion von Frau ROLOFF für GISEVIUS, der bekanntlich bis zum Januar 1945 in Berlin blieb. Frau ROLOFF wurde im Februar gemeldet, dass er noch immer in Berlin war; infolgedessen leitete sie eine Hilfsaktion ein, um GISEVIUS in die Schweiz zu befördern. Einerseits sollte dadurch erreicht werden, dass GISEVIUS selbst vor der GESTAPO und dem sicheren Verderben gerettet und andererseits eine weitere Belastung ihres Mannes, die sich aus der Verhaftung von GISEVIUS mit Sicherheit ergab, vermieden werden. Um GISEVIUS die Flucht in die Schweiz zu ermöglichen, gab Frau ROLOFF seiner*

353 Aus: Fest, Joachim, Staatsstreich, a.a.O., S. 384f.

angeblichen Helfershelferin, einer Frau LAND, gefälschte Papiere, einen Revolver nebst Munition, eine Rote-Kreuz-Tracht, Augenbinden, um GISEVIUS zu tarnen, Krankenpapiere, Ärztliche Bescheinigungen, Geld, Lebensmittel usw. Es stellte sich nach der Verhaftung jedoch heraus, dass die angebliche Helferin von GISEVIUS ein agent-provocateur der GESTAPO war, der sich geschickterweise in den Freundeskreis von Frau ROLOFF eingeschlichen hatte. Alle oben genannten Gegenstände wurden Frau ROLOFF als Corpora Delicti vorgeführt. Ich wurde mit Frau ROLOFF zusammen verhaftet, da ich ihr auch meinerseits bei der Beschaffung der erwähnten Gegenstände für GISEVIUS weitgehend geholfen hatte. Aus meinen Verhören bei der GESTAPO ergab sich, dass Frau ROLOFF Folgendes vorgeworfen wurde:
- *Ununterbrochene Hilfe für ihren Mann und andere Verschworenen des 20.7.1944.*
- *Jahrelange Bekanntschaft und gesellschaftlicher Verkehr mit einem grossen Teil der führenden Verschwörer.*
- *Oben ausgeführte Hilfsaktion für GISEVIUS.«*[354]

Die erste Vernehmung der beiden Frauen führte Wilhelm Bock, Berliner Gestapo-Chef, selbst durch. Lexi wurde bis weit nach Mitternacht vernommen.[355] Ihrem Sohn Michael hat sie später berichtet, ihr seien bei dieser Vernehmung die für Gisevius beschaffte Waffe und die Flucht-Ausweise gezeigt worden. Bock habe erwartet, sie würde sich angesichts dieser »Beweise« für überführt erklären. Stattdessen habe sie in ihrer Verwegenheit aber das Gegenteil getan und behauptet, im Auftrage der Gestapo gehandelt zu haben. Auf die Nachfrage, für welche Dienststelle der Gestapo dies geschehen sei, habe sie erklärt: Für Prag, wohlwissend, dass Prag kurz zuvor in die Hände der Sowjets gefallen und diese Dienststelle daher für Nachfragen nicht mehr erreichbar war. Wie denn ihr Codename laute, sei dann nachgefragt worden. Lexi habe sich in dem Augenblick daran erinnert, dass sie in letzter Zeit vielfach Hunger verspürt habe und habe daher, um einer Antwort willen, den Namen des damals bekannten Berliner Pumpernickelbrotes Caro genannt. Diese Angaben seien für ihren Vernehmer nicht zu widerlegen gewesen.[356] Die beiden Frauen wurden danach in

354 Eidesstattliche Versicherung von Charlotte Pommer vom 25.8.1946 in der Wiedergutmachungsakte Wilhelm Roloff, 4,54E – 2509, Staatsarchiv Bremen.

355 Orth, Gestapo im OP, a.a.O., S. 87.

356 Aus der E-Mailkorrespondenz mit Michael Roloff vom 15.11.2014.

zwei verschiedene Gefängnisse verlegt. Lexi kam in das Gefängnis Oranienburger Straße 31, einer berüchtigten Haftanstalt, in der ihr eine Gemeinschaftszelle mit Prostituierten zugewiesen wurde.[357] Pommer kam in das Transportgefängnis Große Hamburger Straße.

Am 18.3.1945 erregte Lexi das allergrößte Mitleid ihrer Zellengefährtinnen, weil sie zur Erpressung einer Aussage »in den Bunker gesperrt wurde«. Pommer beschreibt die Wirkung dieser »Stehbunker« aus medizinischer Sicht, die auch die Sichtweise der Vernehmer war: *»Zusammenbrechen im Stehbunker, einem Gehäuse, das zu niedrig zum Stehen und zu schmal, um darin zu sitzen, das nennt man, fein medizinisch ausgedrückt, ›orthostatischen Kollaps‹ ... und die Zeugnisse der Wachtmeisterinnen der SS ... lassen erkennen, dass sie Mühe hatten, Dich wieder herauszubekommen aus dem Kollaps und aus Dir herauszubekommen, was Dich belasten konnte, während Du gerade wieder in die Bewußtseinspäre zurückkehrtest.«*[358] Das Bemühen der Vernehmer nach dem Kollaps hatte also nicht die Aufrechterhaltung der Gesundheit der Gefangenen zum Ziel, sondern sollte diesen das bis dahin erfolgreich zurückgehaltene Wissen in der Kollapsphase entlocken.

Das Ende der Nazi-Herrschaft begann sich abzuzeichnen. Bürokräfte der Gefängnisverwaltung fürchteten, den näher rückenden Sowjets in die Hände zu fallen, und setzten sich ab. Eine Hilfskraft mit Schreibmaschinen-Kenntnissen für die Gefängnisverwaltung wurde ausgerechnet unter den Gefangenen gesucht. Die Wahl fiel auf Charlotte Pommer, die zur Lagersekretärin im Transportgefängnis Hamburger Straße berufen wurde, wo sie gleichzeitig weiterhin Gefangene war. Nachts war sie in der Einzelzelle, doch tagsüber hatte sie als Vorzimmerdame des Lagerführers Zugang zu Karteikarten von 18.000 Häftlingen in den NS-Lagern.[359] So erfuhr sie auch Lexis weiteres Schicksal, die zermürbt werden sollte, indem sie neben dem Stehbunker zu stehen hatte, während andere darin ausgepeitscht wurden. Auch musste Lexi den Gestapoleuten die Wäsche waschen und bügeln und bekam sie anschließend um die Ohren gehauen.

357 Orth, Gestapo im OP, a.a.O., S. 91f.

358 Ebd., S. 99f. – Offenbar konnten den Gefangenen in der Phase des Aufwachens aus der Bewusstlosigkeit erfolgreich Aussagen abgerungen werden.

359 Ebd., S. 101f.

Freiheit auch für Wilhelm Roloff

Am 9.4.1944 passierte der Gestapo dann allerdings ein Versehen. In den Wirren der kriegsbedingten Verlegungen kam es dazu, dass Lexi ausgerechnet zu Charlotte Pommer ins Transportgefängnis Große Hamburger Straße verlegt wurde. Endlich konnten sich beide über ihre Verhöre austauschen.

Der weitere Vormarsch der Roten Armee brachte die NS-Strukturen schließlich endgültig zum Wanken. Am 18. und 19. April hatte Pommer noch die Verlegung Hunderter Gefangener in das KZ Sachsenhausen zwecks dortiger Erschießung zu bearbeiten,[360] andere wurden in die Freiheit entlassen. Doch auf diesen Listen waren die Namen von Lexi und Pommer nicht verzeichnet. Im Durcheinander dieser letzten Tage schrieb Pommer dann Entlassungsscheine für sich, Lexi und zwei weitere Gefangene, die vom Lagerleiter unterschrieben wurden. Aufgrund des Umgangs mit den beiden Frauen war diesem offenbar bewusst geworden, dass es für ihn nach einer Niederlage Deutschlands vorteilhaft sein könnte, etwas Menschlichkeit gezeigt zu haben. Mit dem Entlassungsschein konnten alle vier am 21. April entkommen. Lexi und Pommer gingen zunächst zurück ins Staatskrankenhaus Lehrter Straße. Pommer meldete sich dort zum Dienst zurück.

Mehr als ein Jahr nach Kriegsende war Charlotte Pommer von Wilhelm Roloff im Verfahren zur Wiedergutmachung erlittenen NS-Unrechts gebeten worden, die Ereignisse um Lexis Haft zu dokumentieren. Sie entsprach der Bitte und beschrieb diese im August 1946 wie folgt: »*Da Frau ROLOFF es in unerhört geschickter Weise verstand, ihre Aussagen so zu komplizieren, dass die GESTAPO sie nicht sofort überführen konnte, verzögerte sich das Verfahren von Frau ROLOFF derart, dass wir uns noch Ende April 1945 in dem bekannten Gefängnis der GESTAPO Große Hamburgerstr. befanden. Aus diesem Gefängnis wurden wir erst … bei Näherrücken der Roten Armee ohne Genehmigung des RSHA … entlassen. Ich bemerke noch, dass Frau ROLOFF während der Haft unter besonders abscheulichen Bedingungen eingekerkert war, durch Einsperrung in die bekannten Dunkelzellen mit Kostentzug bei Tag und Nacht angesetzten Verhören und durch erniedrigende Arbeiten gequält wurde. Es unterliegt keinem Zweifel, dass das Leben von Frau ROLOFF nur dem Umstande zu verdanken ist, dass ihr Verfahren noch nicht vor den Volksgerichtshof gebracht*

360 Ebd., S. 107.

war, als die Russen Berlin eroberten und die GESTAPO die Gefängnisse aus Angst vor der Roten Armee öffnete, um sich selbst in Sicherheit zu bringen.«[361]

In der Nacht zum 25. April wurde Pommer im Staatskrankenhaus von Roloff angerufen, er sei entlassen worden und befinde sich in Charlottenburg.[362] Die Erklärung, warum Roloffs bereits am 22. April erfolgte Entlassung möglich geworden war, konnte bisher nicht herausgefunden werden. Zusammen mit 21 weiteren Gefangenen hatte er das Zellengefängnis abends gegen 21 Uhr verlassen können.[363]

15 andere Gefangene wurden in derselben Nacht durch Kopfschuss ermordet. Zwei Nächte später wurden nochmals weitere drei Insassen liquidiert. Generalstaatsanwalt Kurt-Walter Hanssen und Gestapochef SS-Gruppenführer Heinrich Müller hatten die Weisung erteilt, die »asozialen und staatspolitisch gefährlichen Gefangenen ... der Polizei zur Beseitigung zu überstellen oder, wenn dies nicht möglich, durch Erschießen unschädlich zu machen ...«[364] Die Umsetzung dieser Weisung wurde im Zellengefängnis Lehrter Straße 3 durch SS-Sturmbannführer Kurt Stawizki organisiert. Dem Hinrichtungsbefehl fielen unter anderem der Diplomat Albrecht Graf von Bernstorff, der Geograf Albrecht Haushofer, der Chefsyndikus der Deutschen Lufthansa, Klaus Bonhoeffer und Otto Hübener zum Opfer. Hübener war Roloff näher verbunden, war er doch vor Kriegsausbruch Teilnehmer des Gesprächskreises gewesen, der sich auf dem Fichtenhof gelegentlich zur politischen Beratung getroffen hatte.[365]

Die letzten 19 Gefangenen des Gefängnisses überlebten und wurden am 25. April in die Freiheit entlassen.[366]

Pommer ist der Meinung, die lebensrettende Entlassung Roloffs sei eine Gegenleistung des Wachpersonals für Lexis vorangegangene monatelange »Erfüllung der Wünsche der Wachhabenden« durch Lexi gewesen.[367] Diese Annahme könnte zutreffend sein. Lexis Persönlichkeit und die Bewunderung

---

361 Eidesstattliche Versicherung von Charlotte Pommer vom 25.8.1946 in der Wiedergutmachungsakte Wilhelm Roloff, 4,54E – 2509, Staatsarchiv Bremen.

362 Orth, Gestapo im OP. S. 114, – laut Fußnote 208 gibt es keine Belege für die gelegentlich behauptete Zahlung eines Millionenbetrages seitens des angeblich persönlich erschienen Karl Blessing, um durch diese Bestechung Roloffs Entlassung zu bewirken.

363 Tuchel, »und ihrer aller wartete der Strick«, a.a.O., S. 197.

364 Behrens, Sperl, Tuchel, Von allem Leid ..., a.a.O., S. 55.

365 Ebd.

366 Tuchel, »und ihrer aller wartete der Strick«, a.a.O., S. 353.

367 Orth, Gestapo im OP, a.a.O., S. 217.

der Nutznießer ihrer Gaben können den Ausschlag gegeben haben, dass Wilhelm Roloff unmittelbar vor den Liquidierungen der Mitgefangenen entlassen wurde.

Pommer hat sich in ihrem Text Aerogramm an Lexi im Elysium an das nächtliche Wiedersehen der Eheleute wie folgt erinnert: »*William, von top to toe Generaldirektor, war selig, dich wiederzuhaben. Du warst zum Skelett abgemagert, still und erschöpft an seiner Seite. Es war sehr schön, Euch zusammen zu sehen.*«[368]

Die Eroberung Berlins durch die Russen brachte erneut Situationen der Todesgefahr mit sich. Eine in ihrer unmittelbaren Nähe explodierende Granate und die glückliche Verhinderung einer standrechtlichen Erschießung Roloffs durch sowjetische Soldaten waren die letzten gemeinsamen Erlebnisse der Eheleute Roloff und Charlotte Pommer.[369] Anfang Mai 1945 trennten sich ihre Wege.[370] Sie blieben aber miteinander in Verbindung und 1947 wechselten sowohl Wilhelm Roloff als auch Charlotte Pommer aus beruflichen Gründen nach Äthiopien.

Charlotte Pommer »Aerogramm an Lexi«

Pommer muss von Lexis Persönlichkeit tief beeindruckt gewesen sein. Sie erkannte bei ihr insbesondere wohlkalkulierte Unerschrockenheit, schnelle Intelligenz, Charme, Humor und Selbstlosigkeit. Ihre Eindrücke und Erinnerungen an die Freundin hat sie unter dem Titel Aerogramm an Lexi im Elysium dokumentiert. Die Widmung der Schrift an die Freundin endet in dem Satz: »*Aus dieser schlimmen Zeit, die ein chronischer Ausnahmezustand war, kenne ich keine Frau, die um das Leben ihrer nächsten Angehörigen mit so viel Selbstlosigkeit, Einfallsreichtum, Intelligenz unter Einsatz des eigenen Lebens so ausdauernd gekämpft und dadurch am Ende so viel erreicht hat ...*«

368 Orth, Gestapo im OP, a.a.O., S. 114.

369 Bei zahlreichen Mitgefangenen, die zusammen mit Roloff oder danach entlassen wurden, verliefen die Begegnungen mit den einmarschierenden Soldaten der Sowjetarmee weniger glücklich. Viele fanden unmittelbar den Tod oder wurden nach Sibirien verschleppt, was viele dann nicht überlebten. S. Tuchel, »und ihrer aller wartete der Strick«, a.a.O., S. 274–281.

370 Orth, Gestapo im OP, a.a.O., S. 115–118.

Ein Exemplar des Textes überließ Charlotte Pommer 1980 dem Institut für Zeitgeschichte (IfZ) in München, um *»den Einsatz von Alexandra von Alvensleben festzuhalten und aufzuzeigen, dass mit Mut, Intelligenz, dauernder Einsatzbereitschaft und Stolz und Ehrgefühl doch noch in aussichtsloser Position mitunter etwas erreicht werden kann«.*[371]

An einer Stelle des Textes vergleicht Pommer sich selbst mit dem Bild, das sie von Lexi gewonnen hat: *»Du hingegen hast alles erwogen, auch einen Misserfolg, Dir ein Herz gefasst und dann mit Instinkt und Intuition gewagt und mit hohem Einsatz gespielt. Immer hast Du erst Deine Angst besiegt und gerade dadurch Mut gezeigt, während bei mir vor lauter Verstand die Angst nicht aufkam, aber damit eigentlich auch kein Mut. Deine Erfolge haben Dich immer sicherer gemacht, und Deine Vorhaben wurden immer größer, je mehr Du Dich mit Deinen Gegnern auskanntest. Dein Ziel hattest Du jeden Tag vor Augen. Die Spießigkeit Deiner Verhörer, Deine Analyse ihrer Begrenzung, das Einstellen auf ihre Grenzen, all das hast Du ja jenen, die in ähnlicher Lage waren, beigebracht, sehr zum Nutzen, wie man bei Ch. B(ielenberg) nachlesen kann.«*[372]

Pommers tiefe Verehrung für Lexi kommt in abschließenden, persönlichen Worten zum Ausdruck: *»Lexi, Du hast mir gezeigt, dass man in scheinbar aussichtsloser Position nie aufgeben darf. Es war ein besonders schönes Geschenk, einen Teil Deiner Sorgen zu meinen eigenen machen zu können in einer Zeit, die Du Deine größte nanntest.«*[373]

371 Schreiben von Charlotte Pommer an das IfZ vom 18.2.1981, in: Orth, Gestapo im OP, a.a.O., S. 14, 18. In dem Manuskript sind die Namen der meisten weiteren Gefangenen nicht erkennbar gewesen, da nur die Anfangsbuchstaben ihrer Namen genannt sind. Barbara Orth ist es in einer aufwendigen Recherchearbeit gelungen, diese Anonymisierung aufzuheben und somit der historischen Forschung zugänglich zu machen.

372 Orth, Gestapo im OP, a.a.O., S. 53, 54.

373 Ebd., S. 118.

Rückblende I: Erinnerungen der Kinder

Zeitzeugen des Lebens auf dem Fichtenhof in der 1930er Jahren sind im familiären Umfeld der Beteiligten nicht mehr am Leben.

Auf einen Suchaufruf des Verfassers in der Bremer Presse meldeten sich jedoch die beiden noch lebenden Kinder von Bernhard Schmidt. Er war über viele Jahre der Chauffeur von Wilhelm Roloff gewesen. Diese Stelle hatte er erhalten, nachdem Roloffs Schwiegervater, Werner von Alvensleben, bei dem er zuvor beschäftigt war, ihn nicht mehr bezahlen konnte. Das hatte daran gelegen, dass er nach der Weigerung, den Treueeid auf Hitler zu leisten, weitgehend geächtet war. Wilhelm Roloff konnte erreichen, dass Bernhard Schmidt von der »Nordsee« übernommen und als sein Privatchauffeur entlohnt wurde.

Erinnerungen von Eveline Schwechel[374], geb. Schmidt:

»Meine Brüder Peter, Claus und ich sind die Kinder[375] von Bernhard Franz Schmidt, und Rosalie Schmidt, geb. Schwontek.[376]

---

374 Interview mit Eveline Schwechel vom 30.6.2014.

375 Lebensdaten der Eltern: Vater Bernhard: *26.11.1904 in Falkenberg, Oberschlesien, †27.7.1977 in Bremen; Mutter Rosalia: *4.11.1899 in einem Dorf in der Tucheler Heide/Westpreußen, †10.7.1973 in Bremerhaven.

376 Eveline Schwechel teilte dem Verfasser folgende biografische Vorgeschichte zu ihrer Familie mit: »Unser Vater hatte nach seiner Firmung eine Stellung im Schloß des Grafen Praschma von Bilkau in Falkenberg, Oberschlesien, angenommen und sich dort als Schlossdiener anlernen lassen. Vaters Aufgabe war es, den jungen Grafen Praschma zu bedienen. In seinen späteren Erzählungen aus dieser Zeit kamen besonders seine Erinnerungen an das silberne Tischbesteck mit Griffen aus Meißner Porzellan vor, dem eine besondere Aufmerksamkeit galt. Da unser Vater Interesse an Autos hatte, machte er den Führerschein und ging anschließend als Diener-Chauffeur in den Haushalt eines jüdischen Berliner Rechtsanwalts. Dort traf er unsere Mutter, die bei dem Rechtsanwalt als Hausmädchen in Stellung war. Sie verliebten sich ineinander, heirateten im Jahre 1928 und arbeiteten beide weiter beim Rechtsanwalt. Als erstes Kind wurde ich, Eveline, am 28.1.1930 geboren. Mein Bruder Peter kam am 2.2.1935 zur Welt. Am 10.2.1939 folgte schließlich unser jüngster Bruder Claus. Schon im Jahre 1932 entschloss sich der jüdische Rechtsanwalt, dessen Namen ich leider nicht mehr weiß, Deutschland zu verlassen. Er gab seine Kanzlei auf und unsere Eltern wurden arbeitslos. Schließlich fand unser Vater in Berlin eine neue Anstellung als Chauffeur des Barons von Alvensleben. An die Berliner Zeit habe ich wenig Erinnerungen. Ich weiß aber, dass ich einmal mitfahren durfte, als mein Vater den Baron von Alvensleben zu einem Jagdausflug in das Jagdschloss Brustdorf bei Neustrelitz fuhr. Es war ein kalter Winter und ich saß warm eingehüllt in einem Schlitten.« Eveline Schwechel starb laut Mitteilung ihrer Tochter Katharina am 9.10.2015.

1937 erhielt mein Vater die Anstellung als Fahrer des Generaldirektors Wilhelm Roloff bei der »Nordsee«. Wir zogen von Berlin nach Bremen und wohnten zuerst im Hofmeierhaus auf dem Fichtenhof. Dort war es mir sehr unheimlich, weil die Bäume sehr dicht um das Gebäude standen. Bald zogen wir um in das Haus Else, Vegesacker Heerstraße 34 (jetzt Unter den Linden; das Haus ist später abgerissen worden). Es gehörte Herrn Willmann, dem vorherigen Fahrer des Herrn Roloff. Ihm zahlten meine Eltern monatlich 35,- Reichsmark Miete. Es war für uns hier ein viel besseres Wohnen als in Berlin. Wir Kinder hatten eigene Zimmer. Allerdings gab es kein fließendes Wasser. Eine Pumpe im Keller versorgte uns mit Regenwasser aus einer Zisterne. Trinkwasser mussten wir aus der Nachbarschaft holen.

Sonntags vormittag musste unser Vater regelmäßig zur »Nordsee« nach Wesermünde fahren, um für den Generaldirektor die damals auch sonntags zugestellte Post zu holen. Manchmal fuhren wir Kinder mit dorthin. Es ging nach dem Frühstück los und gegen Mittag waren wir zurück. Das Fahren auf dem Kopfsteinpflaster der Reichsstraße 6 mit ihren vielen Kurven war besonders im Herbst und Winter sowie bei Nebel sehr anspruchsvoll.

Wir hatten von der »Nordsee« einen Telefonanschluss erhalten, weil mein Vater immer bereit sein musste, mit Herrn Roloff loszufahren. Es kam dann ein Anruf: Schmidtchen – fahren!, dann musste sofort losgefahren werden. Seine Aufgabe war aber nicht nur das Fahren. Wenn Gäste auf den Fichtenhof zum Essen kamen, half unser Vater auch beim Servieren.

Einmal fuhr er mit Herrn und Frau Roloff zu den Bayreuther Festspielen. Sie wollten dort eine Aufführung des »Parzival« besuchen. Als Herr Roloff dann aber plötzlich wegen einer wichtigen dienstlichen Sache verhindert war, musste mein Vater mit in die Vorstellung, damit die teure Eintrittskarte nicht verfiel. Frau Roloff war sehr unkonventionell und natürlich, es machte ihr nichts aus, dass sie in großer Garderobe war und mein Vater nur in seiner Chauffeur-Uniform. Mein Vater erzählte anschließend, dass sie großes Aufsehen erregt hatten.

Es waren immer große Autos auf dem Fichtenhof, zuerst ein BMW, dann ein Maibach und schließlich ein Horch. Dann gab es noch ein ›Ford Eifel‹-Cabriolet, mit dem ist unser Vater 1938 mit meinem Bruder und mir zu einem Besuch unserer Großmutter nach Oberschlesien gereist. Wir mussten dann aber früher als geplant zurück, weil es hieß, es gäbe Krieg. Vater hatte Angst, dass das Auto beschlagnahmt werden könnte und dass wir unterwegs kein Benzin bekämen. Daher belud er das Auto mit Benzinkanistern, soviel nur hineinpassten. Wegen der Ausdünstungen fuhren wir mit offenem Dach. Uns begegneten zahlreiche Militärfahrzeuge, wir kamen aber unbehelligt zuhause an.

Direkt nach dem Anschluss Österreichs an Deutschland fuhr mein Vater mit Herrn Roloff nach Wien. Er musste geschäftlich dorthin, um die kaufmännischen Folgen der eingetretenen politischen Veränderungen auf dem österreichischen Absatzmarkt zu organisieren. Nach der Rückkehr erzählte unser Vater, dass die Menschen ihnen Blumensträuße gebracht hätten. Sie hatten am Autokennzeichen erkannt, dass sie aus dem ›Altreich‹ gekommen waren.

Nachdem der Krieg ausgebrochen war, gelang es leider nicht, unseren Vater ›uk‹ zu stellen. Das lag wohl auch daran, dass Herr Roloff schon 1940 nach Berlin gegangen und kaum noch auf dem Fichtenhof war. Unser Vater wurde im gleichen Jahr zur Wehrmacht eingezogen.

Auf dem Fichtenhof gab es viele Bücher. Im Kinderzimmer und bei Frl. Glüsing, Michaels Kinderfrau, waren auch Kinderbücher. Ich durfte mir Bücher zum Lesen herausnehmen, daher weiß ich, dass es auch Titel gab, die in der NS-Zeit nicht erlaubt waren. Ich erinnere mich an Bücher von Erich Kästner. Sein Buch ›Der 35. Mai oder Konrad reitet in die Südsee‹ hat mir besonders gut gefallen. – In der Diele lag öfters eine Ausgabe der SS-Zeitschrift Das schwarze Korps. Als ich einmal in einer interessant aufgemachten Ausgabe blätterte, kam Frl. Glüsing dazu und herrschte mich an, das wäre nichts für mich.

In der Roloff-Familie war nicht der übliche Geist zu spüren, wie er sonst überall anzutreffen war. Das zeigte sich auch an der Frisur von Michael Roloff, an die ich mich erinnere, weil er mit seinen dunklen Haaren einen langhaarigen Bubikopf trug. Alle anderen Jungen hatten einen kurzen HJ-Haarschnitt.

Das große Grundstück des Fichtenhofs war mit einer Hecke wunderschön umgeben. Sie war sehr breit, weil sich die Äste zu den Seiten geneigt und zwischen sich einen Tunnel gebildet hatten. Wir Kinder konnten uns darin von außen unsichtbar bewegen. Das nutzten wir gerne, wenn im Garten Beeren und andere Leckereien zu ernten waren. Die konnten wir so unbemerkt stibitzen. Von den wenigen Erinnerungen, die ich an die Frau Roloff habe, ist mir besonders im Gedächtnis geblieben, dass sie mich einmal bei sehr heißem Wetter mit in den Garten nahm zum Erbsen pflücken. Ich erinnere mich deshalb daran, weil sie mir vorher sorgfältig den Kopf verhüllte, damit mir die Sonne nichts anhaben konnte. Eine solche Vorsicht war mir ungewohnt.

Dem Fichtenhof gegenüber gab es noch ein Feld, das wohl gepachtet war und von Herrn Klinner beackert wurde. Man kann sagen, dass dieser dort eine kleine Landwirtschaft zu versorgen hatte. Es gab zwei Pferde und alle Arten Vieh.

Herr Roloff hatte auch einen Waffenschrank in seinem Arbeitszimmer; manchmal ging er mit einem Gewehr über das Gelände und schoss Tauben und Eichelhäher

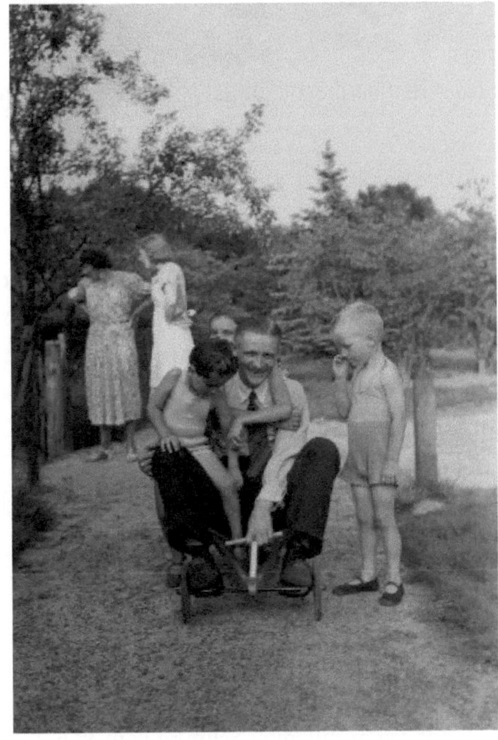

Michael Roloff auf dem Knie von Chauffeur Bernhard Schmidt, rechts Peter Schmidt

Soldat Bernhard Schmidt mit seinen drei Kindern

aus den Bäumen, das war damals nichts Besonderes. Wenn er nach 1940 manchmal auf dem Fichtenhof war, fiel er uns mit seiner Uniform auf.«

Evelines Bruder Peter ergänzt diese Schilderungen:

»Von 1937 bis 1949 verbrachte ich meine gesamte Freizeit auf dem Fichtenhof. In den Schulferien wohnte ich sogar dort und gehörte in dieser Zeit zur Familie Roloff. Michaels Kinderfrau, Fräulein Glüsing, betreute dann auch mich und sorgte für unser gemeinsames Essen. Ich hatte damit kein Problem, doch ließen wir uns beide nicht von ihr baden, das durfte nur Michaels Mutter. Weitere Spielkameraden waren: Hermann und Heinrich Mosch, Rolf und Johnny Witte sowie Klaus Schumacher, die gleichaltrigen Kinder der unmittelbar angrenzenden Nachbarn. Wir alle bezeichneten uns als ›Die Fichtenhofer‹. Klassenunterschiede gab es bei uns nicht, das Ansehen wurde in erster Linie durch sportliche Leistungen bestimmt.

Wir badeten und schwammen in der Schönebecker Aue. Manchmal fuhren wir auch mit Frau Roloff in dem kleinen BMW, den sie selber nutzte, zum Baden an den beim Autobahnbau entstandenen Grundbergsee. Wir saßen dann hinten im Auto und winkten den Leuten zu. Im Teich, der sich auf dem Grundstück des Fichtenhofs befand, war kein Baden möglich. Er war verschlammt und wurde nur zur Karpfenzucht benutzt.«[377]

377 Interview mit Peter Schmidt vom 30.6.2014.

Michael Roloff, geb. 19.12.1935, schreibt über seine Kindheit: »Schon mit neun Monaten wurde ich einer Gouvernante, Elisabeth Glüsing, übergeben. Dies geschah, obwohl meine Mutter eigentlich nichts für sie übrig hatte. Sie war durch meinen Vater zu uns gekommen. In ihren jungen Jahren war sie bereits als seine Gouvernante bei meinen Großeltern in Stellung gewesen.«[378]

»In Erinnerungsbildern von Weihnachten 1939 sehe ich, wie mein Vater versucht, zwei Züge meiner Spielzeugeisenbahn durch einen Tunnel aufeinander zufahren zu lassen. Mein angebliches Weihnachtsgeschenk war also ein Spielzeug für meinen Vater. Doch ich war nicht so leicht in die Irre zu führen. Damals, im Alter von vier Jahren hatte ich ohnehin eher eine Vorliebe für meinen Großvater, das lag nicht nur an der großen Angst vor meinem Vater, sondern ich hatte damals wohl auch die Enttäuschung meiner Mutter über ihren Mann übernommen und auch ihre Hinwendung zu ihrem Vater.

Bald kannte ich wohl beinahe jeden Baum, jedes Nest und jedes Schlupfloch durch Hecke und Zaun. Ein Bombentrichter in der Nähe der Reitbahn wurde 1940 einer der beiden Eingänge zu einer Höhle.«[379]

Im Juni 1940 hatte der erste alliierte Bombenangriff auf Bremen stattgefunden, weitere folgten in kurzen Abständen. Offenbar machten sich Michaels Eltern um die Sicherheit des Fichtenhofs erhebliche Sorgen. Die geringe Luftlinien-Entfernung zu Hafen- und Industrieanlagen rückte Bombentreffer auch auf ihr Zuhause in den Bereich des Möglichen. Lexi konnte sich die Auswirkungen der Bombenangriffe durchaus ausmalen. Schon 1938 war sie Mitglied im Reichsluftschutzbund geworden[380] und hatte eine Ausbildung für das vorbeugende Herrichten von Häusern und zur Brandbekämpfung erhalten. Zugleich wird sie in dieser Organisation aber auch die psychologische Kriegsvorbereitung erlebt und festgestellt haben, dass diese sich mit den politischen Entwicklungen deckten.

Der Besorgnis folgten Konsequenzen. Sie bedeuteten für Michael, dass er 1940 in verschiedene auswärtige Häuser geschickt wurde, zunächst zu Lexis entferntem Verwandten, dem Grafen von Kanitz in Podangen, Kreis Preußisch-Holland in Ostpreußen. Daran schloss sich eine Zeit im Kloster Vornbach bei Passau an. Lexis Freundin, die Schauspielerin Viola Duisberg, wohnte dort mit ihrer Familie. Sie nahm Michael für zwei Jahre bei sich auf. Die dritte Station war

378 Aus der E-Mailkorrespondenz mit Michael Roloff vom 28.8.2012 u. 12.12.2013.

379 Blog von Michael Roloff, http://summapolitico.blogspot.com/ .

380 Meldebogen in der Entnazifizierungsakte Lexi Roloff, 4,66-I 9185, Staatsarchiv Bremen.

schließlich bei einer weiteren Freundin von Lexi in Garmisch-Partenkirchen. Michael Roloff schrieb später über seine Sehnsucht nach dem Fichtenhof: »*Als ich im Alter von ungefähr fünf Jahren der Bomberei wegen auf Fahrten ging, war es der Verlust des Paradieses, welches ich als ›kleiner Ausreißer‹ scheinbar schon sehr genau kannte. Die Hecken, der Wald, die Tiere, die Lichtung spielten eine besondere Rolle in einem Traum, auch eine Ecke, die weit entfernteste, wo zwei Zäune unausweichlich ein V bildeten*«.[381]

Rückblende II: Ursula Liedtke – Der Fichtenhof wird Ziel ihrer Hoffnungen und Lebensträume

Lexis »beste« Jugendfreundin Ursula Liedtke war 1934 nach dem Ende ihres Engagements am Bremer Theater nach Berlin zurückgekehrt. Inzwischen hatten sich aber die Lebensverhältnisse ihrer Familie infolge der Hitlerschen Machtübernahme einschneidend verändert. Obwohl sich ihr Vater von der jüdischen Religion seiner Eltern vollständig gelöst und zum Christentum konvertiert war, musste er erleben, dass seine Selbstdefinition als christlicher deutscher Patriot nach dieser Zeitenwende nichts galt. Er fand sich in der Gruppe derjenigen wieder, die aufgrund eines willkürlichen Rassismus ausgegrenzt wurden. Am 1.4.1933 war er vom Boykott jüdischer Anwälte betroffen, den der preußische Justizminister Kerrl angeordnet hatte[382].

Seine Enkeltochter schrieb dem Verfasser dazu: »*Ernst Liedtke, der die deutsche Literatur, Musik, Philosophie und Kultur liebte, hatte es nicht fassen können, dass dieses Volk, dem er sich so verbunden fühlte, sich nun derart schrecklich benahm … Er wurde als Jude beschimpft und aus seinem Amt getrieben. Den pöbelhaften Umgang ihm gegenüber empfand er als eine derart verletzende Kränkung, dass er auf den Stufen der Treppe zum Kammergericht einen Herzinfarkt erlitt, an dem er am 17.12.1933 verstarb.*«[383]

Renommierteste Anwalts-Kanzleien wurden ausgegrenzt und in vielen Fällen geschlossen, als das Gesetz über die Zulassung zur Rechtsanwaltschaft

---

381 Aus der E-Mailkorrespondenz mit Michael Roloff vom 28.8.2012.

382 Ladwig-Winters, Anwalt ohne Recht, a.a.O., S. 35f.

383 Nach der Erinnerung von Cornelia von Einem, geb. von Plettenberg, Tochter von Ursula Liedtke und Enkeltochter von Ernst Liedtke.

schon wenige Wochen nach der Machtergreifung der NSDAP den Entzug der Zulassung zur Anwaltstätigkeit ermöglichte. Nicht einmal die Überlegung, dass die Entfernung der zahlreichen jüdischen Juristen aus der Anwaltschaft dessen Funktionsfähigkeit gefährden könne, ließ die NS-Justizverwaltung vor einem solchen Schritt zurückschrecken. In Berlin war der Anteil jüdischer Rechtsanwälte besonders hoch. 1.761 »nicht-arische« Anwälte stellten im Mai 1934 einen Anteil von 54 % an der Anwaltschaft[384] der Stadt dar. Zu ihnen hatte Ernst Liedtke gehört.

Nach den Rasse-Gesetzen der Nazis mussten seine Töchter befürchten, ebenfalls verfolgt zu werden. Sie galten als »Halbjuden«. Ihre Reaktion auf diese Bedrohung war ganz und gar unterschiedlich:

Die als Fotografin selbstständig arbeitende ältere Schwester **Ilse Liedtke** wartete einfach ab, was kommen würde und erfuhr überraschend keine Verfolgung. Als sie später miterleben musste, dass anderen in einer solchen Konstellation Ausgrenzung und physische Vernichtung widerfuhr, wurde ihr bewusst, welch ein grotesker Zufall es war, dass sie offenbar von den Nazi-Verfolgern übersehen worden war.

Ursulas jüngere Schwester **Maria Liedtke** emigrierte 1934 zusammen mit zahlreichen weiteren jüdischen Berliner Musikern und Musikerinnen nach London. Dort wurde sie unter dem seit 1940 tschechisierten Namen Maria Lidka zu einer international gefeierten Geigenvirtuosin und gastierte als Solistin bei allen großen Orchestern Großbritanniens.[385]

Ursula Liedtke konnte nach 1933 nur dann weiter auf Engagements als Schauspielerin rechnen, wenn sie sich in die im September 1933 gegründete Reichskulturkammer aufnehmen ließ. Das war ihr aber als »Halbjüdin« verwehrt. Ihre Mutter und sie suchten und fanden Hilfe durch die mit ihnen befreundete Ehefrau

384 Vgl. Ladwig-Winters, Anwalt ohne Recht, a.a.O., S. 10f. Dieses Buch, von der Rechtsanwaltskammer Berlin 1998 auf Wunsch der Rechtsanwaltskammer Tel Aviv mit dem Anspruch herausgegeben, eine Liste der ausgeschlossenen Rechtsanwälte für die Nachwelt zu erstellen, erweist sich leider hinsichtlich der Würdigung Liedtkes als gravierend fehlerhaft. Liedtke ist nicht, wie dort angegeben, am 8.5.1902, sondern am 25.7.1875 in Christburg geboren. Seine Kanzleianschrift war nicht Blumeshof 13, sondern Nr. 12. Er war nicht nur Rechtsanwalt sondern auch Notar. Allerdings heißt es in der Liste, dass er im Oktober 1933 noch zugelassen war. Der Verfasser dankt der Enkelin Cornelia von Einem für die korrekten Daten ihres Großvaters.

385 Maria Lidka (Maria Liedtke), * 29.5.1914 in Berlin, † 12.12.2013 in London.

des Aufsichtsratsvorsitzenden der I.G. Farbenindustrie AG, Carl Duisberg. Dieses Ehepaar hatte bereits anderen verfolgten Menschen jüdischer Abstammung geholfen.[386] Frau Duisberg empfahl ihnen, zu einem »Herrn Hinkel«, einem hohen NS-Funktionär, zu gehen. Wenn diesem Herrn Hinkel eine Eidesstattliche Versicherung eines »arischen« Mannes vorgelegt würde, dass nicht der jüdische Ehemann der Mutter, sondern »ein anderer arischer Mann« außerehelicher Vater von Ursula sei, dann könne eine Bescheinigung der »arischen« Abstammung erteilt werden, und das dann »reinrassige arische« Kind sei keiner rassischen Verfolgungen mehr ausgesetzt!

Drohende Verfolgung und Todesgefahr ließen Mutter und Tochter alle Empfindlichkeiten und moralischen Bedenken im Hinblick auf den gerade verstorbenen Vater beiseite schieben. Ein Freund der Familie, ein Antiquitätenhändler[387], gab »an Eides Statt« eine Vaterschaftserklärung ab. Für ihn, aber auch für Mutter und Tochter, war die ganze Aktion, angesichts des Risikos der Aufdeckung, ein Ritt auf der Rasierklinge, mit der sie sich alle in Lebensgefahr begaben.

Doch die Vaterschaftserklärung wurde anerkannt und Ursula Liedtke war nun auf dem Papier die nichteheliche (aber »arische«!) Tochter ihrer Mutter.

Ursulas Tochter, Cornelia von Einem, erinnert sich aber nicht, dass es im Anschluss an die Zeit an der Bremer Bühne zu weiteren Engagements ihrer Mutter gekommen war. Stattdessen berichtet sie dem Verfasser, dass sie in einer freundschaftlichen Verbindung mit ihrer schauspielerischen Ausbilderin Ilka Grüning geblieben war. Diese sei aber ebenfalls der rassisch begründeten Verfolgung ausgesetzt gewesen und durfte nur aufgrund ihrer Popularität weiterhin auftreten. Sie entschloss sich schließlich 1938 zur Emigration, zunächst nach Frankreich und dann in die USA. Dorthin hätte sie Ursula Liedtke gern mitgenommen. Ursula Liedtke schwankte, ob sie mitgehen und damit dem Beispiel ihrer Schwester Maria folgen sollte, entschloss sich aber für das Bleiben.

Offenbar schloss ihr »arischer« Abstammungsnachweis künftige Zweifel nicht vollständig aus. Ursula Liedtke hatte den in den Niederlanden stationierten zwei Jahre jüngeren Wehrmachts-Hauptmann Franziskus Graf Plettenberg[388]

386 Nach der Erinnerung von Cornelia von Einem.

387 Leider konnte Cornelia von Einem keine näheren Angaben zu diesem Antiquitätenhändler machen.

388 Franziskus Graf Plettenberg, *29.7.1914 in Hovestadt, †22.3.1968. Vgl. Einwohnermeldeblatt von Ursula Liedtke, Staatsarchiv Bremen.

kennengelernt, den sie am 23.9.1943 heiratete. Kurz zuvor war sie zu ihrer Freundin Lexi auf den Fichtenhof gezogen. Hier konnte sie mit ihrem Ehemann dessen Urlaubstage gemeinsam verbringen. Sie hat später davon gesprochen, dass sie auf dem Fichtenhof einige der schönsten Monate ihres Lebens verbracht hatte.

Zur Heirat von Ursula Liedtke und Franziskus Graf Plettenberg konnte von der Tochter Cornelia noch Folgendes erfahren werden: »*Die Hochzeit mit meiner Mutter war im Übrigen auch für meinen Vater gefährlich, da er in Hamburg ohne die eigentlich erforderlichen Papiere meiner Mutter geheiratet hatte. Er hatte einfach behauptet, dass die Papiere in Berlin durch die Bombardierung vernichtet worden seien. Der Standesbeamte wollte sie dann eigentlich nicht trauen und da hat mein Vater ihn bedroht und ihm gesagt, wenn er das nicht mache, dann würde er ihn anzeigen. Mein Vater konnte sehr heftig werden, wenn er nicht das bekam, was er wollte.*«[389]

Eigentlich hätten Ursula Liedtke aufgrund ihres »arischen« Abstammungsnachweises keinerlei Probleme begegnen dürfen. Doch die Tücken deutscher Bürokratie hielten für sie unerwartete Schrecken bereit. Als sie sich am 24.8.1943 in Bremen wieder anmeldete, wurde ihre alte Einwohnermeldekarte von 1934 hervorgeholt. Auf dieser war die Vaterschaftsanerkennung des Antiquitätenhändlers nicht vermerkt. Stattdessen hieß es auf der Karte: 2 Großelternteile (w.) Jude. Es wird seitens der Gestapo Nachfragen gegeben haben, denn laut der alten Meldekarte war Ursula Liedtke »Mischling ersten Grades«! Der Vermerk in der rechten unteren Ecke dieser Karte beweist, dass die Bremer Meldebehörden Verdacht geschöpft hatten und tätig wurden. Dort heißt es »*Gestapo ben. am 21.10.1943*«. Letztendlich wird aber wohl das Vaterschaftsanerkenntnis für eine Beruhigung gesorgt haben.

Und trotzdem: Irgendwann im Jahre 1944 traf Ursula Liedtke auf der Straße einen ihr unbekannten Mann, dessen Erscheinen ihre glückliche Zeit auf dem Fichtenhof beendete. Für sie deutlich hörbar ließ er die Bemerkung fallen: »Dich kriegen wir auch noch!« Sie verstand sofort die Drohung und die unmittelbare Todesgefahr.[390] Ab sofort war sie tagsüber nicht mehr sichtbar.

Der kurz vor Weihnachten 1943 aus der Evakuierung zurückgekehrte Michael Roloff erinnert sich bis heute an die Besonderheit von Tante Ursula. Er schrieb dem Verfasser: »*Außerdem war Ursula Liedtke da, die beste Jugendfreundin meiner Mutter, die bei uns versteckt überlebte, eine kleine Tante Ursula, die in*

389 Aus der E-Mailkorrespondenz mit Cornelia von Einem am 3.10.2014.

390 Ebd.

dem Zimmer bei der Küche, zwischen Küche und dem Lesezimmer, Südwest-Ecke, untergebracht war, und komischerweise nur Nachts Luft schnappte und manchmal von einem Offizier namens Onkel Franziskus Besuch bekam.«[391]

Schließlich war Ursula Gräfin Plettenberg dann aber verschwunden. Es wird ihr zu unsicher geworden sein. Da dieses »Sich-Verstecken« sogar dem neunjährigen Michael aufgefallen war, wird die Gefahr der Entdeckung unverhältnismäßig groß geworden sein.

Solange sie mit ihrer deutschen Kennkarte außerhalb Bremens noch nichts befürchten musste, konnte sie im Laufe des 1. Halbjahres 1944 aus der für sie gefährlich gewordenen Stadt noch einigermaßen sicher abreisen. Sie fuhr zu ihrem Mann in die Niederlande und bestürmte ihn mit der Bitte, zu desertieren und sich mit ihr gemeinsam zu verstecken. Schließlich hörte er auf sie und tat, was sie von ihm wünschte.

Ihre Tochter hat dem Verfasser geschildert, was sie später über die Desertion ihres Vaters und das anschließende Untertauchen der Eltern erfahren hat: *»Da es bei Todesstrafe verboten war, die Ehemänner an der Front zu besuchen, hatte sich meine Mutter, wie sie uns immer wieder erzählte, als Mann verkleidet und war nach Holland gefahren, an den Ort, wo mein Vater stationiert war. Dort hat sie ihn drei Tage und Nächte überredet, mit ihr in den Untergrund zu gehen. Nachdem (sich) beide … eine Zeitlang (mit Hilfe) einer holländischen Untergrundorganisation bei einem Bauern auf dem Dachboden versteckt (hatten), wurde es ihnen unheimlich. Es kamen immer mehr Leute, ›um die Deutschen auf dem Dachboden zu sehen‹.*

Sie sind dann zusammen nach Amsterdam gegangen. Dort ist mein Vater von den kanadischen Soldaten festgenommen worden. Gleichwohl gelangte er wieder in den Gewahrsam der Wehrmacht. Es hätte seinen Tod bedeuten können, aber in dem (Kriegs)Gericht saß ein Mann, der meinen Vater noch aus dem Afrikafeldzug kannte, ein Bursche von ihm. Der hat gesagt, dass sie diesem Mann nichts antun dürften, da er in Afrika Leuten das Leben gerettet habe. So wurde mein Vater frei gelassen.

Meine Mutter war währenddessen hochschwanger und allein und wusste nicht wohin. Sie ist dann in eine Kirche in einen Beichtstuhl gegangen und hat wohl dem Priester alles erzählt. Der hat gesagt: ›Warten Sie auf mich, wenn ich mit der Beichte der anderen fertig bin, helfe ich Ihnen‹.

---

391 Aus der E-Mailkorrespondenz mit Michael Roloff vom 31.7.2014.

Faksimile von Ursula Liedtkes Einwohnermeldekarte, aufbewahrt im Staatsarchiv Bremen, mit dem Vermerk: 2 Großelternteile (w.) Jude

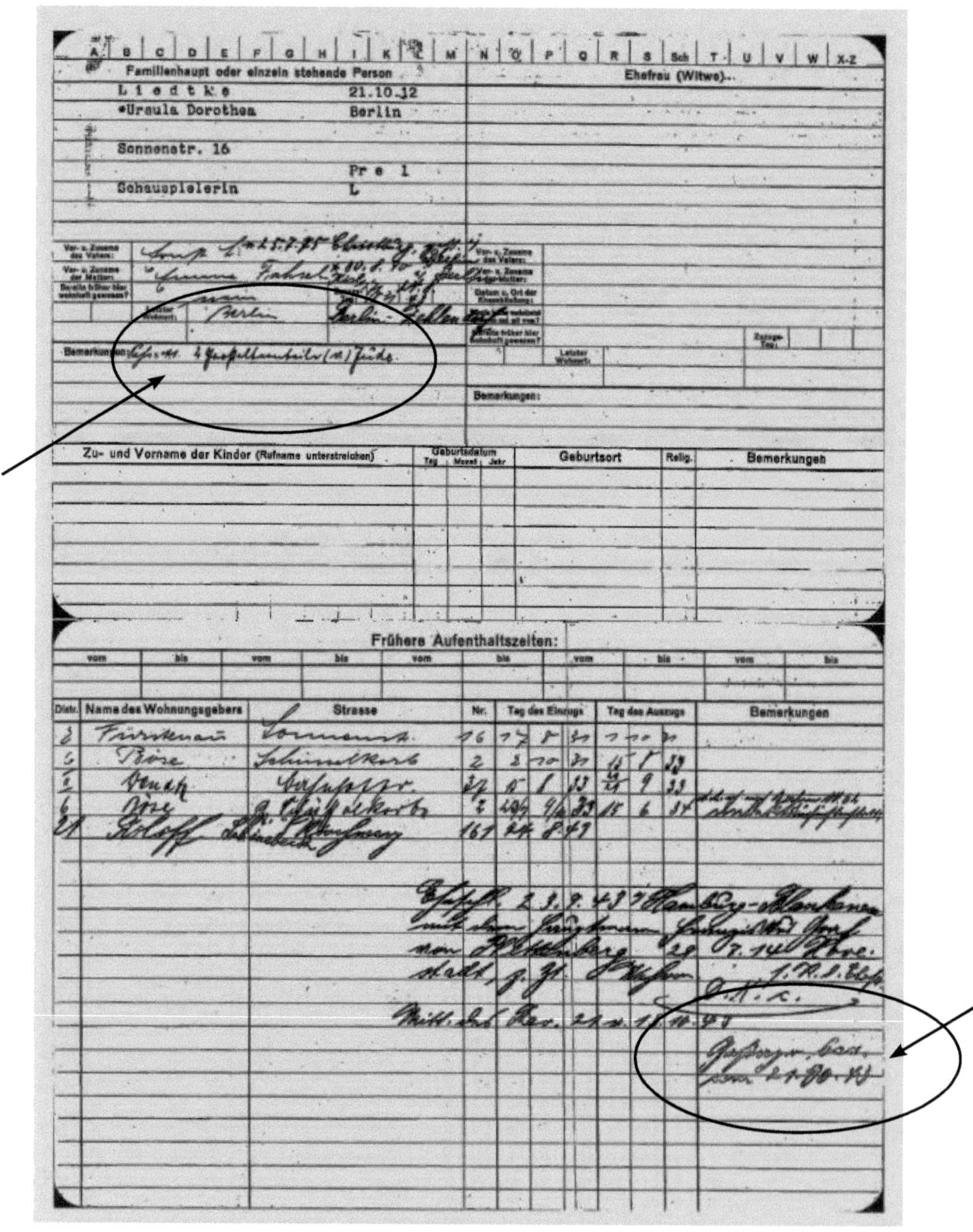

A | B | C | D | E | F | G | H | I | K | L | M | N | O | P | Q | R | S | Sch | T | U | V | W | X-Z

Familienhaupt oder einzeln stehende Person | **Ehefrau (Witwe)**

Liedtke 21.10.12
Ursula Dorothea Berlin
Sonnenstr. 16
Pr e 1
Schauspielerin L

Vor- u. Zuname des Vaters:	[illegible]
Vor- u. Zuname der Mutter:	[illegible]
Bereits früher hier wohnhaft gewesen?	
Letzter Wohnort:	Berlin / Berlin-Zehlendorf
Bemerkungen:	[illegible]

Vor- u. Zuname des Vaters: / Vor- u. Zuname der Mutter: / Datum u. Ort der Eheschließung: / Bereits früher hier wohnhaft gewesen? / Zuzugs-Tag: / Letzter Wohnort: / Bemerkungen:

Zu- und Vorname der Kinder (Rufname unterstreichen)	Geburtsdatum Tag	Monat	Jahr	Geburtsort	Relig.	Bemerkungen

Frühere Aufenthaltszeiten:

vom	bis	vom	bis	vom	bis	vom	bis	vom	bis

Distr.	Name des Wohnungsgebers	Strasse	Nr.	Tag des Einzugs			Tag des Auszugs			Bemerkungen
2	Fürstenau	Sonnenstr.	16	17	8	31	1	10	31	
6	[illegible]	[illegible]	2	2	10	31	15	8	33	
5	[illegible]	[illegible]	32	15	8	33	15	9	33	
6	[illegible]	[illegible]	2	4	9	33	15	6	34	[illegible]
21	[illegible]	[illegible]	161	24	8	49				

[illegible] 23. 9. 43 [illegible]

[illegible] 21. 10. 43

[illegible] 21. 10. 43

Meine Mutter aber war sich nicht sicher und ist weggegangen. Später hat sie den Priester dann auf der Straße wieder getroffen und er hat sie zu einer Frau gebracht, die auch im Untergrund arbeitete, es war Frau Brenninkmeijer von der Eigentümerfamilie der Warenhauskette C&A. Sie ist dann später die Patentante meiner ältesten Schwester Gabriele geworden.

Frau Brenninkmeijer hat meine Mutter ins Krankenhaus gebracht. Sie hat ihr die komplette Babyausstattung besorgt und den Aufenthalt dort bezahlt.

Später haben sich mein Vater und meine Mutter am verabredeten Ort in Lütetsburg, bei einem Verwandten, dem Fürst zu Knyphausen, getroffen. Das liegt in Ostfriesland.«[392]

392 Aus der E-Mailkorrespondenz mit Cornelia von Einem vom 3.10.2014.

Fichtenhof – Zuflucht für viele – Partyort der US-Militärs

Kriegsende und das Ende der NS-Diktatur auf dem Fichtenhof

Erst die Einnahme Berlins durch die Sowjets hatte die Haft von Lexi und Wilhelm Roloff letztlich beendet und damit die Voraussetzung für ihre Rettung geschaffen. Doch beide bangten nicht nur um ihr eigenes Überleben, sondern sorgten sich auch, ob ihr Heim und die darin lebenden Angehörigen sowie die als Gäste aufgenommenen Flüchtlinge den Vormarsch der Alliierten heil überstehen würden. Michael Roloff erinnert sich bis heute an die lange Zeit der Abwesenheit der Eltern. Doch mehr als die eigene Sehnsucht ist ihm in Erinnerung, »dass sich die Omi Alvensleben immer nach der Tochter sehnte«. Als der Kuckuck im Frühling 1945 wieder zu hören war, sollte »jeder Kuckuck-Ruf ein Ruf an die Mami sein«.[393]

NS-Gauleiter Wegener in Oldenburg[394] hatte befohlen, Bremen müsse »bis zum letzten Mann und bis zur letzten Patrone« verteidigt werden.[395] Doch sich

---

393 Aus der E-Mailkorrespondenz mit Michael Roloff vom 4.8.1914.

394 1937, als Roloff vom Gauleiter in Hannover-Ost, Telschow, zum Eintritt in die NSDAP aufgefordert wurde, gehörte Schönebeck noch zum Landkreis Osterholz-Scharmbeck. Erst die Gebietsneuordnung vom 1.11.1939 ergab die Zuordnung zahlreicher Landgemeinden, darunter auch von Schönebeck, zu Bremen und damit zum Reichsgau Weser-Ems mit dem Hauptsitz in Oldenburg. Bremen hatte seine Selbstständigkeit bereits 1934 verloren.

395 Für diesen Befehl, der zahlreiche Menschen das Leben kostete, wurde Wegener 1949 vom britischen Spruchgericht in Bielefeld zu einer Freiheitsstrafe von 6 Jahren und 6 Monaten verurteilt. Unter Anrechnung seiner Internierungszeit kam er aber bereits im Mai 1951 wieder frei.

selbst sah er nicht an sein Gebot zum wehrhaften Dagegenhalten gebunden. Am 23.4.1944 flüchtete er nach Flensburg.

Die Einnahme Bremens durch britische Truppen dauerte vom 22. bis zum 27. April. Sie brachte neue große Not über die Stadt und kostete Hunderte Menschenleben. 220 Soldaten und 540 Zivilisten kamen zu Tode.[396] Außerdem gab es noch eine vielfach höhere Zahl an Verwundeten und schwere Zerstörungen an zahlreichen Gebäuden. Bremens Kampfkommandant, Generalleutnant Fritz Becker, veranlasste am Ende sogar noch die sinnlose Sprengung der Weserbrücken.

Der Bereich nördlich der Lesum und damit auch Bremen-Schönebeck wurde aber ebenso wie Bremerhaven weiterhin von der Wehrmacht gehalten. Die Briten stießen zunächst nicht bis zur Lesum vor, schwenkten stattdessen ab Richtung Stade. Vertreter von Wirtschaftsunternehmen, unter anderem der Vulkan-Werft, forderten die kampflose Aufgabe des militärischen Widerstandes. Doch die deutsche militärische Führung lehnte eine Kapitulation in Bremen-Nord ab. Letztlich »wurde das nordbremische Gebiet am 2./3. Mai (aber doch noch kampflos) geräumt, freilich aus taktischen Gründen, denn die Briten waren inzwischen im Vormarsch in Richtung Wesermünde und drohten die Truppen im Raum Vegesack abzuschneiden«.[397] Die Besetzung durch die Briten erfolgte aber erst am 5.5.1945, bis dahin war Bremen-Nord »neutrale Zone«.

Briten und Amerikaner übernahmen nun die absolute Macht und bestimmten das zivile Leben. Lexis Schwester Annali von Alvensleben erinnert sich, dass es ihrer Mutter gelungen war, den Fichtenhof gegen die Nutzungs-Absichten der Alliierten zu behaupten: »*Mami erlebte das Kriegsende auf dem Fichtenhof und blieb dort lange Zeit in banger Ungewißheit über das Ergehen und den Verbleib ihrer Lieben … Dann hatte sie plötzlich die Amerikaner im Haus, die es für Zwecke der Besatzungsmacht beschlagnahmen wollten. Dagegen hatte Mami sich vehement gewehrt, sie hatte dem Offizier klargemacht, dass sie das Haus in Betrieb halte, um eine Reihe von Angehörigen aufnehmen zu können, die aus verschiedenen Gründen in Not und ohne Wohnung seien. So komme ihr Mann nach seiner Befreiung aus der KZ-Haft hierher. Auch werde die Tochter mit ihrem Ehemann eintreffen, also Lexi und William, der bis zuletzt in Berlin im Lehrter Gefängnis war. ›Das Haus wird eine Art Flüchtlingsquartier werden‹,*

396 Schwarzwälder, Herbert, Geschichte der Freien Hansestadt Bremen Bd. IV, S. 632.
397 Ebd., S. 634f.

erklärte Mami und fand bei dem amerikanischen Offizier Verständnis. Die geplante sofortige Beschlagnahme wurde vorerst ausgesetzt«.[398]

Michael Roloff hat seine eigene kindliche Erinnerung an das Eintreffen der Briten und Amerikaner: *»(Dann) waren schon die ersten Besatzer aufgetaucht, zuerst einige britische Offiziere, welche bezweifelten, dass meine Eltern ihre Gestapo-Gefängnisse in Berlin überlebt hatten; dann der erste Ami-Offizier, ein Leutnant Richard Weber, der später mein Stiefvater geworden ist, und … in seinem Geleit dann die ganze OSS-Truppe in Bremen, so zwölf großartige Kerle, ein Oberst Fink, ein Mohwinkel, die sich unser aller angenommen haben, eben als Widerstands-Angehörige, und den Fichtenhof mit ›off limits‹ Zetteln umzingelten – es wurde ihr ›Party‹ Ort.«*

Kampfhandlungen und damit verbundene Zerstörungen waren dem Gebiet um den Fichtenhof erspart geblieben. Die damals fast sechsjährige Vera Gräfin von Lehndorff erinnert sich deutlich an das Ende der ständigen Gefahr: *»Und dann war plötzlich der Krieg zu Ende und erweckte bei allen ein euphorisches Empfinden, alle waren erleichtert und auf einmal herrschte Fröhlichkeit im Haus. Es wurde sehr viel gelacht und Sätze wie: ›Jetzt ist Frieden, der Krieg ist endlich vorbei‹, hörte ich immer wieder. Da war auf einmal eine Stimmung der Sorglosigkeit, so empfanden wir Kinder es auf jeden Fall. Die Amerikaner tauchten nun überall auf, waren die Guten – ließen sich als Retter und Helden feiern – und von uns wurden sie idealisiert. Auf uns Kinder machten diese Menschen in Uniform Eindruck, weil wir mitbekommen hatten, dass sie die Retter waren. Man hat zu denen aufgeschaut und dann gab es ja von diesen ›netten Onkels‹ auch sofort Kaugummis.«*[399]

Michael Roloff erinnert sich, dass seine Eltern »im August 1945« mit Fahrrädern von Berlin zum Fichtenhof zurückgekehrt waren.[400] Diese Erinnerung ist hinsichtlich ihrer Zeitangabe unrichtig, nur hinsichtlich des Transportmittels kann sie zutreffen. Nähere Beschreibungen dieser Rückfahrt sind aber nicht überliefert. Es kann angenommen werden, dass Lexi und Wilhelm sich die Fahrräder nach Kriegsende im Mai/Juni 1945 in Berlin organisierten und sich damit mangels anderer Transportmöglichkeiten auf den Weg nach Hause machten.

398 Alvensleben, Annali v, a.a.O., S. 130f.

399 Interview mit Vera Gräfin von Lehndorff am 29.12.2015.

400 Aus der E-Mailkorrespondenz mit Michael Roloff.

Gottliebe Gräfin von Lehndorff im Garten des Fichtenhofs mit Tochter Vera

Am 1. Juni waren sie allerdings noch in Berlin.[401] Der Zeitraum ihrer Rückkehr von Berlin nach Bremen-Schönebeck lässt sich somit auf die erste Junihälfte eingrenzen, denn Wilhelm Roloff war bereits am 17.6.1945 wieder an seinem Schreibtisch bei der »Nordsee«. Während ihrer Rückfahrt werden sie viele Beschwernisse, vor allem ständige Kontrollen seitens der alliierten Truppen, in Kauf genommen haben.

Vera Gräfin von Lehndorff erinnert sich: »*Als Lexi nach ihrer monatelangen Abwesenheit zum Fichtenhof zurückkam, herrschte große Freude. Sie war eine aufgeschlossene, herzliche und sehr schöne Frau. Ihre Gefühle äußerte sie überschwänglich, besonders zu uns Kindern. Uns begrüßte sie gleich mit ›Meine geliebten Kinderchen, wie schön dass ihr hier seid!‹ – Es war alles plötzlich so in*

401 Im Brief von Lexis Mutter an Ursula Gräfin Plettenberg vom 10.7.1945 heißt es, dass Lexi die Mutter und die Schwester der Gräfin Plettenberg noch am 1.6.1945 in Berlin gesehen hatte.

Ordnung. Mit ihrer Ankunft trat Unbeschwertheit, Heiterkeit und das Gefühl von Sicherheit ein. Die Hausherrin vom Fichtenhof war zurückgekehrt.

Für meine Mutter begann nach Lexis Rückkehr eine besonders glückliche Zeit. Nun war sie dort unter Menschen, die mehr als nur gute Freunde waren. Mit Lexi konnte sie über alles sprechen, sie war ja ›Familie‹. Das war für sie einfach wunderbar. Deswegen ist sie im Fichtenhof aufgeblüht. Man sieht auf den Bildern aus dieser Zeit, dass meine Mutter sehr viel lacht. Man sieht ihr an, dass sie damals meinte: ›Wenn das so weiter geht, dann ist alles nicht so schlimm.‹ Diese Vorstellung, mit Lexi wieder so eine kleine Familie zu haben, hat bei ihr zu dieser Entspanntheit geführt. Sie fühlte sich aufgehoben und umsorgt. Lexi war natürlich auch so überschwänglich, dass sie ihr sagte: ›Du kannst hier immer leben, das ist doch ganz selbstverständlich! Ich werde alles für Dich tun.‹ So war Lexi. Sie hat sich immer sehr eingesetzt für die Menschen, die sie liebte, die ihr nahe waren.«[402]

Blickwinkel eines US-Offiziers und späteren Botschafters

Michael Roloff erinnert sich hauptsächlich daran, dass die amerikanischen Soldaten ganz anders auftraten als er es von den deutschen Wehrmachtsangehörigen bis dahin gewohnt war. Auch die Art und Weise, wie sie in einem besiegten und besetzten Land lebten und täglich nach getanem Dienst in lockerer Geselligkeit Freizeit genossen, beeindruckte ihn stark.

Aber auch für die Amerikaner selbst werden der Fichtenhof mit Lexi und Wilhelm Roloff samt ihren Erlebnissen im Widerstand und während der Gestapo-Inhaftierung beeindruckend gewesen sein. Außerdem wird die Atmosphäre dort nicht zuletzt durch die Weltläufigkeit u.a. der Familien von Lehndorff und von Alvensleben einladend gewesen sein.

Einer der Angehörigen der bremischen US-amerikanischen Besatzungsverwaltung war der spätere US-amerikanische Botschafter in Deutschland, Martin J. Hillenbrand.[403] Auch er gehörte zu dem Personenkreis, den es immer wieder gern zum Fichtenhof zog. Im Oktober 1945 war er als Vizekonsul nach Bremen

402 Interview mit Vera Gräfin von Lehndorff am 29.12.2015.

403 Martin J. Hillenbrand, * 1.8.1915, † 2.2.2005.

gesandt worden und wurde 1946 Konsul.[404] Vorher war er für das Foreign Office im südlichen Afrika gewesen und hatte Lexis Bruder, Werner von Alvensleben jun., in Lourenco Marques, Mosambik, kennengelernt. In seinen publizierten Lebenserinnerungen sind die Eindrücke veröffentlicht, die er auf dem Fichtenhof kurz nach Ende des Krieges sammeln konnte. Darin sind auch Roloffs Einsatz im Widerstand und die für ihn und Lexi daraus entstandenen Folgen erwähnt. Er schreibt über die Erlebnisse im besiegten Deutschland, speziell in Bremen: »Wir fanden viele deutsche Freunde. Es war eine Zeit, in der elementare menschliche Bedürfnisse die Menschen zueinander zog. Die Freunde, die wir in jenen ersten Nachkriegszeiten gewannen, gehörten zu den dauerhaftesten unserer gesamten Diplomatenzeit. Wir fanden Werner von Alvenslebens Schwester Lexi und ihre Eltern, die im Norden Bremens, in Vegesack, in einem Landhaus wohnten, das Lexis Ehemann Wilhelm gehörte.[405] Es müssen wohl bis zu fünfzehn Verwandte und Kinder bei den Roloffs Unterschlupf gefunden haben. Wir fanden bald heraus, dass Lexi eine Frau großer Findigkeit war. Zusammen mit ihrem Vater war sie von den Nazis in Berlin inhaftiert worden. Ihre Flucht und die Rückkehr in den Westen war eine Geschichte für sich. Roloff selbst war von den Verschwörern des 20. Juli gegen Hitler als Fischereiminister vorgesehen; nach dem Scheitern landete er auch im Gefängnis, entging aber der Hinrichtung.«[406]

---

404 https://www.munzinger.de/search/portrait/Martin+J+Hillenbrand/0/9938.html, Zugriff vom 29.9.2015.

405 Hier irrt Hillenbrand. Wie bereits ausgeführt, war der Fichtenhof kurz nach Kriegsbeginn von Roloff an seine Ehefrau Lexi übereignet worden.

406 Hillenbrand, Martin J., Fragments of Our Time – Memoirs of a Diplomat, a.a.O., S. 53; nach seiner Dienstzeit in Bremen machte Hillenbrand Karriere im diplomatischen Dienst der USA und war schließlich von 1972 bis 1976 als US-Botschafter in der Bundesrepublik Deutschland akkreditiert. Im Jahre 1973 führte ihn die Einladung als Ehrengast zur Teilnahme an der von der Bremer Stiftung Haus Seefahrt veranstalteten Schaffermahlzeit erneut nach Bremen. Bei diesem Besuch wird ihm in Erinnerung an die hier verlebte Nachkriegs- und Besatzungszeit sicherlich manches vertraut gewesen sein. Ob er aber in seiner Rede seine Begegnungen auf dem Fichtenhof erwähnt hat, konnte nicht in Erfahrung gebracht werden. Die Stiftung Haus Seefahrt teilte dem Verfasser mit, diese Rede sei leider nicht archiviert.

Auch die von Arnims aus Fürstenau kommen zum Fichtenhof

Eine Familie, die sich mit dem Fichtenhof nach dem Krieg eng verbunden hat, obwohl sie nicht dort, sondern im Nachbargebäude Unterkunft fand, war die Familie von Arnim aus Fürstenau im Boitzenburger Land in der Uckermark. Albrecht von Arnim war Lexis Cousin, allerdings aus einer anderen als der Lehndorff-Linie. Am 2.2.1943 geriet er in Stalingrad in sowjetische Kriegsgefangenschaft. Seine Frau Margarethe (genannt Daisy, geborene von Transehe-Roseneck) blieb mit den vier Söhnen zurück. In der Familiengeschichte von Arnim – Haus Mellenau ist über die Flucht zum Fichtenhof unter anderem Folgendes beschrieben: »Zwei Kriegsjahre ohne Hoffnung auf Albrechts Rückkehr verbrachte Daisy in Fürstenau, bis Anfang 1945 die russische Front näher rückte und sie Fürstenau dringend verlassen musste. Aber die Nazis verboten die Flucht, insbesondere Personen mit vorbildhafter Funktion. Daisy war in Vertretung ihres Mannes zur Bürgermeisterin von Fürstenau ernannt worden. Welche Wahl aber hatte sie? Sie erzählte ihren Söhnen, es würde eine Reise nach Bad Doberan zu den Transehe-Großeltern angetreten. Am 2.2.1945 begann die Reise vom benachbarten Bahnhof in Neubrandenburg nach Hamburg …«[407] Unterwegs griffen Tiefflieger den Zug an und zerstörten die Lokomotive. Doch die Familie erreichte Hamburg und fand dort Unterschlupf im Hotel Reichshof, in dessen Keller sie noch zahlreiche Bombennächte erlebte. Schließlich war das halbe Hotel zerstört und sie fanden eine neue notdürftige Bleibe bei einem Forstmeister in Wentorf. Daisy reiste, kaum waren die Kinder sicher untergebracht, Anfang März noch einmal nach Fürstenau, das sie noch unversehrt vorfand. Während dieser Rückkehr begegnete sie dort Baroness von der Ropp, die dort am 19. Februar angekommen war, und hier eine Treckpause einlegte. Daisy von Arnim schaffte es, einige Wertsachen zu retten und den Treck der Mitarbeiter des Gutes Fürstenau vorzubereiten. Dann kehrte sie wieder zu den Kindern nach Wentorf zurück. Baroness von der Ropp fuhr am 8. März weiter.[408]

407 Aus der Familiengeschichte derer von Arnim, Zweig Mellenau; bei Albrecht und Daisy von Arnim handelt es sich um Carl Albrecht von Arnim, * 1.9.1903 in Zarrenthin, † 30.9.1970 in Bremen-Schönebeck; seit dem 27.5.1931 verheiratet mit Margarethe (Daisy) v. Transehe-Roseneck, * 2.5.1909 in Riga, † 18.9.1959 in Bremen (http://www.angelfire.com/realm/gotha/Part50.htm – Zugriff v.12.3.2015).

408 Vgl. die selbstverfasste Fluchtwegbeschreibung der Baroness von der Ropp.

Daisy von Arnim war eine Cousine von Lexis Vater Werner von Alvensleben. Im Juli 1945 konnte sie mit Lexis Hilfe von Wentorf nach Bremen umziehen. Bei der hier bezogenen neuen »Wohnung« handelte sich um zwei Zimmer über einer Garage des Hauses Unter den Linden 39, in unmittelbarer Nähe des Fichtenhofs. Diese Räume wurden mit Lexis Hilfe notdürftig möbliert. Das Haus selbst hielten die Amerikaner besetzt. Als sie es schließlich räumten, konnte Daisy im ersten Stock drei Zimmer ergattern. Später erweiterte sie den Wohnraum geschickt über die ganze erste Etage. Die Familie blieb hier bis 1963.[409]

Räumliche Enge – menschliche Nähe

Die beengten Verhältnisse unmittelbar nach Kriegsende, aber auch die Anteilnahme der Menschen untereinander, werden aus überlieferten Briefen und andernorts bereits publizierten Erinnerungen deutlich.

Ein **Brief von Lexis Mutter**, den diese am 10.7.1945 an **Ursula Gräfin Plettenberg** schrieb, zeigt auf, dass der gerade zu Ende gegangene Krieg noch allgegenwärtig ist. Franziskus Graf Plettenberg hatte ihr zuvor offenbar mitgeteilt, dass er und seine Frau das Kriegsende heil überstanden hatten:

»Mein geliebtes Urselchen. Heute bekamen wir von Franziskus eine Nachricht aus einem Lager, wo(hin) er am 20. Mai mit einem Schub deutscher Gefangener verfrachtet wurde. Es war die erste Nachricht von Euch und Du kannst Dir meine Freude vorstellen, denn ich fürchtete das Allerschlimmste. Franziskus teilte mir die freudige Geburt eines Sprößlings mit. Wir werden alles versuchen, Dir und Franziskus zu helfen … Franziskus Lager ist in Ostfriesland Lager Halbmond b. Hage Krs. Norden. Ich kann Dir nur ganz kurz Bericht machen, wie es uns ergangen ist und hoffe, Du gelangst zu diesen Zeilen. Seit August vorigen Jahres bin ich immer in größter Sorge um Euch und um all' meine anderen Lieben gewesen. Vaterchen hat bis Mai in den verschiedensten Lagern, K.Z. und Gefängnissen verbracht und (wurde) nur durch ein Wunder gerettet. William war auch von August vorigen Jahres bis Mai in Berlin verhaftet, Lexilein ebenfalls, sie haben ganz Namenloses durchgemacht. Jetzt sind wir alle hier und der Fichtenhof ist überfüllt. Wir sind im Haus jetzt 20 Personen und jede Ecke ist belegt. Eure Wohnung hat allein 6 Menschen (Flüchtlinge aus

409 Aus der Familiengeschichte derer von Arnim entnommen.

Ostpreußen – Mausi Lehndorff mit 4 Kindern und Kinderschwester), Tante Nita, Manfred Lehndorff, Vater Werner, Frau Roloff, die Inspektorin v. d. Ropp aus Preyl, Lexilein, William, Michael, Glüsing, Ursula, (der) Chauffeur von William und ich, außerdem durchwandernde verlassene Verwandte. Diese Gegend ist überlaufen und man weiß wirklich nicht mehr, wo sie alle unterbringen. Deiner Mutter, Ilse und Kind geht es gut, Lexili hat sie noch am 1. Juni in Berlin gesehen …«[410]

Auch die **Erinnerungen von Vera Gräfin von Lehndorff** vermitteln eine Vorstellung von der Wohn- und Lebenssituation auf dem Fichtenhof. Sie erlebte, dass der Fichtenhof erste Anlaufstelle für all die vielen von ihren Besitzungen geflohenen weitläufigen Verwandten aus dem Osten war. Es war ein ständiges Kommen und Weiterziehen. Auch Veras Onkel Dietrich Graf Dönhoff flüchtete hierher, zusammen mit seiner Frau Karin (Sissi), der Schwester ihres Vaters, und den Kindern. Sie boten ihrer Schwägerin Gottliebe an, mit ihnen weiterzuziehen in Richtung Rheinland. Doch Gottliebe lehnte ab, sie wollte auf dem Fichtenhof bei Lexi bleiben.

Später, als neue Quartiere oder endgültige Bleiben gefunden waren, kamen die zahlreichen Verwandten immer wieder gern zu Besuchen auf den Fichtenhof zurück. – Beruhigend wird es für die vier Lehndorff-Töchter gewesen sein, dass eine bereits aus Steinort vertraute Person mit ihnen gekommen war und zunächst bei ihnen blieb, ihre Gouvernante Fräulein Graeber. Bis zum November 1946 wohnte auch sie auf dem Fichtenhof. Sie sorgte sich hier um alles, was die Kinder betraf.

Gottliebe Gräfin von Lehndorff wohnte mit ihren Töchtern direkt unter dem Dach des Fichtenhofs. Ihre Tochter Vera erinnert sich: *»Hinter dem Haus war für uns extra eine Holztreppe angebaut worden, damit wir einen getrennten Zugang zu unserem Bereich im ersten Stock hatten. Lexi wollte, dass wir etwas getrennt waren und wir Kinder nicht immer durchs Haus rein und raus rannten. Diese Holztreppe war ein bisschen gefährlich, weil wir Kleinen durch die Stufen hätten durchrutschen können. Oben angekommen, kam man als erstes durch die Küche, die extra provisorisch für uns eingerichtet wurde. Danach war da ein Korridor und dann gab es noch zwei oder drei Zimmer.«*[411]

---

410 Brief aus dem Privatarchiv von Einem.

411 Interview mit Vera Gräfin von Lehndorff am 29.12.2015.

Die Diele des Fichtenhofs

Die gärtnerische Anlage des Fichtenhof-Grundstücks ist Vera Gräfin von Lehndorff bis heute in besonderer Erinnerung geblieben. Ihre hier verbrachte Kinderzeit vom fünften bis zum zehnten Lebensjahr hat sie offenbar nachhaltig geprägt. Sie erinnert sich: *»Auf dem Fichtenhof konnte man gut für sich sein. Der Garten, der Wald, das Haus, das alles hatte einen großen Zauber, auf jeden Fall für mich. – Ich kann mich an die holpersteinige Landstraße entsinnen. Dann kam man an das Tor und fuhr einen etwas geschwungen Weg durch den Wald. An der rechten Seite stieg der Wald an. Man umfuhr einen kleinen Teich, umgeben von Schilfrohr und Bäumen, und fuhr dann durch eine herrliche Kastanienallee zum Haus, das auf einer Erhöhung lag. Wenn man auf dem schmalen Gehweg zum Fichtenhof unterwegs war, ging es auch wieder ein Stück durch den Wald den Hügel hoch, und man sah plötzlich das Haus da liegen, mit einer großen Wiese links und rechts. Eine breite Ziegelsteintreppe führte zu einer Terrasse, mit zwei sehr schönen großen bauchigen Tonvasen, die links und rechts am Ende der Treppe standen. Es gab einen großen Gemüsegarten mit kleinen Wegen zwischendrin und Hecken. Links von der Allee lagen die große Wiese, die immer gemäht wurde, und der Aufgang zum Haus. Hinterm Haus war ein*

Obstgarten mit Erdbeeren, Himbeeren und Johannisbeersträuchern. Dahinter war wieder eine hohe Hecke und hinter dieser gab es ein Feld und eine kleine Wiese. Von der Terrasse unten kam man gleich in die große Diele mit Fenstern links und rechts, auch auf der Seite zum Garten; sonst war es eher düster, wegen des tiefen Strohdachs.«[412]

Für die Erwachsenen war die damalige Zeit anders geprägt. Sie erlebten die unmittelbare Nachkriegszeit auch voller Sorge um den im Osten verlassenen Besitz und um das Schicksal nahestehender Menschen. Veras Großvater, **Manfred Graf von Lehndorff,** hatte nicht nur seinen Besitz in Ostpreußen verlassen müssen. Dieser bestand im Wesentlichen aus vier großen Gütern, einer führenden Privatzucht sowie einem Rennstall mit zahlreichen Spitzenpferden. Auch seine herausragende gesellschaftliche Stellung, erworben durch große Verdienste um die Pferdezucht und das ostpreußische Turnierwesen, waren durch die Katastrophe des Krieges dahin. In Ostpreußen war er u.a. Präsident des Vereins für Pferderennen und Ausstellungen in Preußen v. 1835 gewesen, des ältesten noch bestehenden preußischen Vereins in Ostpreußen. All dieses und die damit verbundene öffentliche Achtung waren anscheinend verloren.[413]

Im Archiv von Christel Füssel, der Tochter von Viktor Benefeld, war folgende Postkarte aufbewahrt:

»Sehr verehrter Herr Benefeld! Es war mir eine große Freude, von Ihnen zu hören und sehr beruhigend, nun zu wissen, dass Sie und Ihre Familie leben und dass es Ihnen gut geht, soweit es die traurigen Verhältnisse gestatten. Ich werde vielleicht bald einmal zu Ihnen kommen. Dass ich einen Besitz in Holstein gekauft hätte, trifft nicht zu. Wovon sollte ich ihn auch kaufen, da ich an Geld nur das gerettet habe, was ich mit mir führte! Wenn es der Fall gewesen wäre, hätte ich Sie schon längst gebeten, wieder zu mir zu kommen und mit mir weiterzuarbeiten, wie in den guten Zeiten! Preyl, Regitten und Lehndorff sollen zerstört sein,

412 Ebd.

413 Die deutsche Wochenzeitung Die Zeit schrieb nach Manfred Graf von Lehndorffs Tod am 30.11.1962 in einem Nachruf u.a.: »Vor dem Kriege waren seine Pferde unter den eigenen, den Lehndorffschen Farben rot weiß, auf den deutschen Rennplätzen gelaufen. Aber das Jahr 1945 hatte ihn aus seiner Heimat Ostpreußen, mit dessen Schicksal seine Familie seit eh und je verbunden war, vertrieben. Eine der ersten Urkunden, die der deutsche Ritterorden über ostpreußischen Grund und Boden ausgestellt hatte, war die Verleihung der Großen Wildnis in Masuren an den Ritter von Lehndorff. Dort auf dem Besitz »Steinort« mit seinen 500-jährigen Eichen am Rande des Mauer Sees hatten die Lehndorffs während sechs Jahrhunderten gelebt.«

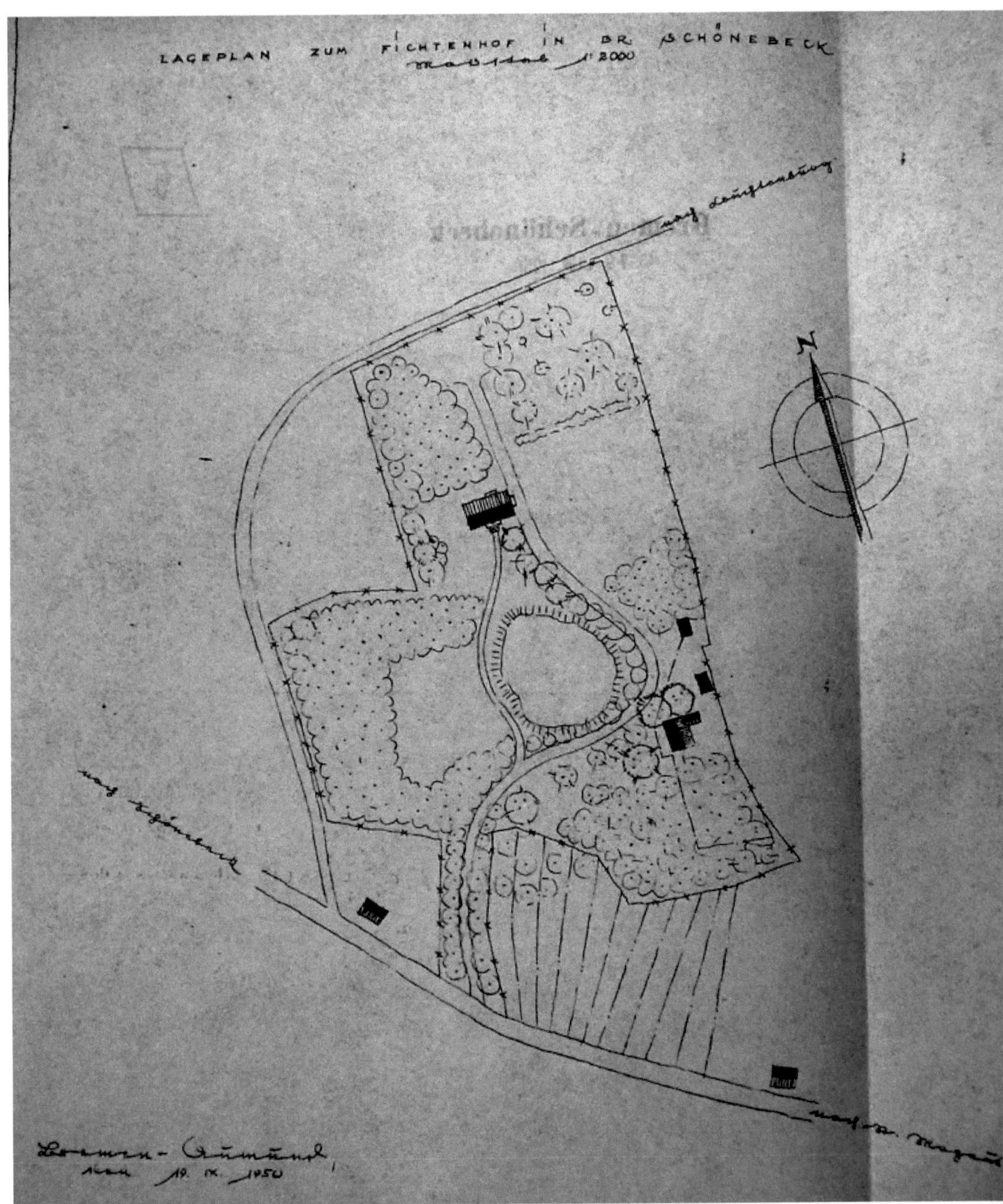

Lageplan des Fichtenhofgrundstücks, aus den Akten des Bauamtes Bremen-Nord, zur Verfügung gestellt durch das Bremer Amt für Baudenkmalpflege – dargestellt ist der Bebauungsstand nach 1945

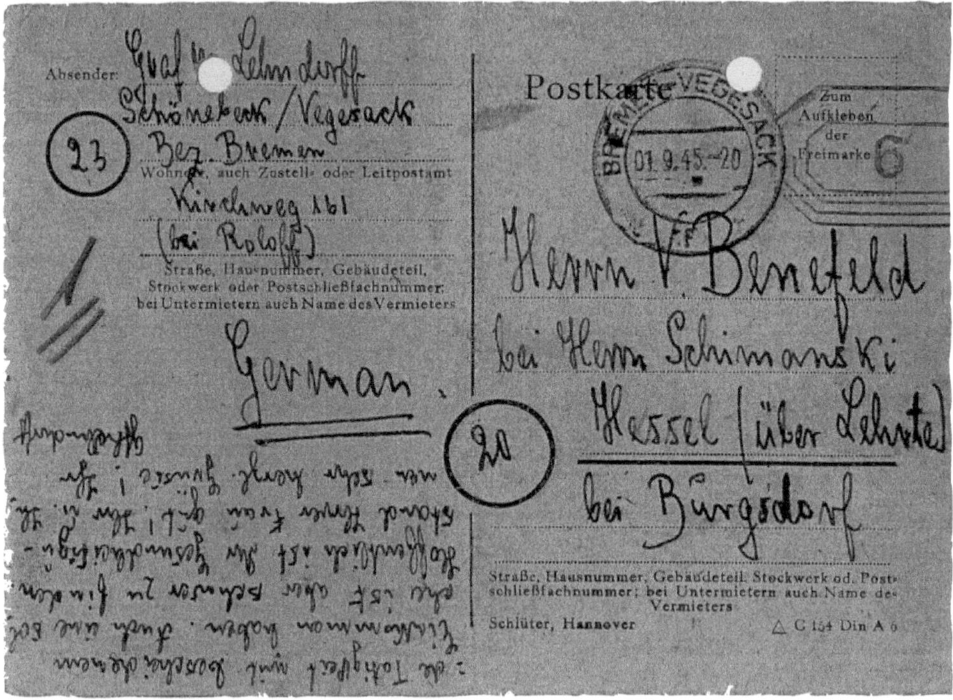

Absender: Graf v. Lehndorff
Schönebeck/Vegesack
Bez. Bremen
Wohnort, auch Zustell- oder Leitpostamt
Kirchweg 161
(bei Roloff)
Straße, Hausnummer, Gebäudeteil, Stockwerk oder Postschließfachnummer; bei Untermietern auch Name des Vermieters

German.

Postkarte

BREMEN-VEGESACK 01.9.45.-20

Zum Aufkleben der Freimarke

Herrn V. Benefeld
bei Herrn Schimanski
Hassel (über Lehrte)
bei Burgdorf

Straße, Hausnummer, Gebäudeteil, Stockwerk od. Postschließfachnummer; bei Untermietern auch Name des Vermieters

Schlüter, Hannover △ C 154 Din A 6

Als er im Spätsommer 1945 Viktor Benefeld, den Verwalter seiner ostpreußischen Güter, in der Nähe von Burgdorf wiedergefunden hatte, gab es zwischen beiden gleichwohl keine Klagen über das Verlorene. Aus den Zeilen, die er seinem Verwalter am 1.9.1945 per Postkarte übersandte, ist allenfalls eine gefasste Wehmut herauszuhören

wie Nesslinger an Baronesse Ropp schrieb. Haben Sie von irgendwelchen unserer Leute etwas gehört? Ich lebe hier unter verhältnismäßig angenehmen Umständen mit meiner Frau, Schwiegertochter und den Steinorter Kindern, deren Zukunft mir natürlich große Sorgen macht. Ich selbst stelle nach allem Unglück, das wir durchgemacht haben, keine großen Ansprüche mehr an das Leben, aber würde gerne eine einigermaßen zusagende Tätigkeit mit bescheidenem Einkommen haben. Eine solche ist aber schwer zu finden. Hoffentlich ist der Gesundheitszustand Ihrer Frau gut! Ihnen sehr herzliche Grüße! Ihr GfLehndorff.«

Spielgruppe Fichtenhofer Kinder

Erinnerungen an das Miteinander der Menschen auf dem Fichtenhof aus kindlicher Sicht, aber auch an andere Begebenheiten, die sich ihnen eingeprägt hatten, überliefern auch die in der Nachbarschaft wohnenden **Peter und Eveline Schmidt,** Kinder von Bernhard Schmidt, dem Chauffeur von Wilhelm Roloff.[414]

Peter Schmidt (genannt Pitt): »*Zum Kriegsende kamen noch die vier Töchter Eleonore (Nona), Vera, Gabriele (Dicky) und Catharina mit ihrer Mutter, der Gräfin Gottliebe von Lehndorff, auf den Fichtenhof. Sie erweiterten unsere Spielgruppe ebenso wie die vier Söhne Dedo, Dietlof, Bernd und Gerd der im Februar 1945 aus Fürstenau in der Uckermark geflüchteten Familie von Arnim, die in das Haus ›Banda Neira‹ (heute Buchenhof) ganz in der Nähe des Fichtenhofs zogen. Da deren Vater erst 1947 aus russischer Gefangenschaft frei kam, wuchsen die meisten von uns für Monate und Jahre vaterlos auf.*

Der BMW der Frau Roloff war nach Kriegsende bei uns in der Garage versteckt. Als Bremen dann Teil der amerikanischen Besatzungszone wurde, kam der amerikanische Major Richard Weber zu unserer Mutter und wollte die Garage inspizieren. Er gehörte zum CIC (Counter Intelligence Corps). Er fand den BMW, beschlagnahmte ihn und fragte nach dem Eigentümer. Wahrheitsgemäß sagte meine Mutter, dass das Auto zum Fichtenhof gehöre, worauf sich der Offizier dorthin auf den Weg machte. Die Begegnung mit Frau Roloff hatte dann ungeahnte Folgen. Sie verliebten sich ineinander und wurden ein Paar. Von da an war Major Richard Weber, bald nur noch ›Dick‹ genannt, ständiger Gast auf dem Fichtenhof. US-Major Weber sorgte dafür, dass wir Dinge besaßen, die sonst nicht zu bekommen waren: Bälle, Kaugummi, Angelgerät. Ab und zu saßen wir vor dem Kamin und bedienten uns aus der Hausbar mit amerikanischem Whisky.

Mein Freund Michael machte viel Verbotenes und wurde dafür bestraft. An einigen Streichen war auch ich beteiligt, so spielten wir Fußball und Handball in der Wohndiele des Hauses. Einmal wurden wir zusammen bestraft, weil

414 Aus den Lebenserinnerungen von Peter Schmidt (11.11.1993) und Interview mit Peter Schmidt am 30.6.2014: »Ich möchte mich als den besten Freund von Michael Roloff, den Sohn von Lexi und Wilhelm Roloff bezeichnen. Michael Roloff und ich sind in etwa gleich alt. Wir wurden beide im Jahr 1935 geboren.«

wir die Gänse vom Karpfenteich mit Stöcken durch den Wald gejagt hatten. Wir hetzten sie so sehr, dass sie sich nicht mehr orientieren konnten und gegen Bäume liefen und sich verletzten. Der dabei entstandene Lärm hatte Michaels Vater alarmiert, der gerade zuhause war. Er verpasste jedem von uns 25 Hiebe mit der Reitpeitsche und wir mussten 50mal schreiben ›Ich darf keine Tiere quälen.‹

Nona von Lehndorff kam später in ein Internat. Wenn sie Ferien hatte, kam sie wieder zu uns auf den Fichtenhof. Wir bildeten dann einen Kreis um sie, und sie erzählte ihre neuen aufregenden Erlebnisse. Was sie dort erlebt hatte und zu erzählen wusste, eröffnete uns Einblicke in bisher nicht gekannte Welten.

Zeitweilig war auch die beste Freundin der Frau Roloff, die Gräfin Plettenberg, auf dem Fichtenhof.

Als Herr Roloff 1946 interniert wurde und seine Stellung bei der ›Nordsee‹ verlor, versuchte Frau Roloff den Fichtenhof ohne zusätzliches Einkommen zu bewirtschaften. Sie verkaufte dazu einige Baugrundstücke entlang der Straße Zum Fichtenhof.

Peters Schwester Eveline[415] ergänzt Peters Erinnerungen: *»An die Lehndorff-Kinder und die Baronesse von der Ropp habe ich nur wenige Erinnerungen, weil ich nach Kriegsende zur Arbeit ging. Ich erinnere mich aber, dass Frau Roloffs Mutter, die Baronin von Alvensleben, oft mit dem Fahrrad zu meiner Mutter kam. Sie trug einen sehr zerschlissenen hellen Popelinmantel und einen grünen Jägerhut. Sie wollte hören, ob unsere Mutter schon Nachricht von unserem Vater aus der russischen Kriegsgefangenschaft erhalten hatte. Sie war sehr Anteil nehmend und hatte ein ehrliches Interesse an uns.*

Unser Vater kam 1947 nach Hause und wurde gleich wieder bei der ›Nordsee‹ eingestellt. Bis zu seiner Verrentung 1969 war er Cheffahrer der jeweiligen Direktoren der Firma.«

Vera Gräfin von Lehndorff erinnert sich: *»Von Lexis Sohn Michael weiß ich wenig zu berichten. Meine Schwester Nona und er haben sich andauernd Streiche ausgedacht, sind auf Bäume geklettert, von denen meine Schwester nicht mehr runter kam. Ich wollte lieber alleine sein, deswegen habe ich das gar nicht so mitbekommen. Michael hatte immer so ein verschmitztes Gesicht, das mir ein bisschen unheimlich war. Sein Lachen und die dunklen Augen, die irgendwie*

415 Interview mit Eveline Schwechel, geb. Schmidt.

blitzten, machten großen Eindruck auf mich. Er hatte immer so ein verschmitztes Grinsen, wie es auch sein Vater hatte.«[416]

Michael Roloff erinnert sich an die Rückkehr des Großvaters Werner von Alvensleben, nachdem dieser aus der NS-Haft im Zuchthaus Magdeburg durch die Amerikaner befreit worden war. Der Tag wurde ihm unvergesslich, da sein Großvater bei seiner Ankunft von einem bewunderten Helden der damaligen Zeit begleitet wurde: *»1945 fuhr mein Großvater zu uns in einem BMW, zusammen mit einem Herrn Sauer, dem Ersten Ingenieur des Zeppelins ›Hindenburg‹, der dessen Zerstörung in Lakehurst, New Jersey, schwerverletzt überlebt hatte und der deshalb sehr viele geheilte Brandwunden aufwies.«*[417]

Zeitzeugin Frieda Setke – als ostpreußische Köchin auf dem Fichtenhof

In der Übersicht Meldedaten der Bewohner des Fichtenhofs ist auch Frieda Setke[418] verzeichnet, die am 13.8.1946 angemeldet wurde und dort bis zum 1.3.1949 wohnhaft blieb. Aufgrund der Angaben in ihren Erinnerungen wird sie schon im Laufe des Jahres 1945 auf den Fichtenhof gekommen und schon vor der Wohnsitzanmeldung hier tätig gewesen sein.

Frieda Uden, geb. Setke, erzählte dem Verfasser im Sommer 2007 aus ihrem Leben: *»Der Fluchttreck, mit dem ich zum Kriegsende die ostpreußische Heimat verlassen musste, führte mich bis Lesum/Burg in Bremen. Ich war 21 Jahre alt, hatte während der Flucht solch schreckliche Erlebnisse, dass sie mich bis heute begleiten. Daher war ich dankbar für ein gewisses Glück, als ich bei der sehr netten Bauernfamilie Bosse eine Wohnstelle bekam. Der Bauer war im Krieg umgekommen, aber bei der Großmutter und ihrer Schwiegertochter hatte ich es gut. Der Großmutter konnte ich viel von mir*

416 Interview mit Vera Gräfin von Lehndorff am 29.12.2015.

417 Aus der E-Mailkorrespondenz mit Michael Roloff vom 22.11.2011 u. 17.3.2014.

418 Frieda Setke, später verheiratete Uden, *21.5.1924 in Kerstuppen, †31. 12 2012. Eltern waren Gutsarbeiter im Kreis Goldap in Ostpreußen. Ihr Vater flüchtete 1917 aus Wolhynien nach Ostpreußen. Die Großeltern väterlicherseits wurden während der russischen Oktoberrevolution ermordet.

erzählen. So wusste sie, dass ich auf dem Rittergut Herzog-Meyhöffer im Kreis Goldap/Ostpreußen Hauswirtschafterin gelernt hatte und dass ich aus einer großen Familie mit noch elf Geschwistern komme. Zum Kriegsende wurden wir alle verstreut.

Als Großmutter Bosse eines Tages ganz aufgeregt zu mir kam, glaubte ich zuerst, dass meine Eltern mich über das Rote Kreuz ausfindig gemacht hätten. Sie sagte, da seien Menschen, die nach Ostpreußen-Flüchtlingen fragen. Aber, als ich da hinkomme, da ist da die Gräfin Lehndorff und sie sagt, ›Ich suche für die Frau Roloff jemanden, der kochen kann. Wir sind da alle eingezogen, sind da Flüchtlinge, und wir haben keine, und ich möchte unbedingt eine Ostpreußin haben. Wir haben mit den Bremerinnen immer Pech gehabt.‹ Als ich ihr sagte, dass ich keine Erfahrung und noch nie für so viele Leute gekocht hätte, meinte sie, wenn ich das auf dem Rittergut Herzog-Meyhöffer im Kreis Goldap gelernt hätte, dann würde ich das schon können, die Lehrmädchen von Herzog-Meyhöffer würden alle etwas können. – Sie war so nett und so rührend und hat mir gut gefallen. Und als sie dann fragte: ›Möchten Sie das nicht mit uns versuchen?‹ habe ich zugesagt und bin auf den Fichtenhof gezogen.

Ich wohnte im Haupthaus. Unten war die Küche, von der ich in den Garten schauen konnte, es war alles schön angelegt. Unten war auch die große Halle mit dem Kamin und der riesig großen Bibliothek mit vielen wertvollen Büchern. Die Schlafräume und die Bäder, die waren eine Etage höher.

Wenn ich an das Kochen im Fichtenhof denke, fallen mir gleich die großen Fische ein, die es dort gab. Es waren Riesenfische: Heilbutt, Steinbutt und so weiter, die Herr Roloff manchmal aus Bremerhaven mitbrachte. Ich hatte große Pfannen für die Zubereitung, darin gelang das Garen der dicken Fleischschicht dieser Fische. In der Küche hatte ich noch zwei Helferinnen. Für die vielen Personen im Haus wurde viel Essen gebraucht. Es war ja oft Besuch da, dann hatte ich um die zwanzig Personen am Tisch, da wurde das Essen schnell knapp. Oft hatten die Kinder hinterher noch Hunger und die Gräfin Mausi[419] *fragte mich, ob ich nicht mehr Kartoffeln kochen oder etwas aufheben könne. Roloffs hatten auch zwei Kühe, die vom Gärtner versorgt und gemolken wurden. Von der Milch konnte ich dann den Kindern etwas*

419 Gräfin Mausi war der Umgangsname für Gottliebe Gräfin von Lehndorff.

geben. Die waren ja sehr zart und schwach. Die Gräfin Lehndorff war dann selig und sagte: ›Was habe ich Glück, dass ich Sie habe.‹ Manchmal ist aber auch genug übrig geblieben, dann konnte ich das dem Gärtner geben, zum Aufwärmen am nächsten Tag. Ich musste auch das Gemüse aus dem Garten in große Gläser einwecken, die kamen dann in den Keller. Ich kann mich erinnern, dass dort auch Fässer mit Tischwein und Heringsfässer standen. Eigentlich waren alle mit dem Essen zufrieden, es war ja auch gut. Wer konnte sich damals schon Heilbutt und das alles leisten?

Als ich auf den Fichtenhof kam, wohnten dort auch noch die Eltern von Lexi Roloff, Graf und Gräfin von Alvensleben. Die Gräfin von Alvensleben ging am Stock, ich merkte, dass sie in ihrem Leben schon viel durchgemacht haben musste.

Von den Schwiegereltern der Gräfin Mausi, die auch dort wohnten, weiß ich nicht mehr viel. Der Graf Lehndorff war sehr sportlich mit dem Reiten. Einmal im Monat kam seine Tochter, die Gräfin Dönhoff, zu Besuch. Dann saßen alle gemütlich am Kamin zusammen. Das war aber auch sonst immer so. Tagsüber gingen die Herrschaften spazieren, abends saßen sie am Kamin.

Die junge Gräfin Lehndorff war auch sehr nett zu mir, wir haben uns gut verstanden. Für mich ist sie bis heute Gräfin Mausi, so wurde sie auf dem Fichtenhof genannt. Auch an ihre vier Mädchen erinnere ich mich, aber nur an deren Rufnamen, wie sie bei uns gebraucht wurden: Nona, Vera, Dicky und Bäri.

Die Lehndorffs haben sich sehr für mich eingesetzt. Sie haben sich mit dem Suchdienst des Roten Kreuzes in Verbindung gesetzt und mir geholfen, meine Familie wieder zu finden. Ich konnte das nicht, weil ich dazu zu unerfahren war. Als meine Familie gefunden war, erlaubte Frau Roloff, dass ich ihnen Lebensmittel von unseren Vorräten schickte.

Meinen Lohn, es war nicht viel, erhielt ich von Frau Roloff in bar ausgezahlt. Sie war eine selbstbewusste Frau, ließ sich von niemandem etwas sagen. Arrogant war sie nicht, sondern immer nett. Sie war die Besitzerin und hatte einen bildhübschen Sohn. Doch dann passierte es, dass sie sich in diesen Herrn Weber verliebte, einen hochrangigen amerikanischen Offizier. Er kam fast täglich zu Besuch und aß auch mit den anderen. Wir hatten dadurch alles, was es sonst nicht gab. Es kam immer ein Lkw der amerikanischen Armee und brachte z.B. Konservendosen, aber auch Zigaretten.«

Margaretha Baroness von der Ropp in den Erinnerungen von Zeitzeugen

Die Ankunft der **Margaretha Baroness von der Ropp** auf dem Fichtenhof wurde bereits beschrieben. Sie war eine Persönlichkeit, die sich in die Erinnerung aller, die sie erlebt hatten und mit denen sie zu tun hatte, unvergesslich eingeprägt hat. Michael Roloff war vor allem von ihrer äußeren Gestalt beeindruckt. Die meisten Zeitgenossen berichten dagegen von ihrer natürlichen Herzlichkeit. Sie blieb für mehr als vier Jahre auf dem Fichtenhof wohnhaft.

Sie wartete nicht auf fremde Hilfe, sondern nahm ihr Schicksal in die eigenen Hände. Mit den mitgebrachten Pferden machte sie sich selbstständig und bot Speditionsdienste an. »Neun Monate fuhr sie als Kutscher auf den Straßen, froh darüber, wenn schon nicht Menschen, so doch Pferde umsorgen zu können.«[420] Als die Fahraufträge ausblieben, gab sie das Unternehmen auf und verdingte sich in Grambke als Knecht auf dem Gut Dunge.[421]

Allen, die auf dem Fichtenhof für kürzere oder längere Zeit Unterkunft fanden, oder die aus anderem Grund mit der Baroness Kontakt hatten, ist sie aufgrund ihrer Gestalt, ihres kräftigen, tiefen baltischen Tonfalls, vor allem aber wegen ihrer unvergleichlichen menschlichen Art und ihr Unterstützungswerk in der Evangelischen Vertriebenenhilfe in Erinnerung geblieben. Während der Folgejahre wurde sie in Bremen zu einem über den Kreis der Vertriebenen hinaus viel beachteten Original der tätigen Menschlichkeit. Einige Äußerungen von Zeitzeugen mögen das belegen:

- Vera von Schlippe, Deutschbaltin wie die Baroness, schrieb über sie:[422] »Sie gehörte zu den Menschen, die alles verloren hatten, worüber sie nicht sprach, aber ihr Reichtum bestand darin, dass sie den Verlust hinnehmen konnte, sozusagen abtun konnte, mit einer darüber stehenden Selbstverständlichkeit. Sie war eine echte Christin. Sie lebte vom Glauben, den sie weitergeben wollte. ... Es ging viel Ruhe von ihr aus. Sie hatte auch Humor und stand fest im Glauben. Ich

---

420 Undatierter Zeitungsausschnitt im Nachlass der Baroness, aus: Die Botschaft, Ev. Wochenzeitung für Niedersachsen.

421 Nach der Erinnerung von Christine Beuthner, einer geflüchteten Königsbergerin, die nach dem Krieg ähnlich wie die Baroness vielen Vertriebenen bei der Bewältigung ihrer Not behilflich war. Sie war leitend tätig im Deutschen Hausfrauenbund.

422 Brief von Vera von Schlippe (* 18.4.2011 in Riga, †28.12.2006) vom 19.3.2003 an den Verfasser.

bewunderte sie, wie sie manches von den Mitmenschen einstecken konnte, ohne sich anmerken zu lassen, dass es sie bestimmt getroffen hat. Sie ging aber mit Grandezza darüber hinweg und nahm es nicht ernst. Sie war eine starke Persönlichkeit … Ich habe viel Hochachtung vor der B. v. d. Ropp, ja ich verehrte sie.«

- Eine Bremerin, Agnes Marie Georgie, berichtete über sie: »Man sah sie schon von weitem: sehr groß, im abgetragenen schwarzen Lodenmantel, schwarze Baskenmütze auf kurzem, weißen Haar – ›Baronesse‹, so hieß sie allgemein. Bei der Begrüßung im unverfälschten Baltisch strahlten ihre tiefblauen Augen so viel Wärme aus, als hätte sie gerade auf ihr Gegenüber gewartet!«[423]
- Frieda Uden, geb. Setke, berichtete dem Verfasser das Folgende: »*Abends war auch die Baronesse von der Ropp wieder im Hause, die ja einmalig war. Das war ein Mensch sozusagen wie Du und ich, die war total natürlich. Die hatte den Grafen Lehndorff sehr unterstützt. Tagsüber ist sie anfangs mit einem Pferdefuhrwerk gefahren, ist viel weg gewesen. Aber wo die Pferde standen, weiß ich nicht. Auf dem Grundstück war dafür kein Stall, da waren nur die Kühe. Ich habe mich gewundert, wo sie das Fuhrwerk hat, aber gesprochen hat sie darüber nicht. Mit dem Pferdewagen ist sie auch einkaufen gefahren, auch mit mir. Gekleidet war sie nicht wie die Gräfinnen und Baroninnen. Meistens war ihre Garderobe in Dunkel gehalten. Sie hatte alles dunkle Sachen und dann aber sehr einfach. Und sie hatte ja so Riesenfüße!. Sie war irgendwie – einmal hat ein Verkäufer gesagt: ›Och, da kommt ja das Mannweib wieder.‹ Ein bisschen merkwürdig war sie schon, aber sie war eben so nett. Und das zählt. Dann sieht man alles andere nicht. Sie ist manchmal in die Küche gekommen und hat gesehen, was ich mache. Dann hat sie zu mir gesagt: ›Jetzt müssen sie mir aber mal einen Tipp geben.‹ Wir haben auch über das Lehndorff-Brot gesprochen, das ich schon aus Ostpreußen kannte, auch meine Eltern kannten es. Sie hat dann aber gesagt: ›Aber Friedchen, das Rezept verrate ich nicht.‹ Die Baronesse konnte was. Sie war auch nicht distanziert, sie war eine einfache, sehr bescheidene Frau.*«[424]
- Vera Gräfin von Lehndorff ist von der Baroness offenbar vor allem visuell beeindruckt worden. Sie erinnert sich: »*Margaretha von der Ropp war sehr präsent mit ihrem beindruckenden körperlichen Volumen, sie erschien mir wie ein Monument. Sie hatte etwas Männliches, einen kurzen Männerhaarschnitt und diesen besonderen baltischen Akzent mit ihrer dunklen Stimme: ›So meine Kinder, ich*

---

423 Brief von Agnes-Marie Georgii (* 15.10.1911 in Bremen, † 11.4.2005) v. 9.2.2003 an den Verfasser.

424 Interview mit Frieda Uden, Sommer 2007.

werde euch mal Essen kochen.‹ Sie hat mich beeindruckt, diese gewaltige Person vor dem Herd, die da rührte. Sie war sehr liebevoll und immer freundlich. Mit Selbstverständlichkeit wurden von ihr die notwendigen Dinge erledigt, dabei war sie humorvoll und witzig … Die Erinnerung an die Baronesse von der Ropp, die Röppin, wie sie auch genannt wurde, ist leider in der Geschichte meiner Familie später ziemlich untergegangen. Dass sie tüchtig war, das wurde schon damals gesagt – ›Die Röppin hat sofort die Ärmel hochgekrempelt und angepackt‹«.[425]

Feuer auf dem Fichtenhof – Frieda Setke verhindert einen Großbrand

Frieda Uden, geb. Setke, berichtete dem Verfasser auch die folgende Begebenheit: *»Das Dach war mit Reet gedeckt, da hat es mal einen Brand gegeben und den habe ich gelöscht. Da wurde ich noch geehrt, weil ich das gemerkt hatte. Ich hatte das gerochen, die anderen hatten das gar nicht gemerkt. Die Feuerwehr musste trotzdem noch kommen. Aber ich hatte das Schlimmste verhindert.«*

Durch Nachfrage beim Archivar der Schönebecker Feuerwehr konnte das Datum des Feuers ermittelt werden. Im Bericht heißt es dort: *»Am 21.11.1945, Buß und Bettag, ertönte um 17.15 Uhr das Feuerhorn und 17.25 Uhr wurde abgerückt. Es brannte der Fichtenhof am Kirchweg. Durch einen Schornsteinbrand war das Strohdach des Hauses entzündet. Dieses war zum Glück imprägniert und schwelte nur. Mit uns traf zu gleicher Zeit eine Gruppe der Blumenthaler Wache mit einem schweren Gerät ein. Unsere T.K.S.* wurde an einem kleinen Teiche in Stellung gebracht. Mit zwei Rohren wurden die 8–10 qm brennende Dachfläche gelöscht und 19.30 Uhr konnten wir nach Zurücklassen einer Brandwache nach Blumenthal fahren zum Schlauch wechseln. Bei der Fahrt hatten wir einen Federbruch unseres Anhängers und dieser blieb nun auch zur Reparatur in Blumenthal. Schluß 21 Uhr. Teilnehmer: Stuhr, Eberwein, Kruse, Finken, Stahmer, Henbuer, Knief, Schwarze, Hegermann, Hustedt«*[426].

---

425 Interview mit Vera Gräfin von Lehndorff am 29.11.2015.

426 Archivbericht aus den Protokollen für das Jahr 1945 freundlicherweise übermittelt von Dietmar Kreicker, Schriftwart und Archivar der Freiwilligen Feuerwehr Bremen-Schönebeck am 7.2.2012. *T.K.S. = Tragkraftspritze.

Auch Vera Gräfin von Lehndorff, die das Feuer als damals Sechsjährige erlebte, kann sich bis heute an das Ereignis erinnern: »*Es gab ein Feuer auf dem Fichtenhof. Plötzlich hieß es: ›Feuer! Feuer! – das Strohdach brennt!‹ Ich musste dann sogleich auf meine zwei jüngeren Geschwister aufpassen. Wir wurden in ein Zimmer gesperrt und durften es nicht verlassen. Ich fand das aufregend! ›Ha wie toll, es brennt!‹ Ich konnte mir die Konsequenz, kein Dach mehr über den Kopf zu haben, nicht vorstellen.*

Dann hieß es, dass die Feuerwehr die Einfahrt nicht findet. Die Einfahrt konnten sie wegen der Dunkelheit tatsächlich nicht finden, weil sie versteckt am Waldrand lag. Es gab dort keine Lampe an der Straße, man musste einfach wissen, wo sich die Einfahrt befand, – die Feuerwehr wusste das nicht. Da musste sich dann jemand hinstellen und winken, – die Feuerwehr fuhr trotzdem mehrere Male vorbei.

Als das Feuer gelöscht war, fand ich das sehr enttäuschend. Diese Momente der Aufregung bei den Erwachsenen fand ich immer toll – ein Abenteuer spielte sich ab an dem ich teilhatte – nichts konnte mehr vor den Kindern verheimlicht werden, die Emotionen der Erwachsenen wurden sichtbar, und ein Adrenalinschub für mich.«[427]

427 Interview mit Vera Gräfin von Lehndorff am 29.12.2015.

Aus der Gestapohaft an die Spitze der »Nordsee« – in die britische Internierung

Wilhelm Roloff in die Politik?

Unter dem Eindruck des Erlebten hat Wilhelm Roloff nach dem Ende seiner Haft und der Rückkehr nach Bremen zunächst wohl auch die Mitwirkung bei der politischen Gestaltung des vom Nationalsozialismus befreiten Deutschlands und im demokratisch gewählten Parlamentarismus seiner Heimatstadt in Betracht gezogen und entsprechende Schritte unternommen. Hiermit stieß er aber wohl umgehend auf Widerstand.

In der Praxis hat sich dann aber Roloffs Interesse an einer Mitwirkung in der Politik nicht verwirklichen lassen. Dass er aber nicht »in die erste, von der US-Militärregierung Ernannte Bürgerschaft berufen wurde, lag weniger am Einspruch der Kampfgemeinschaft gegen den Faschismus, sondern an seiner ehemaligen Mitgliedschaft in der NSDAP. Sie war für die US-Militärregierung ein absolutes, automatisches Ausschlusskriterium; Einzelfallprüfungen fanden nicht statt. Und auch bei den beiden späteren Bürgerschaftswahlen im Herbst 1946 und im Herbst 1947 waren frühere Pgs, die der Partei vor Lockerung der Aufnahmesperre im Frühjahr 1937 beigetreten waren und viele ehemalige Funktionsträger des Regimes nicht wahlberechtigt, geschweige denn wählbar.«[428]

---

428 Aus der E-Mailkorrespondenz am 17.1.2015 mit Dr. Karl-Ludwig Sommer, Autor der wissenschaftlichen Untersuchung: Die NS-Vergangenheit früherer Mitglieder der Bremischen Bürgerschaft, herausgegeben 2014 von der Bremischen Bürgerschaft.

Betr. Herrn Wilhelm R o l o f f , Kaufmann, Br.-Schönebeck "Fichtenhof" Kirchweg 161

Herr Roloff war Mitglied der NSDAP seit 1937 bis 1944. Er erbringt den Nachweis, daß er an der Verschwörung gegen Hitler i. Jhr. 1944 teilgenommen hat. Seine Handlung entsprang aber nicht politischen Idealen, sondern wirtschaftlichen Eigeninteressen. Die Richtung, in welcher R. Verbindungen pflegte, ist durchaus reaktionär und gibt nicht die Gewähr, daß R. geeignet sei, sich für den demokratischen Wiederaufbau Deutschlands einzusetzen.
Deshalb ist R. als Kandidat für die Bürgerschaftswahlen abzulehnen.

Dieses Blatt stammt aus der Entnazifizierungsakte Roloff, wo es gleich im Anschluss an den Meldebogen mit seinen persönlichen Angaben verwahrt ist. Folgender zeitgeschichtlicher Hintergrund könnte für die hier dokumentierte Aussage ursächlich sein: Der politische Wiederaufbau unmittelbar nach der Absetzung des NS-Senats wurde in Bremen vor allem von kommunistischen und links-sozialistischen Kräften angeführt. Bürgerliche Parteien blieben zunächst zurück.[429] Schon ab Mai 1944 hatten sich Arbeiterfunktionäre der zu der Zeit noch illegalen KPD und SPD und deren Abspaltungen KPO (Kommunistische Partei Opposition) und SAP (Sozialistische Arbeiter Partei Deutschlands), die insbesondere auf der AG Weser und bei Borgward arbeiteten,[430] auf das Kriegsende eingestellt. Sie hatten sich während der letzten Kriegsmonate mit Widerstandsgruppen auf den »Tag der Befreiung« vorbereitet und entsandten ihre Vertreter Adolf Ehlers und Hermann Wolters schon 48 Stunden nach Ende der Kampfhandlungen zum britischen Militärkommandanten und kündigten ihm ein »Sofortprogramm der Werktätigen« an. Beide waren Mitglieder der Bezirksleitung der KPD. Sie gründeten bereits am 3.5.1945 mit 21 weiteren Vertretern ehemaliger Arbeiterorganisationen die »Kampfgemeinschaft gegen den Faschismus« (KGF), die sich nicht als Partei sah, sondern als Sammlungsbewegung, die allen Antifaschisten offenstand. Mit bis zu 5.000 Mitgliedern, aber nur »einigen Hundert Aktivisten«,[431] trug die KGF ihre meist basisdemokratischen Forderungen in die öffentliche Diskussion. Die praktische Politik der KGF umfasste hauptsächlich drei Bereiche: 1. Kampf um eine umfassende Entnazifizierung. 2. Aufbau einer demokratischen Verwaltung und die Bewältigung der Nachkriegsnot. 3. Schaffung von Betriebsräten und Gewerkschaften. – Das obige Schreiben spricht die Sprache des gesellschaftspolitischen Wirkens der »Kampfgemeinschaft«.

429 Brandt, Peter, Antifaschismus, a.a.O., S. 223f.
430 Vgl. Hofschen, Heinz-Gerd, Zum ersten Male …, a.a.O.
431 Brandt, Peter, Antifaschismus, S. 111ff.

Neue berufliche Herausforderungen Roloffs bei der »Nordsee«

Die Geschichte der »Nordsee« Deutsche Hochseefischerei während des Krieges kann den Geschäftsberichten der Aktiengesellschaft nicht entnommen werden.

Den Aktionären wurden im Verlauf des Krieges kaum Angaben über wichtige Vorgänge im Unternehmen zugänglich gemacht. Um den Feindmächten keine Informationen über Kriegszerstörungen und Angriffserfolge zu ermöglichen, wurden die Geschäftsberichte auf die notwendigsten Zahlen reduziert und schließlich gar nicht mehr erstellt.

In den Berichten von Zeitzeugen ist zu lesen, dass mangelnde und 1944 gänzlich ausbleibende Zufuhren von frisch gefangenem Fisch das Unternehmen dazu gezwungen hatten, den Betrieb des zur AG gehörenden Verarbeitungsbetriebs Seeadler auf das Verarbeiten von Trockenkohl und Sauerkraut umzustellen. Bei Fisch ins Land in Wesermünde war man schon 1943 dazu übergegangen, Gemüsesalate und ähnliche Produkte herzustellen. Im Sinne des NS-Wirtschaftsdenkens sollte damit zugleich auch den Bauern im Umland geholfen werden. Sie hätten wegen des Mangels an verfügbaren Eisenbahnwaggons andernfalls ihren geernteten Kohl nicht mehr abtransportieren können.[432]

Bereits im Juni 1945[433] saß Wilhelm Roloff wieder an seinem Schreibtisch bei der »Nordsee«. Er übernahm kommissarisch die Aufgaben eines alleinigen Generaldirektors. Sein Vorgänger, Wehrwirtschaftsführer Robert Ahlf, war von den Briten wegen seiner herausgehobenen Stellung im NS-System verhaftet und in das Internierungslager Sandbostel verbracht worden.[434] Vom alten Vorstand befand sich außer Roloff nur noch Karl Körner im Amt.[435]

Wilhelm Roloff fand im Unternehmen völlig veränderte Gegebenheiten vor. Wie für alle anderen Wirtschaftsunternehmen war es auch für die »Nordsee« eine Herausforderung, sich von einer Kommandowirtschaft auf die Marktwirtschaft umzustellen.

---

432 Winter, Logbuch 1896 – 1971, 75 Jahre »Nordsee«, a.a.O., S. 41,42.

433 Wiedergutmachungsakte Wilhelm Roloff, 4,54E – 2509, Staatsarchiv Bremen.

434 Brieffragment Paul Lübcke.

435 Akte Rückübertragung der »Nordsee«-Anteile, Unilever-Firmenarchiv, Hamburg, Schreiben der »Nordsee« an die Britische Mititärregierung vom 2.8.1945.

Die »Nordsee« war darüber hinaus ein durch Kriegsereignisse schwer geschädigtes Unternehmen. Am 18.9.1944 war Wesermünde durch einen Luftangriff fast völlig zerstört worden. Auch der Gebäudekomplex der Zentralverwaltung mit dem Reedereibetrieb am alten Handelshafen wurde bei diesem Angriff schwer getroffen. Die Schiffsflotte war zu großen Teilen vernichtet oder beschlagnahmt, teilweise auch festgehalten in fremden Gewässern. 78 Fischdampfer waren zerstört oder versenkt worden, davon 68 als Kriegs-Hilfsfahrzeuge der Marine. Auch zwei der in fremden Eigentum stehenden sieben niederländischen Kühlschiffe, die von der Marine beschlagnahmt waren, um den in Norwegen tiefgefrorenen Fisch nach Deutschland zu transportieren, waren verloren gegangen.[436]

Die Fischerei stand unter alliierter Aufsicht. Trotz der vielfach erschwerten Bedingungen musste sie wieder in Gang gebracht werden. Glücklicherweise lag es im Interesse der Westalliierten, die Ernährungslage der Deutschen durch die rasche Aufnahme des Seefischfanges zu verbessern. Herbert Hoover, amerikanischer Leiter der Hilfsaktion für Europa, intervenierte bei seiner Regierung, »dass man die Deutschen Fische fangen lassen solle, anstatt sie aus den Nahrungsmittelreserven der Union zu ernähren«.[437] Damit hatte er Erfolg, soweit Fischdampfer vorhanden waren, durften sie wieder auslaufen.

Am 5.8. 1945 kehrte die 26 Jahre alte ELBERFELD als erster Fischdampfer der »Nordsee«-Flotte von ihrer Fangreise nach Wesermünde zurück; ein erster Lichtblick nach Kriegsende.

Als Zwischenlösung bis zur Wiedererrichtung der Bremerhavener Hauptverwaltung verlegte Roloff den Sitz der Geschäftsführung von Wesermünde nach Cuxhaven und richtete dort provisorische Büroräume ein.[438] Er selbst bezog dort eine Zweitwohnung und pendelte zwischen dem Fichtenhof, Wesermünde und Cuxhaven. Bernhard Schmidt, sein Chauffeur aus

436 Es existierten nur noch fünf, eines davon, die EISMEER, ex DIUVELAND, befand sich, nachdem es gesunken und wieder gehoben war, zur Reparatur auf einer Werft im dänischen Helsingör. Diese noch vorhandenen Kühlschiffe wurden gleich nach Kriegsende in die Niederlande zurückbeordert, s. Aktenvermerk von Roloff vom 16.10.1945 in der Akte Rückübertragung der »Nordsee«-Anteile, Unilever-Firmenarchiv, Hamburg.

437 Höver, Sechzig Jahre »Nordsee«, a.a.O., S. 55.

438 Nach der Erinnerung von Marx-Henning Rehder, Salzburg am 20.1.2014.

alten Zeiten, war allerdings zu dieser Zeit noch nicht aus der Kriegsgefangenschaft zurückgekehrt. Für ihn musste Ersatz gefunden werden. Die Wahl fiel auf Willi Engel, der auf dem Fichtenhof ab Juli 1945 ein Zimmer bezog und damit zugleich neuer bzw. weiterer Bewohner des Hauses wurde.

Franz Schicht, der in Deutschland das Unilever-Geschäft der MVU leitete, war Roloff in grundsätzlichen Entscheidungen, die auch die früheren Anteilseigner tangieren könnten, ein wichtiger Ansprechpartner.

Unruhe war bei Wilhelm Roloff aufgekommen, als Robert Ahlf am 21.7.1945 aus der britischen Internierung freigelassen wurde und in Cuxhaven auftauchte. Er stand allerdings noch unter Hausarrest und ihm war seitens der Briten jede Aufnahme geschäftlicher Tätigkeit untersagt. Völlig überraschend für Roloff erhielt Ahlf von der Britischen Militärregierung aber im Oktober 1945 die Genehmigung, seine Tätigkeit als Geschäftsführer der Danziger Heringsfischerei GmbH wieder aufzunehmen. Damit kam er der »Nordsee« bereits wieder sehr nahe, denn die Schiffe dieses Fischereiunternehmens wurden seit Langem von der »Nordsee« bereedert. Es stellte sich heraus, dass sich Ahlf während des Krieges, hinter dem Rücken von Vorstand und Aufsichtsrat der »Nordsee«, eine Beteiligung an dieser GmbH in Höhe von mehr als 100.000 RM gesichert hatte. Roloff teilte Ahlfs Auftauchen und die ihn überraschenden Eigentumsverhältnisse der Danziger Heringsfischerei GmbH an Unilever mit. Was er aber nicht wusste, war die Tatsache, dass Unilever von diesen Zusammenhängen wusste. Eine Unilever-Tochterfirma, die Danziger Heringshandels GmbH in Danzig, war mindestens seit Anfang 1945 selbst als Gesellschafterin an der Ahlf-Firma Danziger Heringsfischerei GmbH beteiligt.[439] Roloff schrieb der Unilever seine Empörung über die von den Briten erteilte Genehmigung. Er führte aus, in der amerikanischen Besatzungszone wäre es niemals möglich gewesen, dass einem Wirtschaftsführer, der in einer derartigen Nähe zu Göring gestanden hatte, ein solches Zugeständnis gemacht würde. Gegen Ende des Krieges war Ahlf sogar noch

439 Die Gesellschaftsanteile an der Danziger Heringsfischerei GmbH wurden von Ahlf in einem Schreiben vom 16.1.1945 an das Kriegsschädenamt Güstrow anlässlich der Verlustmeldung des MS ZOPPOT als Kriegshilfskutter aufgelistet – Das Schreiben befindet sich im Fischereiarchiv Dieter Kokot, Wingst.

zum Wehrwirtschaftsführer ernannt worden.[440] Nachfragen ergaben, dass Ahlfs Haftentlassung darauf zurückzuführen war, dass er den Briten eine Liste seiner britischen Freunde hatte zukommen lassen. Darauf sei der Name eines Lords verzeichnet gewesen, der ehedem Chairman der British Trawlers Association gewesen war. Die Rückfrage bei diesem hätte zur Freilassung Ahlfs geführt. Es sei danach lediglich ein dreimonatiges Betätigungsverbot ausgesprochen worden. Nach dessen Ablauf könne sich Ahlf privat und geschäftlich frei bewegen.[441]

Im Unilever-Firmenarchiv, Hamburg, konnte ein von Wilhelm Roloff konzipierter Vorschlag eines Organisationsplans des Vorstandes der »Nordsee« festgestellt werden. Aus ihm geht hervor, dass Roloff einerseits altgediente Führungskräfte wie Emil Bally[442] an seine Seite holte. Andererseits schlug er aber auch eine bisher unbekannte externe Persönlichkeit zur Aufnahme in den Vorstand vor. Auf diese Weise wird er die aktuellen politischen und gesellschaftlichen Notwendigkeiten berücksichtigt haben. Bei der neuen Person ohne »Nordsee«-Stallgeruch« handelte es sich um W. Traber, den Schwiegersohn des von den Alliierten eingesetzten neuen Hamburger Oberbürgermeisters Rudolf Petersen.[443]

440 Schreiben vom 28.11.1944 mit dem Briefkopf des Wehrwirtschaftsführers Ahlf im Fischereiarchiv Dieter Kokot, Wingst.

441 Schreiben und Vermerke von Roloff in der Akte Rückübertragung der »Nordsee«-Anteile, Unilever-Firmenarchiv, Hamburg.

442 Siehe notariell beglaubigte Anmeldung der Prokura Emil Ballys zum Handelsregister beim Amtsgericht Bremen vom 17.10.1933, unterschrieben von den Vorstandsmitgliedern Roloff und Körner, aufbewahrt im »Bestand »Nordsee« beim Deutschen Schiffahrtsmuseum Bremerhaven.

443 Akte Rückübertragung der »Nordsee«-Anteile«, Unilever-Firmenarchiv Hamburg.

Organisationsplan des »Nordsee«-Vorstandes
unter Wilhelm Roloff nach dessen Bestellung durch den Aufsichtsrat am 17.8. 1945

Vorsitzer des Vorstandes Wilhelm Roloff Allgemeine Geschäftspolitik Hochseefischerei-Politik Grundsatzfragen der Produktion -der Fischindustrie des Fisch-Groß- und Kleinhandels			
Wilhelm Roloff Hochseefischerei Fischindustrie Disposition der Dampfer Fischereitechnik Decksinspektion Verband der Hochsee-fischereien Steuern, Versicherungen Rechtsabteilung Nautische Abteilung Meeresforschung	**W. Traber** Technische Reederei Maschineninspektion Dampferreparaturen Dampferumbauten Neuerungen der Dampfertechnik Kriegsmarine und Navy Neubauten Allgemeine Personal-politik	**Wilhelm Buhr** Groß- und Kleinhandel Einkauf Fische, Fisch-waren u. Neben-sachen Bauten und Repara-turen, Läden und Großhandelsläger Fuhrpark der Filialen Werbeabteilung Bezirksdirektoren Filialleiter	**Emil Bally** Finanzen Buchhaltung Revisionen Statistik Kalkulation Erfolgsrechnungen Buchhaltungsleiter Leiter der Revisi-onsabteilung und Statistik

Als Vorsitzer des Vorstandes erinnerte sich Wilhelm Roloff in diesen Wochen an die Rolle des Hamburger Bankhauses Warburg. Während der Wirtschaftskrise 1931 hatte es als Retter der »Nordsee« agiert. Wenn Fischdampfer der »Nordsee« wieder auf die Namen der damaligen Gesellschafter der Bank umbenannt würden, könnte damit ein Zeichen für den Anbruch einer neuen Zeit gesetzt und eine Erinnerung an die Verfolgung und Auslöschung des deutschen Judentums und ihrer Leistungen in Politik, Kultur und Wirtschaft durch die Nazidiktatur ermöglicht werden. Für zwei Fischdampfer wurde daher bei der britischen Militärbehörde ein Antrag auf Namensänderung gestellt. Doch die Briten erlaubten nur eine Umbenennung. Der 1937 gebaute und in Cuxhaven beheimatete Fischdampfer DANZIG wurde in MAX M. WARBURG umgetauft. Damit wurde der Name von Roloffs Förderer in der deutschen Fischereiflotte wieder sichtbar.[444] Die darüber hinaus erbetene Umbenennung des in Wesermünde beheimateten Dampfers OSTPREUSSEN in DR. CARL MELCHIOR wurde abgelehnt.

444 Die MAX M. WARBURG fuhr bis 1954 in der Fangflotte der »Nordsee«, dann wurde sie an die Cuxhavener Reederei Finkenwärder Hochseefischerei verkauft; s. Geschäftsbericht 1954, in: Koschwitz, »Nordsee«-Nachrichten, Jahrgang 3, S. 3.sowie

Die Namen ausgerechnet dieser Persönlichkeiten wieder in der deutschen Fischereiflotte auftauchen zu lassen, hätte eine Wiederherstellung des Zustandes bedeutet, wie er bis zum Januar 1933 bestanden hatte. Nach Hitlers Machtübernahme war die damalige MAX M. WARBURG in NASSAU und die damalige DR. CARL MELCHIOR in HESSEN umbenannt worden.[445]

Zeitgleich mit der Rückkehr an die Spitze der »Nordsee« übernahm Roloff auch den Vorsitz im **Verband der deutschen Hochseefischerei e.V.**, den Robert Ahlf hatte aufgeben müssen. Als neuer Vorsitzender dieses Verbandes stand Roloff an der Spitze der Vertretung der wirtschaftlichen Gesamtinteressen des deutschen Hochseefischereigewerbes.[446] Diese zusätzlichen Verbandsaufgaben waren angesichts der damit verbundenen Herausforderung, eine hungernde deutsche Bevölkerung mit nur wenigen verbliebenen Fischereifahrzeugen bestmöglich versorgen zu müssen, sicherlich gewaltig. Aufgrund der Kriegsverluste gab es viel zu wenig einsatzfähige Fischereidampfer in Deutschland. Roloff beauftragte den ehemaligen »Nordsee«-Kapitän Otto Lucht, den Verbleib weiterer nicht vernichteter Schiffe zu ermitteln und sie nach Möglichkeit zurückzuführen. Kapitän Lucht stellte fest, dass sich ca. 130 als Kriegshilfskutter eingezogene ehemalige Fischdampfer und Logger der deutschen Hochseefischereiflotte in norwegischen Hoheitsgewässern befanden. Soweit sie noch fahrtüchtig waren, wurden sie aber dort gebraucht und waren beispielsweise für Zwecke der Minenräumung eingesetzt.[447] Roloffs Rückhalt bei den Briten und Amerikanern sowie die Tüchtigkeit Kapitän Luchts ermöglichten es, die Schiffe wieder freizubekommen. Zwischen Juli und September 1945 konnten sie zurückgeholt und an ihre Reedereien übergeben werden. Dieses war ein bedeutender Lichtblick für die hungernde deutsche Bevölkerung und eine verdienstvolle Leistung von Wilhelm Roloff sowie des »Nordsee«-Kapitäns Otto Lucht.[448]

---

http://www.cuxpedia.de/index.php/Finkenw%C3%A4rder_Hochseefischerei (Zugriff vom 12.3.2015).

445 Nach der Erinnerung von Dieter Kokot, Wingst.

446 Dierks, August: Der Bremerhavener Fischereihafen, in: Heimatchronik der Stadt Bremerhaven, a.a.O., S. 132.

447 Vorläufiger Bericht des Kapitänleutnants Otto Lucht, vom 30.9.1945 über seine Tätigkeit als deutscher Fischerei-Offizier für den norwegischen Raum – Rückführung deutscher Fischereifahrzeuge von Norwegen nach Deutschland, in: Fischereiarchiv Dieter Kokot, Wingst.

448 Einige Dampfer blieben von den Besatzungsbehörden beschlagnahmt und wurden an ihre früheren Eigentümer zunächst lediglich verchartert. Ihr Verkauf (aus britischer

Im Oktober 1945 veröffentlichte Wilhelm Roloff den ersten Nachkriegs-Geschäftsbericht der »Nordsee« Deutsche Hochseefischerei AG. Er betraf die Jahre 1943/44. Darin teilte er mit, dass *»erstmals kriegsbedingte Ausfälle des Anlagevermögens zum Ausdruck kommen können, dieses sei bisher aufgrund der bis Kriegsende bestehenden Abwehrvorschriften nicht erlaubt gewesen ... Nach dem Verlust des Krieges müßten außerdem sämtliche ausländischen Beteiligungen als verloren angesehen werden.«*

Die vom Aufsichtsrat der »Nordsee« im August 1945 bestätigte Position Roloffs als Generaldirektor der »Nordsee« bedeutete auch für die Bewohner des Fichtenhofs eine wirtschaftliche und finanzielle Absicherung. Sie konnten ihr Leben nun mit etwas weniger Sorgen gestalten und einrichten. Die Versorgung der vielen Hausbewohner mit Essen und Trinken wird gleichwohl eine Herausforderung gewesen sein, gerade angesichts des damaligen allgemeinen Mangels an Lebensmitteln. Lediglich frischer Fisch wird oft und ausreichend verfügbar gewesen sein, dafür wird Wilhelm Roloff als Chef der »Nordsee« gesorgt haben, indem er gelegentlich einigen Fisch mit nach Hause brachte. Gleichwohl bedurfte es einer Köchin mit besonderer Tüchtigkeit, um alle Bewohner und die immer wieder eintreffenden Verwandten und andere Gäste zu versorgen.

Roloffs anfangs erfolgreiches Agieren im Entnazifizierungsverfahren

Die Entnazifizierung der deutschen Wirtschaft war im Falle Robert Ahlfs von den Briten sehr großzügig gehandhabt worden. Für Wilhelm Roloff sollte sie sich zu einer gravierenden und langandauernden Belastung entwickeln.

Für die Vorstandsmitglieder der »Nordsee« galt die Vorschrift des am 26.9.1945 verkündeten Gesetz Nr. 8 der amerikanischen Militärregierung, da der Firmensitz der »Nordsee« in Wesermünde und damit in der amerikanischen Besatzungszone lag.

Das genannte Gesetz war zum Zwecke der Entnazifizierung der Wirtschaft erlassen worden. Im Grundsatz verbot es generell die Beschäftigung

Beschlagnahme) bzw. ihre kostenlose Rückgabe (aus amerikanischer Beschlagnahme) sollte sich noch bis Mitte der fünfziger Jahre hinziehen, in: Koschwitz, »Nordsee«-Nachrichten, Jahrgang 2, Nr. 9, S. 1.

von ehemaligen Mitgliedern der NSDAP in einer anderen Stellung als der eines gewöhnlichen Arbeiters. Frühere Parteimitglieder sollten nicht mehr in leitenden und überwachenden Tätigkeiten beschäftigt werden. Das Gesetz war mit seiner Verkündung sogleich geltendes Recht geworden, auch in Bremen und Bremerhaven. Einschließlich seiner Ausführungsverordnung bestimmte es auch das Verfahren hinsichtlich eingehender Widersprüche. Ein sogenanntes Vorstellungsverfahren wurde für den Fall des Widerspruchs eines Betroffenen bestimmt.

Im Fall Wilhelm Roloff, der sich für den Widerstand eingesetzt und nur aus Opportunismus und im Interesse des Mehrheitseigners Unilever NSDAP-Mitglied geworden war, hätte es eigentlich ein Leichtes sein müssen, den Beschränkungen dieses Gesetzes auszuweichen. Im Herbst 1944 war seine Mitgliedschaft sogar durch Martin Bormann persönlich »wegen Verrats an Führer und Volk« durch Parteiausschluss beendet worden.[449] Doch all das zählte unter dem US-Besatzungsrecht zunächst nur wenig, das offizielle Verfahren musste durchlaufen werden.

Die Geschäftsleitung der »Nordsee« in Wesermünde nahm daher Verbindung zum kommandierenden Major Benson des U.S. Military Government auf. Am 16.10.1945 folgte sie dessen Weisung und reichte eine Liste von leitenden bzw. überwachenden Mitarbeitern beim Oberbürgermeister in Wesermünde ein und beantragte für diese früheren NSDAP-Mitglieder die vorläufige Genehmigung der Weiterbeschäftigung. Zur Begründung heißt es in dem Antrag: »*Wie Ihnen bekannt, ist die Aufrechterhaltung der Hochseefischerei und gleichzeitig der Wiederaufbau der Hochseefischerei für die Ernährungssicherung des deutschen Volkes von allergrößter Bedeutung. Es ist nicht möglich, die Betriebe und insbesondere den Fischfang aufrecht zu erhalten, wenn die in dem Antrag genannten Personen nicht weiter arbeiten können. Wir haben die in Frage kommenden Herren veranlasst, sofort bei Ihnen auf Grund der Bestimmungen des Gesetzes Antrag auf Wiedereinstellung in ihre alte Stellung zu stellen. Bis zur Entscheidung dieser einzelnen Anträge, die von uns befürwortet werden, bitten wir Ihrerseits beim U.S. Military Government Wesermünde unseren Antrag auf vorläufige Beschäftigung der in Frage kommenden Herren nachdrücklich zu befürworten. Wir haben den Antrag auf vorläufige Beschäftigung nur für solche Herren gestellt, deren Wiederbeschäftigung nach den uns gewordenen Auskünften des*

449 Entnazifizierungsakte Wilhelm Roloff, 4,66 -I- 9186, Staatsarchiv Bremen.

U.S. Military Governments voraussichtlich möglich sein wird und die im Interesse der Aufrechterhaltung des Betriebes unbedingt notwendig sind.«[450]

Für elf Personen, darunter auch Wilhelm Roloff, wurde am 17.10.1945 die vorläufige Genehmigung zur Weiterbeschäftigung bei Major Benson beantragt. Wilhelm Roloff selbst reichte am 24. Oktober einen Lebenslauf ein, dem er Beschreibungen seiner oppositionellen Einstellung und seines Wirkens während der NS-Zeit beifügte. Diese waren verfasst vom Hausjuristen der »Nordsee«, Dr. Ahlers, und von seinem Schwiegervater Werner von Alvensleben. Aus einer von ihm selbst zur Vorlage bei Major Benson verfassten achtseitigen Beschreibung seines Verhältnisses zur NSDAP ist in diesem Text bereits mehrfach zitiert worden. Zum Abschluss seiner Ausführungen schreibt er: »*Unter den wenigen Überlebenden der Bewegung würden die Herren Rechtsanwalt Eduard WAETJEN, Zürich, Rechtsanwalt Dr. SCHLABRENDORFF in Wiesbaden, Oberregierungsrat a. D. GISEVIUS in Zürich sowie Generalleutnant Graf Gerd von SCHWERIN, zurzeit in Kriegsgefangenschaft in Wiesbaden, näher über meine Haltung gegenüber dem Nationalsozialismus und über meine Beteiligung an der zum 20. Juli führenden Bewegung aussagen können. ... Meine Bekanntschaft mit diesen 4 Herren reicht bis auf 1937 zurück, sie können bezeugen, dass ich mich nur unter dem äußersten und für mich unausweichlichen Druck zum Beitritt zur Partei bereitgefunden habe. Zur Erleichterung des Verfahrens überreiche ich anbei zwei mir zur Verfügung gestellte schriftliche Äußerungen der Herren von ALVENSLEBEN und Rechtsanwalt Dr. AHLERS«.*[451] Am 30. Oktober legte Roloff noch Bescheinigungen über die Art seiner Tätigkeit beim Heeresverwaltungsamt vor, in denen u.a. erwähnt ist, dass er während der dortigen Tätigkeit eine Uniform zu tragen hatte, was anscheinend der Erklärung bedurfte.[452] Der Antrag wird danach schnell beschieden. Bereits am nächsten Tag urteilt der Prüfungsausschuss in Wesermünde, dass Wilhelm Roloff beschäftigungswürdig sei.[453]

Major Benson selbst hatte den Eingang dieser Erklärungen aber offenbar gar nicht für erforderlich gehalten. Bereits einige Tage zuvor, am 25.10.1945, hatte er die vorläufige Genehmigung zur Weiterbeschäftigung für Wilhelm Roloff und

450 Magistrat der Stadt Bremerhaven, Bl. 48 der Akte Hauptamt I Nr. 564 (Genehmigung und Ablehnung von Anträgen auf vorläufige Weiterbeschäftigung von Beschäftigten in der freien Wirtschaft durch die Militärregierung. Buchstaben N – S, 1945 – 1947).

451 Entnazifizierungsakte Wilhelm Roloff, 4,66 -I- 9186, Staatsarchiv Bremen.

452 Wiedergutmachungsakte Wilhelm Roloff, 4,54E – 2509, Staatsarchiv Bremen.

453 Entnazifizierungsakte Wilhelm Roloff, 4,66 -I- 9186, Staatsarchiv Bremen.

das weitere Vorstandsmitglied Wilhelm Buhr erteilt. Für neun weitere leitende »Nordsee«-Mitarbeiter, darunter das weitere Vorstandsmitglied Emil Bally, gab es (zunächst?) keine Genehmigung zur vorläufigen Weiterbeschäftigung.[454]

Ein Blick auf die niederländische Unilever-Führung während der letzten Kriegsmonate

Zu Kriegsbeginn hatten sich die Geschäftsführer Frederik Tempel und A. E. J. Simon-Thomas, die beide zusammen mit Pieter Hendriks das Deutschlandgeschäft der MVU bestimmten, von Berlin nach Rotterdam zurückgezogen. Hendriks residierte schon seit 1935 in London. 1939 übernahm er in Rotterdam die zusätzliche Aufgabe, das gesamte kontinentale Geschäft der Unilever durch die Kriegszeiten zu lenken. Die Leitungsaufgaben vor Ort in Berlin übernahmen Franz und Heinrich Schicht.

Während der Zeit, in der Wilhelm Roloff in Gestapohaft einsaß, war aber auch das niederländische Unilever-Management zu Geiseln der Gestapo geworden. Der Wirtschaftshistoriker Gerhard Wöbbeking hat diese Ereignisse wie folgt beschrieben:

»Am 7.11.1944 wurden neun Manager der Unilever, u.a. Hendriks und Dr. Simon Thomas, in Rotterdam vom deutschen Sicherheitsdienst festgenommen. Nur die Geschäftsführer … Hofman und Tempel, konnten entkommen und sich bis Kriegsende verstecken. … Die nahezu komplette Unilever-Geschäftsleitung wurde von Rotterdam nach Berlin gebracht …

Die Geiseln waren in Berlin ihres Lebens nicht sicher, auch wenn man sie im Hotel Adlon unterbrachte. Sie waren nicht nur durch die alliierten Bombenangriffe bedroht – die Unilever-Riege stand auch unter der Beobachtung der Gestapo. … Das Reichssicherheitshauptamt wollte sich für Beteiligungen Unilevers am niederländischen Widerstand jederzeit rächen können. …

Es gelang aber – durch die Vermittlung Blessings? –, die Unilever-Geschäftsleitung aus der Hauptstadt herauszubringen und auf dem Lande einzuquartieren,

454 Magistrat der Seestadt Bremerhaven, Akte Hauptamt I Nr. 564 (Genehmigung und Ablehnung von Anträgen auf vorläufige Weiterbeschäftigung von Beschäftigten in der freien Wirtschaft durch die Militärregierung, Buchstaben N – S, 1945 – 1947).

… auf einem Wohnschiff beim Gutshof des Dissener Margarine-Fabrikanten Hugo Homann in Ahrensberg/Mecklenburg.

Erst am 18.5.1945 kehrten die neun Manager ins Rotterdamer Hoofdkantor zurück, von den Beschäftigten stürmisch begrüßt. Der bereits 66-jährige Pieter Hendriks überlebte die Rückkehr nur um ein Jahr. An seinem Grab sagte sein Kollege M. D. de Baat, dass die Verschleppung durch die Gestapo seine Gesundheit angeschlagen und ihn selbst geistig und körperlich gebrochen habe. Bei seiner Rückkehr sei er nicht mehr der alte gewesen.«[455]

Roloffs Bemühen um die Rückübertragung der »Nordsee«-Anteile an Unilever

Gerade aus der Haft befreit und körperlich erheblich geschwächt, wird Roloffs Arbeitskraft vom ersten Tag seiner Rückkehr an den Schreibtisch bei der »Nordsee« aufs Äußerste gefordert gewesen sein. Zeit, um täglich vom Fichtenhof nach Cuxhaven, dem Interimssitz der Geschäftsführung, und abends wieder zurückzufahren, wird er nicht gehabt haben. Im Herbst 1945 nahm er daher zusätzlich einen Wohnsitz in Cuxhaven.[456]

Roloff oblagen die Aufgaben des Vorstandsvorsitzenden der »Nordsee« und die des Vorsitzenden des Verbandes der deutschen Hochseefischerei e.V. Daneben hatte er auch noch die eigene Infragestellung durch das »Gesetz Nr. 8 der amerikanischen Militärregierung« auszuhalten.

Zusätzlich kümmerte er sich mit besonderem Eifer um die Rückabwicklung der 1941 erfolgten Aneignung der MVU-Anteile der »Nordsee« durch Hamburgs Gauleiter Kaufmann und andere Hamburger Interessenten. Er war dabei um einen engen Kontakt zur Unilever-Führung in Rotterdam und London bemüht.

Gauleiter Karl Kaufmann war es gewesen, der 1941 maßgeblich Görings Direktive zur Überführung der Unilever-Anteile in reindeutschen Besitz umgesetzt hatte. Wegen seiner herausgehobenen Position in der NS-Hierarchie wurde er nach dem Krieg sogleich von den Briten interniert. Rudolf Petersen wurde an

455 Vgl. Wöbbeking-Typoskript, Unilever-Archiv, Hamburg.
456 Schreiben vom 11.7.1947 in der Wiedergutmachungsakte Wilhelm Roloff, 4,54E – 2509, Staatsarchiv Bremen.

seiner Stelle am 15.5.1945 als Erster Bürgermeister der Freien und Hansestadt Hamburg eingesetzt.

Am 22. Juni besprach sich Bürgermeister Petersen mit Roloff, um Modalitäten einer Rückabwicklung des Zwangsverkaufs der »Nordsee«-Aktien zu erörtern. Eine vom Bürgermeister erbetene Auflistung ergab, dass es inzwischen mehr als 150 Anteilseigner gab, die ihre Aktiendepots bei sieben verschiedenen Banken hatten. Roloff, MVU-Chef Franz Schicht und Bürgermeister Petersen verfolgten zunächst die Idee, die Aktionäre aufzufordern, ihre Aktien zum Abgabekurs aus dem Jahre 1941 (150 % des Nennwertes) an die MVU zurückzugeben. Petersen erklärte sich als Rechtsnachfolger von Gauleiter Kaufmann sogar bereit, dessen Methode nochmals anzuwenden und die Rückgabe der Aktien anzuordnen. Doch diese Idee wurde rasch verworfen, die Zeit der Kommandowirtschaft war vorbei. Außerdem würden damit die weiteren eingetretenen Verluste der MVU infolge der Zwangsbesteuerung des Buchgewinns und des Wegfalls des Schachtelprivilegs nicht ausgeglichen. Ein Antrag der MVU vom 7.7.1945, eine Erstattung dieser zusätzlichen Verluste durch den deutschen Staat vorzunehmen, war von den Briten unter Verweis auf die bisherige Unklarheit des Weiterbestehens der Rechtspersönlichkeit des Deutschen Reiches abgelehnt worden.

Die MVU konnte jedoch rechtlich und faktisch keinen Einfluss auf die Zusammensetzung des Aufsichtsrates nehmen, solange die abgepressten Aktien der »Nordsee« nicht an sie zurück übertragen waren. Wilhelm Roloff wollte aber nichts gegen die Interessen Unilevers/MVU entscheiden. Regelmäßig bemühte er sich, die Meinung der MVU und der Unilever-Führung in Rotterdam zu erfahren. Allerdings war dieses schwierig, denn die niederländischen Unilever-Manager konnten wegen eines alliierten Verbots grenzüberschreitender Reisen für Zivilpersonen während des gesamten Jahres 1945 nicht selbst zur MVU nach Hamburg kommen. Die Abstimmung erfolgte daher notgedrungen nur brieflich und hinterlässt so einen für die historische Forschung aufschlussreichen Archivbestand.[457]

Am 23.7.1945 teilt Roloff Pieter Hendriks eine Entscheidung der Militärregierung mit, in der es heißt: *»Die Rückerstattung von Steuern ist eine Forderung an das Deutsche Reich und dürfte deshalb zur Zeit nicht abgewickelt werden können … bis zu dem Zeitpunkt, an dem eine allgemeine Regelung … durch die*

457 Akte Rückübertragung der »Nordsee«-Anteile«, Unilever-Firmenarchiv, Hamburg. Der Inhalt ist allerdings nicht blattiert, daher wurden weitere Fußnoten bei den jeweiligen Angaben unterlassen und auf diese Quelle nicht immer wieder neu hingewiesen.

Militärregierung festgestellt wird.« Er zitiert dann die Entscheidung der MVU-Führung in Hamburg-Bahrenfeld: »*Herr Schicht war der Meinung, dass infolgedessen auch die Aktienübertragung ruhen müsste«* und schreibt schließlich seinen Standpunkt, dass er »*ohne die klare Entscheidung des Konzern* (gemeint ist Unilever) *Entscheidungen hinsichtlich des Baues von neuen Fischdampfern und des Wiederaufbaues nicht treffen könne und nicht treffen wolle.«* Obwohl die britische Militärregierung allein Franz Schicht zum Custodian des von der Militärregierung anerkannten ausländischen Konzerns bestimmt hatte, genügte Roloff dessen Meinung nicht. Stattdessen bat er dringend um eine Anweisung der Unilever an ihn und an Franz Schicht.

Am 31.7.1945 fertigte Franz Schicht einen Vermerk über eine Besprechung des Vertreters der britischen Militärregierung mit ihm und Roloff. Aus dieser Notiz geht hervor, dass die Besatzungsmacht einer friedlichen Einigung zur Rückgabe der Aktien an die MVU nichts in den Weg legen würde. Hamburgs Bürgermeister Petersen erklärte sich bereit, bei den Banken, die die Depots für die jetzigen Anteilseigner verwalteten, ein schriftliches Angebot der MVU zum Preis von 150 % des Nennwerts zur Rückübertragung vorzulegen. Zu seiner Instruktion erhielt er von Roloff am 3.8.1945 einen schriftlichen Rückblick auf das Jahr 1941, als annähernd 50 % des Aktienkapitals der »Nordsee«, nämlich ein Aktienkapital von RM 8.777.000,- Stammaktien und RM 2.015.000,- Vorzugsaktien zum Kurs von 150 % von der MVU zunächst an Robert Ahlf zur Weitergabe an einen Interessenten-Kreis um Hamburgs Gauleiter Karl Kaufmann verkauft werden mussten.

Obwohl eigentlich alle Beteiligten vom Unrecht des Geschehenen hätten überzeugt sein müssen, kam die angestrebte »friedliche Einigung« im Laufe des Jahres 1945 nicht zustande. Im November 1945 hatte sich auch die Dresdner Bank nochmals um eine Lösung bemüht. Dresdner Bank-Direktor Hölling von der für Bremen zuständigen überregionalen Leitung in Hamburg hatte am 9.11.1945 in einem Gespräch mit dem MVU-Vorstand den Standpunkt vertreten, dass die Dresdner Bank das Interesse habe, »die Sache wieder in Ordnung zu bringen«, denn sie sei im Jahre 1941 die Bank gewesen, die als Führerin des Konsortiums die der MVU abgenommenen Aktien an Dritte weitergegeben hatte. Doch alle Bemühungen blieben erfolglos.

Ursächlich für das einstweilige Scheitern waren wohl vor allem auch unterschiedliche Meinungen über den tatsächlichen Wert der Aktien zum Zeitpunkt der Abgabe 1941 und zum aktuellen Zeitpunkt nach den nun eingetretenen Kriegsschäden und Schiffsverlusten. Die Frage eines Ausgleichs für die beim Zwangsverkauf einbehaltenen Steuern konnte ebenfalls nicht geklärt werden. Der Vorstand der »Nordsee« stellte unwidersprochen fest, dass der »innere Wert« der »Nordsee« im Jahre 1941 einem Kurs der Aktien von 188 % entsprochen hätte. Die Erwerber hätten also einen um mehr als 20 % höheren als den von Göring bestimmten Preis zahlen müssen. Für den Rückkauf der Aktien sei nun aber der gegenwärtige »innere Wert« der »Nordsee« zu betrachten. Dieser sei nach Ende des Krieges infolge der Kriegseinwirkungen auf 80,5 % zurückgegangen.

Spekulanten hatten allerdings andere Vorstellungen. Der Kurs der Wertpapiere lag sogar über dem Verkaufskurs von 1941. Einige Neu-Aktionäre boten Ihre Anteile der MVU zu aktuellen Kursen an, doch diese ging darauf nicht ein.[458]

Ein vom Hamburger Bürgermeister Petersen erwogenes repressives Vorgehen gegen die neuen Eigentümer der »Nordsee«-Anteile wurde von der MVU ausgeschlossen; auch deshalb, weil sie ein Interesse hatte, »zu vermeiden, dass sie mit dem Odium belastet werde, gegen die jetzigen Aktienbesitzer in der gleichen Weise vorzugehen, wie man seinerzeit gegen sie vorgegangen war«.[459] Pikanterweise lehnte auch die Stadt Hamburg eine Rückgabe der in ihrem Eigenbesitz befindlichen Aktien im Dezember 1945 ab.[460]

Eine Rückübertragung der Aktien konnte aufgrund alliierter Bestimmungen nur mit Zustimmung der britischen Militärregierung erfolgen. Diese hatte nach dem militärischen Sieg über NS-Deutschland bald festgestellt, dass in Deutschland nicht nur ein demokratisches Staatswesen aufzubauen und die NS-Täter zu verfolgen seien. Sie erkannte offenbar auch, dass das Unrecht der zahlreichen willkürlichen Eigentumsentziehungen rückgängig gemacht werden müsste. Sie gründete dazu für den Bereich ihrer Besatzungszone die Dienststelle Property Control (Eigentumskontrolle), hatte aber offenbar keine Vorstellung von der Dimension dieser Aufgabe. Die Property Control musste zu allen Erwägungen immer wieder gehört werden. Am 15.1.1946 berichtete Roloff schließlich an die oberste Unilever-Leitung, die Herren Dr. Simon-Thoma und Tempel, dass die Property Control die Klärung der Rückgabe verschieben wolle, weil mittlerweile erwogen werde, die »Nordsee« unter Treuhandverwaltung zu stellen.

---

458 Vermerke zu Anfragen der Firmen Sloman & Gebr. Edye in der Akte Rückübertragung der »Nordsee«-Anteile«, Unilever-Firmenarchiv, Hamburg.

459 Vermerk von Dr. Frankenbach, Syndikus der MVU vom 7.12.1945 in der Akte Rückübertragung der »Nordsee«-Anteile«, Unilever-Firmenarchiv, Hamburg.

460 Ebd., Vermerk von Dr. Frankenbach vom 12.12.1945.

Auch die Zusammensetzung des Aufsichtsrats der »Nordsee« musste hinterfragt werden

In den 13-köpfigen Aufsichtsrat waren nach der Enteignung des früheren Mehrheitsaktionärs Unilever im Jahre 1941 natürlich auch die Gefolgsleute des Hamburger Gauleiters Karl Kaufmann gewählt worden. Es waren dies: Dr. Otto Wolff, Gauwirtschaftsberater, Dr. Burchard Motz, Hamburger Feuerkasse, und Carl Fr. Christiansen. Sie repräsentierten den von Göring gewünschten neuen »reindeutschen Besitz« an der »Nordsee« und blieben auch nach dem Zusammenbruch mit Sitz und Stimme in diesem Gremium.

Wie oben ausgeführt, hatte auch MVU-Vorstand Franz Schicht anfangs angenommen, dass die Rückgabe der MVU-Anteile nur eine Frage der Zeit sei. Der Vorstand der »Nordsee« behandelte die MVU wie eine anwesende und bestimmende Mehrheitsaktionärin.

Dringend notwendige Sitzungen des Aufsichtsrats und des Vorstandes der »Nordsee« waren in der unmittelbaren Nachkriegszeit auch innerhalb Deutschlands nur schwierig zu organisieren. Am 16./17.8. 1945 sollte endlich eine solche Zusammenkunft am provisorischen Sitz der Gesellschaft in Cuxhaven stattfinden. Wilhelm Roloff bereitete die gemeinsame Sitzung der Leitungsgremien akribisch vor. Mit Schreiben vom 2. August beantragte er die dafür erforderliche Genehmigung bei der britischen Militärregierung unter Bekanntgabe der Tagesordnung und Nennung der Namen der teilnehmenden Personen. Aus diesem im Unilever-Archiv in Hamburg aufbewahrten Antrag geht hervor, dass auch Gäste eingeladen waren, nämlich Franz Schicht von der MVU und Direktor Scharnberg von der Dresdner Bank.

Es sollte eine bedeutsame Sitzung werden, denn Roloff versuchte bei der Zusammenkunft die Zusammensetzung des Aufsichtsgremiums nach seinen Vorstellungen zu manipulieren. Mitglieder des Aufsichtsrates, die er im angeblichen Interesse der MVU ausbooten wollte, hatten keine Einladung erhalten. Die Gefolgsleute des ehemaligen Gauleiters Kaufmann und drei weitere frühere NSDAP-Mitglieder sollten nicht mehr in den Aufsichtsrat gelangen. Dabei handelte es sich um den Vorsitzenden des Aufsichtsrats Robert Stuck, Direktor der Bremer Bank, den 2. stellv. Vorsitzenden Dr. Richard Duckwitz, Bremen und Dr. Otto Dettmers, Rechtsanwalt aus Bremen. Aus einer für Pieter Hendriks gefertigten Notiz über die Ergebnisse der Aufsichtsratssitzung ist dieses Bemühen allerdings noch nicht erkennbar. Hendriks wird darin lediglich die Bestellung des neuen Vorstandes unter Wilhelm Roloff mitgeteilt. Außerdem wird ihm berichtet, dass die Herren Hermann Marwede (Brauerei Beck & Co.) als Vorsitzender und Hermann Krause (Norddt. Kreditbank) als dessen Stellvertreter im Aufsichtsrat verblieben seien. Für den Anteilseigner Dresdner Bank sei Herr Scharnberg kooptiert worden.

Wilhelm Roloff hatte sich jedoch verrechnet. Der von ihm nicht eingeladene bisherige Aufsichtsratsvorsitzende Robert Stuck, zugleich Vertreter der Dresdner Bank, war von den Briten am Tag vor der Sitzung des Aufsichtsrats nach fünfwöchiger Internierung nach Hause entlassen worden. Mit einem Brief an den Vorstand vom 20. August beanstandete er, nicht eingeladen gewesen zu sein. Er behauptete, er hätte im Falle einer Einladung kommen können.

Der Ablauf der Sitzung und deren Ergebnisse führten unmittelbar zu Belastungen des Verhältnisses der von Roloff geführten »Nordsee« zur MVU und zur Dresdner Bank. Wilhelm Roloff erkannte, dass er Robert Stuck, der ihm offenbar seit dessen 1933 erfolgten erstmaligen Wahl in den Aufsichtsrat das Leben schwergemacht hatte, nicht so einfach loswerden konnte. Zunächst versuchte er, sich doch noch durchzusetzen. In seinem Antwortbrief an Stuck vom 25. August behauptete er, die Militärregierung habe nicht nur den Rücktritt des Generaldirektors Ahlf verlangt, sondern habe auch gefordert, *»dass diejenigen Aufsichtsratsmitglieder, welche sich bei der Veräußerung des Aktienbesitzes der Unilever exponiert und mit den Hamburger Behörden zusammen gearbeitet hätten, sobald wie möglich aus dem Aufsichtsrat zurücktreten oder abberufen werden müssten«*. Zusätzlich benutzte er dann eine Lüge und schrieb weiter: *»In den nachfolgenden Verhandlungen mit Vertretern der Unilever habe ich nachdrücklichst von mir aus den Standpunkt vertreten, dass man den von britischer Seite als untragbar angesehenen Mitgliedern die Möglichkeit einräumen solle, freiwillig zurückzutreten. Das ist dann auch bezüglich derjenigen Herren geschehen, die für mich vor der Aufsichtsratssitzung, die auf Verlangen der Unilever-Herren auf den 16. d. M. anberaumt wurde, erreichbar waren. Gegenüber Herrn Dr. Dettmers und Ihnen und den Herren Wolff und Christiansen war dies nach Lage der Verhältnisse ja leider nicht möglich. Ich schlug deshalb den Unilever-Herren vor, bezüglich des Herrn Dr. Dettmers und Ihnen die Abberufung noch solange zurückzustellen, bis Sie selbst in die Lage versetzt wären, sich über Ihren freiwilligen Rücktritt zu erklären. Dieser mein Versuch scheiterte nun leider an dem kategorischen Widerspruch der Unilever-Vertreter, die die Bereinigung des Aufsichtsrats von den bei Unilever nicht mehr als tragbar angesehen Herren sofort erledigt verlangten.«*

Diese Ausführungen zu angeblich von Unilever-Vertretern vorgetragenen Wünschen waren frei erfunden. Roloffs Lüge kam umgehend ans Licht, weil

Robert Stuck nicht seinen Rücktritt erklärte, sondern sich mit einem langen Brief vom 31.8.1945 u.a. an die MVU-Führung in Hamburg wandte. In diesem Schreiben schilderte er Unverständnis über Roloffs Agieren. Er habe während Roloffs Haft trotz Anfeindungen dafür gesorgt, dass dessen Gehalt ohne Unterbrechung überwiesen wurde. Er könne sich seine von Roloff betriebene Abberufung nur als einen Racheakt und eine Reaktion darauf erklären, dass Roloff und er früher ständig ernste Zusammenstöße gehabt hätten. Er habe sich verantwortlich gefühlt, »Roloff sehr auf die Finger zu sehen, nicht nur, weil ihm die etwas großzügige Geschäftspolitik den Anlass zu ernsten Bedenken gab, sondern auch die large Art des Herrn Roloff in Spesenfragen und dgl. …«

Das MVU Direktoren-Kollegium reagierte »befremdet«. Auch Roloffs Argumentation, dass Stucks Ausscheiden letztlich doch im Interesse von Unilever sei, bewirkte kein Verständnis für sein Handeln. Franz Schicht und die weiteren Vorstandsmitglieder legten Wert auf einen von ihm völlig übersehenen Umstand, dass *»Herr Roloff doch wohl nicht behaupten könne, angeregt worden zu sein, Wünsche von Unilever in einem Zeitpunkt Dritten gegenüber zum Ausdruck zu bringen, wenn Unilever die Aktien noch nicht zurückerworben habe, weil einfach die Grundlage fehle, sich in interne Dinge bei der ›Nordsee‹ bestimmend einzumischen«*.

Roloff hatte mit seiner Intrige nicht nur die MVU in eine schwierige Lage gebracht, auch für die Mehrheitsaktionärin hatte sich eine unangenehme Situation entwickelt. Nach der faktisch wirksamen Abberufung der Bankvertreter Stuck und Dettmers war die Dresdner Bank nun nicht mehr im Aufsichtsrat vertreten. Hinsichtlich ihrer Mitbestimmungsmöglichkeit befand sie sich damit in einer ähnlichen Situation wie die MVU. In einer Besprechung vom 13.9.1945 erörterten Alfred Hölling, der für Industriebeteiligungen zuständige Direktor der Dresdner Bank, und Franz Schicht die Situation. Hölling glaubte den Ausführungen Stucks. Schicht und Hölling waren sich einig, dass ein Ausscheiden Stucks nur dann erfolgen könne, wenn für die Dresdner Bank zwingende Gründe vorliegen würden oder wenn es nachweislich der Wunsch der Militärregierung sei. Ein Wunsch der Unilever, der vielleicht später, nach Rückübertragung der Aktien, bestehen würde, sei derzeit nicht maßgebend.

Am 17.9.1945 folgte eine Aussprache Roloffs mit Dresdner Bank-Direktor Hölling. Roloff verpflichtete sich, den bezweifelten Wunsch der britischen Militärregierung nach einer Entfernung Stucks aus dem Aufsichtsrat nachzuweisen. Dazu sollte er eine schriftliche Erklärung einreichen, dass es einen solchen Wunsch der Militärregierung gegeben habe.

Mit Schreiben vom 19.9.1945 gelang es Roloff tatsächlich, die verlangte Bestätigung vorzulegen. Demnach hatte die Royal Navy Security ihm im Juli 1945 mitgeteilt, dass es erwartet werde, dass nicht nur das Vertragsverhältnis zu Ahlf zur Auflösung gebracht werden müsse, sondern dass die »Nordsee« *»auch diejenigen Herren aus dem Aufsichtsrat zurückzieht, die entweder als aktive Nationalsozialisten anzusprechen seien, wie die Herren Dr. Wolff, Christiansen, Dr. Duckwitz und Dr. Burchard Motz, sowie diejenigen, die an der bekannten Unilever-Transaktion beteiligt waren, nämlich Herr Direktor Stuck und Herr Dr. Dettmers, Bremen. Dabei ist Herr Dr. Dettmers lediglich deshalb mitbenannt, weil er als Vertreter der Bremer Bank in den Aufsichtsrat der ›Nordsee‹ berufen war ...«*

Aufgrund dieses ursprünglich nicht zu erwartenden Briefes erklärte die Dresdner Bank, dass sie die Rücktrittsschreiben der Herren Stuck und Dr. Dettmers aus dem »Nordsee«-Aufsichtsrat veranlassen werde. An ihrer Stelle werde Herr Scharnberg einspringen. Wenig später stellte sich jedoch heraus, dass die Kooptierung des Bankvertreters Scharnberg in den »Nordsee«-Aufsichtsrat unzulässig und somit unwirksam war. Die Bank war somit zunächst gar nicht mehr darin vertreten, erhielt aber wenig später ein Schreiben der MVU, in dem diese zusagte, sogleich nach Rückübertragung der Aktien dafür stimmen zu wollen, dass die Dresdner Bank wie ehedem zwei Aufsichtsratsplätze besetzen könne.

Aus dem vorstehend geschilderten Verlauf der Angelegenheit Roloff/Stuck ist ersichtlich, dass eine besondere Nachkriegskonstellation durch vorangegangenes NS-Unrecht und die neue Weisungsmacht der Alliierten entstanden war. Diese brachte einerseits eine Gefahr von Missverständnissen und Konflikten, bot andererseits aber auch Chancen für Karrieristen, sich hinter angeblichen Interessen der Alliierten zu verstecken. Die Auswirkungen solcher Zeiterscheinungen bekam damals auch Wilhelm Roloff zu spüren, für den es im Grunde existenziell wichtig war, sich das Vertrauen der Unilever-Führung zu bewahren oder neu zu erwerben. Dabei war ihm ein bedeutsamer Fehler unterlaufen.

Nach Erledigung der »Angelegenheit Stuck«, bedurfte es abschließend noch der rechtswirksamen Abberufung von tatsächlich belasteten Personen aus dem Aufsichtsrat. Mit Schreiben vom 8.10.1945[461] beantragte der übrige Aufsichtsrat der »Nordsee« beim Handelsregister des Amtsgerichts Wesermünde, die

461 Kopie des Schreibens im Fischereiarchiv Dieter Kokot, Wingst.

Bestellung der Herren Dr. Otto Wolff[462] und Karl F. R. Christiansen zu Mitgliedern des Aufsichtsrates zu widerrufen. Zur Begründung des Antrages wurde in dem Schreiben u.a. ausgeführt:

Nach Durchführung der rechtswidrigen und erzwungenen Transaktion wurden Herr Dr. Wolff (Gauwirtschaftsberater in Hamburg) und Herr Christiansen als Exponent der Hamburger Aktionärsgruppe, die das Aktienpaket der Margarine Verkaufs-Union an sich gebracht hatte, in den Aufsichtsrat gewählt.

Die Militärregierung hat ihrer Erwartung Ausdruck gegeben, dass die ›Nordsee‹ selbst alle Schritte unternimmt, um die kompromittierten Mitglieder des Aufsichtsrats aus ihren Positionen zu entfernen.

Sowohl Herr Dr. Wolff wie Herr Christiansen sind wegen ihrer führenden Stellung in der Partei sofort nach der Besetzung von der Militärregierung verhaftet und befinden sich unverändert in Haft.

Es bedarf keiner weiteren Ausführungen, dass die vorerwähnten Tatsachen es völlig unmöglich machen, dass die beiden Herren dem Aufsichtsrat der ›Nordsee‹ weiterhin angehören. Da infolge ihrer Verhaftung keine Möglichkeit besteht, ihnen die Niederlegung ihrer Mandate zu ermöglichen, bleibt nur der Weg der Abberufung durch das Gericht.

Die »Nordsee« glaubte richtigerweise auch hinsichtlich der Zusammensetzung des Aufsichtsrats nach dem Gesetz Nr. 8 der amerikanischen Militärregierung handeln zu müssen. MVU-Direktor Anton Hüweler, der offenbar zusammen mit Franz Schicht die Leitung der deutschen Unilever-Gruppe übernommen hatte, stellte bereits am 19.8.1945 in einem Brief an Frederik Tempel, Unilever-Chef in Rotterdam, fest, *»dass wir allen wirklichen Nazis den Laufpass geben, allerdings unter wirtschaftlicher Begründung, weil wir keine politischen Märtyrer schaffen wollen.«*[463]

Roloff und Hüweler stellten am 9.10.1945 gemeinsam fest, dass die meisten Aufsichtsratsmitglieder Parteimitglieder gewesen waren und damit disqualifiziert seien.

Personalfragen in der Form von Klärungen politischer und interessengeleiteter Entscheidungen traten in den folgenden Wochen und Monaten immer wieder

462 Dr. Otto Wolff, 1907–1992, war maßgeblich an der »Arisierung« und Überführung jüdischen Besitzes in Hamburg beteiligt.

463 Vgl. Wöbbeking-Typoskript, Unilever-Archiv, Hamburg.

in den Vordergrund. Sie führten beispielsweise auch dazu, dass selbst Franz Schicht zum 30.10.1945 von Rotterdam aus abberufen wurde. Gerhard Wöbbeking schreibt dazu: »*Franz Schicht und Heinrich Schicht (hatten zu Beginn des Krieges) das Board (die Unilever-Gesamtleitung in Rotterdam) verlassen und die Aufgaben der Niederländer im Vorstand der Margarine-Verkaufs-Union übernommen. – Nach Kriegsende 1945 kündigte Unilever allen Schicht-Familienmitgliedern, die auf dem Kontinent eine Managementfunktion hatten. Auch Heinrichs zwei Jahre jüngerer Bruder Georg, als naturalisierter Engländer bis Frühjahr 1946 Board Member, zog sich aus dem Geschäft zurück.*«[464]

Und im Februar 1946 traf es dann auch Wilhelm Roloff!

Internierung durch die Briten

Offenbar wurden von irgendeiner Seite weiterhin Zweifel an Wilhelm Roloff vorgebracht. Er wird davon erfahren haben und suchte daher Hilfe bei der Opfervereinigung Komitee ehemaliger politischer Gefangener. Bei dieser Vereinigung handelte es sich um eine Selbsthilfegruppe, die sich um die soziale Betreuung ihrer Klienten kümmerte und sich im politischen Raum um Entschädigungen für erlittene Haft einsetzte.[465] Am 25.1.1946 erhielt Roloff von der Vereinigung den Ausweis Nr. 10. Mit dieser Certification Card konnte er den Nachweis führen, dass »er wegen politischer Aktivität politischer Gefangener gewesen war«.[466]

Roloff spürte offenbar eine stärker werdende Verunsicherung um den Fortbestand seiner beruflichen Stellung. Am 13.2.1946 bat er schließlich den von den Amerikanern eingesetzten Oberbürgermeister von Wesermünde, Dr. Helmuth Koch, um Unterstützung. Mit ihm traf er sich zu einer Besprechung und schrieb ihm am gleichen Tag auch noch einen Brief. Dieser enthält die schon recht verzweifelten Sätze: »*Unter Bezugnahme auf unsere heutige Besprechung behändige ich Ihnen in der Anlage Abschrift meiner Anlage zum Vorstellungsverfahren. Ich wäre Ihnen ausserordentlich dankbar, wenn Sie sich der Mühe unterziehen würden, diese Anlage einmal durchzulesen, damit Sie selbst genau darüber*

464 Ebd.

465 Die Vereinigung war eine von mehreren Vorläufer-Organisationen, die sich 1947 zur Vereinigung der Verfolgten des Naziregimes (VVN) zusammenschlossen.

466 Schreiben vom 11.7.1947 in der Wiedergutmachungsakte Wilhelm Roloff, 4,54E – 2509, Staatsarchiv Bremen.

unterrichtet sind, wie mein Fall im Einzelnen liegt. Im Interesse von Wesermünde dürfte es doch liegen, dass nicht nur die ›Nordsee‹ voll aktionsfähig ist, sondern auch der Verband. Sie werden begreifen, dass ich nach dem, was meine Familie und ich selbst haben durchmachen müssen, es reichlich satt habe, mich weiter discutieren zu lassen. Nach allem, was ich erlebt habe, hatte ich geglaubt, annehmen zu dürfen, dass ich von jeder diesbezüglichen politischen Diskussion frei sein würde. Wie kann man eigentlich eindeutiger seine Einstellung beweisen als dadurch, dass man nicht nur sein eigenes Leben einsetzt, sondern im klaren Bewusstsein das Schicksal seiner ganzen Familie riskiert?«[467]

Roloffs Befürchtung, dass seine Stellung an der Spitze der »Nordsee« nicht mehr sicher war, sollte sich bestätigen. Obwohl er zuvor seitens einer US-amerikanischen Dienststelle als Vorstandsvorsitzenden der »Nordsee« für »beschäftigungswürdig« erklärt worden war, traten die Briten auf den Plan und internierten ihn. Gleichzeitig beschlagnahmten sie sein gesamtes persönliches Vermögen.

Zeitzeugen verbreiteten sogleich, Roloff sei von den Briten »durch eine Intrige aus der »Nordsee« heraus verhaftet worden.«[468] Doch welcher Art die Vorwürfe waren, die Roloff gemacht wurden, konnte der Verfasser trotz aller Nachfragen und Recherchen in Archiven nicht herausfinden. Eine unsichere Quelle führt aus, er habe versucht, alliierte Dienststellen gegeneinander auszuspielen.[469] In späteren Korrespondenzen schrieb er immer wieder, zur Verhaftung sei es infolge einer Denunziation durch zwei Widersacher mit NS-Verstrickung gekommen.[470]

467 Entnazifizierungsakte Wilhelm Roloff, 4,66 -I- 9186, Staatsarchiv Bremen

468 Nach der Erinnerung eines von Wilhelm Roloff eingestellten ehemaligen leitendernMitarbeiter.

469 Brieffragment Paul Lübcke.

470 Aus der E-Mailkorrespondenz 25.11.2013 mit Dr. Hans Hesse, Autor der grundlegenden Arbeit Konstruktionen der Unschuld über die Entnazifizierung in Bremen: »Was die von Ihnen erwähnte ›Denunziation‹ anbetrifft, so halte ich die Verwendung dieses Begriffs im Zusammenhang mit der Entnazifizierung für problematisch. Die Entnazifizierungsbehörde hat anfangs die Namen derjenigen in den Zeitungen veröffentlicht, gegen die sie ein Verfahren anzustrengen gedachte und die Bevölkerung um Hinweise zu diesen Personen gebeten. Vielfach wurden auch Anzeigen erstattet. Dieses Vorgehen ist jedoch von einer Denunziation in einem totalitären Regime zu trennen. Die Bremer Entnazifizierungsbehörden waren in jedem Fall auf die Mitarbeit der Bevölkerung angewiesen. Manchesmal wurde in dem Spruchkammerverfahren dann ein Vorwurf entkräftet – oder aber bestätigt, aber rechtlich anders bewertet. Einer »Denunziation« am nähesten käme eine wissentliche Falschaussage. Ob ein Zeuge

Roloffs Verhaftung entsprach eigentlich nicht dem, was wichtigen Betriebsführern seitens der Briten üblicherweise widerfuhr. Entweder müssen schwerwiegende Beschuldigungen gegen Roloff erhoben worden sein oder er muss als Wirtschaftsführer sehr prominent gewesen sein. Ein Zeitzeuge berichtete dem Verfasser, Roloff sei 1944 Wehrwirtschaftsführer geworden und damit dem NS-System besonders verpflichtet gewesen.[471] Dieses scheint zutreffend zu sein, doch wurden Dokumente, die diese Berufung beweisen könnten, vom Verfasser nicht festgestellt.

Roloffs Freund Karl Blessing war Wehrwirtschaftsführer. Als solcher wurde er von den Briten für lange Zeit interniert. Ebenso, wenn auch nur für kurze Zeit, wurde mit Roloffs Widersacher Robert Stuck verfahren, dem Direktor der Bremer Bank. Doch meistens erging es NS-Wirtschaftsführern in der britischen Zone glimpflicher als in gleicher Weise Belasteten in der amerikanischen Zone. In Bremen führte dies gelegentlich sogar dazu, dass Unternehmen mit belasteten Vorstandsmitgliedern ihren Sitz in die britische Zone verlegten. Dort gab es keine Vorschrift, die dem amerikanischen Entnazifizierungs-Gesetz Nr. 8 ähnlich war.[472]

Roloff wurde in das Internierungslager Sandbostel im damaligen Landkreis Bremervörde überführt. In diesem 1933 errichteten Lager waren zuvor Kriegsgefangene und in der Endphase des Krieges auch Häftlinge des ehemaligen KZ Neuengamme untergebracht gewesen.

In einer im Internet zugänglichen Beschreibung der Entstehung dieses britischen Internierungslagers heißt es: *»Am 8.7.1945 richtete die britische Militärregierung in einem Teil des ehemaligen Kriegsgefangenenlagers Stalag XB Sandbostel eines von insgesamt neun britischen Zivilinternierungslagern für Nationalsozialisten ein, das ›No. 2 Civil Internment Camp‹ (No. 2 CIC). Hier wurden etwa 5000 männliche Internierte, überwiegend SS-Angehörige, untergebracht. Gemäß einem Beschluss des Hauptquartiers der alliierten Streitkräfte in Nordwesteuropa (SHAEF) von 1944 kamen zunächst Personen in ›automatischen Arrest‹ (»automatic arrest«), die der aktiven Unterstützung des Nationalsozialismus verdächtig waren …«.*[473]

wissentlich falsch ausgesagt hat, wurde nach meiner Kenntnis in keinem Spruchkammerverfahren erörtert. Auch entsprechende ›Nachverfahren‹ sind mir nicht bekannt.«

471 Telefonat mit Marx Henning Rehder am 20.1.2015.

472 Buschmann, Friedrich, Denazification, a.a.O., S. 13.

473 http://www.stiftung-lager-sandbostel.de/sls/cic2.html, Zugriff vom 13.2.2015.

Ob Roloff später in ein anderes CIC-Lager verlegt wurde, konnte nicht festgestellt werden. Die gemeinsame Inhaftierung mit ausgewiesenen Nationalsozialisten und immer noch überzeugten ehemaligen Mitgliedern der SS muss für ihn als Unterstützer des Widerstands besonders bedrückend gewesen sein.

Unmittelbare Folge der Internierung war, dass seine im Oktober 1945 von Major Benson erteilte Vorläufige Genehmigung zur Weiterbeschäftigung automatisch erlosch und die »Nordsee« ihre Gehaltszahlungen einstellte.[474]

Nach dem Wegfall des Roloff'schen Einkommens wurde die wirtschaftliche Lage auf dem Fichtenhof rasch prekär. Wie sollten seine Familie und all die anderen, die auf dem Fichtenhof Zuflucht gefunden hatten, nun das nötige Geld hereinbekommen, um allein schon die Ernährung zu sichern? Auch den zuvor gelegentlich mitgebrachten Fisch gab es nun nicht mehr.

Eine Hilfe wird die Solidarität und das Zusammengehörigkeitsgefühl aller Bewohner gewesen sein. Auch Roloffs Mutter Paula half. Sie verkaufte all ihren Schmuck und Teile ihres Silberbestecks, um ihren Sohn und seine Familie zu unterstützen.[475] Die Köchin und Wirtschafterin Frieda Setke bestellte den Garten und kümmerte sich um die Bevorratung der geernteten Früchte. Manfred von Lehndorff beackerte als geflüchteter Gutsherr ein in der Nachbarschaft des Fichtenhofs gelegenes Feld. Die beiden Kühe sorgten für etwas Milch.

Roloffs Internierung dauerte bis Juli 1946.[476]

Bei seiner Rückkehr musste Roloff feststellen, dass ihm die Position als Generaldirektor der »Nordsee« versperrt war. Es waren außer dem Erlöschen der Genehmigung zur Weiterbeschäftigung zusätzliche, ihm bisher teilweise nicht bekannte Hindernisse entstanden:

474 Entsprechende Erlöschensvermerke sind bei den ursprünglichen Genehmigungsvermerken angebracht: Magistrat der Seestadt Bremerhaven, Akte Hauptamt I Nr. 564 (Genehmigung und Ablehnung von Anträgen auf vorläufige Weiterbeschäftigung von Beschäftigten in der freien Wirtschaft durch die Militärregierung, Buchstaben N, S. 1945–1947).

475 In ihrer Letztwilligen Verfügung vom 10.2.1952, aufbewahrt im Privatarchiv ihrer Enkeltochter Sabine Dehnerdt, schreibt Paula Roloff, dass sie keinen Schmuck mehr besitze, da sie diesen »und etliches Silber« während der Sperrung des Vermögens ihres Sohnes Wilhelm Roloff zwischen Februar 1946 und Mai 1947 verkaufen musste.

476 Bissinger, Markenmacher, a.a.O., S. 106. Es scheint, dass seine Vernehmungsprotokolle aus Sandbostel, die sogenannten Detention Reports nicht aufbewahrt sind, denn sein Name ist mit der elektronischen Findhilfe des britischen National Archiv nicht zu ermitteln. Information von A. Ehresmann, Leiter der Gedenkstätte Sandbostel.

- Der Arrest über sein Privatvermögen bestand weiterhin.
- Die »Nordsee« war kurz nach seiner Verhaftung aufgrund des Gesetzes Nr. 52 der Militärregierung einer Treuhandverwaltung unterstellt worden. Diese erstreckte sich mit Wirkung ab 5.3.1946 auf alle Tochterunternehmen in der damaligen amerikanischen und britischen Zone und auf sämtliches Eigentum in beiden Zonen.[477]
- Am 28.5.1946 war der stellvertretende Leiter des Unilever-Konzerns, Petrus D. H. Hendriks, der seit Jahren Roloffs Mentor gewesen war, im Alter von 67 Jahren verstorben. Damit hatte er den Menschen verloren, der ihm offenbar auch ein väterlicher Freund gewesen war und mit dem er alle Entscheidungen bei der Führung der »Nordsee« und der Positionierung seiner eigenen Person besprochen und abgestimmt hatte.
- Die Nachfolger Hendriks im Vorstand des Unilever-Konzerns kannten die Verabredungen zwischen Hendriks und Roloff und die Roloff gegebenen Versprechungen offenbar nicht vollständig. Aus konspirativen Gründen waren diese nicht schriftlich fixiert worden. Auch die Erlebnisse der neuen Führung während der NS-Zeit werden in Bezug auf eine Rückkehr Roloffs nicht günstig für ihn gewesen sein. Im November 1944 waren sie, zusammen mit Hendriks, in Geiselhaft der Gestapo geraten und erinnerten sich an Roloff als den schneidigen, erfolgreichen Unternehmenslenker, der während der Zeit seiner Einziehung zum Heeresverwaltungsamt auch eine NS-Uniform getragen hatte. In der niederländischen Bevölkerung bestand ein erheblicher Vorbehalt; die Rückkehr an die Spitze eines Unilever-Betriebes war einem ehemaligen Uniformträger fast unmöglich.[478]

Allerdings kann die für Roloff verschlossene Tür der »Nordsee« auch andere Gründe gehabt haben, die den oben zuletzt beschrieben Vermutungen entgegenstehen. Gerhard Wöbbeking, dessen Typoskript für das Buch Die Geschichte der Markenmacher – 75 Jahre Unilever in Deutschland im Unilever Firmenarchiv eingesehen werden konnte, teilte dem Verfasser seine auf intensiven Archivstudien beruhende Meinung zur Nichtberücksichtigung Roloffs bei der Wiederbesetzung des Chefpostens der »Nordsee« wie folgt mit: *»Ich habe mich auch*

477 Erst im Geschäftsjahr 1948/49 wurde diese Treuhandverwaltung wieder aufgehoben, Höver, Otto, Unter der Flagge ..., a.a.O., S. 75.

478 Telefonat mit Marx Henning Rehder am 20.1.2015. Er war 1945 von Roloff bei der »Nordsee« eingestellt worden und von 1971 – 1981 Vorsitzender der Geschäftsführung.

darüber gewundert, dass man ihn nach dem Krieg so hängen ließ und ich glaube, dass man ihm seit seinem Selbsttötungsversuch nicht mehr traute. Schon vorher brachte er Unilever mit seinem mehr oder weniger offenen Kontakt mit Hendriks in die Gefahr, in die Verschwörung des 20. Juli einbezogen zu werden. Wäre diese Verschwörung erfolgreich geworden, wär's eine andere Sache. Ein Manager aber, der ein großes Projekt nicht bewältigt, muss gehen. Aus Sicht von Unilever hat er's eben nicht hingekriegt. – Zudem war er ja nie ein Unilever-Manager – warum sollte man sich ihm gegenüber verantwortlich fühlen? Ich hatte den Eindruck, dass man ihn – nach den Ereignissen – für zu labil für eine allgemeine Aufgabe hielt. Wahrscheinlich machte man ihm zum Vorwurf, dass er sich geschickter aus der Affäre hätte ziehen müssen, so, wie Blessing das getan hat.

So etwas wird dann nicht offen ausgedrückt, vielleicht wurden auch formale Gründe wie die von Ihnen genannten vorgeschoben. Aber ich habe in den 80ern Vorgänge beobachtet, die genau die gleiche Struktur hatten. … Übrigens hat Unilever bei der Rücküberführung der ›Nordsee‹-Aktien gut mit Ahlf zusammengearbeitet. Das zeigt, dass man NS-Vergangenheit durchaus zu vergeben bereit war.«[479]

Roloff hatte schon während seiner Haft den Rechtsmittelweg begonnen, das sogenannte Vorstellungsverfahren, um eine Beschäftigungsgenehmigung nach dem Gesetz Nr. 8 der US-Militärregierung zu erlangen. Ein mühsames Unterfangen für ihn, vor allem aus finanziellen Gründen. Infolge der Arrestierung seines Vermögens konnte er nicht einmal die erforderliche Verwaltungsgebühr von 130,- Reichsmark selbst bezahlen. Roloffs Entnazifizierungsakte ist zu entnehmen, dass dieser Betrag am 15.4.1946 vom Hamburger Bankhaus Warburg als persönliche Zahlung an die Stadtkasse Wesermünde entrichtet wurde. Offenbar war sie von Eric Warburg, dem Sohn von Max Warburg, veranlasst worden. Er unterstützte auch Gottliebe von Lehndorff und ihre Familie mit gelegentlichen Zuwendungen.[480]

479 Aus der E-Mailkorrespondenz mit Gerhard Woebbeking vom 15.11.2015.
480 Rohwer, Veruschka, a.a.O., S. 58.

1946 – Jahr der Umwälzungen auch auf dem Fichtenhof

Über kindliche Freuden, seelische Nöte, das Kasperletheater und Ängste

Von den wirtschaftlichen Sorgen der Erwachsenen und insbesondere von Wilhelm Roloff ahnten die Kinder auf dem Fichtenhof natürlich nichts. Neben der auch für sie spürbaren Entbehrung wird es für sie in besonderer Weise ein intensives Leben gewesen sein. Es war geprägt von existenziell naheliegenden Fragen der unmittelbaren Daseinsvorsorge, aber auch vom intensiven Miteinander der Menschen. Vera Gräfin von Lehndorff erinnert sich, dass der Garten sehr zur Ernährung der Menschen auf dem Fichtenhof beitrug. Vor der Einführung der neuen DM-Währung gab es auch noch den interessanten »Schwarzmarkt«. Sie erzählt davon: »*Das Tauschgeschäft fand öfters statt. Das fand ich sehr interessant. Man fuhr mit dem Auto zu einem Gebäude in Vegesack. Auf dem Vorplatz waren Leute, die mit allem tauschten, auch mit schönen Möbeln, Kleidern, Lebensmitteln und allem, was man hatte. Man tauschte, was man hatte, um das zu finden, was man brauchte. Meine Mutter hat auch Schmuck hingegeben oder den Kinderwagen, der nicht mehr benötigt wurde. Dafür bekam man Kaffee oder ich weiß nicht was. Lebensmittel waren bei uns nicht so das Problem, denn es gab ja den Garten, der uns mit Gemüse und Obst versorgte. Durch die Amerikaner, die mit Dick Weber zum Fichtenhof kamen, wurde es besser. Da wurde alles geliefert, was nötig war. Durch sie erhielten wir Zigaretten, Schokolade und Konserven. Die hatten ein großes Depot in der Nähe.*«[481]

---

481 Aus dem Interview Vera Gräfin von Lehndorff am 29.12.2015.

Vera Gräfin von Lehndorff auf der Terrasse des Fichtenhofs

Die materielle Versorgung war das Eine, wie es aber um die seelische Verfassung der Menschen stand, wurde in der damaligen Zeit selten hinterfragt. Vera Gräfin von Lehndorff denkt heute daran zurück: *»Die seelische Not war in der ersten Zeit auf dem Fichtenhof noch gar nicht so präsent. Da war einfach die Freude, dass man zusammen war, dass man überlebt hatte und dass man nicht alleine war. Das war den Menschen zumindest in der Anfangszeit nach dem Kriegsende erst einmal das Wichtigste. Die Not war überdeckt von diesem ›Wir-haben-überlebt‹.*

Als die erste Euphorie dann vorbei war, hat meine Mutter mit ihrer Mutter, meiner Großmutter, über ihre seelische Not gesprochen. Doch diese hatte dafür kein Verständnis. Sie meinte: ›Da muss man sich eben zusammen nehmen. Da muss man einfach die Arbeit machen, diszipliniert sein.‹ Eiserne Disziplin, das war der Weg meiner Großmutter, das Leben zu meistern.

Ich glaube, dass meine Mutter mit Lexi viel über ihre seelischen Probleme gesprochen hat. Wir Kinder konnten dann zwar zu ihr gehen, aber sie war nicht wirklich da; weggetreten, versunken, in ihren Gedanken. Mit Lexi redete sie viel und wenn ich dann kam und wollte mit ihr sprechen, sie etwas fragen, dann hieß es: ›Wir sind jetzt sehr beschäftigt.‹ – ›Müssen gerade was besprechen.‹

Das war ja überhaupt nicht üblich bei Adligen, dass die Eltern sich mit den Kindern beschäftigten. Das machten die Kindermädchen, oder auch nicht. Nach Kriegsende hat meine Mutter sicher eine Abmachung mit den verschiedensten Kindermädchen getroffen: ›Du wohnst hier umsonst, Du kriegst zu essen, und dafür kümmerst Du Dich um die Kinder.‹ Ich denke, dass das so war, denn wir hatten immer jemanden. Diese Liebe, die wir hier jetzt so sehen, dass die Kinder herumgetragen werden, auf dem Rücken oder vorne auf dem Bauch, das alles habe ich nie erlebt. Das Kind wurde rausgeschoben an die gute Luft; aber man ließ es dann allein vor sich hin schreien.

Es kam schon vor, dass meine Mutter mich bei der Hand nahm und mit mir spazieren ging oder im Haus für eine gewisse Zeit mit mir zusammen war. Doch sie war abwesend, in Gedanken woanders. Aber ich war glücklich, dass sie physisch bei mir war – meine Hand hielt.

Doch es gab für uns Kinder ein großartiges Ereignis auf dem Fichtenhof. Ab und zu wurde eine Decke gespannt in der offenen Tür. Dann wussten wir schon:

Gottliebe Gräfin von Lehndorff mit den Töchtern Gabriele und Catharina im Garten des Fichtenhofs, fotografiert von Margaretha Baroness von der Ropp

Gottliebe Gräfin von Lehndorff und Johny Chianowski, fotografiert von Margaretha Baroness von der Ropp

Die Kinder Vera, Catharina und Gabriele (v.l.) im Garten des Fichtenhofs

›Jetzt gibt es Kasperletheater.‹ Dann kam jemand, der zu der Zeit sehr wichtig im Leben meiner Mutter war – Johny Chianowski, ein polnischer Freund. Er war Rennpferdetrainer und lebte in Frankreich. Wir Kinder liebten Johny! Wir wussten: Wenn er kommt, gibt es Kasperletheater und er spielt mit uns. Er war sehr witzig und wir haben uns über ihn tot gelacht. Ich glaube, er war sehr verliebt in meine Mutter.

Er besuchte uns noch öfters, als wir später in Bremen wohnten. Wir haben uns immer so gefreut, wenn er erschien. Er war derjenige, der immer auf uns einging und der sich sofort gefreut hat, bei uns Kindern zu sein. Er hat irgendwelche Spiele gemacht, z.B. Pantomime als Golfspieler, da haben wir dann gelacht, wenn er mit dem Kochlöffel durch die Gegend fuchtelte. Er brachte spielerische Leichtigkeit in unser Leben.

Ein Geheimnis für mich war das Radio. Im Fichtenhof gab es ein altes Radio, das fand ich immer so toll. Da habe ich mich davor gesetzt, weil es für mich ein Wunder war, dass Musik aus diesem kleinen Kasten kam, und mir die Musiker vorgestellt, das gesamte Orchester, das im Innersten des Radios saß und musizierte.

Vor den Amerikanern hatten wir keine Angst. Angst hatten wir Kinder mehr vor dem Vater von Michael und vor dem Mellenthin, dem Stiefvater meiner Mutter, wenn die beiden zu Besuch kamen. Sie waren autoritär und hinterließen einen unangenehmen Eindruck auf uns Kinder. Man durfte nichts sagen, man durfte nicht weinen, man durfte gar nichts. Es kam dann immer eine scharfe Bemerkung. Sie hatten irgendwie so eine Freude daran, einen zum Weinen zu bringen. Michaels Vater hat uns manchmal hochgehoben und in die Hecke gelegt, dabei hatte er ein genüssliches Grinsen im Gesicht, weil er es sichtlich genoss, dass es weh tat. – Und vor dem Mellenthin hatten wir alle noch mehr Angst. Wenn der sich einen von uns nahm und bei sich auf den Schoß setzte, haben wir uns vor Angst in die Hosen gemacht. Wir hatten Angst vor seiner Strenge. Wenn er bemerkte, dass wir Angst hatten, wollte er, dass wir es überwinden, das führte zu noch mehr Angst.«[482]

Lexis Schwester Annali, die öfter zu Besuch auf den Fichtenhof kam, hatte auch eine Erinnerung an die damalige Zeit in ihrer Lebensgeschichte veröffentlicht. Sie hat einen ganz eigenen Blickwinkel: *»Drei Generationen wohnten im Fichtenhof zusammen. Alle mischten sich in den Haushalt ein, was die Wirtschaft oft durcheinander brachte. Mami rümpfte die Nase, wenn auf dem Herd Kochwäsche stand. In ihrer peniblen Art argwöhnte sie, dass im selben Topf dann später Essen gekocht werden könnte. ›Ihr paßt bestimmt nicht auf‹, meinte sie, ›nachher sehe ich im Wäschetopf Nudelsuppe oder sonst was brodeln.‹ William, der Hausherr des Fichtenhofs, ließ sich nur selten dort sehen. Einerseits störte ihn der Familienclan, andererseits hatte er sich mit Lexi nicht mehr viel zu sagen. Den beiden war, als sie das Desaster der letzten Phase des Krieges überstanden hatten, irgendwie die Basis für ihr eheliches Zusammenleben entglitten.*

Zu dieser Zeit kam öfter der amerikanische Offizier ins Haus, der Mami so viel Verständnis gezeigt hatte, als er den Fichtenhof requirieren wollte. Er sprach ausgezeichnet Deutsch und liebte es, so sagte er, mit Mami und den anderen Konversation in deutscher Sprache haben zu können. Richard Weber hieß er, er zeigte sich bald deutlich von Lexi angetan, so dass die Konservation, die er suchte, zunehmend zu einem Dialog mit Lexi wurde. Immer wenn Captain oder Major Weber und Lexi in der Halle saßen, redeten, rauchten und oft bedeutungsvoll schwiegen, war es vor allem Tante Nita (gemeint ist Harriet Gräfin von Lehndorff – d Verf.), *die den Raum mit geschäftiger Miene durchquerte. Deshalb hatte sie als erste eine Witterung für das, was sich anbahnte. ›Ich glaube‹, meinte sie mißbilligend, ›einige leiden hier am Yankee-Fieber‹. Sie sah sich oft veranlaßt, die fehlende Moral zu beklagen, die sich mit den Kriegsfolgen eingeschlichen habe, wozu in ihren Augen auch die Besatzung gehörte. Dick Weber brachte natürlich gelegentlich Freunde und Whisky mit, in der Halle wurde gelacht, das Radio spielte. Tante Nita hielt sich dann nachdrücklich fern, aber ihre Empörung war offensichtlich.«*[483]

482 Interview mit Vera Gräfin von Lehndorff am 29.12.2015.

483 Alvensleben, Abgehoben, a.a.O., S. 133 – 137.

Ein Brief an den ehemaligen Verwalter

Das allgemeine Lebensgefühl auf dem Fichtenhof aus dem Blickwinkel eines Flüchtlings erschließt sich aus einem langen Brief des heimatvertriebenen Manfred Graf von Lehndorff an den ehemaligen Verwalter seiner Güter in Ostpreußen, Viktor Benefeld, vom 27.3.1946. Darin heißt es:

»Diese ersten warmen Vorfrühlingstage erfüllen einen mit besonderer Sehnsucht nach der alten Heimat und allem, was mit ihr und der liebgewordenen Tätigkeit verbunden war. Und wenn man dann an all das Verlorene und Vergangene zurückdenkt, so fühlt man sich innerlich stark verbunden mit den Menschen, mit denen man so viele Jahre so gerne zusammengearbeitet hat. Dafür denke ich in diesen Tagen besonders viel in alter Anhänglichkeit an Sie und Ihre Familie. Wie gerne würde ich jetzt mit Ihnen bei den Gespannen auf einem der Regitter Schläge stehen und die Frühjahrsbestellung mit Ihnen besprechen! Aber diese Zeiten sind nun endgültig vorüber und haben recht traurigen Verhältnissen Platz gemacht. Hier im Westen fühle ich mich, abgesehen von allem anderen, gar nicht wohl, und Ihnen wird es wohl auch so gehen. Es sind doch ganz andere Menschen, die hier leben. Wie sie eng aufeinander in den Dörfern wohnen, so denken sie auch eng und eigennützig. Uns fehlen zu sehr die östlichen Weiten.

Wir leben hier noch wie bisher mit meiner Schwiegertochter und ihren Kindern bei Bremen. Trotz allen Suchens habe ich bisher noch keine Tätigkeit gefunden. Es ist ja auch schwer in diesen schon an sich eng bevölkerten und nun durch die Flüchtlinge überbevölkertem Land eine neue Erwerbsmöglichkeit zu finden. Und doch wird die Notwendigkeit immer dringender je mehr das wenige mitgenommene Geld schwindet. Hier arbeite ich viel im Garten, hacke Holz und betätige mich auf den 10 Morgen Ackerland, die zu dem hiesigen Grundstück gehören. Aber das ist ja keine Tätigkeit von Dauer. Meine Hauptsorge bilden natürlich meine Schwiegertochter und die kleinen Mädchen. Momentan besteht eine gewisse Aussicht, dass meine Schwiegertochter in einer kirchlichen Stiftung, die mit einem christlichen Erziehungsheim und einer Art Pfarrerseminar ins Leben gerufen werden soll, eine Anstellung findet, wo sie ihre Kinder mitnehmen kann und mit ihnen wenigstens freies Leben hat. Da man ihr im Zuge des Urteils gegen meinen ältesten Sohn alle Barmittel – natürlich auch alle andere Habe – weggenommen hat, verfügt sie über nichts. Aber was sind alle materiellen Sorgen, was auch der Verlust allen Besitzes und der alten Heimat gegen die Schmerzen, die täglich und stündlich die Seele quälen, über den frühen Tod der beiden lieben Jungens und dazu noch die Gedanken über das schreckliche Ende des ältesten![484]

484 Ahasverus, der jüngere Bruder von Heinrich Graf von Lehndorff, war wenige Wochen nach dem Angriff der Wehrmacht auf die Sowjetunion in Estland gefallen.

St.Georg, die seit 1900 erscheinende älteste deutsche Sportzeitschrift veröffentlichte 1937 das Foto von Manfred Graf von Lehndorff, aufgenommen von Margaretha Baroness von der Ropp[485]

485 Zeitschrift St.Georg, 1937, 38. Jahrgang, Heft 3 Seite 21.

Und wenn es einen auch mit Stolz erfüllen kann, dass er zu den Wenigen gehört hat, die wirklich ihr Leben eingesetzt haben, um das Vaterland von der Verbrecher- und millionenfachen Mörderherrschaft mit ihrer fürchterlichen Grausamkeit zu befreien, so ist das doch nur ein schwacher Trost … Auf das Deutschland, das geblieben ist, kann man wirklich nur die 3 Worte anwenden, die mein Vetter Kanitz-Podangen (der in der Schweiz ist) einem vielbeachteten Artikel als Überschrift gegeben hat, der in einer englischen Zeitung erschienen ist: ›Land ohne Hoffnung‹.

Haben Sie einmal etwas von irgendwelchen unserer Leute gehört? Durch Pfarrer Schmidt erfuhr ich die Anschrift von Frau Hamann aus Warglitten, von der ich auch einen Brief bekam, nachdem ich ihr geschrieben hatte. Ferner weiß ich noch die Anschrift von Obermelker Rautenberg (im russischen Gebiet) und von Frau Dreher im Oldenburgischen. Die Genannten gehören alle zu denen, die schon vor uns, also am Sonntag, weggefahren sind, so dass sie über die, welche wie wir in der Nacht zum Montag bzw. Montag früh geflüchtet sind, keine Auskunft geben können. Wenn Sie von irgendeinem unserer Leute etwas hören, so schreiben Sie mir doch bitte eine Karte. Wie meine Cousine Kanitz-Mednicken vor Kurzem schrieb, soll Herr Kleiber aus Sibirien zurück sein. Sie hatte noch keine Verbindung zu ihm, hofft aber nun, durch ihn zu hören, was sich zum Schluß in Mednicken abgespielt hat. Sie selbst ist in Franken, wo sie englische Stunden gibt, ihre jüngste Tochter ist Gehilfin bei einem Pfarrer und gibt an Kinder Religionsunterricht. Die Älteste ist noch in Madrid mit ihrem Mann, der trotz seiner Jugend hoffnungslos an irgendeinem krebsartigen Leiden erkrankt ist. –

Mit Ihnen bin ich sehr froh, dass Sie über das Schicksal Ihrer Christel beruhigt sein können! Wir befürchteten immer, dass sie in die Hände der Russen gefallen sein könnte. Hoffentlich kehrt Ihr Schwiegersohn auch noch zurück! Es kommen jetzt ja so Viele wieder, von denen man längst nichts mehr gehört hatte. Dass die 3 Söhne Brilling gesund sind, ist doch ein großes Glück, das sicherlich wenigen Eltern widerfahren ist. Sehr leid tut mir der Tod der kleinen Christel Bensch! Für Rautenberg habe ich eine gute Stelle im Hannoverschen gefunden bei 45 Kühen. Hoffentlich gelingt es ihm, aus der russischen Zone herüberzukommen. Mein Schwiegersohn wirtschaftet noch auf der ehemals ???-Domäne als Treuhänder. Er hofft, die Domäne am 1. Juli in Pacht zu bekommen, aber es ist noch sehr zweifelhaft. Vor kurzem sind die Dönhoffs dort von 20 maskierten Polen überfallen worden, die ihnen so ziemlich alles weggenommen haben, 2 ½ Stunden im Hause gehaust, über 100 Schüsse abgegeben, meiner Tochter mit vorgehaltenem Revolver die Ringe mit Hautfetzen von den Fingern gerissen u.s.f. Es ist noch ein Glück, dass keiner totgeschlagen worden ist!

Wir freuten uns sehr, durch Ihren Brief an Baronesse Ropp von Ihnen zu hören. Hoffentlich sehen wir uns einmal! Im späteren Frühjahr will ich nach Hannover fahren und Sie dann auch besuchen. Grüßen Sie Ihre Familie sehr herzlich und auch Ludorfs, wenn Sie sie einmal sehen. Hoffentlich haben Sie nun etwas von Ihren Söhnen gehört. Von meiner Frau soll ich ebenfalls viele Grüße bestellen. In alter Verbundenheit stets Ihr GfLehndorff.«[486]

Der Brief enthält eine berührende Einstellung Manfred von Lehndorffs zur Widerstandsleistung seines Sohnes Heinrich. Die positive Beurteilung dieser Taten war damals absolut kein gesellschaftlicher Konsens. Eine Bestärkung dieser Haltung und Tröstung wird 1946 ein Besuch von Fabian von Schlabrendorff bei seiner Schwiegertochter Gottliebe Gräfin von Lehndorff gewesen sein, »der ihr von den letzten Begegnungen mit (ihrem Ehemann) Heinrich im Gefängnis in der Prinz-Albrecht-Straße berichten konnte.«[487]

Mit Lehndorff-Brot den Menschen helfen?

Für Baroness von der Ropp trat zu Beginn des Jahres 1946 erneut eine gravierende Veränderung ihrer Lebensumstände ein. Aufgrund mangelnder Aufträge musste sie ihr Speditionsunternehmen mit den Fluchtpferden aufgeben und verlor den seit mehr als 25 Jahren gewohnten und über alles geliebten täglichen Umgang mit Pferden. Sie trug auch diesen Einschnitt mit Fassung. Für sie zählte, den Lebensunterhalt mit eigener Arbeit zu verdienen. Weil sie das Kochen gelernt hatte, sogar Kochlehrerin war, fand sie rasch bezahlte Arbeit als Köchin und arbeitete freiberuflich überall, wo sie gebraucht wurde. Aber auch das sollte nur etwas länger als ein Jahr andauern.[488]

Überall, wohin sie kam, sah Baroness von der Ropp das allgemeine Elend der Menschen und die große Not. Eine Wiederbegründung des Lehndorffschen Backbetriebes könnte dem Mangel und der Not vielleicht abhelfen und ihrem Können und ihrer Erfahrung ein Betätigungsfeld eröffnen. Sie erkundigte sich nach den Voraussetzungen einer entsprechenden Unternehmensgründung und schrieb dem

486 Brief im Privatarchiv von Christel Füssel, Mardorf, Tochter von Viktor Benefeld.

487 Vollmer, Doppelleben, a.a.O., S. 338.

488 Undatierter Zeitungsausschnitt im Nachlass der Baroness, aus: Die Botschaft, Ev. Wochenzeitung für Niedersachsen.

bremischen Senator für Ernährung und Landwirtschaft am 8.7.1946 den folgenden Antrag, in den sie auch eine Schilderung der Geschichte ihres Brotes einfügt: *»Hiermit ersuche ich Sie, mir die Herstellung und den Verkauf des besonders in Notzeiten bewährten ›Lehndorff-Brotes‹ zu gestatten und die Überbrückungsscheine zu bewilligen. Auf Grund meiner Fachkenntnisse (Lehrerin für Backen und Kochen) habe ich ein neues Brot-Herstellungsverfahren ausgearbeitet und 24 Jahre das anerkannte Spezialroggenvollkornbrot ›Das tägliche Brot Lehndorff‹ in Nachkriegs- und Kriegszeiten mit bestem Erfolg für Deutschland hergestellt. Auch über die Grenzen hinaus wurde unser Brot bekannt, so auf der Pariser Weltausstellung, wo es mit größtem Interesse aufgenommen wurde und in Dänemark. … Da ich ein neues Brot brachte und damit vielen minderwertigen Brotsorten ein Ende bereitete, musste ich von den Bäckern und ihren veralteten Verfahren frei werden. … Ich gehörte zu den ersten Vorkämpfern für das Vollkornbrot und diente besonders durch meine praktische Arbeit und Erfahrung. Unser Brot stand vor der Anerkennung als Volksbrot*[489]*, weil es den höchsten Anforderungen aller entsprach und sich grösster Beliebtheit erfreute … Heute, da wir vielleicht in schwerster Notzeit stehen, möchte ich wieder, wie nach dem Ersten Weltkriege, mit meinen Erfahrungen am Wiederaufbau arbeiten. Ich wäre auch gerne bereit, heute wie einst, gewünschte Versuche mit neuen Beimischungen für die Brotversorgung zu machen. Mir ist es auch möglich, ein Roggen-Haferbrot herzustellen. Die 40 % Ausnutzung des Hafers zu Brot dürfte wohl heutigen Tages von Interesse sein. … 1945 verloren wir durch Kriegshandlungen in Ostpreußen unseren 1a-wirtschaftlichen Backbetrieb, den ich 24 Jahre geleitet habe. Dürfte ich nun die weitere Bitte aussprechen, dass Ihre dafür zuständige Abteilung mir behilflich sein möge, den Backbetrieb in Bremens Umgebung unterzubringen. Als Flüchtlinge sind wir sehr notdürftig untergebracht und läßt sich hier der erforderliche Ofen nicht einbauen. Vielleicht wird es möglich sein dürfen, im Kleinen am großen Ganzen mitarbeiten zu können, sei es zunächst auch nur versuchsweise. Hochachtungsvoll Margaretha von der Ropp«.*[490]

Es konnte nicht festgestellt werden, ob und welche Antwort die Baroness auf diesen Antrag erhalten hat.[491]

489 Die Anerkennung als »Volksbrot« ging auf eine Klassifizierung während der NS-Ernährungspolitik zurück. Schriftverkehr dazu befindet sich in einem Nachlass-Archiv der Baroness, das vom Verfasser angelegt wurde.

490 Antragsschreiben im Firmenarchiv der Tenter-Backbetriebe, Ordner Lehndorffbrot.

491 Im Findbuch des Wirtschaftssenators und anderer senatorischer Dienststellen im Staatsarchiv Bremen ist der Vorgang nicht verzeichnet.

Das Jahr 1947 auf dem Fichtenhof

Evangelische Vertriebenenhilfe

Baroness von der Ropp hatte seit ihrer Ankunft in Bremen neben all ihrer Arbeit zusätzlich mit großem Eifer einen Helferdienst für notleidende Vertriebene aufgebaut. Sie sah neben der materiellen Not das Bedürfnis vieler Menschen nach volksmissionarischer Hilfe. Die emotionale Verführung und das danach erlebte Grauen hatten eine große innere Not und seelische Verzweiflung bei den Menschen hinterlassen. Hier musste geholfen werden. Darin erkannte sie, in fester Verwurzelung im Christentum stehend, ihre vordringlichste persönliche Aufgabe. Sie beurteilte die NS-Zeit vor allem als »Fernsein von Gott und seiner Botschaft«.

Sie leistete Hilfe durch existenziell notwendige materielle Unterstützung, durch tatkräftige Hilfe bei der Bewältigung der Bürokratie und indem sie den Verzweifelten einen oft neuen Zugang zum Glauben vermittelte.

In einem 1955 verfassten Rückblick hat sie über ihre Einstellung und ihre Arbeit geschrieben: »*Die Heimatvertriebenen meinten oft, sie allein hätten alles verloren und verlangten vom Westen des Vaterlandes zu viel, als ob er, an diesem Verlust, der sie betroffen, besonders schuldig wäre. Und die Einheimischen empörten sich und meinten, die Vertriebenen wären unbefugte Eindringlinge und sollten doch lieber dageblieben sein, oder auch, sie sollten gefälligst wieder zurückgehen, woher sie kamen. Im Zeichen dieser oder ähnlicher Erscheinungen standen wir alle. Gewiß gab es auch hier und da ein Verstehen von Mensch zu Mensch, aber es waren nicht viele, die bereit waren, neu anzufangen. Als Einzelner zu beginnen, scheint aussichtslos, trotzdem wagte ich es und fing an. Ich hatte erkannt, dass es so unter keinen Umständen weitergehen konnte. Wir Vertriebenen hatten vom Westen nichts zu fordern, sondern wir hatten einen wunderbaren Auftrag, ihm zu dienen. Wir waren buchstäblich der Hölle entkommen, wussten um das Grauen und waren in vielen Erfahrungen dem Westen gegenüber reicher, als er es ahnte … Ich besuchte die Heimatvertriebenen, die Einheimischen und die Pastoren der Gemeinden … Mein Bestreben war auch weiterhin, vor allem den Vertriebenen den Weg in die Kirchengemeinde zu bahnen, was anfangs aus folgenden Gründen oft unmöglich war. Die Menschen mussten erst Kleidung und oft Nahrung erhalten, weil viele noch nicht in den staatlichen Lagern untergebracht waren, in denen sie versorgt wurden. So suchten wir Helfer unter den Einheimischen, die uns Kleidung gaben. So konnten wir manchem Vertriebenen zum Kirchgang verhelfen und erlebten die Freude (…) dieser Menschen, die jahrelang nach dem Wort und Sakrament gehungert hatten. Der Dank war sehr groß. In den Lagern fanden wir später im großen Flüchtlingsstrom viele Kinder, auch Erwachsene, die noch nicht getauft und noch nicht konfirmiert waren, die brachten wir in die Gemeinden und halfen ihnen zu einer persönlichen Begegnung mit den Pastoren, den Gemeindeschwestern, den Mütterkreisen und forderten die Männer auf, sich den Männerkreisen anzuschließen.«*[492]

Baroness von der Ropp ließ sich 1947 von der Bremischen Landeskirche als hauptamtliche »Berufsarbeiterin« der »Evangelischen Vertriebenenhilfe« einstellen. Menschen, die ihr damals nahestanden, berichteten dem Verfasser, dass es keine Rede der Baroness gegeben habe, in der nicht mehrmals der an die Zuhörer gerichtete Appell »Fangt an! Fang an!« vorkam. Über den Beginn ihrer Arbeit berichtet der Arbeitsbericht der Evangelischen Vertriebenenhilfe Bremen für das Jahr 1948, aus dem hier Auszüge wiedergegeben werden sollen[493]:

»Im Spätsommer 1947 wurde die Evang(elische) Vertriebenenhilfe durch die Initiative der Norddeutschen Missions-Gesellschaft ins Leben gerufen. Die Bremische Ev. Kirche, die Innere Mission, das Ev. Hilfswerk und die Ev. Diakonissenanstalt Bremen übernahmen es, das Werk mit zu tragen und zu fördern.

I. Was will die Evangelische Vertriebenenhilfe?

1.) Den Vertriebenen im Bereich der Bremischen Landeskirche (insgesamt etwa 23.000 Personen) durch einen planmäßigen Besuchsdienst und durch

492 Baroness von der Ropp, Aus der Arbeit der Evangelischen Vertriebenenhilfe, 1955 erstelltes unveröffentlichtes Manuskript aus dem schriftlichen Nachlass der Baroness im Archiv des Verfassers.

493 Umfangreiches Archivmaterial der Ev. Vertriebenenhilfe aus dem Nachlass des früheren Leiters Gerhard Tietze, zur Verfügung gestellt von dessen Sohn, Christian Tietze.

Einrichtung von Sprechstunden nachgehen und ihnen das Einleben in die für sie neuen kirchlichen Verhältnisse erleichtern.

...

4.) Durch gelegentliche besondere Gottesdienste, Gemeindeabende und dergleichen das Verständnis bei den Einheimischen für das Los der Vertriebenen wecken und die Möglichkeit einer Begegnung von Vertriebenen und Einheimischen unter dem gemeinsamen Herrn der Kirche geben ...

II. Personelle Zusammensetzung der Vertriebenenhilfe ... Berufsarbeiter: Hermann Scharringhausen (aus Bremen), Fedor Gardemin (früher Danzig), Margaretha Freiin v. d. Ropp (früher Riga und Ostpreußen).

III. Arbeitsbericht

Im Oktober 1947 wurde die Arbeit im damaligen Flüchtlingslager Riespott (Kirchengemeinde Grambke) aufgenommen ... Das Arbeitsgebiet weitete sich dann auf eine ganze Reihe von Bremischen Gemeinden aus. Ein Überblick über die durchgeführten 1.627 Hausbesuche (außer den Wiederholungsbesuchen) zeigt auf, dass davon 24 Gemeinden berührt wurden. Die Gesamtzahl der dadurch erreichten Vertriebenen beläuft sich auf annähernd 4.500 ... Gottesdienste für Vertriebene und Einheimische wurden abgehalten in ... (9 Gemeinden). Die Besucherzahlen schwankten dabei zwischen 100 und 400 Personen. Eine übergemeindliche Veranstaltung fand im Dom mit Kirchenpräsident Pastor D. Niemöller statt. Sie stand unter dem Thema: ›Die Kirche und der Friede der Welt‹.[494] *Kurz nach seiner Wahl zum Vorsitzenden der EkD folgte Herr Bischof D. Dibelius einer Einladung der Ev. Vertriebenenhilfe nach Bremen und sprach in der Liebfrauenkirche über das Thema: ›Kirche zwischen Ost und West‹ ... Die seit Mai 1948 abgehaltenen Sprechstunden ... wurden von annähernd 400 Personen aufgesucht ...«*

494 Baroness von der Ropp hatte den Glaubensgrundsätzen der Bekennenden Kirche schon in Ostpreußen nahegestanden. So konnte sie bei Ihrer neuen Arbeit auch auf alte Kontakte zurückgreifen. Der Vortrag von Martin Niemöller im Bremer St. Petri-Dom am 13.12.1948 wird durch diese Kontakte zustande gekommen sein. Niemöller war seit der Bekenntnissynode in Barmen einer der entschiedensten Kritiker der NS-Ideologie gewesen. Persönlichkeiten der Familie von Lehndorff waren ebenfalls in der Bekennenden Kirche. Martin Niemöller hatte im Februar 1937 die Eheleute Heinrich und Gottliebe von Lehndorff getraut, s. Vollmer, Doppelleben, a.a.O., S. 129.

Krankheit und Tod von Lexis Eltern

Um Wohnraum freizumachen und wohl auch um einer Beschlagnahme ihrer gesamten offenbar unversehrt gebliebenen Mietwohnung in Hamburg-Blankenese entgegenzuwirken, war Roloffs Mutter, **Oma Paula**, bereits im September 1945 wieder zurück nach Hamburg gezogen. Zum Lebensunterhalt erhielt sie nach ihrem Auszug aus dem Fichtenhof finanzielle Unterstützung durch ihren Sohn Wilhelm, solange dieser noch bei der »Nordsee« war.[495]

Lexis Mutter, Alexandra von Alvensleben, erkrankte im Laufe des Jahres 1946 an Tuberkulose. In Briefen an Ursula Gräfin Plettenberg schrieb sie, dass sie offenbar zu ihr bekannten Ärzten nach Frankfurt und Garmisch-Partenkirchen reiste, bevor sie zu einem anderen Arzt nach Luzern wechselte.[496] Am 20.7.1946 meldete sie sich beim Einwohnermeldeamt Bremen »in die Schweiz« ab. Sie hoffte, dort die erforderliche Behandlung zu erhalten und zu genesen.

Werner von Alvensleben senior erkrankte bereits Ende 1946 schwer und starb im Verlauf des Jahres 1947. Seine Tochter Annali erinnert sich an die letzten Monate mit ihrem Vater: »*Vater hatte sich auf dem Fichtenhof in ein Zimmer unter dem Dach zurückgezogen. Als ich ihn dort besuchte, Ende 1946 und im Frühjahr 1947, ging es ihm nicht gut, er lag viel im Bett, wollte aber nicht, dass man sich um ihn sorgte. Er mochte keine bekümmerten Gesichter sehen. Weil in einem Nebenraum an Stangen zwischen den Dachbalken geräucherte Schinken und Würste hingen, roch es in seinem Zimmer merklich nach Schinkenrauch. Ihn störte es nicht, auch die vielen Mäuse, die er rascheln und laufen hörte, störten ihn nicht. ›Hör' mal‹, sagte er mir in flüsterndem Ton, als er gerade wieder das vertraute Rascheln wahrnahm, ›jetzt versammeln sie sich, sie gehen an den Start und machen auf Mäuseart einen ›concours hippique‹.‹ Ob ich mich daran erinnere, dass ich einmal mit ihm in Hoppegarten die Pferderennbahn besucht habe, fragte er mich. Das müsse mehr als 20 Jahre her sein. Ich hatte den Ausflug mit meinem Vater sehr gut in Erinnerung behalten … ›Ich erinnere mich genau‹, sagte ich, ›und ich weiß auch noch, wie die beiden Pferde, deine Rennpferde, hießen: Labrador und Narses‹. Vater lächelte mich an.*«[497]

Werner von Alvensleben starb auf dem Fichtenhof am 30.6.1947.

---

495 Eidesstattliche Erklärung von Paula Roloff vom 12.2.1957 in der Wiedergutmachungsakte Wilhelm Roloff, 4,54E – 2509, Staatsarchiv Bremen.

496 Briefkopien im Familienarchiv von Einem.

497 Alvensleben, Abgehoben, a.a.O., S. 133 – 137.

Lexis Brief vom 5.7.1947 an ihren Bruder Werner von Alvensleben junior:[498] Glücklicherweise ist ein Brief von Lexi in das Familienarchiv von Alvensleben gelangt und dort aufbewahrt worden. Er ermöglicht es, ihrer sehr freimütigen, offenherzigen Persönlichkeit etwas näher zu kommen und etwas vom Leben mit den todkranken Eltern zu erfahren: »*Mein Wernerchen, ich nehme an, dass Du von Mamilein schon gehört haben wirst, dass Vaterchen am 30. Juni Morgens um 6 Uhr gestorben ist. Gott sei Dank kam ich noch früh genug aus der Schweiz zurück,* (dort hatte sie die kranke Mutter besucht – d. Verf.) *und habe ihn noch einige Wochen sehen und pflegen können. Das heisst, er liess sich nur noch schlecht unterhalten, er war meistens zu müde zum Sprechen. Es war Lungenkrebs und er wurde immer weniger. Das ist eine unheilbare Krankheit. Vielleicht hätte man ihn noch etwas länger am Leben erhalten können, wenn er in ein besseres Klima gekonnt hätte. Aber die Schweiz kam wegen Geld usw ja gar nicht in Frage. Annali kam gerade noch zur rechten Zeit um ihn lebend anzutreffen, ich glaube aber nicht, dass er sie noch erkannt hat. Babylein kümmerte sich ja nie um Vater und so habe ich ihr sein Schlechtgehen erst mitgeteilt, als es so aussah als ob er es nicht mehr lange machen würde und als sie kam, war Vaterchen schon tot. Ich bin der Ansicht, dass man sich um Menschen kümmern soll so lange sie leben und nicht nur schnell an die Totenbetten eilen, um sein Gewissen zu beruhigen. Ich bin sehr sehr traurig. Wernerli, Du weisst wie sehr Vater und ich an einander hingen. Das schlimme Jahr in Berlin, in welchem ich mit Maud Volmer*[499] *gemeinsam um sein Leben kämpfte, in welchem wir ihn tausend grausame Tode sterben sahen und es uns schließlich gelang, ihn bei Einsatz des eigenen Lebens zu retten, haben ihn mir natürlich noch näher gebracht. Er war sicherlich nicht immer ein Vorbild eines Vaters, aber er war ein grosser Mensch und eine seltene Persönlichkeit, voller liebenswerter Eigenschaften wie seinen unüberwindlichen Humor, seine Civil Courage, sein grosses Herz und seine herrliche Ritterlichkeit allen Schwachen, Unterdrückten, Armen gegenüber. Das sind Eigenschaften, die es so selten gibt und die einen viel anderes vergessen machten.*

498 Archiv der Familie von Alvensleben, Bestand Werner Neugattersleben (1913–1998. Die Orthografie der Verfasserin wurde beibehalten.

499 Maud Volmer war bereits seit den zwanziger Jahren Werner von Alvenslebens Privatsekretärin. Sie wohnte auf dem Fichtenhof, ohne auf der Liste der dort gemeldeten Personen verzeichnet zu sein. Im Text von Charlotte Pommer (in: Ohrt, Gestapo im OP, a.a.O.) ist nicht erwähnt, dass sie während seiner Inhaftierung ebenfalls in Berlin war.

Ich habe Vaterchen auf seinem Totenbett einen Brief von Dir vorgelesen, den ich selbst erfand. Ich schrieb ihm, dass Du ihn holen würdest, dass Du ihm einen Wagen schickst und Ihr gemeinsam in der Schweiz zusammen bleibt. Dass Du ihn später mit Dir nach Afrika nehmen würdest und er sich seine Menschen, an denen er hing und die er nicht verlassen hätte, mitnehmen könne. Er war unendlich glücklich darüber und fiel sichtlich erleichtert in seine Kissen zurück mit den Worten; ›Dann habe ich ja überhaupt keine Sorgen mehr, dann ist ja alles gut, wie froh bin ich, den Jungen zu sehen.‹ Er wollte nur wissen, ob ich auch all sein Gepäck und alle Formalitäten für ihn machen könnte und ich bejahte natürlich.

Ganz zum Schluss wollte er weder Maud noch mich bei sich haben. Wir sind sehr befreundet mit einem reizenden amerikanischen Offizier hier. Vaterchen stand sich sehr gut mit ihm. Er war die ganzen letzten Tage mit mir an Vaterchens Totenbett und zum Schluss wollte Vater nur noch ihn bei sich sehen. Er meinte, dass beim Sterben Männer unter sich sein müssten. Es war sehr erschütternd, wie dieser schwer kranke sterbende Mann versuchte, seine Schwäche vor uns Frauen zu verbergen und wie er sich zusammen nahm. Vaterchen hätte gerne noch gelebt, Du kennst seinen Optimismus und er sah für sich noch grosse Chancen im Leben. So schwer es ist, dass er nicht mehr hier ist, so glücklich bin ich, dass er sich nicht quälen musste, er hatte überhaupt keine Schmerzen. Wir haben seine Einäscherung in Bremen gemacht und die Urne hier unter schönen Fichten im Garten begraben. Er hat ein schönes Plätzchen, mit seinen geliebten Wildtauben in den Bäumen, ab und an mal ein Reh oder ein Hase etc. Seit einiger Zeit streicht ein Fischreiher über den kleinen See, Vaterchen wird sich darüber freuen. Maud Volmer ist vollkommen gebrochen. Sie tut mir namenlos leid, denn sie liebte diesen Mann über alles und sie hätte ihr Leben tausendmal gegeben, wenn er es dafür hätte behalten können. Sie bleibt vorläufig bei mir, sie hat keinen Menschen auf der Welt und ich weiss, dass Vaterchen es so gewollt hätte. Das wirst Du verstehen.

Von Mamilein habe ich keine guten Nachrichten. Meine Freundin Frau von Frey[500]*, die sich in meiner Abwesenheit rührend um Mamy kümmert, schreibt mir dass Mamy immer schwächer und schwächer wird. Ihr Tbc ist eben scheinbar doch schon zu weit fortgeschritten als das man eine Heilung erhoffen kann. Ach Wernerli, es ist einfach namenlos und ich bin manchesmal der Verzweiflung nahe. Wenn doch nur die Geldsachen nicht so vollkommen hoffnungslos für mich wären. Ich weiss einfach nicht wie ich es machen soll. Mrs. Lieber schrieb mir*

500 Zu dieser Freundin konnten keine Informationen recherchiert werden.

reizend, ich korrespondiere ganz regelmäßig mit ihr. Sie schrieb mir, dass Du nur 80 im Monat machen kannst. Bitte Wernerli, schicke die dann bloss regelmäßig und pünktlich, denn sonst setzt das Sanatorium Mamy heraus und Du kannst Dir vorstellen was das bedeuten würde. Ich muss wieder zu ihr fahren, denn ich kann sie nicht alleine sterben lassen. Aber wie ich es mit Geld mache ist mir rätselhaft. Ein Freund hilft ab und an aber das reicht nie aus, denn die Schweiz ist grauenhaft teuer. William ist einfach wahnsinnig anständig in diesen Dingen und er hilft und versucht zu helfen wo es nur möglich ist. Von Baby kann ich nichts erwarten. Sie ist eiskalt und berechnend, ich bin sehr traurig darüber. Bitte, bitte Wernerli, schicke jeden Pfennig an Mamy, den Du nur irgendwie entbehren kannst. Es wird entsetzlich für sie sein, dass sie Dich wahrscheinlich nicht mehr sehen wird. Du musst es ihr auch nicht schreiben, sie klammert sich nur noch daran, es ist alles was sie am Leben erhält, die Hoffnung Euch beide noch einmal zu sehen. Wenn Mamylein nicht mehr ist, dann packe ich meine Sachen und komme zu Dir und Bibla[501]*. Allerdings muss ich meinen Jungen mitbringen, der einfach zauberhaft geworden ist. Hier kann mich dann nichts mehr halten. Schreibe mir gleich wie Du über alles denkst. Schreibe auch genau wie Du das Geld regeln wirst. Grüße und küsse Bibla sehr. Sei umarmt in grosser Liebe von Deiner Lexi.*

Lexis Mutter starb am 5.11.1947 in Luzern/Schweiz, auch ihre Urne wurde auf dem Fichtenhof beigesetzt.

Lexis Schwester Annali schreibt über den Tod ihrer Eltern: »*Vater starb im Sommer 1947. Als ich ihn das letzte Mal sah, lag er im Krankenhaus in Bremen. Beim Abschied wußten wir beide, wir brauchten es uns nicht zu sagen, dass wir uns nicht wiedersehen werden. ›Behüt' dich Gott‹, war mein letzter Gruß zum Schluß, als ich schon an der Tür stand. ›Dich auch‹, antwortete Vater und machte mit matter Hand ein Zeichen.*

Mami starb fünf Monate später in der Schweiz … Lexi hatte den Transport in die Schweiz und die Klinikkosten finanziert … Lexi und unsere Freundin Ursel Plettenberg waren in den letzten Tagen bei ihr gewesen. Sie erzählten mir, wie ruhig und ergeben in ihr Schicksal sie den Tod akzeptiert habe, obwohl sie mit 59 Jahren noch nicht alt war.«[502]

501 Maria Adriana (genannt Bibla) v. Alvensleben, * 12.5.1916 in Mosambik, seit dem 1.5.1945 Ehefrau von Lexis Bruder Werner von Alvensleben junior.

502 Alvensleben, Annali v., Abgehoben, a.a.O., S. 137.

Neuorientierung – Scheidung der Roloff-Ehe

Durch Lexis erwähnte Bekanntschaft mit **Dick Weber**, dem US-Besatzungsoffizier, ergab sich für die Bewohner ein Zugang zu Lebensmitteln und anderen Dingen des täglichen Bedarfs. Aus der Sicht der darbenden Deutschen handelte es sich um Luxusgüter. Es kamen Konserven, Zigaretten und Getränke ins Haus. Sie bewirkten nicht nur eine Verbesserung der Versorgung, sondern wurden sicherlich auch zum Tausch für allerlei Notwendiges genutzt. Da aber Roloffs sämtliches Vermögen weiterhin beschlagnahmt war, fehlte Bargeld. Seine Mutter, Oma Paula, verkaufte daher ihren Schmuck und ihr Silberbesteck, um ihren Sohn und seine Familie aus dem Erlös zu unterstützen. Doch wird sie für diese Dinge nicht viel Geld bekommen haben. Daher war Lexi gezwungen, einige zur Straße gelegene Flächen vom Gelände des Fichtenhofs als Bauplätze zu verkaufen.[503]

Manfred Graf von Lehndorff wurde im Sommer 1947 von Maria Mülhens, der Erbin des traditionsreichen Kölner Kosmetikunternehmens 4711, die Leitung ihres Gestüts Röttgen angeboten, eine renommierte Position. Der Ruf bedeutete eine großartige Anerkennung seiner bisherigen Leistungen im Pferdesport. An die Dimension der von Manfred Graf von Lehndorff damals erfolgreich übernommenen Aufgabe erinnerte die Wochenzeitung Die Zeit in einem Bericht vom 30.11.1962: *»Als der alte Mülhens im Schreckensjahr 1945 starb, stand seine Erbin Maria Mülhens inmitten von Trümmern und Ruinen. Die Rennpferde waren auf der Flucht von Hoppegarten nach Westen teils umgekommen, teils beschlagnahmt worden, die Stutenherden verhungert, ... nur noch in Rudimenten erhalten. Es schien hoffnungslos, das Gestüt wieder aufzubauen. Aber Maria Mülhens schreckte nicht vor dieser Aufgabe zurück. Und der erste Schritt, den sie tat, trug entscheidend zum Gelingen des Unternehmens bei: Sie engagierte Graf Manfred Lehndorff als Leiter des Gestüts.«*[504] Am 1.7.1947 meldete sich Manfred Graf von Lehndorff nach Köln ab. Er bezog ein Haus in der Nähe des Gestüts, in das ihm am 20.8.1947 auch seine Ehefrau Harriet folgte.

Frieda Setke gab ihre Tätigkeit als Köchin im Fichtenhof im Laufe des Jahres 1947 auf, um eine Stelle auf dem regulären Arbeitsmarkt anzutreten. Dem Verfasser hat sie darüber wie folgt berichtet: *»Ich hab ja nachher den Wechsel gemacht.*

503 Nach der Erinnerung von Peter Schmidt, Sohn des Chauffeurs von Wilhelm Roloff. Kaufverträge wurden nicht gefunden.

504 http://www.zeit.de/1962/48/seine-liebe-galt-den-pferden, – Zugriff v.3.5. 2015. Der Bericht wurde anlässlich seines Todes veröffentlicht.

Da hab ich in einer Fabrik, STEG hieß die Fabrik, glaube ich – in Vegesack – noch gearbeitet.[505] *Aber sie haben mir das gestattet, dass ich in dem Haus wohnen bleibe, unten in dem Hofmeierhaus, das haben die mir gestattet und zwar unentgeltlich.«*[506]

Wilhelm Roloff nach der Entlassung aus der britischen Internierung. Im Juli war Wilhelm Roloff aus der britischen Internierung entlassen worden und versuchte alles, den Verlust seiner Stellung bei der »Nordsee« wieder rückgängig zu machen. Doch auch als der Prüfungsausschuss der Militärregierung am 31.10.1946 feststellte, dass Roloff doch beschäftigungswürdig sei, brachte ihn dieses nicht in die verlorene Stellung bei der »Nordsee« zurück. Die Treuhandverwaltung der Firma, vor allem aber das Desinteresse der MVU/Unilever kann dafür als ursächlich angenommen werden. Roloff glaubte weiterhin, sich erklären und sich gegen Beschuldigungen verteidigen zu müssen.

Die Bremische Bürgerschaft erließ am 9.5.1947 im Rahmen der Anweisung Nr. 24 des Kontrollrates das Gesetz zur Befreiung von Nationalismus und Militarismus. Es nahm auf das Gesetz Nr. 8 der Militärregierung Bezug.[507] Jede Bremerin und jeder Bremer über 18 Jahre war verpflichtet, nochmals einen Meldebogen auszufüllen, in dem Angaben zur Überprüfung der politischen Belastung erfragt wurden. Am 18.6.1947 entsprach **Wilhelm Roloff** dieser Verpflichtung und stellte mit dem offiziellen Großen Meldebogen den Antrag auf Entnazifizierung nach dem neuen Gesetz.[508] Er schilderte nochmals, dass er im Jahre 1937 nur auf Drängen von Gauleiter Telschow und auf Wunsch der niederländischen Anteilseigner der »Nordsee« Mitglied der NSDAP geworden war und dass es seiner Meinung nach eigentlich rasch zur Feststellung kommen müsse, dass er nur ein »nomineller Nationalsozialist« gewesen war. Darüber hinaus sei diese erzwungene Mitgliedschaft von der Partei in der Form eines »Ausstoß wegen Verrats an Führer und Volk« nach dem 20. Juli beendet worden.[509]

505 Die Erinnerung an »eine Fabrik«, bei der Frieda Setke eine Stellung angenommen haben will, geht etwas fehl. Bei der STEG handelte es sich um die Staatliche Erfassungsgesellschaft für Oeffentliches Gut m.b.H., die offenbar im Juli 1947 aus der Gesellschaft zur Erfassung von Rüstungsgut hervorgegangen war und die sich mit der Verwertung nicht mehr benötigten amerikanischen Militärgutes befasste. Gesellschafter waren die süddeutschen Länder; s.a. Der Spiegel, Folge 14/1951 vom 4.4.1951.

506 Interview mit Frieda Uden, geb. Setke, im Sommer 2007.

507 Hesse, Hans, Konstruktionen der Unschuld, a.a.O., S. 44.

508 Ebd., S. 41ff, dort auch Zur Entstehung des Gesetzes Nr. 8.

509 In einem Merkblatt zu den Richtlinien zur Anwendung des Gesetzes Nr. 8 war vorgegeben, dass ein Parteimitglied als entschuldigt galt, wenn es glaubhaft machen konnte,

Worauf Roloff hinaus wollte, war der sogenannte Nichtbetroffenheitsbescheid. Doch den erhielt er nicht! Stattdessen wurde sein Verfahren der Geschäftsstelle des öffentlichen Klägers zur weiteren Entscheidung zugeleitet.[510]

Das Ende der Ehe von Wilhelm und Lexi Roloff. Der damals elfjährige Sohn Michael Roloff erinnert sich noch heute, dass es der Vater mit der ehelichen Treue auch nach der Entlassung aus der britischen Internierung im Juli 1946 nicht so genau nahm. Mittlerweile hatte auch seine Mutter Lexi eine Affäre. Ihre Liaison mit US-Major Richard Weber sorgte bei einigen im Haus für Empörung. Frieda Setke, die Köchin im Haus, berichtete dem Verfasser noch mehr als 60 Jahre nach den Ereignissen ausschließlich von Lexis Untreue und von ihrer Bewunderung für Wilhelm Roloff. Streitereien zwischen den Eheleuten waren für die Bewohner im Haus nicht sichtbar. Besonders für Wilhelm Roloff empfand Frieda Setke deshalb bis heute große Hochachtung: *»Herr Roloff ertrug die Affäre seiner Frau in großer Haltung und Achtung vor ihr. Ich habe gesehen, dass er sich trotzdem immer mit Handkuss von ihr verabschiedete.«*[511]

Im Laufe des Jahres 1947 entfremdeten sich die Eheleute Roloff mehr und mehr. Nur die Sorge um die Eltern hatte Lexi noch davon abgehalten, einen Schlussstrich zu ziehen. Nach deren Tod entschlossen sich beide Eheleute zur Scheidung. Sie wurde im November 1947[512] vom Landgericht Bremen ausgesprochen. Den zwölfjährigen Sohn Michael nahmen die Eltern zum Scheidungstermin mit. Er erinnert sich, dass er sich dabei wie ein Pfand beider Elternteile vorgekommen sei und dass seine Mutter Lexi geweint habe.[513]

---

dass er »unter einem gewissen wirtschaftlichem Druck« der Partei beigetreten war und sich – »wenn auch äußerlich PG« – persönlich ablehnend gegenüber der Partei verhalten hat. Im Falle des Fehlens dieses Nachweises (Druck) sollte der Nachweis geleisteten Widerstandes genügen müssen.

510 Aus der Beschreibung der Anwendung des Gesetzes zur Befreiung vom Nationalsozialismus und Militarismus vom 9.5.1947 (Bremer Befreiungsgesetz), in: Stadtarchiv Bremerhaven, Bestand Hauptamt I (1942–1962) 1–589, S. XXI.

511 Interview mit Frieda Uden, geb. Setke, Sommer 2007.

512 Scheidungsvermerk auf Wilhelm Roloffs Einwohnermeldekarte im Staatsarchiv Bremen. Leider ist keine Kopie des Urteils bekannt.

513 Aus der E-Mailkorrespondenz mit Michael Roloff vom11.7.2015.

Was geschah 1948 und 1949 auf dem Fichtenhof?

Nach der Scheidung von Lexi meldete sich **Wilhelm Roloff** im März 1948 vom Fichtenhof ab und zog in die Schweiz. Nähere Angaben zu den Hintergründen fehlen, es kann spekuliert werden, dass der Umzug mit seiner neuen Lebenspartnerin Hanna Kulenkampff in Verbindung gebracht werden kann. Die Eheschließung mit ihr ist aber auf seiner im Bremer Staatsarchiv aufbewahrten Meldekarte nicht verzeichnet.

Bemerkenswerterweise endete Roloffs Entnazifizierungsverfahren, dass er als »Vorstellungsverfahren« in Gang gesetzt und damit ein Rechtsmittel gegen das Erlöschen seiner Genehmigung zur Weiterbeschäftigung als Vorstandsmitglied der »Nordsee« eingelegt hatte, erst mehr als zwei Jahre, nachdem er seinen Posten als Generaldirektor der »Nordsee« verloren hatte.

Am 21.4.1948 entschied Der öffentliche Kläger bei der Spruchkammer Bremen:[514]

In Sachen gegen R o l o f f, Wilhelm, Kaufmann, geb. 28.3.1900
wohnhaft Bremen-Schönebeck, Kirchweg 161 Fichtenhof
wird das Verfahren gem. Art. 13 des Gesetzes zur Befreiung von Nationalsozialismus und Militarismus vom 9.5.1947
e i n g e s t e l l t, da er entlastet ist.

Nach dem Tod der Eltern und dem Auszug ihres geschiedenen Ehemannes fand **Lexi Roloff** offenbar zu neuer Ausgeglichenheit zurück. Sie wandte sich mit Gestaltungseifer ihrem Fichtenhof zu. 1948 wurde beim Bauamt in Bremen-Nord angefragt, ob die weichgedeckte Kornkammer im Obergeschoss des

514 Aktenzeichen XXI/19626.

von Karl Klinner bewohnten Hofmeierhauses, Schönebecker Kirchweg 31, zu Wohnzwecken ausgebaut werden könnte. Allerdings ist in der Bauakte kein Bauantrag enthalten, somit ist nicht ersichtlich, ob der Ausbau damals vorgenommen wurde.[515]

Zu neuem Optimismus trug bei Lexi vermutlich auch die Liebesbeziehung zu US-Major Richard Weber bei. Er war ein ausgewanderter Deutscher, der, am 1.8.1911 in Hamburg geboren, etwas jünger war als sie. Wegen seiner deutschen Sprachkenntnisse hatte er einen Dienstposten im Counter Intelligence Corps (CIC). Diese polizeiähnliche Spionage-Abwehrabteilung des Heeres war während des Zweiten Weltkrieges gegründet worden.

Eine aufbewahrte Korrespondenz zwischen Karl Blessing und Lexi Roloff, datiert vom 10.7.–9.11.1948, zeigt, dass Lexi gegenüber totalitären Verhältnissen besonders empfindlich war.[516] In einem sehr freundschaftlichen Stil schrieb Karl Blessing am 10.7.1948 und berichtete ihr, dass er seine Tätigkeit im MVU-Konzern wieder aufgenommen habe. Er erklärte seine Bereitschaft, eine Zusammenarbeit mit einer Persönlichkeit, die beiden bekannt war, wieder aufzunehmen, wenn Lexi dieses vermitteln wolle. – Lexis erfreute Antwort enthielt ihre Besuchsankündigung bei Karl Blessing in Hamburg. Offenbar beschäftigte sie eine Sekretärin namens Ursula Busch, denn diese hatte die Antwort in ihrem Namen unterschrieben.

Lexis Besuch in Hamburg kam kurzfristig zustande. Mit einem anschließenden kurzen Brief vom 3.8.1948 schrieb sie an Blessing von der »unendlichen Freude«, die sie bei der Begegnung empfunden hatter. Weiter schrieb sie von ihrer Angst, »dass die Zeiten wieder so turbulent werden, dass man an ›Sträflingsanzug‹ denken muß«. – Offenbar betätigte sich Lexi zur Sicherung ihres Lebensunterhalts auch als Handelsvertreterin, denn sie legte dem Brief ein Wellpappe-Exposé bei und schrieb dazu: »Sollte bei Ihnen Interesse dafür sein, so würden Sie so freundlich sein und mir davon Mitteilung machen.«

Blessing teilte Lexi aber schon eine Woche später eine Absage mit, nachdem er das Angebot durch die dafür zuständige Abteilung hatte prüfen lassen.

Nach einer längeren Schreibpause folgte am 30.10.1948 ein weiterer Brief von Lexi. Er offenbarte, dass sie mit ihrem geschiedenen früheren Ehemann

515 Aus der Bauakte des Fichtenhofs (angelegten 1948) im Bauamt Bremen-Nord, Information von Susanne Schöß, Landesamt für Denkmalpflege Bremen, vom 6.6.2012.

516 Die Korrespondenz ist aufbewahrt in der Personalakte Wilhelm Roloff im Unilever-Archiv im Museum der Arbeit, Hamburg.

wieder in gutem Kontakt ist, da sie von ihm Grüße an Blessing ausrichtete. Erneut fragte sie nach Blessings Meinung zur Sicherheitslage, da sie kurz zuvor von der großen Kriegsangst Gerhard Graf von Schwerins erfahren hatte. Dieser war auf dem Fichtenhof zu Besuch gewesen. Die Blockade Berlins durch die Sowjets bestimmte seit Juni 1948 den politischen Diskurs. Lexi fragte Blessing: »Was meinen Sie und was meint Herr Rykens (Unilever-Chef in London)? Bitte antworten Sie mir darauf, denn dieses Mal möchte ich ungern dabei sein, vor allen Dingen würde ich versuchen, Michael zu retten. Ob diesmal Sträflingsanzüge wieder das ›Rechte‹ wären? Vielleicht hier im Westen doch.«

Blessing beruhigte sie in seiner Antwort vom 9.11.1948. Kurzfristig sei nichts zu befürchten, »da die Russen auf dem Wege des Kalten Krieges ja große Erfolge haben. Wir können daher die »Sträflingsanzüge« noch etwas im Schrank lassen, sie jedoch wegzugeben, halte ich für verfrüht.«

Wie das Bild der Sträflingsanzüge zu verstehen ist, konnte nicht ermittelt werden.

Gottliebe Gräfin von Lehndorff hatte es kurz nach der Flucht abgelehnt, mit ihrer Schwägerin Karin (Sissi) Gräfin Dönhoff ins Rheinland weiterzuziehen.

Doch mit der Zeit ging es Gottliebe emotional zunehmend schlechter und ab 1948, als die Menschen nach der Währungsreform anfingen, sich ins Zeug zu legen und ihr Leben wieder neu aufzubauen, fiel sie in eine schwere Depression.

Vera Gräfin von Lehndorff erinnert sich: » *Im Grunde hatte man im Fichtenhof noch ›Schonzeit‹, obwohl die ersten Jahre eine ›Notzeit‹ waren. Bereits gegen Ende der Zeit auf dem Fichtenhof fing es schon an, für alle Geflüchteten so richtig schwer zu werden, weil sich die Wirtschaft nach der Währungsreform für alle langsam wieder voran entwickelte. Nur nicht für die, die alles verloren hatten. Die Hilfsbereitschaft ließ nach, die Menschen wendeten sich ihrem eigenen Leben wieder zu.*

Meine Mutter mit ihren vier Kindern, hat sich damals oft sehr verlassen gefühlt. Als sich die Wirtschaft nach der Währungsreform wieder voran entwickelte, schaute jeder primär auf sich selbst und sein eigenes Vorankommen. Meine Mutter hatte dafür nicht die seelische Kraft. Zum Ende der Zeit auf dem Fichtenhof wurde es für sie psychisch und seelisch immer schwerer.«[517]

Die Depression begleitete Gottliebe Gräfin von Lehndorff bis zum Auszug aus dem Fichtenhof und weitere Jahre danach. Sie belastete auch ihre Kinder.

517 Ebd.

Baroness von der Ropp blieb bis Anfang Oktober 1949 auf dem Fichtenhof. »Die Sprache der Liebe versteht jeder«, so lautete die Überschrift eines Zeitungsartikels, in dem ihr Wirken beschrieben wurde. Diese Aussage war offenbar auch das Motto ihres Wirkens im Dienste der Evangelischen Vertriebenenhilfe. Der Bremer Weser-Kurier rühmte ihren selbstlosen Einsatz der Nächstenliebe bereits 1950. Dort heißt es über sie: »*Unabhängig von Organisationen und Konfessionen und doch mit ihnen in naher Verbindung, nahm sie sich – selbst ein Habenichts – mit der unverwüstlichen Kraft eines gütigen Herzens der Verlorenen und Verlassenen an, sammelte das zum Leben Nötige für sie und gewann in ihnen bald neue Helfer für den Dienst schweigender Barmherzigkeit. Immer größer wurde der Kreis von Menschen, die von dieser seltsam begnadeten Frau gewonnen wurden, um in der chaotischen Ausweglosigkeit unserer Zeit selber Wegweiser für andere zu sein. Man mag das für Utopie halten. Menschen, die an das Gute glauben, werden immer für Utopisten gehalten. Aber der Erfolg entscheidet. Und der ist überwältigend. Das Netz der Ratsucher und Ratgeber hat sich längst von Vegesack … über ganz Bremen gebreitet. Nähstuben wurden eingerichtet, Gaben in reicher Fülle gespendet und an die Ärmsten der Armen verteilt, schier unüberwindliche Klüfte zwischen Einheimischen und Vertriebenen überbrückt, allenthalben Frieden gestiftet und Liebe gesät, wo Haß und Selbstsucht zur Selbstverständlichkeit geworden war. ›Schließlich sind wir alle Vertriebene, Vertriebene aus dem Paradies‹, meint Frau v. d. Ropp.*«[518]

518 Weser-Kurier vom 26.1.1950, s. Rubrik Menschen in unserer Stadt.

Die gescheiterten Abessinien-Projekte von Wilhelm Roloff

Ein Darlehen der Margarine-Union (Unilever) ermöglichte es Roloff, nach seiner Scheidung einen kaufmännischen Neustart zu versuchen. Das Darlehen und dessen Zweck sind belegt durch ein Schreiben von Karl Blessing vom 28.4.1957. Es wurde in Roloffs bereits mehrfach genannter Wiedergutmachungsakte im Bremer Staatsarchiv vorgefunden. In diesem Schreiben an Roloffs Bevollmächtigten, den Bremer Rechtsanwalt Strube, übermittelt Blessing im Namen der Margarine-Union AG folgende Informationen: »*Herr Roloff hat von uns im Dezember 1947 und im ersten Halbjahr 1948 zusammen RM 275.000,- umgestellt 10 : 1 auf 27.500 DM, als Darlehen erhalten, weil er in Geldnot war. Wir waren uns von Anfang an darüber klar, dass Herr Roloff diesen Betrag wahrscheinlich nie zurückzahlen würde und haben ihn schon seit langem in unseren Büchern wertberichtigt. Nachdem Herr Roloff nach Abessinien gegangen war, trat er an uns heran mit der Bitte, ihn beim Aufbau seiner Geschäfte dadurch zu unterstützen, dass wir ihm für Exporttratten bei seiner Bank in Deutschland Bürgschaften stellten. Nach dem Zusammenbruch der Roloff'schen Geschäfte in Abessinien haben die Banken uns mit DM 73.000,- und die ›Nordsee‹ Deutsche Hochseefischerei A.G. in Bremerhaven mit DM 53.000,- in Anspruch genommen. Wir haben die Garantie übernommen in der Absicht, damit Herrn Roloff einen Start für eine neue Existenz zu geben. Auch hier waren wir uns von vornherein darüber klar, dass diese Beträge möglicherweise verlorengehen könnten. Außerdem haben wir Herrn Roloff nach der Rückkehr aus Abessinien einen Betrag von DM 10.000,- darlehensweise zur Verfügung gestellt, um ihn in die Lage zu versetzen, seine Ansprüche gegen Addis Abeba durchsetzen zu können und sich eine neue Existenz in Kanada zu gründen.*

Alle diese Beträge sind an resp. für Herrn Roloff gezahlt worden im Hinblick auf seine früheren Verdienste als Vorstandsmitglied der ›Nordsee‹ Deutsche Hochseefischerei und im Hinblick auf seine früheren Verdienste bei der Einführung und dem Aufbau des Tiefkühlgeschäftes in Deutschland. Obwohl Herr Roloff der juristischen Form nach nach wie vor unser Schuldner ist, ist ihm inzwischen zu verstehen gegeben worden, dass diese Beträge, die in unseren Büchern und auch in den Büchern der ›Nordsee‹ wertberichtigt sind, nicht zurückgezahlt zu werden brauchen und als eine Abfindung für seine früheren Dienste anzusehen sind.« ... (Es folgen Gefälligkeitserklärungen über Roloffs durch die Haft verursachte psychische Labilität. Es heißt dazu, dass diese fremdverschuldete psychische Labilität nach dem Ende der britischen Internierung so stark zugenommen habe, dass man ihn nicht wieder zum Vorstandsmitglied der »Nordsee« machte.)

Archivmaterial im Unilever-Archiv in Hamburg[519] gibt Auskunft über den Verlauf und die Art der oben genannten Roloff'schen Geschäfte in Abessinien. Es handelt sich im Wesentlichen um einen Briefwechsel aus der zweiten Jahreshälfte 1948 zwischen Roloff und Karl Blessing.

Aus der Korrespondenz spricht eine vertrauensvolle gegenseitige Wertschätzung. Die Anreden untereinander lauten »Lieber Blessing« und »Lieber Roloff«. Roloff schrieb seinen Vornamen in anglisierter Form und nannte sich William. Beide waren in der NS-Zeit bedeutende Wirtschaftsführer gewesen und befanden sich in der beruflichen Neuorientierung. Doch anders als Blessing gelang es Roloff nicht, an die frühere Position anzuknüpfen. Das ist auch Thema in seinen Briefen.

Blessing berichtete seinem alten Freund Roloff eingangs, dass er nach seiner Entlassung aus der Internierung auf den Vorstandsposten bei der Margarine-Union AG, der Dachgesellschaft der Unilever für ihre deutschen Unternehmen, gelangt war. Roloff war in Äthiopien offenbar nicht fest angestellt, sondern versuchte sich als selbstständiger Kaufmann in geschäftlichen Unternehmungen auf eigene Rechnung

Roloff hielt sich zu Beginn des Briefwechsels schon seit längerer Zeit in Addis Abeba auf. Laut seinem Brief vom 29.6.1948 hatte er sich eingelebt und schrieb begeistert, dass es »mitten im Herzen Afrikas zivilisierter ist, als man es sich vorstellen kann«. Er sah anfangs mehrere für ein wirtschaftliches Engagement in Äthiopien lohnende Bereiche und hatte Kontakt zum Wirtschaftsberater des äthiopischen Kaisers aufgenommen. Die von ihm verwendeten Briefbögen

519 Personalakte Roloff im Unilever-Archiv im Museum der Arbeit in Hamburg.

tragen den Firmen-Briefkopf Mutual Assistance Fund Ltd. Bei diesem Unternehmen handelte es sich offenbar um die Firma des Wirtschaftsberaters.

Aus Blessings Briefen ergeben sich keine Beschreibungen seiner aktuellen Aufgaben. Offenbar hatte er beruflich schnell wieder Fuß gefasst. Es war deutlich, dass er seine alten Verbindungen wieder aufnehmen konnte. Bereitwillig ließ er Roloff an diesen teilhaben und fragte für ihn beispielsweise bei dem in wichtige Ämter des Bankwesens berufenen Hermann Josef Abs, ob es Finanzierungsmöglichkeiten für die von Roloff projektierte äthiopische[520] Baumwollindustrie gab. Blessing versuchte, sämtliche Informations- und Hilfewünsche Roloffs zu erfüllen. Auch der Fichtenhof war im Briefkontakt einbezogen. Roloff schlug vor, die Antwortbriefe Blessings mögen nicht direkt nach Äthiopien geschickt werden. Um die Weiterleitung möge Frau Alexandra Roloff auf dem Fichtenhof gebeten werden, *»die in ständiger Verbindung mit mir steht. Sie wird den Brief weiterleiten. Aber auch Fräulein Baer vom Sekretariat (auf dem Fichtenhof?) hat die Möglichkeit, mit Luftpost hierher zu schreiben«*,[521] so Roloff, der offenbar trotz erfolgter Scheidung in einem freundschaftlichen Kontakt zu Lexi geblieben war.

Das Baumwollgeschäft wurde von Roloff weiter verfolgt. Als er erfuhr, dass Blessing wieder bei der Unilever war, empfahl er ihm die Möglichkeit des Anbaus von Ölsaaten als lohnenden zukünftigen Geschäftszweig von Unilever. Er wollte auch Ölmühlen bauen. Blessing sollte sich bei Unilever-Chef Rykens in London dafür einsetzen, dass der Konzern Öle aus Äthiopien beziehen möge.

Im Brief vom 18.8.1948 teilte er Blessing zugleich mit, dass er nun eine Adresse in der Schweiz hatte; nämlich »p. A. Frau Hanna Kulenkampff ...«, dabei handelte es sich um seine neue Lebenspartnerin. Ende August 1948 verließ er Äthiopien, um zu ihr in die Schweiz zu fahren.

Doch Roloffs Ideen ließen sich nicht realisieren. Blessing teilte ihm Ende August 1948 mit, dass Abs die angestrebte Finanzierung durch amerikanische Geldgeber nicht erreichen konnte. Unilever-Chef Rykens teilte mit, dass der Konzern nur dann an einem Engagement interessiert sei, wenn ein ausreichend großes Inlandsgeschäft für Seife und Speiseöle in Äthiopien aufgebaut werden könne, was aber offenbar nicht der Fall war.

520 Im Briefwechsel zwischen Roloff und Blessing wurden, der damals gebräuchliche Name Abessinien und das Adjektiv abessinisch verwendet.

521 Brief an Blessing vom 29.6.1948, Personalakte Roloff, Unilever-Firmenarchiv, Hamburg.

Blessing erwähnte, dass die Rückübertragung der »Nordsee«-Aktien an Unilever weiterhin Probleme bereitete. Die Formulierung klang, als wirke eine Verantwortlichkeit Roloffs an diesem Zustand nach.

Roloff blieb zuversichtlich. Hatte er Grund zum Optimismus? Er hatte im Juli 1948 vom Interesse »Schweizer Kapitalisten« erfahren, Verarbeitungsmaschinen nach Äthiopien zu bringen. Mit dieser Formulierung berichtete er Blessing vom Interesse der in der Schweiz ansässigen *Werkzeugmaschinenfabrik Oerlikon Bührle & Co.* Für diese wollte er ein Investment in der äthiopischen Baumwollwirtschaft vermitteln. Konnte er bei dieser Geschäftsanbahnung seine alten Verbindungen aus der Zeit bis 1944 nutzen? Damals gehörte er 27 Aufsichtsräten an und die Schweizer Waffenschmiede mag eine der von ihm beaufsichtigten Firmen gewesen sein.[522]

Am 16. August teilte Roloff an Unilever-Chef Rykens mit, dass er erfolgreich eine Konzession für das finanzielle Engagement Bührles von der äthiopischen Regierung erlangen konnte.

Vermutlich war Roloffs Position gegenüber dem Schweizer Investor Emil Bührle aber nicht so sicher, wie es Roloff gern gehabt hätte. Auch wenn Bührle Gefallen daran gefunden haben mag, Investitionen in den Anbau von Ölsaaten und Baumwolle dank der von Roloff vermittelten Konzession vorzunehmen.

Während seines Aufenthalts in der Schweiz richtete Roloff am 9. und 20. September die Bitte an Blessing, sich nochmals bei der Unilever für Investitionen in äthiopische Ölmühlen und für die Abnahme von Ölsaaten und Baumwollkernen einzusetzen. Blessing half erneut, um Roloffs Position als Vermittler, Organisator und Repräsentant in Äthiopien zu stärken. Am 17.9. wandte sich Roloff selbst an Unilever-Chef Paul Rykens Er beschrieb ihm das Engagement als aussichtsreich, da sich das mögliche Einzugsgebiet für Ölsaatenkäufe aus seiner Sicht auf ganz Ostafrika ausdehnen ließe.

Roloffs Aufenthalt in der Schweiz verlängerte sich. Er reiste auch Ende September 1948 noch nicht nach Abessinien zurück, sondern wohnte nun im noblen Züricher Hotel zum Storchen. Er korrespondierte u.a. auch auf Briefbögen dieses renommierten Schweizer Hotels. Am 28.9. erfuhr Blessing von Roloff, dass Rykens ein eigenes Ölmühlen-Projekts der Unilever abgesagt hatte. Roloffs Hoffnung ruhte nun ausschließlich darauf, als Leiter des Aufbaus des Bührle-Engagements ausgewählt zu werden. Angeblich sei dies von Bührle in Aussicht

522 Sie war ein wichtiger Lieferant von 20-mm-Geschützen und somit eng mit der deutschen Kriegswirtschaft verbunden.

genommen. Er schrieb: »*Wenn ich diese Position bekomme, habe ich wirklich wieder Boden unter den Füßen. Ich habe für Bührle bereits die Option für die betreffende Konzession und die Beteiligung des Kaisers erreicht*. ... (Bührle) *ist entschlossen, den Baumwollanbau und die Baumwollindustrie in Abessinien zu organisieren und zu finanzieren*«.

Doch Roloff war sich offenbar erheblich unsicher, in die Leitung des Bührle-Projektes berufen zu werden. Daher bat er Blessing, ihm ein Zeugnis zur Verbesserung seiner Chancen zu erteilen und gab ihm genauestens vor, was darin ausgeführt sein sollte. Blessing folgte der Bitte umgehend und schrieb dem Personalvorstand der Bührle-Firma in St. Moritz am 4. Oktober u.a. »*Seine Fähigkeiten liegen besonders in der Ausfindigmachung und Entwicklung neuer Geschäfte. Es ist im Wesentlichen sein Verdienst, dass die Tiefkühlung in Deutschland eingeführt wurde und dass sie sich zu einem Industriezweig entwickelte, der sich sehen lassen kann. Herr Roloff hat das Tiefkühlverfahren auf die Fischwirtschaft übertragen ... Trotz großer ... Schwierigkeiten ist es ihm gelungen, in Norwegen ein umfangreiches industrielles Tiefgefrierzentrum für die Fischwirtschaft zu entwickeln ... ist Herr Roloff einer der wenigen Leute, dem ich die Entwicklung einer neuen Industrie in Äthiopien zutrauen würde.*« Gleichzeitig teilt Blessing Roloff nochmals das Desinteresse Unilevers an einer eigenen industriellen Investition in Äthiopien mit.

Bührle mochte sich offenbar trotz des guten Zeugnisses immer noch nicht für Roloff entscheiden. Dieser wollte einen Trick inszenieren. Er schrieb am 11. Oktober an Blessing: »*Da ... ich die Lage hier psychologisch entsprechend übersehe, wäre ich Ihnen für folgenden Freundschaftsdienst ganz besonders und herzlichst dankbar. Schreiben Sie mir doch bitte unter Bezugnahme auf das Abessinien-Projekt einen Luftpostbrief und bringen zum Ausdruck, dass ich dringend gebeten würde, wieder zum Konzern nach Deutschland zurückzukommen, wo man mir eine der ›Nordsee‹ äquivalente Position sicherte. Das sei noch besser, als neue Abessinienpläne. Ich werde das ja niemals annehmen, denn ich habe ja meine feste Position in Addis Abeba ... Ich möchte den Brief nur zum psychologischen Manöver benutzen und kann ihn dann zurückgeben. Natürlich müsste er etwas effektvoll sein. Manche Menschen sind nicht so sachlich, wie wir es lieben und brauchen so etwas. Ich hoffe sehr, dass Sie mir diese Gefälligkeit erweisen ...*« Die Antwort ließ einen ganzen Monat auf sich warten, doch am 10. November, erhielt Roloff, der immer noch nicht nach Äthiopien zurückgekehrt war, im Züricher Hotel zum Storchen den erbetenen persönlichen Brief von Karl Blessing. Dieser schrieb: *Ich danke Ihnen für Ihre verschiedenen interessanten Mitteilungen und freue mich, dass Ihre Initiative und Ihr geschäftlicher Unternehmungsgeist ganz die alten geblieben sind. Trotzdem möchte ich Ihnen den Rat geben, reiflich zu überlegen, ob sie sich dem Abessinien-Projekt voll und ganz verschreiben wollen, zumal Ihnen ja, wie sie wissen, im Unilever-Konzern jederzeit eine Position, wie Sie sie in der ›Nordsee‹ innegehabt haben, offensteht. Glauben Sie nicht, dass eine solche Position besser ist, als Ihre ganzen Abessinienpläne! Vielleicht denken Sie einmal darüber nach.«* Im Begleitschreiben weist Blessing darauf hin, dass der Brief nur die notwendige Hilfestellung geben soll und bittet um vorsichtige Verwendung.

Doch alle Bemühungen Roloffs und Unterstützungen Blessings sollten vergebens sein. Den Brief Blessings, den er als Trick verwenden wollte, hatte er noch gar nicht erhalten, da hatten sich Roloffs Hoffnungen bereits völlig zerschlagen. Er war immer noch in der Schweiz und musste Blessing mit Schreiben vom 17.11. berichten, dass Bührle aufgrund seiner Vermittlung eine Großinvestition von sechs Millionen Schweizer Franken in das Projekt tätigen wolle. Weiter hieß es: *»Das sei alles gut, aber nicht gut sind die persönlichen Dinge gelaufen, einfach, weil die Schweizer einen Deutschen gerne benutzen aber nicht bezahlen und nicht anstellen wollen ... Ich bin daher recht verzweifelt.«* – Er schrieb weiter, er hätte von Unilever-Chef Dr. Simon Thomas erfahren, dass ein großer Teil der »Nordsee«-Anteile an Unilever zurückgegeben wurde. Daher hoffte er, *»dass im Konzern meine Verdienste anerkannt werden«* und bittet Blessing, ihm *»eine Position zu geben, die mir zu leben ... und für meine zukünftige Frau und meinen Sohn zu sorgen ermöglicht, nachdem Lexi tatsächlich in Kürze Mr. Weber (U.S. Army) heiratet.«*

Das Scheitern seiner Hoffnungen führt bei Roloff wieder einmal zu schweren Herzanfällen. Völlig deprimiert bittet er Blessing um existenzielle Hilfe und *»sonst hoffe ich, findet sich beim Konzern irgend eine Ecke für mich«*. Blessing antwortet ihm darauf, dass er seinen Brief an die Konzernzentrale weitergeleitet habe. Er macht ihm aber unter Hinweis auf die weiterhin bestehende treuhänderischer Verwaltung der »Nordsee« keine Hoffnung.

Doch ganz ohne Perspektive war Roloff in Äthiopien offenbar doch nicht. Am 25.11.1948 schrieb er an Blessing, dass er während seiner zurückliegenden Zeit fast alle bedeutenden deutschen Vertretungen für Addis Abeba bzw. Abessinien erworben hatte, *»doch was nützen alle Verbindungen ohne Kapital, ohne Kredite«*.

Aber es gelang Roloff schließlich doch noch, dem Mangel an Kapital und Kredit abzuhelfen. Offenbar mit familiärer und schließlich auch mit erneuter MVU-Hilfe kehrte er wieder nach Äthiopien zurück und gründete eine Firma, die mindestens von 1949 bis 1951 bestanden hat. Wie sich aus Roloffs

Entschädigungsakte ergibt, hat die Margarine-Union auch in dieser Phase geholfen. In einem in der Akte aufbewahrten Brief von Blessing heißt es: *»Nach der Währungsreform haben wir in der Zeit von März 1949 bis August 1950 verschiedene Zahlungen in der Gesamthöhe von rund DM 3.500,- an Herrn Roloff gezahlt (Flugkarten, Unterstützung seiner Familie).*[523]

Wilhelm Roloff und Kaiser Haile Selassie

Auch sein Bruder Thorwald war ihm offenbar als Bürge bei dieser neuen Unternehmung behilflich. In seinen Lebenserinnerungen hat der Bruder darüber wie folgt geschrieben: (In Frankfurt) *»war ich seinerzeit, da ich mit meinem Bruder zusammen arbeitete, als Abgeordneter seiner Firma in Addis Abeba mit Namen Engel, Roloff & Co. wegen der ganzen Finanzierungsfragen und Verhandlungen beim Bankhaus Hardy & Co. tätig. Die von meinem Bruder in Addis Abeba gegründete Firma entwickelte sich recht positiv und meine Hauptaufgabe war, neue Firmen zu finden, die durch die Firma meines Bruders in Addis Abeba vertreten werden sollten. Da wir für die allgemeine Entwicklung nach dem Kriege sehr früh dran waren, bekamen wir auch gute Verbindungen. Ich denke z.B. an die Firma Bosch, die Volkswagenwerke und viele andere, die ich heute gar nicht mehr erinnere. Nebenbei war ein Sohn vom Negus auch Teilhaber der Firma*

523 Brief von Karl Blessing an Rechtsanwalt Strube vom 28.4.1957, Wiedergutmachungsakte Wilhelm Roloff, 4,54E – 2509, Staatsarchiv Bremen.

meines Bruders, diese Teilhaberschaft bestand allerdings nur darin, dass sich dieser Kaisersohn oft und gern Geld holte, ohne etwas dafür zu tun.«[524]

Eine noch drastischere Begebenheit mit der Kaiserfamilie wird von Roloffs jüngstem Sohn Stephen aufgrund von Erzählungen seines Vaters erinnert: *»Ein Sohn von H(aile) S(elassie) war eifersüchtig auf meinen Vater, er wollte die Volkswagenvertretung im Lande selber übernehmen. Er lud meinen Vater zum Diner und vergiftete ihn. Vater überlebte gottlob. H(aile) S(elassie) hat sich entschuldigt.«*[525]

Auch Charlotte Pommer war in dieser Zeit in Addis Abeba, möglicherweise durch Vermittlung von Wilhelm Roloff. Sie hatte im Januar 1949 eine Stelle als Chirurgin am Haile Selassie-Hospital angetreten und blieb dort für 1 1/2 Jahre.[526]

Offenbar führten die Geldentnahmen des Kaisersohnes schließlich zum erneuten Scheitern eines Roloff'schen Unternehmens in Äthiopien. Roloffs Nichte Sabine Dehnerdt schrieb dem Verfasser, dass ihr Vater beabsichtigte, ebenfalls zu seinem Bruder nach Addis Abeba zu ziehen: *»Meine Geburt sollte auch dort stattfinden. Dazu kam es allerdings nicht. Mein Onkel ist – so die Aussage meines Vaters – in einer ›Nacht-und-Nebelaktion‹ – aus Addis Abeba nach Kanada geflohen. Was dort passiert war, weiß ich nicht mehr. … Zumindest kann ich erinnern, dass mein Vater Schulden von meinem Onkel hat abzahlen müssen.«*[527] Der Schriftverkehr in seiner Wiedergutmachungsakte im Staatsarchiv belegt, dass Wilhelm Roloff im März 1953 von Abessinien nach Kanada verzog.

In Addis Abeba scheiterten aber nicht nur Roloffs wirtschaftlichen Unternehmungen. Auch seine dritte Ehe mit Hanna Kulenkampff endete hier bereits nach sehr kurzer Zeit, wie Michael Roloff dem Verfasser lakonisch mitteilte: »Die Hanna war nett. Sie ist dem Papi in Addis weggelaufen zu einem Arzt.«[528]

524 Aus den Lebenserinnerungen von Thorwald Roloff im Archiv Sabine Dehnerdt.
525 Aus der E-Mailkorrespondenz mit Stephen Roloff, Kanada, vom 1.11.2015.
526 Orth, Gestapo im OP, a.a.O., S. 9 (mit Fußnote).
527 Nach der Erinnerung von Sabine Dehnerdt.
528 Aus der E-Mailkorrespondenz mit Michael Roloff vom 11.7.2015.

Abschließende Bemerkungen

Der Verkauf des Fichtenhofs an die Stadt Bremen und seine weitere Verwendung

Die Stationierung von US-Major Richard Weber in Bremen endete schließlich. Seine Versetzung nach Berlin führte bei Lexi zu der Entscheidung, den Fichtenhof zu verkaufen. Angesichts der allgemeinen Wohnungsnot wird sie genügend Interessenten gehabt haben. Doch sie verkaufte das Haus und das gesamte verbliebene Grundstück nicht an einen privaten Käufer, sondern an die Stadt Bremen. Am 2.12.1949 unterschrieb ein Vertreter der Stadtgemeinde Bremen den Kaufvertrag. Darin heißt es, dass die »nicht erschienene aber durch einen bevollmächtigten Rechtsanwalt vertretene geschiedene Ehefrau des Hochseefischereidirektors Wilhelm Roloff, Alexandra, geb. v. Alvensleben«, den Fichtenhof an die Stadtgemeinde Bremen zum Preis von 87.500,- DM verkaufte.[529]

Der Vertrag enthält einige interessante Details. In § 2 steht, dass die Stadtgemeinde Bremen die Auseinandersetzung mit dem weiterhin dort wohnhaften Gärtnerehepaar übernimmt. Zum Hausrat wird in § 5 des Vertrages u.a. vereinbart: »Die im Gebäude befindlichen Haargarnteppiche, Kommoden und Bücherregale gehen ohne Gegenleistung an die Käuferin.« Peter Schmidt erin-

529 Siehe Vertrag in den Grundakten des Amtsgerichts Bremen-Blumenthal, Schönebeck Band 13, Blatt 462.

nert sich: »Bis zu ihrem Wegzug in die USA deponierte Lexi ihr wertvolles Tafelsilber bei meiner Mutter.«[530]

Im Vertrag wird festgestellt, dass das Grundstück bereits rückwirkend zum 1.10.1949 an die Käuferin geliefert worden war. Die zuletzt dort noch gemeldet gewesenen Bewohner Baroness von der Ropp und Gottliebe Gräfin von Lehndorff mit den Töchtern waren beim Einwohnermeldeamt unmittelbar danach, zwischen dem 1.10. und dem 8.10.1949 abgemeldet worden. Lexis Abmeldung datiert vom 3.10.1949.

Für Gottliebe Gräfin von Lehndorff war Lexis Entschluss, den Fichtenhof zu verkaufen und wegzuziehen, ein Schock. Ihre Tochter Vera erinnert sich: *»Lexi war auch sehr kritisch, hat ihre Meinung frei heraus gesagt. Vor allem hatte sie eine sehr energische Seite. Lexi war eine enge Freundin meiner Mutter. Sie war eingeweiht im Widerstand und war selbst darin außerordentlich mutig tätig gewesen. Meine Mutter war natürlich sehr glücklich, dass Lexi ihr zur Seite stand … Und plötzlich sagte sie: ›Mein liebes Mausilein, weißt Du, ich habe mich verliebt und ich werde mit diesem Mann nach Amerika gehen und mit ihm dort leben. Den Fichtenhof werde ich verkaufen.‹ Ich kann mir denken, dass es so abgelaufen ist. Das ging ja dann ganz schnell. Da war gar nicht mehr viel Zeit. ›Ich besorge Dir eine nette Wohnung in Bremen, und dann helfe ich Dir natürlich beim Umzug.‹ Und dann saßen wir plötzlich in einer kleinen Wohnung in Bremen. Das war für meine Mutter hart. Lexi hatte nun schon wieder einen Mann und meine Mutter war alleine und hatte vier Kinder –, war traumatisiert und brauchte Hilfe.*

Lexi war eine Lichtgestalt für meine Mutter und die war von heute auf morgen weg. Und damit auch der schöne Fichtenhof, den wir alle so lieb gewonnen hatten … Plötzlich saß sie allein mit vier Kindern in einer winzigen Wohnung in der Stadt und ich weiß noch dieses Unglück, dass man keinen Wald, keine Wiese mehr hatte, sondern – ich guckte runter und sah unten nur einen kleinen grünen Fleck, umgeben von einer Mauer – unseren Wäschehof. Da guckte ich dann immer runter, nur, weil ich das bisschen Grün da unten sehen wollte. So habe ich das vermisst – den Fichtenhof. Von da an ging es bergab.

Ich denke, dass sie Hilfe von Lexi bekommen hat. Meiner Mutter ist es danach (aber trotzdem) sehr schlecht gegangen, das war für sie ein absoluter Absturz. Die psychische Krise kam danach voll zum Zuge, ihr ganzes Leid,

530 Aus den Lebenserinnerungen von Peter Schmidt (11.11.1993).

Der nach dem Verkauf an die Stadt Bremen zum Kinderheim umgebaute Fichtenhof

das plötzliche Alleinsein; – Die Frage, wie geht es weiter? – Die Kinder müssen in die Schulen – Das tägliche Leben konnte sie nicht mehr bewältigen. Meine Mutter hatte einen Haushalt und das alles ja auch nie machen müssen, früher hatte sie dafür Angestellte. Kindermädchen gab es immer – immer wieder eine neue. Meine Mutter hat EINE Sache immer noch hingekriegt, dass wir jemanden hatten, der sich um uns kümmert. Sie machte sich Sorgen, dass sie uns in ihrem desolaten Zustand vernachlässigen würde. Ihr ging es derart schlecht, dass sie nicht mehr vom Bett aufstand.«[531]

1950 erfolgte der Umbau des Fichtenhofs zu einem Kinderheim des Wohlfahrtsamtes der Stadt Bremen. Die Ausführung übernahm das Bauamt Bremen-Nord. Der Bauantrag wurde am 10.2.1950 gestellt und am 11.4.1950 genehmigt.[532]

531 Interview mit Vera Gräfin von Lehndorff am 29.12.2015.

532 Aus der Bauakte des Fichtenhofs (angelegt 1948) im Bauamt Bremen-Nord, Information von Susanne Schöß, Landesamt für Denkmalpflege Bremen, vom 6.6.2012. Danach datierte der Bauantrag vom 28.5.1951, Antragsteller war das Sozialamt Bremen, die Baugenehmigung wurde am 25.8.1951 erteilt.

Kinderspiel im Garten des Fichtenhofs, nun »Heim für schwer erziehbare Kinder«

Durch den Umbau verschwanden das Reetdach und die überdachte Terrasse zum Garten.

»Erhalten blieb aber der große mit Delfter Kacheln geschmückte Kamin in der Diele des Hauses. Durch den Umbau wurde Wohnraum geschaffen für bis zu 36 Kinder aus milieugeschädigten Familien, die damals ›schwer erziehbare Kinder‹ genannt wurden. Sie kamen hierher, weil die Eltern als ›nicht erziehungsfähig‹ galten. Für die Kinder wurde 1951 im Dachgeschoß des Hofmeierhauses auch ein provisorischer Schulraum eingerichtet. Später wurde eine Schule für die ersten drei Schuljahre der Heimkinder im Bereich des Gemüsegartens gebaut«, so teilte es Gisela Scholz, die Gründungsleiterin des Kinderheimes dem Verfasser mit.[533]

533 Interview mit Gisela Scholz, Gründungsleiterin des Kinderheimes, am 26.5.2015.

Was wurde später aus den Bewohnern des Fichtenhofs?

Wie bereits ausgeführt, reiste **Wilhelm Roloff** im Jahre 1953 aus Äthiopien ab und übersiedelte nach Kanada.[534] Hier wartete aber offenbar niemand auf ihn und eine gut bezahlte berufliche Stellung war weit und breit nicht in Sicht. Michael Roloff erinnert sich: *»Papi hat da ganz klein wieder anfangen müssen, als door to door salesman für ein Gerät, das Erickson Electronics fabrizierte, ein Telefon-Schallverstärker.«*[535]

Seiner Entschädigungsakte ist zu entnehmen, dass Roloff von August 1953 bis Mitte Oktober 1953 mehr oder weniger von der Hand in den Mund lebte. Für sein Entschädigungsverfahren wies er nach, dass er als Salesman (Haustürverkaufer) für die Firma Fonadek Ltd tätig war und monatlich 520 Kanadische Dollar verdiente. Weiter heißt es in der Akte, dass er anschließend bei gleichem Gehalt eine Stelle bei der kanadischen Niederlassung der schwedischen Firma Ericsson Telephone Aktiebolaget antrat, bei der er bis zum 1.3.1955 blieb. Offenbar handelte es sich bei diesen Einkünften um Provisionszahlungen, die sich nach dem erzielten Umsatz errechneten.

Erst im März 1955 fand er eine Firma, die RCA Victor Company Ltd. Montreal, die ihn für ein festes Gehalt einstellte. Stephen Roloff, Wilhelms dort geborener jüngster Sohn, schreibt dem Verfasser: *»Schnell wurde er bei RCA Victor Leiter der Abteilung ›Verkauf und Entwicklung von Satelliten-Stationen‹ und überwachte die Installationen in Ceylon, Afrika und Thailand. Wo es heute möglich ist, mit einer 50cm-Schüssel zu empfangen, war es damals eine Riesenschüssel, die man ›Erdstation‹ nannte, so groß, wie man sie heute von Radioteleskopen kennt. Mein Vater war bei der frühen Entwicklung dieser Technologie dabei. – 1954 traf und heiratete Wilhelm Roloff meine Mutter, Gerda Steinkamp, Immigrantin aus Hamburg und 24 Jahre jünger als er. Sie sprach fünf Sprachen fließend und arbeitete als Übersetzerin als sie heirateten. Dann wurde sie Hausfrau und später Partnerin in der (eigenen) Firma RKS Consultants. Ihr Mädchenname ist der mit S in RKS.*

Während der Zeit (offenbar der fünfziger/sechziger Jahre – d. Verf.) *bezeichnete sich Wilhelm als ›Bill‹, weil er so schlechte Erinnerungen an Deutschland und den Krieg hatte. Finanziell ging es ihm gut, er baute ein wunderbares Heim in Baie*

534 Schreiben des Rechtsanwalts Dr. Ernst Graff vom 6.12.1955 an des Bremer Landesamt für Wiedergutmachung, in der Wiedergutmachungsakte Wilhelm Roloff, 4,54E – 2509, Staatsarchiv Bremen.

535 Aus der E-Mailkorrespondenz mit Michael Roloff vom 20.7.2015 und 22.8.2015.

D'Urfé außerhalb von Montreal. Er wurde nochmal Vater, am 20.1.1958 wurde ich, sein Sohn Stephen, geboren.«[536]

Bis zu seinem Lebensende blieb Roloff bei der von ihm vorgenommenen Anglisierung seines Namens und nannte sich nur noch William Roloff. Kurz nach seiner Übersiedlung nach Kanada verfremdete er seinen Namen offenbar noch weiter.

Doch erneut traf ihn ein Schicksalsschlag. Der gemeinsame Sohn Stephen war noch im Kindesalter, da erkrankte Wilhelms vierte Ehefrau Gerda an Krebs und starb.[537] Wenig später, im Jahre 1970, schloss Wilhelm Roloff in Montreal die fünfte Ehe und heiratete Gisela Gräfin Beissel von Gymnich. Sie war 28 Jahre jünger als er. Stephen Roloff berichtete dem Verfasser, warum sein Vater anschließend sein »wunderbares Heim« in der Nähe Montreals aufgab: *»1970 entführte die terroristische Organisation FLQ einen britischen Politiker und einen kanadischen Minister, Letzteren brachten sie um. Es war eine sehr brutale Episode in der Geschichte von Quebek und als Ergebnis zogen viele der englischsprachigen Bewohner ... und Firmen von Montreal nach Toronto. Mein Vater hatte genug gesehen in seinem Leben und zog ebenfalls weg.«*[538]

Wilhelm (William) Roloff mit seiner 4. Ehefrau Gerda

Roloffs Nichte Sabine Dehnerdt hat ihren Onkel während der 1970er Jahre gelegentlich getroffen und erinnert sich: *»Wilhelm kam alle paar Jahre mal nach Hamburg. Er lud dann immer auf den Süllberg ein. Auch ich durfte ein paarmal dabei sein, wenn er ›Hof‹ hielt, – so kam es mir immer vor. Er begrüßte mich dann immer kurz und freundlich, einen näheren Kontakt vermied er. Die anderen Menschen die noch zu diesen Ereignissen eingeladen waren, waren immer wichtiger, als seine Nichte kennen zu lernen oder mir die Möglichkeit zu geben, ihn kennen zu lernen.«*[539]

---

536 Aus der E-Mailkorrespondenz mit Stephen Roloff am 1.11.2015.

537 Ebd.

538 Ebd.

539 Aus der E-Mailkorrespondenz mit Sabine Dehnerdt vom 3.12.2015 .

Wilhelm (William/Bill) Roloff als Landschaftsmaler

In seinen letzten Lebensjahren wohnte Wilhelm Roloff in Mississauga/Ontario und widmete sich u.a. der Landschaftsmalerei. Malen und klassische Musik machten ihm Freude und brachten ihm Frieden.

Laut Feststellung von Peter Quadflieg, der mit einer Dissertation über Gerhard Graf von Schwerin promovierte und dabei dessen umfangreiche Geschäftskorrespondenz mit Roloff auswertete, gingen dessen Geschäfte schlecht. Er hatte bis zu seinem Tode massive finanzielle Schwierigkeiten.[540]

Doch dann erkrankte er an Prostatakrebs. Am 22.2.1979 verstarb er aufgrund eines technischen Unfalls. Im Rahmen seiner Krebsbehandlung hatte er einen Schlauch verschluckt und war daran erstickt.[541] Er wurde 78 Jahre alt. In der in der Zeitung veröffentlichten Traueranzeige der Familie[542] sind neben der Witwe auch seine drei Kinder aus verschiedenen Ehen als Hinterbliebene genannt. Die Beisetzung seiner Urne erfolgte in Toronto.

Lexi Roloff fand nach dem Auszug aus dem Fichtenhof keinen adäquaten Wohnraum. Sie konnte zunächst auch nicht nach Berlin ziehen, wo Dick Weber nun stationiert war. Stattdessen wohnte sie bei Gottliebe Gräfin von Lehndorff in Bremen-Schwachhausen zur Untermiete. Sie hatte in der Parkstraße 3 für sich und ihre drei Töchter eine Etagenwohnung gefunden.

Einige schöne Hausratgegenstände waren in der Familie ihres Gärtners Klinner verteilt worden. Ihr wertvolles Tafelsilber wurde vorübergehend, bis zur späte-

540 Aus der E-Mailkorrespondenz mit Peter Quadflieg vom 12.3.2018.

541 Aus der E-Mailkorrespondenz mit Stephen Roloff vom 1.11.2015

542 Frankfurter Allgemeine Zeitung, 26.2.1979.

ren Übersiedlung in die USA, in der Wohnung ihres früheren Chauffeurs deponiert, so erinnert es Peter Schmidt, Sohn des Chauffeurs.[543]

Schließlich heirateten Lexi und Dick Weber. Laut Vermerk auf Lexis Einwohnermeldekarte, aufbewahrt im Staatsarchiv Bremen, haben Lexi und »der Hauptmann der U.S.Army, Richard Henry Weber, geb. 1.8.1911 in Hamburg, wohnhaft in Berlin-Zehlendorf«, am 17.3.1950 in Berlin-Zehlendorf die Ehe geschlossen. Ihr Sohn Michael, der seinerzeit zum gerichtlichen Scheidungstermin seiner Eltern mitgenommen worden war, kann sich nicht erinnern, bei diesem Familienereignis dabei gewesen zu sein.

Bald nach der Hochzeit mit Lexi wurde Dick Weber in die USA zurückkommandiert. Lexi und ihr Sohn Michael folgten ihm. Zwei Jahre später erhielten beide die US-Staatsbürgerschaft.

Michael Roloff erinnert sich, dass sich die neue Familie, er selbst eingeschlossen, zunächst gut verstanden hätte. Dick Weber habe dann aber die Familie verlassen müssen, weil er nach seiner Beförderung zum Oberst in den Kriegseinsatz nach Korea abkommandiert wurde. Aus diesem Krieg sei er völlig verändert und seelisch krank zurückgekehrt. Die Eheleute wohnten später in New York, wo Dick Weber nebenher ein Germanistik-Studium begann.[544]

Lexis Kontakt zu Gottliebe Gräfin von Lehndorff und ihren Töchtern bestand weiterhin. Anfang der 1960er Jahre kam sie nochmal nach Deutschland und reiste auch nach München, wo sie ihre Freundin Gottliebe besuchte.

Vera Gräfin von Lehndorff hat dem Verfasser über eine Begegnung mit Lexi Roloff in den 1960er Jahren in New York Folgendes berichtet: *»In den sechziger Jahren, als ich versuchte, es als Model in N.Y. zu schaffen, erfuhr ich von meiner Mutter, dass Lexi in N.Y. lebte. Ich fühlte mich sehr alleine in der Stadt und war froh über die Nachricht. Lexi war sehr erfreut, als ich sie anrief und lud mich sogleich zu einem Besuch ein. Ich war mir ganz sicher, dass Lexi in einem der ›uper-class‹ Stadtteilen wohnen würde und war erstaunt, als ich aus der Subway stieg und mich in einer Hochhaussiedlung, den so genannten ›Projects‹ (Sozial Bauten), befand. Es war nicht einfach, Dick Weber's Namensschild an einem der vielen Hochhäuser und unzählbaren Wohnungen, ausfindig zu machen. Als ich in die Wohnung trat und Lexi zusammengekauert auf dem Sofa sitzen*

---

543 Interview mit Peter Schmidt am 30.6.2014.

544 Aus der E-Mailkorrespondenz mit Michael Roloff vom 22.8.2015.

sah, war ich entsetzt. Hinter ihrer sichtbar aufgesetzten Heiterkeit spürte ich Traurigkeit. Der einst strahlende GI, so wie ich ihn vom Fichtenhof in Erinnerung hatte, war zu einer grauen, zusammengefallenen Erscheinung geworden – vom Alkohol gezeichnet – der rauchend und schlecht gelaunt, nervös durch die Wohnung lief – Lexi war immer noch die wunderbare und bezaubernde Frau – aber es gelang ihr nicht zu verbergen, dass das Leben, das sie nun gezwungen war zu führen, nicht zu ihr passte. Ich fühlte, dass sie unglücklich war. Es kam mir vor, als säße Lexi in einem selbstgewählten Gefängnis aus dem sie nicht mehr herausfand.«[545]

Um 1966 zogen Lexi und Dick Weber für eine kurze Zeit nach Villiprott bei Bonn und dann zum neuen Stationierungsort Dick Webers nach Spanien. Ob sie ihrem Leben noch einmal eine Wende geben wollten? Es war zu spät! Laut Mitteilung ihres Sohnes Michael erkrankte seine Mutter an Leberkrebs. Daran verstarb sie im April 1968 im Krankenhaus der amerikanischen Luftwaffe in Torrejon bei Madrid. Sie wurde nur 57 Jahre alt und erreichte damit nicht einmal das Alter ihrer 1947 im Alter von 59 Jahren verstorbenen Mutter.

Annali von Alvensleben erinnerte sich später an ihre Schwester: »Lexi kultivierte eine Familiennostalgie, für die es, spätestens seit die Eltern gestorben waren, doch keinerlei konkrete Zielpunkte mehr gab. Nun wollte sie in mir, überhaupt in den Geschwistern, den fortwirkenden Komplex Familie sehen, obgleich wir alle, wie es die Regel ist, längst eigene Wege gegangen waren. Sie suchte wohl, denke ich, eine Mitte für ihr Leben. Ihre Ehe war nicht von der Art, dass sie sich seelisch beheimatet fühlen konnte. Ihr fehlte daneben eine Aufgabe, die ihre individuellen Kräfte herausgefordert hätte. Man braucht den anderen, aber auch ›das andere‹, das Feld der Betätigungen und Interessen. Lexi hat ›das andere‹ nicht gefunden.«[546]

Michael Roloff teilt seine weiteren Lebensstationen nur kurz mit: »*Ich bin nach Ploen aufs Internat, zwei Arnim-Kousins, Dedo und Dietlof, auch. 1950 verabschiedete ich mich vom Fichtenhof. – Mein Vater fragte mich nie nach meinen Vorstellungen und Wünschen. Zu meiner beruflichen Zukunft behauptete er, ich würde bestenfalls ein ›Ritzenschieber‹ werden, jemand, der die Straßenbahnschienen reinigt.«*[547]

545 Aus der E-Mailkorrespondenz mit Vera Gräfin Lehndorff vom 10.4.2016.
546 Alvensleben, Abgehoben, a.a.O., S. 321f.
547 Aus der E-Mailkorrespondenz mit Michael Roloff vom 28.8.2012 und 17.3.2014.

Michael Roloff studierte nach dem Schulabschluss u.a. *»Anglistik und Germanistik an den Colleges & Universitäten Haverforc, U. Muenchen, F.U. Berlin, Stanford, und wurde in den USA Übersetzer, Lektor & dann Verleger [Urizen Books] und Herausgeber von Veröffentlichungen u.a. von Theodor W. Adorno, Peter Handke, Hermann Hesse, Edgar Hilsenrath, Michael Brodsky, Sam Shepard und anderen.«*[548] Seine Eltern waren allerdings allein nicht in der Lage, seinen Schulbesuch und sein Studium zu finanzieren. Auch hier half die »Nordsee«, die z.B. im Jahre 1952 6.600,- DM zur Verfügung stellte.[549]

Michael Roloff wohnt heute in Seattle/USA.

Auf dem Fichtenhof hatte sich eine Freundschaft zwischen **Gottliebe Gräfin von Lehndorff** und **Ursula Gräfin Plettenberg** entwickelt. Als Lexis beste Freundin war diese dort gelegentlich zu Besuch gewesen. Mit ihrem Ehemann Franziskus Graf Plettenberg hatte sie inzwischen vier Kinder. Die Eheleute bewirtschafteten einen Bauernhof, den sie im westfälischen Lohe übernommen hatten.[550] Im Sommer 1951 zog Gottliebe mit den Töchtern dorthin und wohnte in einem ausgebauten Schweinestall auf dem Hofgrundstück. Hier hoffte sie, einen Ausweg aus ihren Depressionen zu finden.

Doch der Aufenthalt auf dem Lande währte nur etwas länger als zwei Jahre, dann erbte Gottliebe ein Haus in Hamburg-Volksdorf. Die Plettenbergs hatten offenbar auch genug von der Landwirtschaft. Sie gaben den Hof auf und beide Familien zogen 1953 in das von Gottliebe geerbte Haus in der Großstadt.

Die Freundschaft der Familien wurde aber in der Folge schwierig und belastend, daher kam es zur Trennung. Das Haus wurde von Gottliebe verkauft.[551]

Die Autorin Antje Vollmer schreibt über den Umzug nach Süddeutschland und das weitere Leben Gottliebe Gräfin von Lehndorffs: *»Nach vielen Zwischenstationen bei befreundeten Familien und in eigenen Mietwohnungen kauft Gotliebe in den späten sechziger Jahren mit den Mitteln des Lastenaus-*

548 So dem Verfasser von Michael Roloff per E-Mail mitgeteilt am 22.8.2015.

549 Schreiben des Rechtsanwalts Dettmers an das Bremer Landesamt für Wiedergutmachung vom 22.6.1957 in der Wiedergutmachungsakte Wilhelm Roloff im Staatsarchiv Bremen. Der Unterstützungsbetrag wurde zugleich auch für Wilhelm Roloffs Mutter Paula gezahlt.

550 Rohwer, Lehndorff, Veruschka, S. 68.

551 Lebensdaten der Eheleute Plettenberg, mitgeteilt von der Tochter Cornelia von Einem: Franziskus Graf Plettenberg ist am 29.7.14 in Hovestadt geboren und am 22.3.1968 gestorben. Ursula Gräfin Plettenberg, geb. Liedtke, wurde am 21.10.1912 in Berlin geboren und ist am 16.4.1995 gestorben.

gleichs eine Hofanlage in Peterskirchen, deren Ensemble sie ein wenig an Steinort erinnert. Nicht weit von München gelegen, wird der ehemalige Pfarrhof in den Zeiten der Studentenbewegung eine beliebte Adresse für die junge deutsche Kunstszene im süddeutschen Raum. Philosophen treffen sich da mit Filmemachern, Weltverbesserer mit Esoterikern und Sinnsuchenden. Ohne den Freund, Initiator und Guru Fritz Schranz hätte es Peterskirchen wohl nicht gegeben. Erstaunliche Künstler sind in diesem Haus zu Gast: Rainer Werner Fassbinder, Ingrid Caven, und Hanna Schygulla, die dreizehn Jahre dort lebt. ... Peter Zadek kommt genauso vorbei wie Rainer Langhans und Uschi Obermeier ... Gottliebe hat bis wenige Jahre vor ihrem Tod immer wieder versucht ein Tagebuch zu führen ... Die letzte Eintragung erfolgte 1990.«[552]

Gottliebe Gräfin von Lehndorff starb am 16.4.1993.

Von ihren vier Töchtern ist vor allem Vera bekannt geworden. Ab den 1960er Jahren gelangte sie als Fotomodell unter dem Künstlernamen **Veruschka** zu Weltruhm. Der 1966 von Michelangelo Antonioni mit ihr als Darstellerin gedrehte Film Blow up wurde zu einem Kultfilm der Extraklasse.

Baroness von der Ropp zog nach dem Verkauf des Fichtenhofs in ein Damenpensionat in der Metzer Straße in Bremen-Schwachhausen. Sie bewohnte darin ein Zimmer mit nur wenigen Quadratmetern persönlicher Wohnfläche. Der Dienst an den notleidenden Menschen um sie herum blieb ihr Lebensmotto. »Fangt an, fangt an« war ein geflügeltes Wort, das sie den Hilfesuchenden immer wieder zurief.

Sie selbst handelte auch entsprechend.1963, 70 Jahre alt und gerade in Rente gegangen, gründete sie die Lehndorff- Brot GmbH. Sie wollte endlich wieder das Brot herstellen, nach dem sie immer wieder gefragt worden war. Das Geld für das Stammkapital der GmbH hatte ihr Gottliebe Gräfin von Lehndorff geliehen. Es war typisch für die Baroness, dass sie sich auch vom anfänglichen unternehmerischen Misserfolg nicht unterkriegen ließ. Als die GmbH nach einem Jahr aufgrund unzulänglicher Kundenakquise scheiterte und in Konkurs ging, suchte und fand sie mit dem Bremer Bäckermeister Manfred Tenter, einen jungen Firmenerben, der bereit war, ins Risiko zu gehen und mit ihrem patentierten Rezept das Lehndorff-Brot nach ihren Angaben zu backen. Die Zusammenarbeit mit Manfred Tenter war ein voller Erfolg.

552 Vollmer, Doppelleben, S. 354.

Werbung für das Lehndorffbrot auf Bremer Straßenbahnen – Foto, ca.1972

Das Lehndorff-Brot wurde zum meistverkauften Brot in Bremen zu Beginn der 1970er Jahre. Dieses Roggenflocken-Vollkornbrot wurde bald von zahlreichen anderen Betrieben nachgeahmt.

Als Margaretha Baroness von der Ropp Anfang Oktober 1974 in der Eingangstür der Bremer Martinikirche stürzte und am 11.10.1974 starb, hatte sie mit den eingenommenen Lizenzgebühren für das Mahlverfahren der Lehndorffflocken und für das Backverfahren des Lehndorff-Brotes nicht nur das von Gottliebe Gräfin von Lehndorff geliehene Geld trotz zwischenzeitlichen Konkurses zurückgezahlt, sondern auch bei zahllosen Menschen in Bremen eine bleibende Erinnerung an sie, ihre Menschlichkeit und ihr besonderes Brot hinterlassen.

Frieda Setke war bereits zum 1.3.1949 aus der Wohnung, die sie im Hofmeierhaus kostenlos nutzen durfte, ausgezogen. Zu der Zeit gab sie ihre Stellung bei der STEG auf, wurde Krankenschwester und war als solche ca. 40 Jahre bis zur Verrentung im Berufsleben. Am 19.9.1958 heiratete sie und führte danach den Familiennamen Uden. Sie starb am 31.12.2012.

Meldedaten der Fichtenhofbewohner im Staatsarchiv Bremen

Im Staatsarchiv Bremen befindet sich ein Hausbuch Schönebecker Kirchweg 33,[553] dessen Personalangaben bis 1949 im Folgenden hier wiedergegeben werden sollen. Dazu ist zu bemerken, dass der Fichtenhof durchaus geräumig war. Gleichwohl konnte er aber den vielen Flüchtlingen, für die er eine erste Anlaufstation war, keine dauerhafte Bleibe ermöglichen.

Lexi konnte hier ihren Eltern, der Schwiegermutter Roloff, der Lehndorff' schen Familie, ihrer Tante Harriet und weiterem Hauspersonal Unterkunft bieten. Baroness von der Ropp wird in dieser Zeit einen sehr engen Familienanschluss an die Lehndorff-Familie gehabt haben. Sie war engste Vertraute Manfred Graf von Lehndorffs bei der Verwaltung seiner ostpreußischen Güter gewesen. Somit wird es selbstverständlich gewesen sein, dass auch sie wie eine Familienangehörige aufgenommen wurde.

Die nachstehend eingefügte Personenliste ist allerdings insoweit unvollständig, als sie die Eigentümerin Lexi und die Schwestern Vera, Gabriele und Catharina Gräfinnen von Lehndorff nicht enthält. Sie ermöglicht aber neben der Information über die Namen der Bewohner auch wichtige Informationen über die Zeiträume des dortigen Aufenthalts und den anschließenden Verbleib.

Bei den nicht näher beschriebenen Namen handelt es sich vermutlich um weiteres Hauspersonal, die im Fichtenhof Arbeit und Unterkunft gefunden hatten.

Einige weitere Personen sind ebenfalls als Bewohner des Fichtenhofs bekannt. Offenbar waren sie beim Einwohnermeldeamt nicht oder mit anderer Anschrift registriert, evtl., weil sie im Hofmeierhaus wohnten, das zwar auch zu Lexis Besitz gehörte, aber eine gesonderte Meldeadresse hatte:

- Lexi, die Eigentümerin, ist nicht erfasst.
- Die drei jüngeren Töchter Gottliebe Gräfin von Lehndorffs sind nicht erfasst.
- Gärtner Klinner wohnte mit seiner Familie im Hofmeierhaus.
- Auch Maud Vollmer, die Vertraute Werner von Alvenslebens sen., ist nicht genannt. Sie war seine ehemalige Sekretärin und wohnte bis zu seinem Tod ebenfalls auf dem Fichtenhof.

553 Signatur 4,82/1.

Name	Einzug	Auszug	Verbleib lt. Hausbuch
Roloff, Wilhelm	1.5.1934	3.10.1949	Unbekannt
Roloff, Paula	15.7.1944	15.9.1945	Hamburg-Blankenese
Roloff, Werner Konstantin Michael	19.12.1935 (Geburt)	3.6.1950	Plön
von der Ropp, Margaretha	23.3.1945	1.10.1949	Bremen, Metzer Straße 84
von Alvensleben, Werner	1.6.1945	30.6.1947	dort verstorben
von Alvensleben, Alexandra	1.6.1945	20.7.1946	in die Schweiz
Graf von Lehndorff, Manfred	23.3.1945	1.7.1947	Röttgen, Köln-Rath
Gräfin von Lehndorff, Harriet	23.3.1945	20.8.1947	Gestüt Röttgen, Köln-Rath
Gräfin von Lehndorff, Gottliebe	4.2.1945	1./8.10.1949	Bremen, Parkstraße 3
Gräfin von Lehndorff, Marie-Eleonore	4.2.1945	16.1.1947	Schweiz, Kanton Bern
Gräfin von Lehndorff, Marie-Eleonore	18.4.1947	1./8.10.1949	Bremen, Parkstraße 3
Engel, Willi (1945/46 Roloffs Chauffeur)	28.7.1945	29.8.1946	Wesermünde
Eckholz, Werner	1.5.1945	5.9.1945	Karlshorst, OHZ
Wulff, Ursula	1.3.1944	5.9.1945	Karlshorst, OHZ
Gräber, Lisbeth, (Kindermädchen der vier Lehndorff-Töchter)	4.2.1945	4.11.1946	Bremen, Alte Eichen 3a
Glüsing, Elisabeth, (Gouvernante Michael Roloffs, war zuvor schon Gouvernante von Wilhelm Roloff gewesen)	15.4.19??	23.1.1950	Tomesch, Holstein, Friedrichstr. 48
Ninnemann, Käthe	1.3.1946	25.10.1946	HB, Am Hafen 1
Setke, Frieda	13.8.1946	1.3.1949	HB, Hollerallee 53
Schmidt, Elisabeth	21.3.1947	24.6.1948	Ruhne bei Werl
Steltner, Werner	30.5.1946	15.9.1948	HB, Schönebecker Str. 100
Steltner, Hans	30.5.1946	15.9.1948	wie Werner St.

Das Wiedergutmachungsverfahren und die Würdigung von Roloffs Beitrag zum Widerstand

Schon vor Gründung der Bundesrepublik Deutschland im Jahre 1949 wurden die Fragen der Entschädigung für NS-Unrecht in den Besatzungszonen aufgegriffen und teilweise geregelt. Ein erstes bundeseinheitliches Entschädigungsgesetz (BEG) wurde vom Deutschen Bundestag am 18.9.1953 beschlossen.[554] Es legte fest, wer sich »Verfolgter« nennen durfte und bestimmte die Anerkennungskriterien für Schäden an Leib, Leben, Gesundheit, Freiheit, Ausbildung und beruflichem Fortkommen sowie die Art und Höhe des jeweiligen Entschädigungsanspruchs. Nach diesem Gesetz, das 1956 gründlich novelliert wurde, »erhielten 650.000 Verfolgte einmalige Zahlungen, etwa 360.000 eine monatliche Rente. Die Leistungen reichten von ›großzügig bis kleinlich‹. So war die Haftentschädigung (auch für KZ-Haft) mit gerade fünf DM pro Tag extrem niedrig bemessen, während Behandlungskosten bei Gesundheitsschäden und Rentenbewilligungen für Gesundheits- und Berufsschäden finanziell schwerer wogen. Insbesondere die Berufsschadensrenten konnten oft den Lebensunterhalt decken. Rund 80 % der Entschädigungsgelder flossen … ins Ausland …«[555]

Nach diesem Gesetz hätte auch Lexi Roloff mindestens Haftentschädigung beantragen können, was sie aber offenbar nicht tat, denn eine entsprechende Akte findet sich nicht im Bremer Staatsarchiv.

---

554 Bundesgesetzblatt I, S. 1387.

555 http://www.bpb.de/apuz/162883/wiedergutmachung-in-deutschland-19451990-ein-ueberblick?p=all, Autor: Hans Günter Hockerts für bpb.de – Zugriff vom 9.9.2015.

Dort findet sich aber Roloffs Wiedergutmachungsakte.[556] Zum Zeitpunkt der Gesetzesverkündung wohnte er in einem Appartement in Montreal/ Kanada. Dort wird er Kenntnis von diesem Gesetz erhalten haben. Kurze Zeit nach Verkündung des Gesetzes beantragte er am 26.10.1953 über ein Hamburger Anwaltsbüro u.a. eine Wiedergutmachungsrente für die durch und während der Haft erlittenen Gesundheits- und Berufsschäden. Als Anlage war eine ausführliche Beschreibung seines Verfolgungsvorgangs beigefügt, aus der hier vorstehend schon mehrfach zitiert worden ist.

Die Wiedergutmachungsakte enthält auch eine »Amtsfachärztliche Bescheinigung« vom 23.4.1945. Darin heißt es:

Wilhelm Roloff, geb. 28.III.1900 in Altona / Elbe, wohnhaft in Bremen Schönebeck, Kirchweg 161, wurde am 4.8.1944 von der Geheimen Staatspolizei (Reichssicherheitshauptamt) als kranker politischer Häftling der Gefangenenabt. des Staatskrankenhauses zur Behandlung überstellt. Seine Entlassung erfolgte am 20.11.1944 gegen ausdrücklichen ärztlichen Rat durch Befehl der Gestapo ins Zellengefängnis Lehrterstraße (Abt. politische Gefangene). Durch die hier durchgeführten, eingehenden fachärztlichen Untersuchungen und die sorgfältige klinische Behandlung konnte festgestellt werden, dass es sich bei Herrn Roloff um eine Herzkranzadererkrankung mit schweren Herzangstanfällen (angina pectoris vasomotorica) handelte, die ursächlich mit überwiegender Wahrscheinlichkeit auf die Haft und die schweren seelischen Insulte, die Roloff erdulden musste, zu beziehen war. Die objektiv festgestellte körperliche Erkrankung verbietet Roloff z. Zt. jede körperliche Arbeit, sie verlangt auch weiterhin fachärztliche Behandlung und sie zwingt Roloff zur Wiederherstellung seiner Gesundheit und Arbeitsfähigkeit, sobald wie möglich, eine Kur zu gebrauchen.

Dr. med. Albrecht Tietze, Dirig. Arzt am Staatskrankenhaus«

Die Akte enthält weitere Eidesstattliche Versicherungen, Bescheinigungen und Gutachten, die bereits vor der Antragstellung in diesem Verfahren erstellt worden waren. Es hat den Anschein, dass diese Dokumente zuvor im Entnazifizierungsverfahren gebraucht und aus jener Akte entnommen worden sind.

---

556 Wiedergutmachungsakte Wilhelm Roloff, 4,54E – 2509, Staatsarchiv Bremen, Bremer Landesamt für Wiedergutmachung, Aktenzeichen E 9064/2509.

Roloffs Antrag wurde nach seinem Eingang offenbar monatelang nicht bearbeitet. Gab es so viele Antragsteller, dass die Behörde dem Ansturm nicht gewachsen war? Auf eine Sachstandsanfrage erhielt er schließlich die Mitteilung, dass sein Antrag kaum Aussicht auf Erfolg habe, da sein »frühzeitiger Parteieintritt 1937 dem Nationalsozialismus Vorschub geleistet habe«.

Danach wurde aber wohl seine Entnazifizierungsakte beigezogen. Unter anderem die dortige Entscheidung der Spruchkammer Bremen: »Einstellung des Verfahrens gemäß Artikel 13 des Gesetzes zur Befreiung vom Nationalsozialismus und Militarismus vom 9.4.1947, da entlastet« führte offenbar zu der folgenden Stellungnahme des beratenden Ausschusses im Wiedergutmachungsverfahren vom 27.10.1954: *»Die Mitglieder des beratenden Ausschusses kommen darüber überein, dass der Fall Roloff, obwohl er Mitglied der NSDAP war, anerkannt werden müsse. Dieses ist aber nur möglich, weil Roloff durch glaubhafte Zeugen nachgewiesen hat, dass er aktiv am 20.7.1944 beteiligt war.«* Am 3.11.1954 erfolgte schließlich die Anerkennung mit folgendem Entscheidungstenor: *»Es wird festgestellt, dass die §§ 1 und 89 BEG zur Entschädigung für Opfer der nationalsozialistischen Verfolgung vom 18.9.1953 gegeben sind. Die im einzelnen angemeldeten Ansprüche bedürfen der Höhe und dem Grunde nach noch der Anerkennung.«*

Bereits am 26.11.1954 folgte die erste Auszahlungsentscheidung. Für 270 Tage Haft vom 28.7.1944 bis zum 23.4.1945 erhielt Wilhelm Roloff eine Entschädigung von 1.350,- DM. Die weiteren angemeldeten Schäden bedurften der besonderen Prüfung. Dazu wurde das Generalkonsulat in Montreal vom Bremer Landesamt für Wiedergutmachung gebeten, Roloffdurch einen Vertrauensarzt untersuchen zu lassen, um die angemeldeten Schäden an Körper und Gesundheit überprüfen zu lassen. Der beauftragte kanadische Arzt Dr. Ernest Bien untersuchte Roloff und schrieb in seinem Gutachten vom 11.4.1955, dass Roloff infolge der Haft und des dadurch verursachten Selbstmordversuches herzkrank geworden sei und der ständigen wiederkehrenden ärztlichen Behandlung bedürfe. Seine Erwerbsfähigkeit sei während der Haft vom 3.8.1944 bis zum 25.4.1945 um 100 % eingeschränkt gewesen. Nach der Haft seien Einschränkungen der Erwerbsfähigkeit vom 26.4.1945 bis zum 30.4.1949 um 60 %, vom 1.5.1949 bis zum 31.5.1953 um 40 % und vom 1.5.1953 bis zum 31.3.1955 um 30 % eingetreten.

Das Hauptgesundheitsamt Bremen, dem das kanadische Gutachten von der Bremer Entschädigungsbehörde zur Prüfung zugeleitet wurde, fand keinen Grund zur Beanstandung. Damit war der Weg frei zur Berechnung des Rentenanspruchs. Diese Berechnung war am 15.12.1955 abgeschlossen.

Wilhelm Roloff erhielt eine Kapitalentschädigung für die Beeinträchtigung/ Erwerbsminderung in der Zeit vom 1.9.1944 bis zum 30.10.1953 in Höhe von 18.975,41 DM. Zugleich wurde ihm eine ab 1.4.1956 monatlich zu zahlende Rente von 153,45 DM zugesprochen und er erhielt für die Abgeltung rückständiger Geldrenten vom 1.11.1953 bis zum 31.3.1956 einen Betrag von 4.603,50 DM. Ferner verpflichtete sich das Landesamt für Wiedergutmachung, sämtliche Kosten der Behandlung von Roloffs Herzerkrankung bis zum Lebensende zu erstatten.

Nach der Novellierung des BEG im Jahre 1956 wurde die Anspruchsberechtigung erweitert. Voraussetzung war aber offenbar, dass eine Kausalität nachgewiesen werde, dass die gesundheitlichen Schädigungen infolge der Gestapohaft ursächlich für den Schaden in der beruflichen Laufbahn Roloffs gewesen waren. Um einen solchen Kausalitätsnachweis zu führen, wurde Karl Blessing als Vorstand der Margarine-Union von Roloff erneut um Hilfe gebeten. Blessings Schreiben vom 28.4.1957 brachte die erhoffte Unterstützung. Blessing führte unter anderem aus: *»Herr Roloff, der psychisch immer etwas labil war, hat durch die Gestapo-Haft mehr als psychisch robustere Personen gelitten. Es ist nicht ausgeschlossen, dass Herr Roloff heute noch Vorstandsmitglied der ›Nordsee‹ wäre, wenn nicht eine Unterbrechung seiner Tätigkeit durch die Gestapo-Inhaftierung erfolgt wäre. Tatsache ist, dass die psychische Labilität von Herrn Roloff nach der Gestapohaft außerordentlich stark zugenommen hatte, was dazu führte, dass man ihn nach seiner Inhaftierung durch die Engländer nicht wieder zum Vorstandsmitglied der ›Nordsee‹ machte …«* Aufgrund dieser Bescheinigung erreichte Roloff eine weitere Kapitalentschädigung von 3.578,65 DM zzgl. 3.594,30 DM Rentennachzahlungen.

Wegen der Erhöhung vergleichbarer Diensteinkommen in Deutschland wurden die monatlich gezahlten Renten regelmäßig erhöht. Sie beliefen sich beispielsweise 1959 auf 276,- DM, 1962 auf 281,- DM, 1966 auf 301,- DM. 1967 erfolgte mehr als eine Verdoppelung auf 623,- DM, da nun offenbar auch Roloffs Unterhaltsverpflichtungen mitberücksichtigt wurden. Im Jahr seines Todes 1979 war der monatlich gezahlte Betrag auf 1.300,- DM angestiegen. Um die Auszahlungen zu erhalten, war die regelmäßige Vorlage von amtlichen »Lebensbescheinigungen« und die Angabe der Unterhaltsberechtigten erforderlich. Arztkosten infolge der Behandlung seiner Herzerkrankung wurden von Roloff beim zuständigen Generalkonsulat in Kanada zur Erstattung eingereicht, von diesem verauslagt und anschließend vom Bremer Landesamt wieder erstattet.

Die Sachbearbeiter in der Bremer Behörde verfolgten aufmerksam die Familiennachrichten in den Tageszeitungen. So erfuhren sie auch sofort vom Ableben Roloffs am 22.2.1979, als dessen Traueranzeige in der FAZ[557] erschien. Sie setzten sich mit Roloffs Witwe in Verbindung und erhielten von ihr die erbetene Sterbeurkunde. Da der Todesfall nicht auf die Herzerkrankung zurückzuführen war, konnte die Witwe keine Hinterbliebenenrente beanspruchen. Der Wiedergutmachungsfall Wilhelm Roloff war daher mit seinem Tode abgeschlossen.

In der **Gedenkstätte Deutscher Widerstand** im ehemaligen Bendlerblock in der Berliner Stauffenbergstraße wurde im Jahre 2014 anlässlich der Neugestaltung der Dauerausstellung auf der stark erweiterten Porträtwand auch der Mitverschwörer Wilhelm Roloff neu aufgenommen. Sein Foto und seine biografischen Daten können zusätzlich per Knopfdruck in einer Medienstation aufgerufen werden.

Der Historiker Gerhard Wöbbeking schätzt Wilhelm Roloff folgendermaßen ein: *»In jedem Falle ist sein Leben glanzvoll und tragisch zugleich. Er hat sich mutiger als viele, gerade viele Manager, gegen Nazi-Deutschland positioniert.«*[558]

557 Frankfurter Allgemeine Zeitung, 26.2.1979.

558 Aus der E-Mailkorrespondenz mit Gerhard Woebbeking vom 16.11.2015.

Nachwort

Wie schon in der Einleitung vermerkt, war der Leidensweg der in diesem Buch beschriebenen Personen, soweit sie gegen die NS-Herrschaft eingestellt waren, bis vor Kurzem weitgehend unbekannt.

Für Ursula Liedtke wurde im Jahre 2006 zumindest ein publizistischer Erinnerungsort geschaffen. Das Staatsarchiv Bremen veröffentlichte in dem Jahr ein Erinnerungsbuch für die als Juden verfolgten Einwohner Bremens, die während der nationalsozialistischen Gewaltherrschaft wegen ihrer Zugehörigkeit zur jüdischen Glaubensgemeinschaft oder nach Kriterien der nationalsozialistischen Rassegesetzgebung als Juden verfolgt wurden. Diese Aufstellung[559] erfüllt den wichtigen Dienst, jedem einzelnen jüdischen Opfer der NS-Herrschaft mit Namen und kurzen biografischen Angaben ein individuelles Gedächtnis zu verschaffen. Auf Seite 204 ist Ursula Liedtke unter ihrem Ehenamen Plettenberg, Gräfin von, Ursula aufgelistet und es ist vermerkt, dass sie überlebt hat.

Bremische Aspekte der NS-Herrschaft waren seit Kriegsende Gegenstand zahlreicher Forschungen und Veröffentlichungen. Es muss allerdings verwundern, dass über die hier behandelten Angehörigen des Widerstandes mit Bezug zum Bremer Bürgertum bisher keine bremischen Veröffentlichungen vorliegen. Dieses betrifft den zum Kreisauer Kreis zählenden Eduard Waetjen genauso wie den in Bremen stationierten Wehrmachts-Offizier Gerhard Graf von Schwerin, vor allem aber den Generaldirektor der »Nordsee« Deutsche Hochseefischerei AG Wilhelm Roloff. Ihr Beitrag zum sogenannten Bürgerlichen Widerstand wurde bisher völlig übersehen.

559 Erstellt von Günter Rohdenburg und Karl-Ludwig Sommer.

Besonders in der 1986 herausgegebenen ausführlichen und bedeutenden Untersuchung Bremen im Dritten Reich Anpassung – Widerstand – Verfolgung[560] fällt das Fehlen der Widerstandsleistung dieser Personen ins Gewicht. Diese Forschungsarbeit zeichnet sich ansonsten durch eine sehr gründliche Recherche aus.

Der Bürgerliche Widerstand taucht in diesem Werk lediglich in einem Kapitel in der Rubrik Bremen 1933 – 1939 auf. Das kurze Kapitel ist überschrieben: Trotz Vorbehalten – Das Bremer Bürgertum arrangiert sich mit den neuen Herren. Unter anderem ist hier Ludwig Roselius als Mitläufer beschrieben.

Ausführliche und gründlich erarbeitete Rubriken behandeln dann den Widerstand von Sozialdemokraten und Angehörigen linkssozialistischer Splittergruppen, den Widerstand der Bremer Kommunisten und »Religiöser Dissens und Widerstand«.

Einzelne Persönlichkeiten des Bremer Bürgertums werden gegen Ende der Untersuchung schließlich nur kurz erwähnt. Ähnlich wie Wilhelm Roloff hatte sich beispielsweise Franz Stapelfeldt, Generaldirektor der A.G. »Weser«, verhalten, der kurz als Des Teufels Generaldirektor gewürdigt wird. Er wurde im Oktober 1944 verhaftet und blieb bis März 1945 inhaftiert.

Als weitere Widerständler werden unter Zurechnung zum Bremer Bürgertum mehr tabellarisch genannt:

- General Graf Hans von Sponeck
- General Walther von Seydlitz-Kurzbach
- Oberst i. G. Helmuth Groscurth
- Karl-Peter Meyer-Rodenberg
- Georg Ferdinand Duckwitz

sowie die Gruppe um den Ingenieur Hermann Stelter.

Die Betrachtung der Gewichtung der Widerstandsleistung dieser Personen und die fehlende Würdigung der Widerstandsleistung weiterer bedeutender Persönlichkeiten des Bürgertums lässt die Frage aufkommen, ob hier zu Recht mit unterschiedlichem Maß gemessen wurde?

Offenbar waren Wilhelm Roloff und weitere Personen aus bürgerlichen Kreisen nicht ins Blickfeld der Autoren geraten.

Kann das eventuell daran gelegen haben, dass Archivbestände nicht zugänglich oder schwer zu erreichen waren? Oder wurde gar nicht der Versuch

560 Herausgegeben von Inge Marßolek und Rene Ott.

unternommen, im Bremer Staatsarchiv vorhandene Wiedergutmachungs- und Entnazifizierungsakten ausfindig zu machen und zu berücksichtigen?

Die Antwort auf diese Fragestellung ergibt sich aus den Vorworten der beiden Bestände 4,54 und 4,66 im Staatsarchiv Bremen. Darin heißt es auszugsweise: »Bereits ab 1973 hat das Staatsarchiv einen größeren Bestand an Einzelfallakten aus dem Landesamt für Wiedergutmachung (4,54) übernommen, da die Menge der Akten dort nicht mehr untergebracht werden konnte. Mit dem wachsenden Interesse der Forschung am Thema Widerstand und Verfolgung wurden die Akten zunächst archivintern bekannt und benutzt, 1984 wurde der bis dahin als Depositum geführte Bestand formell als Archivgut übernommen.

Der umfangreiche Aktenbestand aus der Behörde des Senators für politische Befreiung (4,66) wurde erstmals 1950 von der als Abwicklungsstelle des Amts für politische Befreiung bezeichneten Nachfolgeeinrichtung an das Staatsarchiv abgeliefert, dort wurden die Akten geordnet und verzeichnet. Bereits 1951 wurden die Akten vom Amt für Verfassungsschutz zurückgefordert und ins Polizeihaus gebracht, wo der gesamte Bestand bis 1959 verblieb. 1959 wurden die Verwaltungsakten wiederum an das Staatsarchiv abgegeben, während die Unterlagen über die Einzelfälle in der Entnazifizierung – Personenakten, Meldebögen und Karteien – zunächst beim 10. Kommissariat der Kriminalpolizei verblieben. Im Oktober 1967 lieferte die Polizei auch die Unterlagen über die Entnazifizierung einzelner Personen an das Staatsarchiv ab. Erst mit Erlass des Bremischen Archivgesetzes 1991 bestand eine rechtliche Grundlage für die Benutzung der Fallakten aus der Entnazifizierung, die sich in den Folgejahren stark intensiviert hat. Im Oktober 1991 wurden die Akten auch formell vom Senator für Inneres an das Staatsarchiv übergeben.«

Die Akten Wilhelm Roloff betreffend haben die Signaturen/Laufzeiten:

4,54-E-2509 à Laufzeit: 1946–1979

4,66-I-9186 à Laufzeit: 1947–1955

Die Dokumente werden also aller Wahrscheinlichkeit 1967 (4,66) bzw. nach 1979 (4,54) an das Staatsarchiv gegangen sein. Demnach wäre es offenbar durchaus möglich gewesen, den »Fall Roloff« u. a. in die 1986 erschienene ausführliche Ausarbeitung einzubeziehen.

Auch im Focke-Museum, dem Bremer Landesmuseum, ist eine Abteilung der Geschichte der NS-Zeit in Bremen gewidmet. In diesem Bereich befindet sich eine Kommode mit zahlreichen Schubladen für Karteikarten. Mit den Angaben auf diesen Karteikarten soll offenbar ein Erinnern an jedes einzelne Opfer des Nationalsozialismus ermöglicht werden. Neben vier Schubladen, deren Karteikarten lt. Beschriftung an die Bremer Juden erinnern, gibt es

Schubladen für Zeugen Jehovas, Zwangssterilisierte, Psychisch Kranke, Homosexuelle, Zwangsarbeiter des Bunkers Valentin, Französiche Zwangsarbeiter und Zwangsarbeiter der Norddeutschen Hütte. Auf einer weiteren Schublade lautet die Beschriftung »Widerstand«, demnach sollen die hier enthaltenen Karteikarten alle Personen benennen, die sich in Bremen gegen das NS-Regime gestellt haben.

Den Karteikarten mit den Namen, Adressen und dem Schicksal dieses Personenkreises ist eine Karteikarte mit einem erläuternden Text vorangestellt der wie folgt lautet: »Vornehmlich waren es Funktionäre und Mitglieder der KPD, der SPD und der Gewerkschaften, sowie anderer linker Organisationen, die von Anfang an Widerstand gegen die Nazi-Diktatur leisteten. Viele wurden bereits bis 1935/36 von der Gestapo gefaßt und in mehreren großen Prozessen zu langjähriger Haft in Zuchthäusern und KZ verurteilt. Nach Kriegsbeginn lebte die Widerstandstätigkeit wieder auf, die etliche Bremerinnen und Bremer mit dem Leben bezahlen mußten. Sie finden hier eine Reihe von Kurzbiographien von politisch Verfolgten und Widerstandskämpfern aus Bremen. Nur wenige Bürgerliche und Kirchenleute waren unter den Widerständlern. Die große Mehrheit entstammt der Arbeiterbewegung. Viele von ihnen haben nach 1945 das demokratische Bremen aufgebaut.«[561]

Die Namen der in diesem Buch enthaltenen Personen des bremischen bürgerlichen Widerstands tauchen in der Kartei-Schublade Widerstand des Bremer Focke-Museums nicht auf.

Vor allem die Hauptprotagonisten dieser Veröffentlichung, Lexi und Wilhelm Roloff, sind nach der vorliegenden Veröffentlichung neu zu bewerten.

Es wird dabei kaum möglich sein, sich der Bewunderung für Lexis Auftreten und Handeln zu entziehen. Empathie und Menschlichkeit bestimmten ihr Handeln. Lexis hier zitierten rühmenden Beschreibungen, die die Ärztin Dr. Charlotte Pommer für die Nachwelt formulierte, dürfte nichts hinzuzufügen sein.

Anders sieht es bei Wilhelm Roloff aus. Sollten Leser für sich den Eindruck gewinnen, dass die Zeitgenossen, die ihn kennengelernt und ihn als »Konjunkturritter« beschrieben hatten, zu einer zutreffenden Bewertung gelangt seien, so mag diese Einschätzung dem Menschen Wilhelm Roloff durchaus gerecht werden. Er war nicht nur ein Idealist, der vor allem eine Beseitigung

561 Archiv Focke-Museum.

des Unrechtsregimes anstrebte. Zugleich war er ein Wirtschaftsführer, der die Rigorosität der im NS-System üblichen Menschenführung, einschließlich der Beschäftigung von Zwangsarbeitern, ohne Skrupel zu seinem Vorteil zu nutzen wusste. Das hier beschriebene Taktieren mit Unwahrheiten nach dem Kriege liegen auf dieser Linie. Das von ihm für wahrscheinlich gehaltene Gelingen des Umsturzes sollte auch seiner Karriere förderlich sein. So erscheint seine unzweifelhafte Unterstützung des Widerstandes zugleich auch als eine Absicherung vorteilhafter beruflicher Perspektiven.

Das kann allerdings keine Begründung sein, ihn als mutige Person des deutschen Widerstandes nicht zu würdigen.

Literatur- und Quellenverzeichnis

Literatur

Adamietz, Horst: Das erste Kapitel, Bremen 1975

Alvensleben, Annali v.: Abgehoben, Hamburg 1998

Alvensleben, Busso v.: Neugattersleben, herausgegeben von der Deutschen Gesellschaft in Sachsen-Anhalt e.V., Döbbelin 2010

Andreas-Friedrich, Ruth: Der Schattenmann. Tagebuchaufzeichnungen 1938–1945, Berlin 1947, Neudruck 1983

Arnim, Martin von, et al. (Hrsg): Das Geschlecht von Arnim, Neustadt a. d. Aisch 2002.

Aschenbeck, Nils: Aus einem Guß, Kaffeefabrik in Eisenbeton Hugo Wagner, Bremen 1907, Veröffentlichungen des Bremer Landesmuseums für Kunst und Kulturgeschichte Focke Museum, Bremen 1991

Ausstellungsgruppe Ottensen – Altonaer Museum, Ottensen, Zur Geschichte eines Stadtteils, herausgegeben vom Altonaer Museum in Hamburg, Hamburg 1982

Barfuß, Karl Marten: Die Wirtschafts- und Finanzkrise in Bremen 1931 im Licht einer neuen Untersuchung, in: Bremisches Jahrbuch 69, Bremen 1990

Beckmann, Werner: Die Reedereien der Hochsee- und Heringsfischerei in Bremerhaven, Bremerhaven 2003

Beese, Wilhelm F.: Das Eindringen des internationalen Unilever-Trustes (Jurgens-Van den Bergh Margarine-Verkaufs-Union) in die deutsche Wirtschaft, Berlin 1938

Behrens, Petra: »Hilfen für Verfolgte durch Mediziner des Staatskrankenhauses der Polizei«, in: Orth, Gestapo im OP, a.a.O., S. 120–129, Berlin 2013

Dies.; Sperl, Caroline; Tuchel, Johannes: »Von allem Leid, das diesen Raum erfüllt ...« Die Gestapo-Abteilung des Zellengefängnisses Lehrter Straße 3 nach dem 20. Juli 1944, Berlin 2012

Bielenberg, Christabel: Als ich Deutsche war 1934–1945 eine Engländerin erzählt, München 1979

Bissinger,Manfred, (Hrsg.): Die Geschichte der Markenmacher, 75 Jahre Unilever in Deutschland, Hamburg 2005

Bloech, Hans: Ostpreußens Rinder und ihre Zuchtstätten, herausgegeben von der Ostpreußischen Herdbuchgesellschaft, Köln 1974

Bohn, Robert: Reichskommissariat Norwegen »Nationalsozialistische Neuordnung« und Kriegswirtschaft (=Beiträge zur Militärgeschichte, Bd. 54, München 2000)

Bracher, Karl Dietrich: Die deutsche Diktatur. Entstehung, Struktur, Folgen des Nationalsozialismus, Köln und Berlin 1969

Brandes, Wilfried: Seefischhandel in Bremerhaven, in: Roder, Hartmut (Hrsg.) Bremen Handelsstadt am Fluß, Bremen 1995

Ders. (Hg): »Nordsee« Geschichten über die größte deutsche Fischdampfer-Reederei, Bremen 1998

Brandt, Peter: Antifaschismus und Arbeiterbewegung. Aufbau – Ausprägung – Politik in Bremen 1945/46, Hamburg 1976

Bremer Heimstiftung aktuell, Frühjahr 1993, Bremen 1993

Brüning, Heinrich: Memoiren 1918–1934, Stuttgart 1970

Buschmann, Friedrich: Dienstlicher Bericht über die Entnazifizierung in Bremen, in: Drechsel/Röpke (Hg.) Denazification. zur Entnazifizierung in Bremen, a.a.O., S. 10–39.

Delius, Friedrich Christian: Mein Jahr als Mörder, Berlin 2004

Dierks, August: Der Bremerhavener Fischereihafen, in: Heimatchronik der Stadt Bremerhaven, Köln 1955

Dillschneider, Karl; Stubbemann, Paul: 80 Jahre Verein für Niedersächsisches Volkstum e.V. Bremer Heimatbund, Bremen 1984

Dönhoff, Tatjana von: Weit ist der Weg nach Westen. Auf der Fluchtroute von Marion Gräfin Dönhoff, Berlin 2004

Drechsel, Wiltrud; Röpke, Andreas (Hrsg.): Denazification. Zur Entnazifizierung in Bremen, Bremen 1992 (=Beiträge zur Sozialgeschichte Bremens)

Escher, Otmar: Die Wirtschafts- und Finanzkrise in Bremen 1931 und der Fall Schröderbank (=Schriftenreihe des Instituts für bankhistorische Forschung e.V., Bd. 11), Frankfurt 1988

Fest, Joachim: Staatsstreich. Der lange Weg zum 20. Juli, Berlin 1994

Gabcke, Harry et al.:, Bremerhaven in zwei Jahrhunderten, Bremerhaven 1991

Glum, Friedrich: Zwischen Wissenschaft, Wirtschaft und Politik. Erlebtes und Erdachtes in vier Reichen, Bonn 1964

Hartung, Werner: Das regionale Kunsthandwerk und die Heimatschutzbewegung, in: Von der Volkskunst zur Moderne Kunst und Handwerk im Elbe-Weser-Raum 1900–1930, Stade 1962

Heise, H. J.: Fischdampfer im Marinedienst (Zweiter Weltkrieg), in: Brandes, Wilfried, a.a.O.

Hesse, Hans: Konstruktionen der Unschuld. Die Entnazifizierung am Beispiel von Bremen und Bremerhaven 1945–1953, Bremen 2005

Hilck, Erwin; Auf dem Hövel, Rudolf: Jenseits von minus Null. Die Geschichte der deutschen Tiefkühlwirtschaft, Köln 1979

Hillenbrand, Martin J.: Fragments of our Time Memoirs of a Diplomat, Athens – Georgia 1998

Höver, Otto: Deutsche Hochseefischerei, Oldenburg 1936

Ders: Unter der Flagge mit dem goldenen Schlüssel. Sechzig Jahre »Nordsee« Deutsche Hochseefischerei A.G. Bremerhaven 1956; unveröffentlichte Jubiläumsbroschüre, Manuskript im Archiv des Deutschen Schiffahrtsmuseums, Bremerhaven o. J.

Hofschen, Heinz-Gerd: »Zum ersten Male nach zwölf Jahren der Knechtung können wir wieder frei atmen« Bremer Antifaschisten und der Neuaufbau 1945, in: Müller, Hartmut; Rohdenburg, Günther (Hg.): Kriegsende in Bremen, Bremen 1995

Hollanders, Sophie: Vegesack Alte Bilder einer Hafenstadt, Bremen 1984

Hucker, Bernd Ulrich: Der Zisterzienserabt Bertold, Bischof von Livland, und der erste Livlandkreuzzug (=Konstanzer Arbeitskreises für mittelalterliche Geschichte, Sonderband 37), Sigmaringen 1989

Kopper, Christopher: Bankiers unterm Hakenkreuz, München 2005

Koschwitz, Botho: Betriebsnachrichten der »Nordsee«, Nr. 1–4, Jahrgang 1 1953 und Nr. 1–12, Jahrgang 1954, Bremerhaven 1953 bzw. 1954

Ders.: »Nordsee«-Nachrichten, Jahrgang 1955, Nr. 1–12, Bremerhaven 1955

Küster, Bernd: Scheeßel und sein Kunstgewerbehaus, in: Von der Volkskunst zur Moderne Kunst und Handwerk im Elbe-Weser-Raum 1900–1930, herausgegeben vom Landschaftsverband der ehemaligen Herzogtümer Bremen und Verden, Stade 1962

Ladwig-Winters, Simone: Anwalt ohne Recht. Das Schicksal jüdischer Rechtsanwälte in Berlin nach 1933, Berlin 1998

Marssolek, Inge, Ott, René et al.: Bremen im Dritten Reich : Anpassung, Widerstand, Verfolgung , Bremen 1986

Müller, Hartmut: Occupation Enclave State. Die Wiederbegründung des Landes Bremen nach dem Zweiten Weltkrieg (=Kleine Schriften des Staatsarchivs Bremen, Heft 39) Bremen 2007

Ders.; Rohdenburg, Günther: Kriegsende in Bremen, Bremen 1995

»Nordsee« Deutsche Hochseefischerei: 40 Jahre »Nordsee«, Firmenbroschüre, herausgegeben zum 40-jährigen Bestehen des Unternehmens, Wesermünde 1936

Orth, Barbara (Hg).: Gestapo im OP, Berlin 2013

Parssinen, Terry: Die vergessene Verschwörung Hans Oster und der militärische Widerstand gegen Hitler, München 2008

Peters, Fritz: Bremen zwischen 1933 und 1945. Eine Chronik, Bremen 1910

Quadflieg, Peter: Gerhard Graf von Schwerin. Wehrmachtsgeneral, Kanzlerberater, Lobbyist, Paderborn 2015.

Rheinbaben, Werner Freiherr von: An den Deutschen Adel, Berlin 1926

Rohdenburg, Günther; Sommer, Karl-Ludwig: Erinnerungsbuch für die als Juden verfolgten Einwohner Bremens, Kleine Schriften des Staatsarchivs Bremen Nr. 37, Bremen 2006

Rohwer, Jörn Jacob; Lehndorff, Vera: Veruschka mein Leben, Köln 2011

Rosenberg, Alfred: Letzte Aufzeichnungen. Ideale und Idole der nationalsozialistischen Revolution, o.O. 1955

Schlabrendorff, Fabian von: Offziere gegen Hitler, Frankfurt 1962.

Schwarzwälder, Herbert: Reise in Bremens Vergangenheit, Bremen 1993

Ders.: Geschichte der Freien Hansestadt Bremen, Bd. 4, Bremen in der NS-Zeit (1933–1945), Bremen 1995

Schwerin, Detlef Graf v., Dann sind's die besten Köpfe, die man henkt. Die junge Generation im deutschen Widerstand, München 1991

Spitta, Theodor: Aus meinem Leben. Bürger und Bürgermeister in Bremen, München 1969

Tuchel, Johannes: »und ihrer aller wartete der Strick« Das Zellengefängnis Lehrter Straße 3 nach dem 20. Juli 1944, Berlin 2014

Vassiltchikov, George (Hg.): Die Berliner Tagebücher der Marie »Missie« Wassiltschikow 1940–1945, München 1996

Vogelsang, Reinhard: Der Freundeskreis Himmler, Göttingen 1972

Vollmer, Antje: Doppelleben Heinrich und Gottliebe von Lehndorff im Widerstand gegen Hitler und von Ribbentrop, Frankfurt am Main 2010

Wätjen, Hans: Geschichte der aus Ochtmannien in der Grafschaft Hoya stammenden Familie Wätjen, Bremen 1968

Winter, Walter: Logbuch 1896 – 1971. 75 Jahre »Nordsee«, Bremen 1971

Wixforth, Harald: »Unserer lieben ältesten Tochter« 150 Jahre Bremer Bank, Bremen 2006
Wöbbeking, Gerhard: 75 Jahre Unilever in Deutschland, erste Fassung (Typoskript), Unilever-Firmenarchiv, Hamburg
Wohnhausbauten: Architekt Regierungsbaumeister a. D. Carl Krahn – Bremen, Barmen 1929

Quellen

Acta der Preußischen Universität zu Greifswald betreffend Verleihung der Ehrenmitgliedschaft der Universität Greifswald an Hans Wriedt. Aa No. 20
Akte der beim Bundesarchiv Berlin archivierten Mitgliederkartei der NSDAP, enthaltend Roloffs Antrag auf Aufnahme in die Partei vom 28.5.1937, die Karteikarten der NSDAP-Zentral und -Gaukartei sowie das Krankenblatt aus dem Staatskrankenhaus der Polizei (August 1944 bis November 1944), Signatur Barch R 19 (Hauptamt Ordnungspolizei) /2875
Akten des Bauamtes Bremen-Nord
Akten des Magistrats der Seestadt Bremerhaven Hauptamt I Nr. 561 und Nr. 564, Genehmigungen und Ablehnungen der vorläufigen Weiterbeschäftigung, 1945 – 1947
Archiv der Familie von Alvensleben, Reimar von Alvensleben, Dorfstraße 11a, 15518 Falkenberg
Archivbestand 900 01 K13 der Handelskammer Bremen mit Zeitungsartikeln u.a. zur Fusion der »Nordsee« mit der Cuxhavener Hochseefischereigesellschaft und zum »Wriedt-Skandal«
Entnazifizierungsakte Alexandra Roloff, Staatsarchiv Bremen, Sign.: 4,66 – I 9185
Entnazifizierungsakte Wilhelm Roloff, Staatsarchiv Bremen, Sign.: 4,66 – I 9186
Firmenarchiv Tenters Backstube, Bremen
Firmenarchiv der »Nordsee« Deutsche Hochseefischerei, Bremerhaven
Grundakten des Amtsgerichts Bremen-Blumenthal, Band 13, Blatt 462
»Nordsee«-Archiv u.a. mit Hoffmann-Archivalien im Deutschen Schiffahrtsmuseum, Bremerhaven
Privatarchiv Cornelia von Einem, München
Privatarchiv Christel Füssel, Mardorf (mittlerweile vernichtet)
Protokolle des Bremer Senats, Bände 3/3 – 63 von 1934 und 3/3 – 67 von 1941 – 1945
Schriftlicher Nachlass der Baroness von der Ropp im Archiv des Verfassers
Spielplan des Bremer Schauspielhauses im Staatsarchiv Bremen, Sign. 9,S 9 – 23 13

Stadtarchiv Bremerhaven, Bestand Hauptamt I (1942 – 1962) 1 – 589, Bremerhaven 1997
Unilever-Archiv Hamburg im Museum der Arbeit, Stiftung Historische Museen Hamburg
Werkzeitschrift der Betriebsgemeinschaft »Nordsee« Deutsche Hochseefischerei AG, Heft 53/54, Jan/Febr.1942 – 8. Jahrgang
Wiedergutmachungsakte Wilhelm Roloff, Staatsarchiv Bremen, Sign.: 4,54-E 2509

Interviews

Wanda Flack am 25.8.2007
Frieda Uden, geb. Setke, im Sommer 2007
Martha Klinner am 27.1.2009
Geschwister Eveline Schwechel und Peter Schmidt am 30.6.2014
Gisela Scholz am 26.5.2015
Vera Gräfin von Lehndorff am 29.12.2015
E-Mail-Korrespondenz mit Michael Roloff

Dank

Ohne die freundliche Unterstützung vieler wohlgesonnener Menschen wäre diese Veröffentlichung nicht möglich gewesen. Für Hilfe und Auskünfte danke ich insbesondere den folgenden Personen:

Jessica Allers, »Nordsee«-Bremerhaven, für Unterstützung beim Zugang zum Firmenarchiv

Reimar von Alvensleben, Falkenberg, für Auskünfte aus dem Archiv der Familie von Alvensleben

Holger Bischoff, Archivar der Handelskammer Bremen, für Rechercheunterstützung

Günter Bolte, Heimatverein Bremen-Schönebeck, für Hinweise zur Familie derer von der Borch

Dorothea Breitenfeldt und ihren Kolleginnen und Kollegen im Staatsarchiv Bremen für Rechercheunterstützung

Tatjana Gräfin Dönhoff für sachverständige Korrekturen und zahlreiche freundliche Hinweise zu den Familiengeschichten Lehndorff und Dönhoff

Sabine Dehnerdt-Meyer, Nichte Wilhelm Roloffs in Bielefeld, für Fotos und die Gestattung des Zugangs zu ihrem Familienarchiv und die gemeinsame Durchsicht der Fotos und Archivalien zur Familiengeschichte

Cornelia von Einem, München, für Informationen zu ihrer Mutter Ursula von Plettenberg, geb. Liedtke, und für Fotos aus dem Familienarchiv

Klaus Fuest für Rechercheunterstützung im Dt. Schiffahrtsmuseum, Bremerhaven

Claude (†) und Grace Harwood (†), England, für Hinweise zur Familiengeschichte Roloff

Dr. Hans Hesse, Hürth, Auskünfte zur Entnazifizierung in Bremen

Martha Klinner (Mutter, †) und Martha Damm (Tochter), Bremen/Ritterhude, für Auskünfte zur Geschichte des Fichtenhofs

Dieter Kokot, Wingst, für Auskünfte und Archivalien zur Geschichte der »Nordsee«

Botho Koschwitz, Bremen, früher Schriftleiter der »Nordsee«-Nachrichten

Egon Krieger, Geschäftsführer der Firma Bremer Kontor, für die Genehmigung der Einsichtnahme in die Grundakten des Fichtenhofs beim Amtsgericht Bremen-Blumenthal

Dietmar Kreicker, Bremen, für Auskunft aus dem Feuerwehrarchiv Bremen-Schönebeck

Peter Kruse (†), Kiel, für die Vermittlung des Fragments eines Briefes seines Großvaters Paul Lübcke, ehemals leitender Angestellter der »Nordsee«

Vera Gräfin von Lehndorff, Berlin für ein fast dreistündiges Interview über Erinnerungen an ihre Kindheit, vor allem über ihre Kindheit auf dem Fichtenhof

Dr. Mareike Massow, für die Erstellung des Organigramms zu den Interessen der Unilever in der deutschen Fischindustrie bis zum August 1941

Barbara Orth, Kaufungen, für zahlreiche Hintergrundinformationen zu ihrer Veröffentlichung »Gestapo im OP«

Dr. Peter Quadflieg, Eupen, für Hinweise zu Gerhard Graf von Schwerin

Marx-Henning Rehder, Salzburg (Telefonat vom 20.1. 2015) für die Autorisierung eines Telefonprotokolls mit Informationen zur Bedeutung Wilhelm Roloffs und seiner Leistung für die »Nordsee«

Michael Roloff, Seattle, USA, für Hinweise zur Familiengeschichte Roloff

Katharina Roloff, Hamburg, für Hinweise zur Familiengeschichte Roloff

Stephanie Roloff, Hamburg, für Hinweise zur Familiengeschichte Roloff

Hanno Schaper, Bremen, der dem Verfasser zahlreiche Fotos und einige Erinnerungsstücke zu Baroness von der Ropp aus dem Nachlass seiner Mutter Lissy Schaper überlassen hat

Gisela Scholz (†), Bremen, 1955 bis 1966 Leiterin des Kinderheimes des Wohlfahrtsamtes der Stadt Bremen im Fichtenhof für Fotos und Auskünfte zur Umwandlung des Fichtenhofs in ein Kinderheim

Geschwister Eveline Schwechel (†), Bremen-Grohn und Peter Schmidt, Schwanewede, für die Mitteilung ihrer Kindheitserinnerungen an den Fichtenhof und für Fotos

Margrit Sökeland, Bremen, für Hinweise zu Margaretha Baroness von der Ropp

Dr. Karl-Ludwig Sommer, Lilienthal, für Auskünfte zur politischen Situation Bremens nach dem Krieg

Daniela Stammer, Stadtarchiv Bremerhaven, für Rechercheunterstützung
Wilhelm Tacke, Bremen, für Hinweise zur Mitgliedschaft von Carl Krahn im Bremer Heimatbund
Dr. Christian Tietze, Sohn des langjährigen Bremer Dompredigers Gerhard Tietze, für umfangreiches Archivmaterial zur Evangelischen Vertriebenenhilfe
Frieda Uden (†), geb. Setke, Bremen, für die Schilderung ihrer Erinnerungen an ihre Zeit als Köchin auf dem Fichtenhof und für die Genehmigung, diese auf Tonträger aufzuzeichnen und zu veröffentlichen
Dr. Klaus Westermann, Unilever-Hamburg, für Genehmigungen und Fotos aus dem Unilever-Archiv sowie für sehr großzügige Rechercheunterstützung.
Gerhard Wöbbeking danke ich für Hinweise und für seine Bewertung der Stellung Wilhelm Roloffs in Abhängigkeit zur Unilever-Führung

Personenregister

C

D

E

F

G

H

K

L

M

N

O

P

Q

R

S

T

U

V

W

Z

Bildnachweis

Staatsarchiv Bremen: 18, 187-189, 213
Deutsche Bundesbank, Historisches Archiv, Frankfurt a. M.: 119
Archiv St. GEORG, Hamburg: 245
Handelskammer Bremen: 73
Unilever-Archiv, Hamburg: 66
Unilever-Archiv, Rotterdam: 81
Stephen Roloff, Kanada: 279, 280
Sabine Dehnerdt-Meyer, Bielefeld: 24, 25, 29, 31, 100
Günter Bolte, Bremen-Schönebeck: 14
Katharina Natividad, USA: 179, 180
Cornelia von Einem, München: 39, 41
»Nordsee«-Archiv, Bremerhaven: 34, 59, 60, 61, 62, 63, 78, 79, 98
Fischereiarchiv Kokot, Wingst: 75, 120
Deutsches Schiffahrtsmuseum, Bremerhaven: 36
Christian von Alvensleben, Bad Oldesloe: 42, 47, 51, 145, 153, 269, Titelbild (Hochzeitsfoto)
Landesamt für Denkmalpflege Bremen: 20, 21, 157, 178, 199, 201, Titelbild (Fichtenhof)
Privatarchiv des Autors: 17, 165, 202, 241
Dr. Sebastian Sigler, München/Steinhagen: 115
Vera Gräfin von Lehndorff, Berlin: 159, 193, 240, 242
Gisela Scholz †: 277, 278
Manfred Tenter, Bremen: 282
Verein für Niedersächsisches Volkstum – Bremer Heimatbund: 22, 23

Michèle Callan

Forgotten Hero of Bunker Valentin

Die Geschichte von Harry Callan

Taschenbuch,
ISBN 978-3-95494-156-8
14,90 Euro

Die ergreifende Geschichte von Harry Callan – seiner Gefangenschaft, dem Widerstand und seiner Befreiung: Im Jahr 1941 wurde Callan zusammen mit weiteren irischen Matrosen im Alter von 16 Jahren auf See gefangen genommen und wurde als verängstigter Teenager Zeuge der furchtbaren Gräueltaten der Nazi-Kriegsmaschinerie. Sie hungerten, wurden geschlagen und misshandelt und mussten das Fundament für eine gewaltige U-Boot-Werft graben: Bunker Valentin. Doch er hat überlebt und es sich zur Aufgabe gemacht, dafür zu sorgen, dass diese Gruppe irischer Kriegsgefangener nicht in Vergessenheit gerät.

Andreas Babel

Kindermord im Krankenhaus

Warum Mediziner während des Nationalsozialismus in Rothenburgsort behinderte Kinder töteten

224 Seiten, 92 Abbildungen,
2. erweiterte Auflage
Taschenbuch, Format 16,5 x 23,5 cm
16,90 Euro
ISBN 978-3-95494-057-8

Uwe Kaminsky

Über Leben in der christlichen Kolonie

Das Diakonissenmutterhaus Rotenburg, die Rotenburger Anstalten der Inneren Mission und die Rolle ihrer Vorsteher 1905 – 1955

248 Seiten, 43 Abbildungen
Hardcover, Format 16,5 x 23,5 cm
19,90 Euro
ISBN 978-3-95494-111-7

Gerda Engelbracht

Erinnerungsbuch

für die Opfer der NS-Medizinverbrechen in Bremen

Kleine Schriften des Staatsarchivs Bremen – Heft 53

252 Seiten, 55 Abbildungen
Hardcover, Format 14,8 x 21 cm
19,90 Euro
ISBN 978-3-95494-102-5